Leadership Insights: Impulse für Management und Führung

Reihe herausgegeben von

Karina Wolff, Middlesex University / KMU Akademie, Zürich, Schweiz

Thomas Maran, Faculty of Economics and Management, Free University of Bozen-Bolzano, Bozen, Italy

Die Schriftenreihe Leadership Insights verbindet wissenschaftlich fundierte Perspektiven mit praxisrelevanten Fragestellungen in Management und Führung. Sie präsentiert exzellente Beiträge aus Forschung und Praxis, die Entscheidern in Wirtschaft, Verwaltung und Non-Profit-Organisationen innovative Denkimpulse und konkrete Handlungsempfehlungen bieten. Die Reihe richtet sich gleichermaßen an Führungskräfte, die fundierte Orientierung suchen, wie an Forschende, die den Transfer wissenschaftlicher Erkenntnisse in die Praxis mitgestalten wollen. Im Zentrum stehen die komplexen Herausforderungen der Führung in einem dynamischen Umfeld – verbunden mit evidenzbasierten Impulsen, die wirksames Handeln ermöglichen. Mit ihrer interdisziplinären Ausrichtung schlägt die Reihe eine Brücke zwischen Theorie und Anwendung: klar, reflektiert und wirksam.

Alexander Hilsbos

Verhaltenspsychologisch begründete Wahrnehmungsfehler bei der Identifikation betrieblicher Risiken

Evidenzbasierte Entwicklung eines Risk Intake-Modells basierend auf theoretischen Grundlagen und empirischer Evaluierung

Springer Gabler

Alexander Hilsbos
Waltenschwil AG, Schweiz

Die vorliegende Arbeit wurde als Dissertation im Fach Betriebswirtschaft im April 2026 an der Middlesex University, London, angenommen.

ISSN 3091-4736 ISSN 3091-4744 (electronic)
Leadership Insights: Impulse für Management und Führung
ISBN 978-3-658-52017-5 ISBN 978-3-658-52018-2 (eBook)
https://doi.org/10.1007/978-3-658-52018-2

Die Deutsche Nationalbibliothek verzeichnet diese Publikation in der Deutschen Nationalbibliografie; detaillierte bibliografische Daten sind im Internet über https://portal.dnb.de abrufbar.

Planung/Lektorat: Elisabeth Horz
Springer Gabler ist ein Imprint der eingetragenen Gesellschaft Springer Fachmedien Wiesbaden GmbH und ist ein Teil von Springer Nature.
Die Anschrift der Gesellschaft ist: Abraham-Lincoln-Str. 46, 65189 Wiesbaden, Germany

Alle in der vorliegenden Arbeit genannten geschlechtsspezifischen Personenbezeichnungen gelten immer für beide Geschlechter.

Geleitwort

Die Identifikation von Risiken bildet den Ausgangspunkt jedes wirksamen Risikomanagements – und ist zugleich eine seiner am wenigsten verstandenen Phasen. Während normative Rahmenwerke und etablierte Standards detaillierte Vorgaben für Bewertung, Steuerung und Reporting von Risiken liefern, bleibt die vorgelagerte Frage, wie Risiken überhaupt erkannt werden, häufig erstaunlich unterbestimmt. Genau hier setzt die vorliegende Forschungsarbeit von Dr. Alexander Hilsbos an und widmet sich damit einer ebenso grundlegenden wie bislang vernachlässigten Problemstellung des Enterprise Risk Managements.

Im Zentrum der Arbeit steht die Einsicht, dass Risikoidentifikation kein rein technischer oder objektivierbarer Prozess ist, sondern in hohem Masse von menschlicher Wahrnehmung, Urteilskraft und Entscheidungsverhalten geprägt wird. Aufbauend auf Erkenntnissen der Verhaltensökonomie, der Psychologie und der Betriebswirtschaftslehre zeigt der Autor überzeugend, dass kognitive Verzerrungen und Heuristiken die Qualität des sogenannten Risikosubstrats wesentlich beeinflussen können – mit potenziell weitreichenden Konsequenzen für strategische Entscheidungen von Organisationen.

Die Dissertation leistet in mehrfacher Hinsicht einen eigenständigen und innovativen Beitrag zur Forschung. Hervorzuheben ist insbesondere die systematische Aufarbeitung verhaltenspsychologischer Einflussfaktoren auf die Risikoidentifikation sowie deren Integration in ein konsistentes konzeptionelles Rahmenwerk. Mit dem entwickelten „Risk Intake"-Modell gelingt es dem Autor, den Prozess der Risikoidentifikation in klar strukturierte kognitive Teilschritte zu gliedern – von der Informationsaufnahme über deren Interpretation und Bewertung bis hin zur Überführung in organisationale Risikoinventare. Damit wird nicht nur Transparenz über einen bislang schwer fassbaren Prozess geschaffen, sondern zugleich eine Grundlage für dessen gezielte Gestaltung und Verbesserung gelegt.

Besonders hervorzuheben ist darüber hinaus die konsequente Praxisorientierung der Dissertation. Die gewonnenen Erkenntnisse werden nicht nur theoretisch reflektiert, sondern in konkrete Handlungsempfehlungen überführt. Der gestaltungsorientierte Teil der Arbeit zeigt auf, wie Organisationen durch gezielte „Debiasing“-Massnahmen die Qualität ihrer Risikoidentifikation verbessern können. Damit liefert die Arbeit wertvolle Impulse sowohl für die Weiterentwicklung wissenschaftlicher Diskurse als auch für die praktische Ausgestaltung moderner Risikomanagementsysteme.

Die vorliegende Dissertation bewegt sich an der Schnittstelle mehrerer Disziplinen und verdeutlicht eindrucksvoll das Potenzial interdisziplinärer Forschung. Sie schließt eine relevante Forschungslücke und eröffnet zugleich vielfältige Anknüpfungspunkte für zukünftige Untersuchungen. Angesichts zunehmender Unsicherheit, Dynamik und Komplexität wirtschaftlicher Rahmenbedingungen gewinnt das Verständnis kognitiver Einflussfaktoren auf Entscheidungsprozesse weiter an Bedeutung – nicht zuletzt im Kontext strategischer Unternehmensführung.

Dem Werk ist daher eine breite Rezeption in Wissenschaft und Praxis zu wünschen. Es lädt dazu ein, etablierte Sichtweisen auf Risikomanagement kritisch zu hinterfragen und um eine verhaltensorientierte Perspektive zu erweitern.

Zürich
im April 2026

Prof. Dr. Karina Wolff

Danksagung Bedanken möchte ich mich bei meiner Advisorin, Frau Prof. Dr. Karina Wolff, für die tolle Zusammenarbeit über einen langen Zeitraum hinweg, das jederzeit fundierte und nützliche Feedback sowie die immer sehr wertvollen Tipps und Hinweise zum Gelingen meines Promotionsprojektes.

Mein besonderer Dank gilt meiner lieben Ehefrau Birgit Hilsbos, die geduldig meine langen Zeiten der Abwesenheit und dadurch bedingt reduzierte Familienaktivitäten erduldet hat. Ohne ihre Unterstützung, bei gleichzeitiger Zurückstellung eigener Prioritäten, wäre ein solches Unterfangen nicht möglich gewesen.

Interessenkonflikt Der/die Autor*in hat keine relevanten Interessenskonflikte im Zusammenhang mit dieser Publikation.

Inhaltsverzeichnis

Abkürzungsverzeichnis

Abb.	Abbildung
Abschn.	Abschnitt
Art.	Artikel
AS/NZS	Australian and New Zealand standard
BE	Behavioural Economics (Verhaltensökonomie)
BGBl.	Bundesgesetzblatt
BWL	Betriebswirtschaftslehre
CEO	Chief Executive Officer
CFO	Chief Financial Officer
CHRO	Chief Human Resources Officer
CIO	Chief Information Officer
COO	Chief Operating Officer
COSO	Committee of Sponsoring Organizations of the Treadway Commission
div.	diverse
DPT	dual-process-theories (Zwei-Prozess-Theorien)
engl.	englisch
ERM	Enterprise Risk Management
ESFF	Empiriegeleitete Subforschungsfrage
et al.	et alia
fMRT	funktionelle Magnetresonanztomographie
Fn.	Fussnote
GSFF	Gestaltungsorientierte Subforschungsfrage
HFF	Hauptforschungsfrage

i. e. S.	im engeren Sinne
i. d. R.	in der Regel
i. w. S.	im weiteren Sinne
ISO	International Organization for Standardization
IT	Informationstechnologie
Kap.	Kapitel
KI	Künstliche Intelligenz
KPI	Key Performance Indicator, dt. Leistungskennzahl
lat.	lateinisch
LPSP	Linear Problem-Solving Process
m. a. W.	mit anderen Worten
n/a	nicht anwendbar, not applicable, unzutreffend
o.	ohne
o. J.	ohne Jahr
o. S.	ohne Seitenzahlen
ONR	ON-Regel; ON: Österreichisches Normungsinstitut
OR	Obligationenrecht der Schweizer Eidgenossenschaft
ORM	Operatives Risikomanagement
pl.	Plural
QDA	Qualitative Datenanalyse
RM	Risk Management
Tab.	Tabelle
TSFF	Theoriegeleitete Subforschungsfrage
Übers.	Übersetzung
v. a.	vor allem
VUCA	Volatility, Uncertainty, Complexity, Ambiguity
zit.	Zitiert

Abbildungsverzeichnis

Tabellenverzeichnis

Einleitungsteil 1

1.1 Ausgangslage

1.1.1 Die VUCA-Welt

Die meisten Organisationen, verstanden als „zielgerichtete soziale oder soziotechnische Systeme“ (Weber, Kabst, & Baum, 2018, S. 130), müssen sich in einer von Volatilität, Unsicherheit, Komplexität und Ambiguität (den englischen Begriffen folgend als ‚VUCA‘ bezeichnet (Schmelzer & Sesselmann, 2020, S. 5)) geprägten Umwelt laufend anpassen und ihre Strategien und Ziele regelmäßig überprüfen, um den eigenen Fortbestand zu sichern (Meyer, 2023, S. 7; Unkrig, 2020, S. 6; Wunstorf, 2021, S. 135). Einige Autoren betonen den ursprünglich militärischen Hintergrund der ‚VUCA‘-Begrifflichkeit (Birgmeier, 2021, S. 192; Emmons, Mazzuchi, Sarkani, & Larsen, 2018, S. 56; Taskan, Junça-Silva, & Caetano, 2022, S. 197). Andererseits wird auch die spezifische Wirkung von ‚Unsicherheit‘, in der VUCA-Welt auf menschliches Verhalten und – im organisatorischen Kontext – auf das Entscheidungsverhalten einbezogen (Gigerenzer, Reb, & Luan, 2022, S. 172; Unkrig, 2020, S. 24).

Die VUCA-Welt stellt eine Herausforderung für die meisten Organisationen dar, egal ob gewinnorientierte Unternehmung, öffentliche Verwaltung, privatwirtschaftlich oder staatlich organisierte Einheit oder gemeinnützige Stiftung. Eine kontinuierliche Anpassung an veränderliche Bedingungen gilt als kritisch für das langfristige Überleben jeder Organisation. Erfolgreich sind dabei diejenigen Einheiten, die in ihrer Anpassungsstrategie potenzielle Schwierigkeiten und Probleme frühzeitig antizipieren und sich darauf vorbereiten (Thommen et al., 2023, S. 582; Weber et al., 2018, S. 114).

A. Hilsbos, *Verhaltenspsychologisch begründete Wahrnehmungsfehler bei der Identifikation betrieblicher Risiken*, Leadership Insights: Impulse für Management und Führung, https://doi.org/10.1007/978-3-658-52018-2_1

Betriebswirtschaftlich ausgerichtete Unternehmen sind wettbewerblichen Bedingungen ausgesetzt und konkurrieren um Marktanteile (Weber et al., 2018, S. 103). Jede marktliche Handlung wird von Wettbewerbern beobachtet. Deren Reaktionen müssen rechtzeitig erkannt und in den eigenen Aktivitäten berücksichtigt werden. Die „umfassende Dynamik“ (Strikker & Strikker, 2021, S. 174) der VUCA-Welt zwingt Unternehmen zur laufenden Überprüfung ihrer planerischen Aktivitäten. Gelingt die notwendige Anpassung nicht, können Absatzschwierigkeiten, Finanzierungsprobleme bis zu Kapitalverlust und Überschuldung (Art. 725a und b OR) sowie „den Fortbestand gefährdende Entwicklungen“ (§ 91 Abs. 2 AktG) die Folgen sein.

1.1.2 Strategie, Ziele und Entscheidungen

In der Betriebswirtschaftslehre (BWL) werden Fragen der Anpassung an sich ändernde Umweltbedingungen im Rahmen der Unternehmensstrategie und -entwicklung diskutiert. Gefordert sind im Rahmen der Strategieentwicklung und -implementierung die obersten Leitungsebenen der Unternehmung. In der Aktiengesellschaft nach Schweizer Recht entsprechen diese dem Verwaltungsrat (Art. 716a OR) und der Geschäftsleitung (Art. 716b OR). Der Soziologe Kühl beklagt die von Wirtschaftswissenschaftlern vorgelegten, verwirrenden und bestenfalls vagen Definitionen des Strategiebegriffs (2023, S. 252). Seiner Ansicht nach sind praxisorientierte Betriebswirtschaftler wenig an theoretischen Aspekten interessiert. Eine sinnvolle Näherung an den Strategiebegriff ermögliche erst eine systemtheoretische Betrachtung (2023, S. 254). Die Kritik ist nicht unberechtigt: Selbst Grundlagenwerke der BWL widmen der Unternehmensstrategie eigene Kapitel, ohne jedoch die Begrifflichkeit gründlich zu definieren (z. B. Thommen et al., 2023; Weber et al., 2018).

Die enge Verbindung von Strategie und Zielen (Weber et al., 2018, S. 109) wird in der Präzisierung des Begriffs der Unternehmensstrategie als „die Festlegung der langfristigen Ziele einer Unternehmung, der Politiken und Richtlinien sowie die Mittel und Wege der zu erreichenden Ziele“ deutlich (Staehle, 1999, S. 603). Als langfristig können Ziele charakterisiert werden, deren Planungshorizont fünf Jahre überschreitet (Wöhe, Döring, & Brösel, 2020, S. 74). In der jüngeren Forschungsperspektive geschieht die Zielfestlegung bereits *vor* der Strategiebildung (Kühl, 2023, S. 254; Thommen et al., 2023, S. 627; Weber et al., 2018, S. 92), während frühere Autoren Ziele als „Output des strategischen Prozesses“ (Staehle, 1999, S. 608) verstehen.

Ungeachtet der Reihenfolge der Entstehung, werden die im Rahmen der Strategieformulierung festgelegten Ziele durch betriebliche Aktivitäten, Handlungen und Entscheidungen verfolgt. Die Zielerreichung ist ein in der Zukunft liegender, angestrebter Zustand oder ein hinsichtlich der Strategieumsetzung wünschenswertes Ereignis (Weber et al., 2018, S. 89). Im Vordergrund stehen das aktive Gestalten der Zukunft durch zielorientierte Entscheidungen und deren Umsetzung (Staehle, 1999, S. 640; Thommen et al., 2023, S. 652; Wöhe et al., 2020, S. 88). Bei weitgehender Zielerreichung gilt die Strategie als erfolgreich umgesetzt. Der Kreis schließt sich.

Die betriebliche Entscheidungstheorie (Staehle, 1999, S. 518–519; Wöhe et al., 2020, S. 88), ein Teilgebiet der BWL, betont den Charakter von Entscheidungen als verbindliche Festlegung einer Handlungsoption nach Auswahl unter mehreren, einander ausschließenden Alternativen. Im Rahmen einer Führungsentscheidung wird die gewählte Handlungsoption mit einer intendierten, in der Zukunft liegenden Auswirkung auf die Unternehmung verknüpft (Staehle, 1999, S. 532).

Mindestens zwei Restriktionen kennzeichnen die Entscheidungssituation:

1. **Die Zukunft ist ungewiss oder unsicher**
   In dieser Aussage stecken mehrere Botschaften: Zum einen ist nicht bekannt, wie die Welt sich entwickeln und welcher Zielzustand nach der Entscheidung tatsächlich eintreten wird (Basel, Westmattelmann, Niemann, & Ade, 2023, S. 208; Brühl, Basel, & Kury, 2016, S. 183). Zweitens werden die menschliche Zuversicht und das Vertrauen angedeutet, dass die Zukunft dennoch grundsätzlich gestaltbar ist (Brühl et al., 2016, S. 192; Henrizi & Renn, 2023, S. 11; Luhmann, 1991, S. 55). Schließlich wird deutlich, dass die Entscheidung der „Unsicherheitsabsorption" (Luhmann, 2004, S. 35) dient.
2. **Unvollständige Information über zur Auswahl stehende Optionen** („bounded rationality" (Simon, 1955, S. 113, 2000, S. 25; Staehle, 1999, S. 530))
   Eine Entscheidung ist ein Prozess (Wöhe et al., 2020, S. 88), der sich in verschiedene Phasen unterteilen lässt (Betsch, 2011a, S. 75). Bereits in der präselektionalen Phase stehen „viel mehr Alternativen" (Betsch, 2011a, S. 76) zur Verfügung, als in die Entscheidung einfließen. Ferner gehören zum Verständnis der begrenzten Rationalität neben der Verfügbarkeit von Informationen, der prinzipiellen Neuartigkeit der (strategischen) Entscheidungssituation (Bergmann & Bungert, 2022, S. 6), auch die endliche, kognitive Kapazität der Entscheider (Simon, 1955, S. 101, 2000, S. 25).

Aus den genannten Restriktionen leitet sich die Forderung nach dem systematischen Abwägen von Handlungsoptionen ab, bevor die verbindliche Festlegung auf eine Option geschieht. Dieses Abwägen bzw. die Priorisierungshilfe bei Entscheidungen unter Unsicherheit ist eine der Aufgaben des betrieblichen Risikomanagements.

1.1.3 Risiko und Chance

Der Ursprung des Wortes ‚Risiko' lässt sich auf Ursprünge im Italienischen *(rischio)* und Lateinischen *(periculum)* sowie auf griechische *(ριζα bzw. rhíza)* und arabische *(risq)* Wurzeln zurückführen (Romeike & Hager, 2020, S. 11). Der Begriff bezeichnet Dinge wie Gefahren, Klippen (in der Seefahrt), Schicksal und Vorherbestimmung (Henrizi & Renn, 2023, S. 12; Jonen, 2007, S. 4). Das Wort ‚Management' besitzt ebenfalls lateinische Wurzeln (*manus agere* bei Staehle, 1999, S. 71), die über verschiedene romanische Sprachen Eingang ins Englische gefunden haben. ‚Risikomanagement' ist so gesehen eine sprachliche Vermischung eingedeutschter Begriffe und findet, gelegentlich auch als ‚Risk Management' seinen Platz in der Betriebswirtschaftslehre, häufig als Teil des Controlling (Gleißner, 2022, S. 537; Wöhe et al., 2020, S. 191) oder in der Strategischen Planung (Staehle, 1999, S. 610).

„Risk as an economic factor" (Haynes, 1895, S. 409) findet bereits Ende des 19. Jahrhunderts Eingang in die wirtschaftswissenschaftliche Analyse. Nur wenig später entwickelt Knight (1921, S. 233) eine bis heute verwendete Differenzierung in der Terminologie des Risikomanagements (Hubbard, 2009, S. 81). So wird in der Literatur unterschieden zwischen ‚Sicherheit' (vollständige Information liegt dem Entscheider vor), ‚Unsicherheit' (Eintrittswahrscheinlichkeiten der möglichen Ergebnisse können nicht quantifiziert werden) und dem eigentlichen ‚Risiko' (Eintrittswahrscheinlichkeiten sind bekannt) (Knight, 1921, S. 20 und 233; Staehle, 1999, S. 533; Weber et al., 2018, S. 482). Während ‚Sicherheit' im betrieblichen Kontext „völlig unrealistisch" (Wöhe et al., 2020, S. 89) ist, stellt ‚Unsicherheit' den „Normalfall in Entscheidungssituationen" (von Ameln, 2021, S. 569) dar. Die größten Risiken einer Organisation stehen im Zusammenhang mit der Strategie, denn das Fehlen von „relevant historical data prevents accurate estimation of probabilities" (Bromiley, McShane, Nair, & Rustambekov, 2015, S. 268).

Im allgemeinen Sprachgebrauch ist der Begriff des Risikos negativ besetzt und wird häufig synonym mit ‚Gefahr' oder ‚Bedrohung' verwendet (Adam, 2024, S. 6). Dem Risiko innewohnende Chancenpotenziale werden nicht oder nur in bestimmten Fällen in Betracht gezogen, zum Beispiel im Sport (Henrizi & Renn, 2023, S. 14) oder im Glücksspiel (Romeike & Hager, 2020, S. 9).

Im betriebswirtschaftlichen Kontext ist das anders. Dort wird das Risiko-Chancen-Kalkül als Tätigkeit des ‚Entrepreneurs', der Marktchancen erkennt und zu deren Realisierung Risiken eingeht, beschrieben (Antikarov, 2012, S. 5; Gleißner, 2020, S. 11; Jacobsen, 2003, S. 59 u. 77). Risiken und Chancen sind in diesem Kalkül zwei Seiten derselben Medaille (Hunziker, Henrizi, Hilsbos, & Schneeberger, 2022, S. 11; Pielken & Krystek, 2016, S. 125; Wöhe et al., 2020, S. 191) und „mit jeder unternehmerischen Tätigkeit verbunden" (Gleißner, 2021, S. 34; ähnlich bei Adam, 2024, S. 1).

1.1.4 Verhaltensökonomie – auf der Grenze von Wirtschaftswissenschaften und Psychologie

Die Verhaltensökonomie, gelegentlich auch Verhaltensökonomik bzw. englisch *‚Behavioral Economics'*, ist eine wissenschaftliche Disziplin auf der Schnittmenge von BWL, Volkswirtschaftslehre und Psychologie (Beck, 2014, S. 9; Hodgkinson & Healey, 2016, S. 1). Sie zielt auf eine größere Realitätsnähe ihrer Aussagen ab durch Verbesserung der „psychological assumptions underlying economic theory" (Camerer, 1999, S. 10575) oder „adding behavioral factors to neoclassical [economic] theory" (Angner, 2019, S. 203). Dazu baut die Verhaltensökonomie auf den Erkenntnissen der Allgemeinen Psychologie sowie der Arbeits- und Organisationspsychologie auf. Ergänzt wird die psychologische Perspektive um ökonomische Aspekte. Es geht u. a. um das Entscheidungsverhalten von Individuen und Gruppen bei der Allokation knapper Ressourcen und, allgemeiner formuliert, die Bedeutung psychologischer Erkenntnisse für die Theorien und Modelle der (klassischen) Ökonomie.

Entstanden ist die Verhaltensökonomie als eigenständige Forschungsrichtung in den 1970er Jahren durch das „heuristics-and-biases program" (Basel & Brühl, 2013, S. 745; Gigerenzer, 2018, S. 304; Hergovich, 2021, S. 102; Plessner, 2011, S. 38) der beiden US-israelischen Psychologen[1] Daniel Kahneman (1934–2024) und Amos Tversky (1937–1996) als Kritik auf die neoklassische ökonomische

[1] Weitere bedeutende Forscher in der Verhaltensökonomie sind (nicht abschließend): Dan Ariely (Psychologe, *1967), Ernst Fehr (Ökonom, *1956), Baruch Fischhoff (Psychologe, *1946), Gerd Gigerenzer (Psychologe, *1947), Sarah Lichtenstein (Psychologin, 1933–2017), Hersh Shefrin (Ökonom, *1948), Robert J. Shiller (Ökonom, *1946), Paul Slovic (Psychologe, *1938), Cass R. Sunstein (Jurist, *1954), Richard Thaler (Ökonom, *1954).

Analyse mit ihrer als realitätsfern angesehenen Modellannahme des *homo oeconomicus* (Costa, Carvalho, & Moreira, 2019, S. 5; Graf, 2015, S. 517; Hoff & Demeritt, 2023, Abs. 1). Die Wurzeln der Verhaltensökonomie reichen mit den Analysen von Herbert A. Simon (Geiger, 2017, S. 578–579; Simon, 1955, 1956, 2000) zurück in die 1950er Jahre (Sent, 2004, S. 740).

Der Forschungsgegenstand der Verhaltensökonomie umfasst u. a. die Wahrnehmungsfehler (engl. ‚*Fallacies*' und ‚*Biases*') bzw. „kognitive Täuschungen" (Plessner, 2011, S. 38) der Menschen und wie diese sich in Entscheidungssituationen auswirken. Ferner betrachtet die Verhaltensökonomie handlungsregulierende, aber nicht immer rational begründbare Heuristiken (im Sinne „mentaler Abkürzungen" oder Faustregeln (Beck, 2014, S. 26)). Durch Einbezug psychologischer Erkenntnisse aus der Analyse menschlichen Verhaltens erweitert die Verhaltensökonomie die Modelle und Annahmen der klassischen Wirtschaftswissenschaften (Beck, 2014, S. 8).

So drängt sich die Frage auf, was die Verhaltensökonomie zur Theorie des Risikomanagements beitragen kann. Sind Wahrnehmungsfehler und Heuristiken dort ebenfalls zu beobachten und was sind ihre Auswirkungen auf das betriebliche ERM[2]-System? Damit das Risikomanagement seine Kernaufgabe, die Unterstützung der Führungsfunktion bei strategischen Entscheidungen, erfüllen kann, muss der verhaltensökonomische Aspekt berücksichtigt werden.

1.2 Problemstellung

Bereits bei der **Risikoidentifikation** zu Beginn des Risk-Management-Prozesses (Brühwiler, 2016, S. 125, 147) werden Risiken erstmalig versprachlicht, d. h. als solche erkannt, besprochen und in einem Risikoinventar (Gleißner & Wolfrum, 2019, S. 7) als Substrat gesammelt. Diesem Schritt liegt eine zweckmäßige Definition des Begriffs ‚Risiko' zugrunde, damit die Teilnehmenden der Risikoidentifikation über einen geeigneten Bezugsrahmen verfügen (vgl. Abschn. 2.2.1.4.1).

Die Akteure der Risikoidentifikation sind üblicherweise Mitglieder der Leitungsebene, die strategische Entscheidungen vorbereiten und treffen, alternativ von diesen delegierten Personen. Von ihnen wird verlangt, eine gedankliche Perspektive einzunehmen, die ihnen die Vorstellung zukünftiger, kontingenter Schadenereignisse einräumt und diese in Bezug zu ihren Aufgaben und Verantwortlichkeiten zu setzen.

[2] ERM: Enterprise Risk Management (vgl. Abschn. 2.2.1.4.1).

Die erstmalige Identifikation strategierelevanter Risiken ist kein trivialer Prozess, „mühsam muss man ihnen nachspüren“ (Wöhe et al., 2020, S. 191). Die Risikoidentifikation erfordert umfassende mentale Arbeit der teilnehmenden Akteure. Aufgrund der oben erwähnten, negativen Besetzung des Risikobegriffs in der Alltagssprache, ist die fokussierte Auseinandersetzung mit Risiken im Rahmen eines ‚Risk Assessment-Workshops‘ tendenziell unangenehm und problembelastet. Die routinierte Informationsaufnahme und -verarbeitung werden dadurch gehemmt (Gleißner & Berger, 2024, S. 8).

Die bei der Risikoidentifikation ablaufenden Gedankenprozesse finden nur begrenzt rational statt. Die Risikoidentifikation ist immer auch geprägt von kognitiven Prozessen, subjektiven Einschätzungen, Bewertungen und Wahrnehmungsfehlern (Crawford & Jabbour, 2024, S. 132). Diese nicht-rationalen Aspekte prägen die Informationen, die im Risikosubstrat festgehalten werden.

Aus Sicht der theoriegeleiteten Forschung ist es **nicht bekannt, welche verhaltensökonomischen Wahrnehmungsfehler und handlungsregulierenden Heuristiken während der Risikoidentifikation vorkommen und wie sich diese auf das Risikosubstrat auswirken** (Glette-Iversen, Flage, & Aven, 2023, Abschn. 3.1).

Gängige Rahmenwerke des ERM setzen das stark vereinfachende Menschenbild des ‚*homo oeconomicus*‘ voraus (Beck, 2014, S. 1) oder sie gehen nicht adäquat auf die „complexities of human action“ ein (Jean-Jules & Vicente, 2020, S. 249). Deutlich erkennbar wird das, wenn die Identifikation von Risiken zwar in den Prozessmodellen enthalten ist, diesem aber keine besondere Aufmerksamkeit in Bezug auf den ‚Faktor Mensch‘ geschenkt wird. Emotionen, begrenzte Rationalität und altruistisches Verhalten spielen in den ERM-Rahmenwerken keine Rolle. Es ergibt sich eine zweite, empiriegeleitete Problemstellung: **Es existieren keine Modelle, die die Erkenntnisse der Verhaltensökonomie in die Risikoidentifikation integrieren** (Crawford & Lindvall, 2021, S. 160).

Aus der Sicht der praktischen Anwendbarkeit in Organisationen **fehlt eine praxisorientierte Methodik, um im Rahmen der Risikoidentifikation reale und relevante Daten (Risiken, Chancen) unter Berücksichtigung von verhaltensökonomischen Wahrnehmungsfehlern und Heuristiken zu erheben.** Möglicherweise ist die Qualität des, angesichts der forschungsseitig nur wenig analysierten Mechanismen, erzielten Risikosubstrats nicht ausreichend, um strategische Entscheidungen zu ermöglichen.

1.3 Erkenntnisinteresse und Relevanz der Arbeit

1.3.1 Themenfelder

- Betriebswirtschaftslehre: Management, Strategie und Unternehmensentwicklung, Entscheidungstheorie, Risikomanagement.
- Psychologie: Handlungsregulation, Emotion und Kognition, Motivstrukturen, gruppendynamische Effekte.
- Verhaltensökonomie: Wahrnehmungsverzerrungen, Heuristiken.

1.3.2 Forschungsrelevanz

In der vorliegenden Arbeit liegt der Schwerpunkt auf einem bislang vernachlässigten Bereich des Risikomanagements: den Teilschritten der **Risikoidentifikation** zu Beginn des Risikomanagement-Prozesses. Erkenntnisse der Verhaltensökonomie sollen auf die Risikoidentifikation projiziert werden, um dort auftretende psychologische Aspekte, insbesondere Wahrnehmungsfehler und verhaltenssteuernde Heuristiken zu beleuchten. Die daraus entstehende Hauptforschungsfrage (HFF) lautet:

Wie beeinflussen verhaltensökonomische Wahrnehmungsfehler und Heuristiken die Risikoidentifikation als Basis strategischer Entscheidungen?
Bisherige Forschung konzentriert sich auf die Verbindung von Risikomanagement mit dem Entscheidungsverhalten am Ende des Prozesses, nachdem Risiken und Chancen umfassend erörtert wurden und ein Entscheidungsprozess beginnt. Genau genommen ist das „Decision-Making“ (Crawford & Jabbour, 2024, S. 131) ein mit dem Risikomanagement verknüpfter, gleichwohl separater Prozess. Die Unterscheidung wird im Beitrag von Crawford und Jabbour deutlich (2024, S. 129). Die Perspektive separater Prozesse verschwimmt dagegen in der Darstellung von Glette-Iversen und Kollegen zu einem einzigen „risk management and decision-making process“ (2023, Abschn. 3.2).

Diese Perspektive der Prozesseinheit ist nicht hilfreich, denn während der ERM-Prozess primär der Unterstützung strategischer Entscheidungen dient (Gleißner & Berger, 2024, S. 1), speist sich der Entscheidungsprozess nicht ausschließlich aus dem ERM. „Decisions cannot be based entirely on risk analysis alone“ (Hubbard, 2009, S. 92). Aktivitäten und Informationen aus der finanziellen Planung (Budget, Cashflow, Kosten, Finanzierung, Rendite etc.) und politisch-strategischer Natur (z. B. Kooperationen, Wettbewerbsverhalten, Wahltaktik, Fertigungstiefe) fließen in die strategischen Entscheidungen ein. Es handelt sich also um ein komplexes Prozessgeflecht mit vielfältigen, auch bidirektionalen Informationsflüssen (vgl. Abbildung 1.1). Die Darstellung bei Glette-Iversen und Kollegen lässt diese Komplexität unberücksichtigt und ist daher abzulehnen.

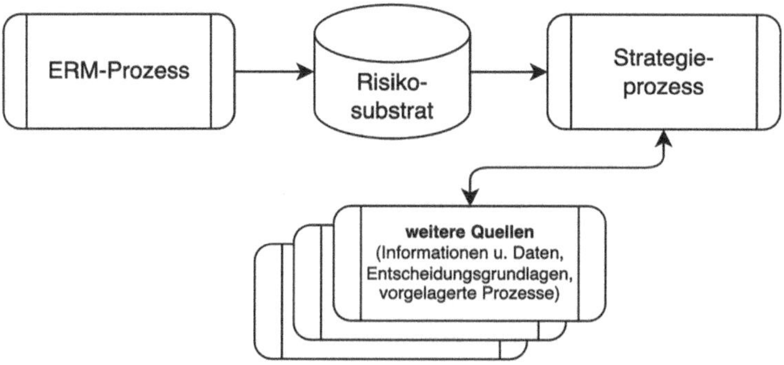

Abbildung 1.1 Inputs in den Strategieprozess. (Quelle: Eigene Darstellung)

Crawford und Jabbour (2024) geben Hinweise, indem sie eine Reihe kognitiver Faktoren aus ihrer umfassenden Literaturrecherche extrahieren (Tabelle 2.6) und diese mit „psychological biases" (2024, S. 112) in Verbindung bringen – dies jedoch mit Blick auf das Entscheidungsverhalten, also einer der Risikoidentifikation nachgelagerten Aktivität. Die Autoren weisen wiederholt auf die Bedeutung kognitiver Faktoren für das ERM-System – als Ganzes – hin (2024, S. 131).

Diese Ausrichtung ist deswegen zu unscharf, weil die Festlegung des entscheidungsrelevanten Risikosubstrats bereits während der Risikoidentifikation, also deutlich früher, geschieht. Der Blickwinkel muss auf kontingente Wahrnehmungsfehler und Heuristiken bereits während der Identifikation von Risiken und Chancen gelenkt werden, also auf den Anfang des Risikomanagement-Prozesses. Diese neue Nuance der Forschungsrichtung bewegt sich auf der Schnittstelle zwischen Betriebswirtschaftslehre und Psychologie. Crawford und Jabbour fordern eine „kognitive Wende" (2024, S. 125, eigene Übers.) im Risikomanagement als Gegenstand zukünftiger Forschung, dies jedoch ohne die Risikoidentifikation besonders zu betonen.

Jeitziner und ihre Kollegen gehen noch ein Stück weiter und bezeichnen verhaltenswissenschaftliche Aspekte im Risikomanagement sogar als „missing link" (2017, S. 464) in der Forschung. Aufgrund der engen Ausrichtung auf das betriebliche Rechnungswesen („Accounting“, S. 459) ist ein solcher Hinweis zwar grundsätzlich nützlich, dennoch für eine Fokussierung auf Biases[3] im Rahmen der Identifikation strategischer Risiken in Organisationen nicht genügend präzise. Es bleibt eine Unschärfe im Beitrag von Jeitziner et al., inwieweit sich ihre „Implications for Accounting Research“ (2017, S. 468) übertragen lassen.

Bisher existieren keine theoretischen Modelle, die die Relevanz von Wahrnehmungsfehlern und Heuristiken während der Risikoidentifikation berücksichtigen. Die vorliegende Arbeit dient als Grundlage für eine neue Forschungsrichtung, die sich auf den Anfang des Risikomanagement-Prozesses konzentriert.

Ein weiterer Aspekt der Forschungsrelevanz ergibt sich aus der oben angesprochenen Trennung der Prozesse ‚Risikomanagement‘ und ‚strategisches Entscheiden‘. Konfliktsituationen können aufgrund asymmetrischer Verteilung unvollständiger Informationen bei der Identifikation von Risiken auftreten: Personen, die mit der Risikoidentifikation beauftragt sind, sind nicht zwangsläufig dieselben Personen, die aufgrund dieser Risikoeinschätzung strategische Entscheidungen treffen. Unterschiedliche Einschätzungen aufgrund von Wahrnehmungsfehlern können sich nachteilig auf die Organisation auswirken. Aus dieser Perspektive könnte eine neue, verhaltensökonomisch orientierte Facette der Prinzipal-Agent-Theorie entstehen.

1.3.3 Praxisrelevanz

Im Jahr 2015 musste der Technologiekonzern Microsoft das Scheitern der Übernahme der Nokia-Mobiltelefonsparte für EUR 5.44 Milliarden nach nur zwei Jahren eingestehen und die Akquisition abschreiben. Man entließ mehrere Tausend Mitarbeiter an verschiedenen Standorten in Finnland. Risiken im Zusammenhang mit sinkenden Marktanteilen der Windows- und Nokia-Mobiltelefone waren nicht angemessen berücksichtigt worden (Salman Abdou & Hussein, 2020, S. 45).

Im Jahr 2023 wurde die in Schieflage geratene Schweizer Großbank Credit Suisse (CS) mit der UBS, einer weiteren Schweizer Großbank, nach staatlicher Intervention fusioniert (Böni & Zimmermann, 2024, S. 2). Gravierende Mängel im internen Risikomanagement (Melnarowicz, 2024, S. 212) hatten bei der CS zu massiven Verlusten aus riskanten Transaktionen, Skandalen (Böni & Zimmermann, 2024, S. 6) und zu Kapitalabflüssen aufgrund mangelnden Vertrauens

[3] Mecit (2021, S. 81) folgend wird in der Arbeit vorwiegend der Begriff ‚Bias‘ und dessen Pluralform ‚Biases‘ verwendet. Für Heuristiken wird der deutsche Begriff verwendet.

der Investoren geführt (Melnarowicz, 2024, S. 212). Der Schweizer Staat musste zudem die Übernahme mit einer Ausfallgarantie von CHF 9 Milliarden absichern (Böni & Zimmermann, 2024, S. 2).

Beide genannten Fälle weisen auf einen Zusammenhang mit dem betrieblichen Risikomanagement hin. Dieses kann einen substanziellen Beitrag auf nachhaltigen Erfolg, Wert der Unternehmung sowie auf das langfristige Überleben der Organisation ausüben (Anton & Nucu, 2020, Abschn. 4.3; Beasley, Branson, Braumann, & Pagach, 2023, S. 102; Bohnert, Gatzert, Hoyt, & Lechner, 2017, S. 316; Syrová & Špička, 2023, S. 14).

In der vorliegenden Arbeit werden entscheidende Gestaltungsempfehlungen zur Verbesserung betriebswirtschaftlich ausgerichteter, strategischer Entscheidungen vorgestellt (Serrat, 2017, S. 571). Der Fokus der Empfehlungen wird dabei auf die Risikoidentifikation gelegt, die als kritische Aktivität zu Beginn des Risikomanagement-Prozesses zu verstehen ist. Es wird ein Beitrag geleistet, das Risikomanagement um eine entscheidende Facette, die Berücksichtigung von Wahrnehmungsfehlern und Heuristiken bei der Risikoidentifikation, zu ergänzen.

Die Zusammenhänge zwischen Risikomanagement und Entscheidungsverhalten sind für Organisationen von praktischer Bedeutung: Oben wurde ausgeführt, dass strategische Entscheidungen auf Ziele ausgerichtet sind, die in der Zukunft liegen. Diese aber ist unsicher und wird durch das Risikomanagement begreiflich gemacht. Risiko, Chance und Entscheidung bilden eine gedankliche Einheit, die in der Aufbau- und Ablauforganisation nicht immer genügend berücksichtigt wird. Eine arbeitsteilige Gestaltung kann bei Trennung von Risikomanagement und „strategic decision making" (Beasley, Branson, Braumann, et al., 2023, S. 102) Agency-Probleme erzeugen, Ziel- und Rollenkonflikte auslösen und zu nachteiligen Entscheidungen führen. Gestaltungsempfehlungen sind notwendig, wie solche Nachteile vermieden werden können.

Die vorliegende Arbeit zeigt auf, dass habituelles (Entscheidungs-)Verhalten, das sich in der Vergangenheit bewährt haben mag, in der VUCA-Welt nicht immer zielführend sein muss. Dies ist von entscheidender Bedeutung, da unerkannte Risiken oder solche, die durch Wahrnehmungsfehler oder Heuristiken während der Risikoidentifikation nicht angemessen erfasst werden, existenzbedrohende Auswirkungen auf Organisationen haben können (MacKay & Chia, 2013, S. 221).

Das praktische Interesse von Organisationen an der sorgfältigen Risikoidentifikation wird in der Arbeit betont. Dabei geht es um das Ausnutzen wirtschaftlicher Vorteile wie Wettbewerbschancen, der Vermeidung strategischer Fehlentscheidungen, der Reduzierung von Finanzierungskosten, der Steigerung des Unternehmenswerts und dem Aufbau von Vertrauen bei Kapitalgebern und

Kunden. Die Arbeit ermöglicht Unternehmen, Defizite in ihrem Risikomanagement zu erkennen und gezielt anzugehen, um in einem zunehmend komplexer werdenden Umfeld wettbewerbsfähig und widerstandsfähig zu bleiben.

1.4 Zielstellung der Dissertation

1.4.1 Haupt- und Teilzielstellungen

Die vorliegende Arbeit projiziert die Erkenntnisse der Verhaltensökonomie auf die Risikoidentifikation und untersucht die dabei ablaufenden Prozesse[4].

Bei der *Risikoidentifikation* handelt es sich um einen kritischen Schritt im Risikomanagement-Prozess (Brühwiler, 2016, S. 143; Gorzeń-Mitka, 2013, S. 7), insofern hier die fundamentalen Attribute und Eigenschaften der relevanten Risiken und Chancen erstmals in einem Risikoinventar aufgezeichnet werden (vgl. Abbildung 1.2). Alle weiteren Schritte im Risk-Management-Prozess ergänzen oder modifizieren die Daten im Risikoinventar. Werden bedeutende Risiken oder Chancen nicht schon während der Risikoidentifikation umfassend festgehalten, bleiben diese unerkannt (Durrer, 2017, S. 122) und es können negative wirtschaftliche, politische, soziale oder ökologische Folgen für die Organisation eintreten.

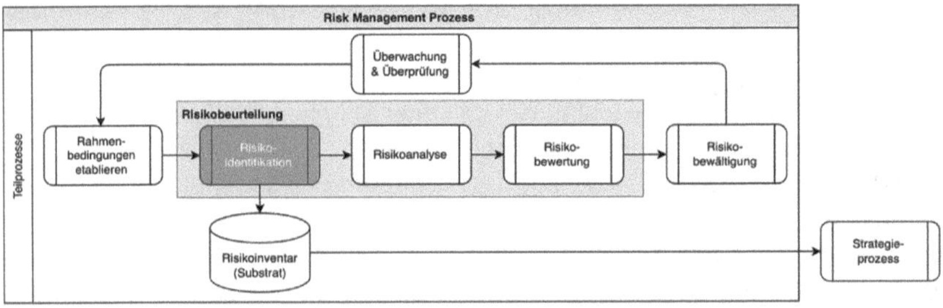

Abbildung 1.2 Prozesslandkarte Risk-Management Prozess. (Quelle: Eigene Darstellung nach Durrer 2017, S. 111)

Etablierte Rahmenwerke zum Risikomanagement ignorieren mögliche Schwierigkeiten, Barrieren und Hindernisse bei der Risikoidentifikation nahezu völlig

[4] Ausführlich zu Prozessen und zugehörigen Begriffen im Abschnitt 2.2.1.2 der Arbeit.

(vgl. Abschn. 2.2.1.4.2). Allfällige Einflüsse durch menschliche Wahrnehmungsfehler, begrenzte Rationalität der Akteure, deren Fehler oder Gewohnheiten werden im Rahmen der Risikoidentifikation nicht thematisiert. Erkenntnisse der Verhaltensökonomie werden in der Literatur, wenn überhaupt, auf betriebliche Entscheidungen, mithin auf das Ende des Risikomanagement-Prozesses, angewendet.

Neu als Untersuchungsgegenstand ist hingegen der *Anfang* des Risikomanagement-Prozesses, die Risikoidentifikation, bei der individuelles und gruppendynamisches Verhalten eine zentrale Rolle spielen. Handlungsregulierende Heuristiken und Wahrnehmungsfehler treten sowohl individuell als auch kollektiv auf (Hunziker, 2019, S. 36) und steuern, welche Informationen in das Risikoinventar aufgenommen werden. Eine an der Risikoidentifikation angesiedelte, tiefergehende Analyse dieser verhaltensökonomisch gesteuerten Vorgänge trägt nicht nur zur Schließung einer Forschungslücke bei, sondern liefert gestaltungsorientierte Ergebnisse von hoher Praxisrelevanz.

1.4.1.1 Hauptzielstellung

Strategische Entscheidungen in der Organisation werden u. a. auf Basis der identifizierten Risiken und Chancen getroffen. Die strategischen Entscheidungen finden auf den obersten Leitungsebenen statt. Die Akteure sind üblicherweise Mitglieder der Geschäftsleitung und, sofern vorhanden, des übergeordneten Aufsichtsorgans (Verwaltungs- oder Aufsichtsrat). Der vorgelagerte ERM-Prozess liefert das für die strategischen Entscheidungen notwendige Risikosubstrat, in der englischsprachigen Fachliteratur auch als „risk register" (Baumann, Erber, & Gattringer, 2016, S. 28) und „risk inventory" (Beasley & Branson, 2022, S. 40) bezeichnet.

Die Erstellung des Risikosubstrats im Rahmen der Risikoidentifikation ist ein sozialer Prozess, der von verhaltensökonomischen Wahrnehmungsfehlern und Heuristiken beeinflusst wird. **Ziel ist es, die Bedeutung verhaltensökonomischer Wahrnehmungsfehler und Heuristiken für die Risikoidentifikation als Basis strategischer Entscheidungen aufzuzeigen.**

1.4.1.2 Theoriegeleitete Zielstellungen

Theoriegeleitet steht das Beschreiben von Qualitätsindikatoren und deren Kategorisieren nach Kriterien der Messbarkeit und Wirkungsweise im Vordergrund. Die *Qualitätsindikatoren* beziehen sich dabei auf zwei unterscheidbare Stellen im ERM-System: einerseits auf den (flüchtigen) Teilprozess der Risikoidentifikation selbst, zweitens, auf das Risikosubstrat als persistentem Ergebnis des Teilprozesses (vgl. Abbildung 1.3). Für beide Gruppen von Qualitätsindikatoren, Prozessqualitätsindikatoren und Ergebnisqualitätsindikatoren wird je eine Kategorisierung erarbeitet, die die beobachtbaren Phänomene in einen theoretischen Bezugsrahmen stellt.

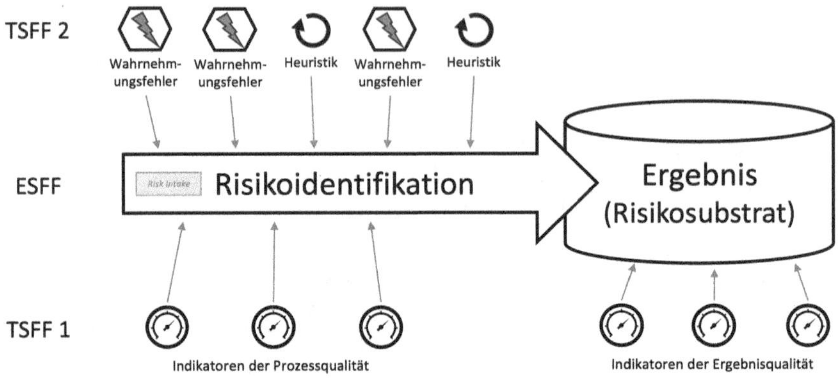

Abbildung 1.3 Ansatzpunkte theoriegeleiteter Zielstellungen. (Quelle: Eigene Darstellung)

Kategorisieren bezeichnet die Einordnung eines Phänomens nach mehreren Kriterien, im Gegensatz zur Klassifizierung, die nur ein Ordnungsmerkmal verwendet. Die erhobenen Qualitätsindikatoren werden nach a) Ansätzen zu deren Messbarkeit und b) den erreichbaren Skalenniveaus unterschieden.

Die zweite theoriegeleitete Zielstellung bezieht sich auf Wahrnehmungsfehler und handlungsleitende Heuristiken, die während der Risikoidentifikation auftreten und deren Ergebnis beeinflussen können (vgl. Abbildung 1.3, obere Hälfte). *Wahrnehmungsfehler* (engl. *‚biases'*, *pl.*) sind „systematic errors of judgment" (Artinger, Gigerenzer, & Jacobs, 2022, S. 627), die als Denkfehler bewusst oder unbewusst auftreten können (Domsch, Ladwig, & Weber, 2019a, S. 5). Mithilfe von Begriffen der Allgemeinen Psychologie werden Wahrnehmungsfehler auch als „kognitive Fehlleistungen" (Graf, 2015, S. 514) oder „kognitive Täuschungen" (Funke, 2011, S. 186) bezeichnet. Eine vertiefte Diskussion der Begriffe und Definitionen erfolgt im Abschnitt 2.2.4.3 der Arbeit.

Heuristiken sind „Faustregeln und einfache[] Näherungen" (Müller-Peters, 2023, S. 13), salopp auch als „mentale Daumenregeln" (Fiedler, Ermark, & Salmen, 2021, S. 258) bezeichnet. Sie ermöglichen schnelles Entscheiden in Situationen mit unvollständiger Informationslage (Beck, 2014, S. 84). Im Kontext des Risikomanagements sind Wahrnehmungsfehler und Heuristiken auftretende

Phänomene, die sich hemmend oder förderlich auf die Risikoidentifikation auswirken können (vgl. Abbildung 2.2). Beide Phänomene sind eng mit ablaufenden Denkprozessen verbunden und als solche nicht direkt der Beobachtung zugänglich. Rückschlüsse auf vorliegende Biases und Heuristiken lassen sich durch die Analyse des beobachtbaren Verhaltens der Akteure ziehen.

Die genannten, vorrangig in der Verhaltensökonomie untersuchten Effekte werden erkannt, dargestellt und von anderen Einflüssen wie z. B. Emotionen, Organisationskultur, unsystematischen Fehlern (Gigerenzer, 2023a, S. 59), mehrdeutigen Entscheidungssituationen (Bergmann & Bungert, 2022, S. 7), Wunschdenken oder fehlendem Wissen (Gigerenzer, 2018, S. 306) abgegrenzt.

1.4.1.3 Empiriegeleitete Zielstellungen

Empiriegeleitet bedarf es der Identifikation und systematischen Einordnung der bei der Risikoidentifikation ablaufenden Aktivitäten und Arbeitsschritte. Die Aktivitäten des Teilprozesses „Risikoidentifikation" werden erkannt und dargestellt. Bisher als ‚Blackbox' ohne Kenntnis ihrer inneren Wirkungsweise postuliert, muss die Risikoidentifikation in ihre Bestandteile dekomponiert werden. Erst auf einer weiteren Detaillierungsebene können die Anknüpfungspunkte der Wahrnehmungsfehler und Heuristiken und deren Relevanz für das Risikosubstrat als Ergebnis des ERM-Prozesses erkannt und beschrieben werden. Die Details ergeben sich aus der Diskussion und Analyse insbesondere der mentalen Leistungen, die während der Risikoidentifikation ablaufen. Die dabei auftretenden Einflüsse aufgrund von Wahrnehmungsfehlern und Heuristiken werden erfasst und beschrieben.

Die Analyse setzt an zwei Ebenen an: Leicht zu erhebende, fachliche Aktivitäten und Arbeitsschritte, die inhaltlich dem Risikomanagement zugeordnet werden, sind durch kognitive und motivationale, ggf. auch emotionale Vorgänge zu ergänzen. *Kognition* ist ein Begriff der Allgemeinen Psychologie und bezeichnet geistige „Aktivitäten, die mit Prozessen wie Denken, Wissen, Erinnern und Kommunizieren verbunden sind" (Myers, 2014, S. 368). *Motivational* begründet sind Wahrnehmungsfehler, wenn sie im Zusammenhang mit Eigeninteressen, sozialem Druck (Montibeller & von Winterfeldt, 2015, S. 1230) oder sozialer Erwünschtheit (2015, S. 1231) auftreten. Kognitive Vorgänge und Motivstrukturen lassen sich mit dem Methodenarsenal etablierter psychologischer Modelle erschließen (vgl. Abschn. 2.2.3 der Arbeit).

Die äußere Gestalt der Risikoidentifikation (z. B. Instruktionen, Sprechakte, Gebärden, Aufzeichnungen) stellt demzufolge nur einen Teil der zu absolvierenden Aktivitäten dar. Auf die mentale Arbeit der an der Risikoidentifikation beteiligten Personen wurde bereits hingewiesen. Dies bedingt, dass auch die nicht direkt beobachtbare Gedankenarbeit als innere Form der Prozessaktivität erkannt und aufgezeichnet werden muss.

1.4.1.4 Gestaltungsgeleitete Zielstellungen

Gestaltungsorientiert werden die Ergebnisse der theoretischen und empiriegeleiteten Fragen in eine Sammlung von Handlungsempfehlungen integriert. Letztere bilden ein Verfahren, das sich in bestehende ERM-Systeme einbetten lässt, um Wahrnehmungsfehler kontrollieren und handlungsregulierende Heuristiken steuern zu können.

Die Erkenntnisse der Verhaltensökonomie werden auf ein spezifisches Segment des ERM-Prozesses, die Risikoidentifikation, projiziert. Es soll aufgezeigt werden, wie sich Wahrnehmungsfehler und Heuristiken auf den Prozess auswirken (vgl. hervorgehobener Bereich in Abbildung 1.4), damit Risikoverantwortliche in Organisationen besser die Qualität des Risikosubstrats einschätzen und in ihren Entscheidungen berücksichtigen können. Für Praktiker ist es zentral, beurteilen zu können, ob ein dokumentiertes Risiko aufgrund von Wahrnehmungsfehlern oder Heuristiken möglicherweise verzerrt präsentiert wird. Das Risikosubstrat findet Eingang in den Strategieprozess und kann dort zu gravierenden Fehlentscheidungen führen, falls relevante Risiken (oder Chancen) nicht realitätsnah oder gar nicht abgebildet wurden.

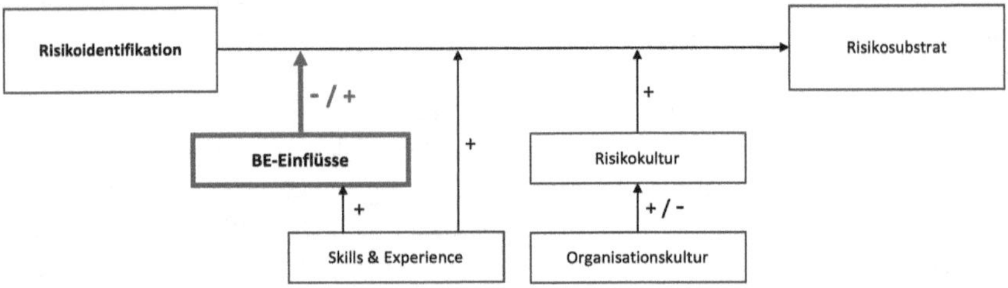

Abbildung 1.4 Mögliche Wirkmechanismen während der Risikoidentifikation. (Quelle: Eigene Darstellung)

1.4.2 Erwartete neue Ergebnisse und Erkenntnisse

1.4.2.1 Erwartete neue Ergebnisse und Erkenntnisse der Dissertation insgesamt

Es werden unterschiedliche Ergebnisformen aus der Analyse abgeleitet. Allen Ergebnisformen gemein ist ein Beitrag zur Erklärung und Prognose verhaltensökonomischer Einflüsse auf die Risikoidentifikation im ERM-System. Es soll geklärt werden, wie das Verhalten der an der Risikoidentifikation beteiligten Akteure, insbesondere deren Wahrnehmungsfehler und handlungsleitenden Heuristiken, das Risikosubstrat als Basis strategischer Entscheidungen beeinflusst.

Die empirie- und gestaltungsorientierten Ergebnisformen sollen darüber hinaus Möglichkeiten und Vorschläge aufzeigen, wie der Teilprozess der Risikoidentifikation hinsichtlich verhaltensökonomischer Einflüsse verbessert werden kann, und wie sich eine solche Verbesserung messbar gestalten lässt.

1.4.2.2 Erwartete neue Ergebnisse und Erkenntnisse des theoretischen Teils

Das theoriegeleitete Ergebnis der Analyse ist ein **Katalog** messbarer Qualitätsindikatoren, die auf den Teilprozess der Risikoidentifikation sowie auf das Ergebnis, das Risikosubstrat, anwendbar sind. Ein weiterer Katalog listet die bei der Risikoidentifikation beobachtbaren Wahrnehmungsfehler und Heuristiken auf. Als Bindeglied zwischen den beiden genannten Aufstellungen dient der Teilprozess der Risikoidentifikation. Dieser wird in seine konstituierenden Aktivitäten zerlegt, um die Anknüpfungspunkte benennen und hervorheben zu können. Damit wird ein Beitrag zur Vervollständigung des theoretischen Bezugsrahmens geleistet: Die Risikoidentifikation wird aufgeschlüsselt und in einen neuen Kontext gestellt, der forschungsseitig bisher nicht beschrieben wurde.

1.4.2.3 Erwartete neue Ergebnisse und Erkenntnisse des empirischen Teils

Empiriegeleitet wird die Risikoidentifikation als Teilprozess des Risikomanagement-Prozesses entwickelt. Dazu ist die oben erwähnte Dekomposition der Risikoidentifikation in ihre Unterprozesse erforderlich. Es soll ein **‚Risk Intake'-Ablauf** konstruiert werden, der diese vertiefte Betrachtungsweise ermöglicht. Der ‚Risk Intake' wird als Aktivitätenfolge innerhalb der Risikoidentifikation positioniert. Die Einflüsse aufgrund von Wahrnehmungsfehlern und Heuristiken werden diesem Ablauf zugeordnet.

Erst auf der Detailebene der ‚Risk Intake'-Aktivitätenfolge lassen sich kognitive und emotionale Zustände seitens der beteiligten Akteure erkennen sowie

Schritte aufzeigen, mit denen sich eine an diese Zustände anknüpfende Debiasing-Strategie (Jugnandan & Willows, 2023, S. 1545) umsetzen lässt. Der Erfolg der Debiasing-Strategie lässt sich durch die Qualitätsindikatoren messen.

1.4.2.4 Erwartete neue Ergebnisse und Erkenntnisse des Gestaltungsteils

Als gestaltungsorientierte Ergebnisform wird ein **Verfahren** entworfen, das in der Praxis eingesetzt werden kann und die Risikoidentifikation günstig beeinflusst. Die enthaltenden Techniken fördern das Debiasing und unterstützen funktionale Heuristiken. Vereinfacht gelten ‚Biases' und ‚Fallacies' als nachteilige Wahrnehmungsfehler, Heuristiken dagegen als förderliche Faustregeln und „mental shortcuts" (Bott & Milkau, 2017, Kapitel 4; Healey & Hodgkinson, 2015, S. 2). Das **Verfahren** soll implementierungsagnostisch gestaltet, also universell und in ganz unterschiedlich ausgeprägten ERM-Systemen einsetzbar sein.

1.4.3 Inhaltliche Abgrenzung

Die vorliegende Arbeit stellt das betrieblich-organisatorische ERM in den Mittelpunkt und steht damit in engem Bezug zur betriebswirtschaftlichen Entscheidungstheorie (Staehle, 1999, S. 518). Erkenntnisse der psychologischen Forschung werden eingeflochten, insofern sie der Schnittstellendisziplin der Verhaltensökonomie zugeordnet werden können.

Andere Formen des Risikomanagements werden ausgeschlossen, um den Fokus auf das betriebswirtschaftliche Risikomanagement zu stärken. Die folgenden Themen und Bereiche sind von der Analyse ausgenommen:

- Historischer Abriss und umfassende Darstellung gängiger Risikomanagement-Methoden und -Rahmenwerke sowie diesbezügliche Normen: Auf eine ausführliche Darstellung dieser Hintergründe wird verzichtet. Interessierte Leser können detailliertere Informationen zu diesen Themen in der Arbeit von Arena et al. (2010) finden, die den Hintergrund und die Entwicklung des Enterprise Risk Management von den 1990er Jahren bis 2008 beleuchtet. Ausführliche Darstellungen von COSO ERM und ISO 31000 finden sich in der rechtswissenschaftlichen Dissertation von Durrer (2017).
- Knappe Übersichten über die Entwicklung der Verhaltensökonomie liefern Sent (2004) und Graf (2015), weswegen in der Arbeit auf die Wiederholung verzichtet wird.

- Risikomanagement in Banken und Versicherungen: Das Risikomanagement in der Finanzindustrie ist stark transaktionsorientiert, formelbasiert und durch Aufsichtsbehörden reguliert. Dabei handelt es sich vorwiegend um eine quantitative Risikobewertung, die auf mathematischen Modellen und Methoden basiert; subjektive Risikoschätzungen sind tendenziell nicht erforderlich. Informationen zum aktuariellen Risikomanagement in der Versicherungswirtschaft sind in der Arbeit von Arnold et al. (2023) enthalten.
- Operatives Risikomanagement (ORM) ohne direkten strategischen Bezug: Das operative Risikomanagement im täglichen Geschäftsbetrieb fällt ebenfalls nicht in den Untersuchungsumfang der geplanten Analyse, die auf das ERM im Rahmen strategischer Entscheidungssituationen der Leitungsebenen ausgerichtet ist.
- Risikobewältigung in Sport oder Freizeit: Das Risikomanagement im Zusammenhang mit privaten Sport- oder Freizeitaktivitäten wird nicht behandelt.
- Medizinisches Fallmanagement: Das medizinische Risikomanagement, das sich mit Eingriffsrisiken und Komplikationen, Rezidivrisiken, Medikationsfehlern und allfälligen Folgeschäden befasst, wird in der Arbeit nicht thematisiert.
- Technisches Risikomanagement: Das technische Risikomanagement, das sich mit Aspekten wie Statik, Engineering oder Technikfolgenabschätzung beschäftigt, liegt außerhalb des Untersuchungsgebiets der Arbeit.
- Politisches Risikomanagement: Das politische Risikomanagement, das Konfliktforschung, internationale Beziehungen und militärische Aspekte betrachtet, wird ebenfalls nicht behandelt.
- Rechtliche Grundlagen und die Business Judgment Rule: Ausführliche Informationen finden sich bei Romeike und Hager (2020, Abschn. 2.3).
- Kommunikative Störungen bei der Informationsaufnahme und -weitergabe zwischen an der Risikoidentifikation beteiligten Akteuren werden nicht beleuchtet (übersichtlich bei Micholka-Metsch & Metsch, 2015; ausführlich bei Schulz von Thun, 2013; Watzlawick, Bavelas, & Jackson, 2017).

1.5 Aufbau der Arbeit

Die Dissertation gliedert sich in fünf Hauptteile. Der **Einleitungsteil** zeigt den Bezugsrahmen der zu untersuchenden Zielstellungen auf. Zu diesem zählen die oben skizzierte Ausgangslage, die Problemstellung und das Erkenntnisinteresse einerseits des Autors, andererseits die Relevanz der Fragen für Forschung und Praxis.

Im **Theorieteil** der Arbeit werden die notwendigen Grundlagen vermittelt. Diese speisen sich aus wissenschaftlichen Disziplinen, vorwiegend der Betriebswirtschaftslehre, der Psychologie sowie der Verhaltensökonomie als Schnittstellendisziplin der vorgenannten. Im Fokus liegen dabei die verhaltensökonomisch begründbaren Einflüsse auf die Risikoidentifikation, einen wichtigen Teilprozess im strategischen Risikomanagement von Organisationen. Dazu wird der aktuelle Stand der Forschung vorgestellt und gleichzeitig die Forschungslücke herausgearbeitet. Erste Antworten der theoriegeleiteten Forschungsfragen werden begründet und im Rahmen der Ergebnisformen aufbereitet.

Der **empirische Teil** widmet sich der Perspektive, die von Fachexperten bezüglich der Forschungsfragen eingenommen wird. Diese wird im Rahmen von teilstrukturierten Interviews erhoben und einer qualitativen Inhaltsanalyse unterzogen. Empirisch belegbare Kategoriensysteme werden zur Beantwortung der empiriegeleiteten Fragen entwickelt. Die so erzielten Ergebnisformen ergänzen oder erweitern den vorher erarbeiteten Erkenntnishorizont.

Im **Gestaltungsteil** werden die Ergebnisse zusammengeführt und mit Bezug auf die Forschungsfragen in entsprechende Lösungsansätze und Empfehlungen an die Forschung sowie an die Praxis übersetzt. Es werden konkrete Verfahren entwickelt, die die Risikoidentifikation hinsichtlich der Organisationsziele günstig beeinflussen können. Der **Schlussteil** fasst Erkenntnisse und Ergebnisse zusammen, erstellt ein abschließendes Fazit, und zeigt den Mehrwert der Arbeit für die Praxis auf. Es erfolgt ein Ausblick auf notwendige weitere Forschung.

2 Theoretischer Teil

2.1 Stand der Forschung

Die Fragen der vorliegenden Arbeit bewegen sich auf der Schnittstelle von Betriebswirtschaftslehre und Psychologie. Dieser Bereich wird forschungsseitig (u. a.) durch die Verhaltensökonomie bearbeitet. Fundiertes Wissen aus intensiver Forschungstätigkeit steht seit etwa den 1970er Jahren zur Verfügung.

Um den Stand der Forschung hinsichtlich der Forschungsfragen zu kennzeichnen, wird eine Strategie der bidirektionalen Approximation eingeschlagen. In der einen Richtung wird gezeigt, was die betriebswirtschaftliche Entscheidungstheorie, spezifisch das Risikomanagement, zum Thema der Wahrnehmungsfehler erarbeitet hat. In der Gegenrichtung wird ermittelt, ob sich die Verhaltensökonomie bereits mit dem Risikomanagement und speziell der Risikoidentifikation befasst hat. Der Ansatz grenzt den relevanten Forschungsstand von zwei Seiten her ein.

Den Treffpunkt dieser beiden gegensätzlichen Betrachtungsrichtungen verdeutlicht eine systematische Literaturrecherche, die bereits eine breit fundierte, allgemeine Darstellung des Forschungsstandes erlaubt. Die weitere Annäherung an aktuelle Forschungsergebnisse erfolgt über die Übersichtsdarstellung ausgewählter Studien (vgl. Tabelle 2.1).

A. Hilsbos, *Verhaltenspsychologisch begründete Wahrnehmungsfehler bei der Identifikation betrieblicher Risiken*, Leadership Insights: Impulse für Management und Führung, https://doi.org/10.1007/978-3-658-52018-2_2

2.1.1 Recherchevorgehen

Die Literaturauswahl verfolgt zwei Ziele. Zum einen stehen das Auffinden und Sichten von Wissen zum aktuellen Stand der Forschung im gewählten Thema im Vordergrund. Zweitens sollen Studien ausfindig gemacht werden, die einen möglichst engen Bezug zur Hauptforschungsfrage aufweisen und in die Literaturübersicht (Abschn. 2.1.3) aufgenommen und dort vertieft analysiert werden.

Die unten aufgelisteten Schritte sind realiter nicht streng sequenziell erfolgt. Die im Laufe der Auswahl erweiterten Zugriffsmöglichkeiten auf Volltexte sowie das Auffinden weiterer Quellen in den Literaturverzeichnissen erforderten ein iteratives Vorgehen.

1. Aufruf der einschlägigen Suchportale[1]/Datenbanken im Internet
2. Stichwortsuche (individuell in jedem Suchportal)
3. Filterkriterien applizieren
4. Durchsicht der Titel und Abstracts
5. Relevant erscheinende Einträge selektiert
6. Lesen der Dokumente (Volltext)

Details zu den verwendeten Suchbegriffen, Suchoptionen und Treffermengen enthält Anlage I der Arbeit.

2.1.2 Ergebnisse

Die Ergebnisse der Literaturrecherche lassen sich in vier Gruppen unterscheiden:

- Studien nach Branchen (13 Publikationen, Schwerpunkt auf Banken und Versicherungen)
- Studien nach Regionen oder Ländern (5 Publikationen)
- Studien nach betrieblichen Funktionen (4 Publikationen, Schwerpunkte Finanzen und Supply Chain)

[1] Diese Suchportale wurden verwendet: BASE Bielefeld Academic Search Engine (73 Treffer), DOAJ.org (187), EBSCOhost (2), Google Scholar (ca. 182), JSTOR (40), PLOS ONE (17), SCOPUS (48), Springer Open Access (155), Swisscovery plus mit SwitchEDU Universität Zürich (38), BrowZine der Universität Bern, WorldCat (54), ResearchGate (ohne Angabe der Trefferzahl).

- Studien zum Zusammenhang zwischen ERM und Unternehmenserfolg (13 Publikationen)

Spezifische Themen betreffen die Kompetenzprofile der Risk-Manager (Kaplan & Mikes, 2016b, S. 12; Vanini & Hunziker, 2020) oder „Judgmental Risk“ in der Arbeit von Goto (2007, S. 277). Kaplan und Mikes sind es auch, die die Schwierigkeit der Risikoidentifikation auf die durch Kahneman eingeführte Systematik der unterschiedlichen Denksysteme ‚Fast‘ und ‚Slow‘ zurückführen (Kaplan & Mikes, 2016b, S. 7).

Goto verweist bereits früh auf die potenziell nachteilige Bedeutung menschlichen Verhaltens und Biases für das Risikomanagement. Er schlägt zu deren Kontrolle ein „Behavioral risk management system“ vor (2004, S. 11). Bereits wenig später legt er nach und identifiziert 25 verschiedene psychologische Wahrnehmungsfehler als bedeutende, limitierende Faktoren eines ERM-Systems (2007, S. 269–271).

Hunziker (2019) widmet den während der Risikoanalyse möglichen Biases ein ganzes Kapitel. Dargestellt werden 24 häufige Biases, die, ähnlich wie bei Goto (2007, S. 269–271), in individuelle und kollektive Biases unterschieden werden. Erstere Gruppe unterteilt Hunziker (2019, Kap. 2) weiter in motivational und kognitiv begründete Biases.

2.1.3 Literaturübersicht

In die Literaturübersicht werden neun Zeitschriftenartikel aus den Jahren 2015–2023 aufgenommen. Die einzelnen Arbeiten werden kurz vorgestellt und in den Zusammenhang mit den geplanten Forschungsfragen gestellt. Es soll gezeigt werden, dass bezüglich der Forschungsfragen keine überzeugende Basis an bestehender Forschung existiert. Die daraus resultierende Forschungslücke wird im nachfolgenden Abschnitt 2.1.4 präzisiert.

Zur besseren Übersicht und Vergleichbarkeit werden am Ende des Abschnitts die neun Arbeiten tabellarisch aufgeführt. Abschließend folgt eine kurze Zusammenfassung mit Hinblick auf offene Fragen, die in der Literatur bisher nicht in befriedigendem Ausmaß adressiert worden sind.

Zwei Arbeiten liegen vor dem bei der Recherche applizierten Zeitraum 2018–2023. Die jeweilige Begründung für diesen Bruch in der Auswahlmethodik wird bei der Vorstellung der beiden Arbeiten geliefert. Eine mögliche Voreingenommenheit (Rojon, Okupe, & McDowall, 2021, S. 192) bei der Auswahl der Arbeiten kann nicht ausgeschlossen werden. Um dieser zu begegnen, muss der Themenbezug immer wieder in den Vordergrund gerufen und überprüft werden.

Baumann et al. (2016) orientieren sich an der ISO 31000 und betonen die Wichtigkeit der Risikoidentifikation als frühem Schritt im Risk Management-Prozess. Sie unterstreichen die Bedeutung des erkannten Risikosubstrats für alle weiteren Schritte und insbesondere die darauf aufbauenden taktischen und strategischen Entscheidungen (Baumann et al., 2016, S. 28; Häntsch & Huchzermeier, 2013, S. 130).

Die Arbeit ist in der Literaturübersicht enthalten, weil erste Ansätze verhaltenswissenschaftlicher Einflüsse erkennbar werden: Drei Biases (‚*hindsight bias*', ‚*overconfidence*' und ‚*conservatism bias*') werden erwähnt und es wird auf die Bedeutung der Gruppenzusammensetzung bei der Risikoidentifikation hingewiesen (2016, S. 29 u. 38). Vertieft werden diese Aspekte jedoch nicht, der Artikel fokussiert vielmehr auf Kreativitätstechniken und Methoden, die bei der Risikoidentifikation eingesetzt werden können.

Die ausführliche Arbeit von ***Lundqvist*** (2015) beschäftigt sich mit der Frage, warum Organisationen ERM implementieren. Sie legt für die Befragung 153 nordischer Unternehmen eine etwas ungewöhnliche Definition von ERM an, nach dem dieses die Ergänzung traditionellen Risikomanagements um Risiko-Governance ist. Risiko-Governance ist die übergeordnete Struktur, die Aufgaben, Verantwortlichkeiten und Entscheidungshilfen des Risikomanagements definiert (Lundqvist, 2015, S. 442).

In der Untersuchung wird der Gegenstand des ERM ausschließlich auf finanzwirtschaftliche Themen (z. B. Hedging, Transaktionskosten, Einsatz von Finanzinstrumenten, Verschuldung, Investitionen) beschränkt. Obschon die Überwindung der silo-artigen Betrachtungsweise hin zu einer Risiko-Portfolioperspektive als Aufgabe des ERM genannt wird (Lundqvist, 2015, S. 443), hat sich Lundqvists Definition von ERM nicht durchgesetzt. Dies mag u. a. daran liegen, dass nichtfinanzielle Aspekte (z. B. Strategie, Technologie, Compliance, Reputation) zwar erwähnt werden (Lundqvist, 2015, S. 452), nicht aber in den Bereich des ERM fallen.

Die Arbeit wird gleichwohl in die Literaturübersicht aufgenommen, um die vergleichsweise schnelle Entwicklung von ERM als Forschungsdisziplin aufzuzeigen. Das Datenmaterial der Studie bezieht sich auf einen Zeitraum von 2009 bis maximal drei Jahre davor und verortet ERM ausschließlich in der Domäne des Corporate Finance. Diese enge Betrachtungsweise ist bereits wenig später nicht mehr haltbar:

Deutlich weiter ist ***Braumann*** (2018) mit ihren Hinweisen auf den umfassenden („holistic") Ansatz von ERM und dessen strategische Bedeutung (2018, S. 241). Die Arbeit, eine Befragung 118 österreichischer Firmen, stellt einen Bezug von ERM mit kulturellen Aspekten sowie mit verhaltensrelevanten Einflüssen (u. a. Reflexion, Denkvorgänge, Risikobewusstsein und Kommunikation) her (Braumann, 2018, S. 243–244). Das Risikobewusstsein aller Organisationsteilnehmer wird als eine von fünf konstituierenden Säulen von ERM prominent positioniert (2018, S. 242 u. 261).

Der Beitrag verdeutlicht, dass risikorelevantes Verhalten vom Verständnis der Beteiligten während der Risikoidentifikation abhängt. Kognitive und kommunikative Prozesse werden in einen Zusammenhang mit dem Risikomanagement gestellt, eine vertiefte Analyse unter Zuhilfenahme verhaltensökonomischer Erkenntnisse erfolgt jedoch nicht. Der Vorschlag, im Rahmen zukünftiger Forschung auf *„cultural components"* (2018, S. 261) näher einzugehen, zeugt von einer Annäherung an verhaltenswissenschaftliche Forschungsgebiete. Die Autorin weitet den Gedanken aber nicht weiter auf individualpsychologische Wahrnehmungsfehler oder handlungsregulierende Heuristiken aus.

Eine ähnliche Richtung beschreiten ***Anton und Nucu*** (2020), die ebenfalls die Unternehmenskultur einbeziehen. Die Autoren unterstreichen die Bedeutung und Komplexität des ERM, indem sie dessen Interdisziplinarität (2020, S. 5) und Komplexität (2020, S. 13) hervorheben, sowie den Zusammenhang zwischen Risikomanagement, Strategie, Zielvereinbarung und Entscheidungsfindung aufzeigen (2020, S. 2; Arena et al., 2010, S. 673). Zudem stellen sie die Verbindung von ERM zum Erfolg der Organisation her – einem der meistuntersuchten Forschungsthemen (S. 9, 13–14 u. 16). Das dabei entstandene, uneinheitliche Forschungsbild wird von Anton und Nucu differenziert wiedergegeben.

Schließlich runden die Autoren das Bild ab, indem sie im Abschnitt 4.4 *„Other Aspects of ERM"* noch auf länder- und industriespezifische Studien hinweisen. Sie beobachten u. a. auch in der Pharmabranche, der Logistik und in Produktionsbetrieben eine Tendenz zu stärker formalisierten ERM-Prozessen (2020, S. 14). Somit wird auf wenigen Seiten ein umfassender Bogen geschlagen, der aus aktueller Perspektive und basierend auf 101 gesichteten Forschungsbeiträgen das Thema ERM vorstellt.

Der eigentliche Wert der Arbeit für diese Dissertation geht im zweiten Teil der Überschrift (*„Agenda for Future Research"*), genauer gesagt im Abschnitt 5 des Beitrags fast unter. Darin wird auf die Bedeutung der verhaltenssteuernden Organisationskultur im ERM-Prozess (S. 15) und individueller Faktoren (S. 16) verwiesen. Die Autoren entwickeln ihre Gedankengänge jedoch nicht, sondern positionieren diese deutlich als zukünftige Forschungsrichtung (2020, S. 15).

Erst jüngst wird das Risikomanagement mit den Erkenntnissen und dem Vokabular der Verhaltensökonomie explizit in einen Zusammenhang gestellt. ***Gendron et al.*** (2021) bedienen sich dazu eines philosophischen Modells des „(Dis)Comforts", welches sie mit dem sozialen Verlangen nach „*Reassurance*" (Kewell & Linsley, 2017, S. 17) kombinieren. „L ' inconfort" im französischsprachigen Original von Pezeu-Massabuau (2004) verwandeln Gendron et al. (2021) in den Doppelbegriff des „(Dis)Comfort" (S. 2), um die beiden darin innewohnenden Wirkungsrichtungen zu betonen. Mit diesem Begriffspaar kontrastieren Gendron et al. die im Risikomanagement erzeugte Spannung zwischen erlebtem ‚*Discomfort*' beim Erkennen von Risiken einerseits und Gewissheit erzeugender Heuristiken andererseits (Gendron et al., 2021, S. 9).

‚*Discomfort*' entsteht aus gefühlter Bedrohung, Befürchtungen und Widerständen der Entscheider angesichts Risiken und Zweifeln, wie diese bewirtschaftet werden sollen (S. 4). Heuristiken sind handlungsleitende Strategien oder Faustregeln und heilen oder mindern ‚*Discomfort*' in der schwer zu ertragenden Situation der Unsicherheit. Durch die verwendete Terminologie und die grundlegende Gedankenführung in der Arbeit von Gendron et al. wird die Verknüpfung emotionaler Aspekte und der Gefühlsebene der Beteiligten mit Ansätzen deutlich, wie sie auch in der Verhaltensökonomie vorkommen. Auf Biases wird in der Arbeit nicht explizit hingewiesen.

Im Vordergrund der Arbeit steht das Wechselspiel von ‚*Discomfort*' und ‚*Reassurance*' durch die Tätigkeit von Entscheidern, deren Beratern und Risk-Management-Spezialisten. Letztere tragen zum Ausgleich bei, indem sie angst- und konfliktlösende Techniken und Werkzeuge in den Prozess einbringen (2021, S. 16). Die Autoren schließen mit dem Hinweis auf ein vertieftes Verständnis für Risiken, denen die Organisation ausgesetzt ist (2021, S. 17). Die verhaltenswissenschaftliche Perspektive wird über dieses Wechselspiel hinaus nicht weiter vertieft.

Einschränkend an der Studie von Gendron et al. ist zu erwähnen, dass die Analyse eine Sekundärverwertung von Interviewdaten darstellt, die ursprünglich zu einem anderen Forschungszweck erhoben wurden. Befragt wurden 14 Mitglieder von Verwaltungs-/Aufsichtsräten und elf Berater, mithin Personen, die zwar strategische Entscheidungen treffen oder vorbereiten, aber nicht zwangsläufig an der Risikoidentifikation beteiligt sind.

Die Arbeit von ***Bockius und Gatzert*** (2023) schlägt mit Blick auf die Risikokultur der Organisation einen etwas weiteren Bogen. Die Sichtung von 83 Fachartikeln zur Risikokultur, thematisch vorwiegend aus der Bankenwelt, ergibt ein heterogenes Bild (2023, S. 2 u. 14). Demnach besitzt die Risikokultur eine förderliche Wirkung auf die Berücksichtigung von Risiken und stellt damit ein wichtiges Element des ERM-Systems dar. Einheitliche Definitionen und Messkonzepte existieren indessen nicht (2023, S. 1). Die Autorinnen leisten ihren Beitrag zur Weiterentwicklung durch die Strukturierung von Risikokultur in fünf Dimensionen, und sie identifizieren mögliche Erhebungsmethoden. Ausserdem stellen sie Risikokultur in einen organisatorischen Kontext und wägen die Relevanz des Konstrukts ab. Zur Verbesserung der Risikokultur schlagen sie einen umfassenden Maßnahmenkatalog vor (S. 10–11).

Für die Fragestellungen der vorliegenden Dissertation lassen sich aus der Analyse von Bockius und Gatzert relevante Aspekte herauslesen. So isolieren sie eine individuell-emotionale Perspektive, indem sie Furcht vor Risiko-Reporting (S. 4 u. 9) und andere verhaltenssteuernde Wurzeln in der Risikokultur verorten (S. 3). Die Risikoidentifikation wird in einen Zusammenhang mit der Fähigkeit, von Fehlern zu lernen, gestellt (S. 5). Die Autorinnen schlagen damit eine Brücke von der Risikokultur als einem kollektiv-emergenten Phänomen hin zu individuellen Gesichtspunkten emotionaler, kognitiver und verhaltensrelevanter Vorgängen. Diese Art der Verknüpfung wird zur Einordnung verhaltensrelevanter Einflüsse auf die Risikoidentifikation von Bedeutung sein, insofern sie den Kontext oder den Hintergrund liefert.

Die südafrikanischen Forscherinnen ***Jugnandan und Willows*** entwickeln in ihrer Arbeit zum Debiasing (2023) ein Vorgehensmodell, das mehrere Methoden kombiniert, um den Einfluss von Biases zu reduzieren (S. 1553). Das Debiasing priorisiert das Reduzieren oder Kontrollieren unerwünschter Effekte des Bias (Compen, Pitthan, Schelfhout, & De Witte, 2022, Abschn. 1. Introduction; Jugnandan & Willows, 2023, S. 1544). Etwa 92 Publikationen aus über zwanzig Jahren akademischer Forschung zum Debiasing werden gesichtet. Aus den Erkenntnissen werden fünf Ansätze für erfolgreiches Debiasing vorgestellt, hier mit ihren englischen Begriffen wiedergegeben (S. 1545): „education and training, decision support systems (DSS), financial advice, information and experience“ (Jugnandan & Willows, 2023, S. 1545).

Digitale Strategien wie Gamification und rechnergestützte Systeme zur Entscheidungsunterstützung werden als vielversprechende Ansätze erwähnt (S. 1546). Auf die Bedeutung subtiler ‚*Nudges*‘ wird hingewiesen (Jugnandan & Willows, 2023, S. 1548). Ebenso werden Kreativitätstechniken erkannt, die zum

Debiasing beitragen können. Insgesamt stellt die Arbeit der Autorinnen eine aktuelle und erfolgsorientierte Perspektive auf Debiasing-Ansätze dar, im Vergleich zur eher pessimistischen Sicht von Fischhoff (1982, Abschn. Abstract).

Die direkte Übertragbarkeit der Arbeit von Jugnandan u. Willows auf die Forschungsfragen (vgl. Abschn. 2.1.5) ist eingeschränkt, da sie sich zwar auf individuelle, finanzrelevante Entscheidungen beziehen, diese aber ausserhalb eines organisatorischen Kontextes und nicht in einem ERM-System stattfinden. Gleichwohl stehen die wichtigsten Erkenntnisse der Arbeit auf den Schultern der Begründer der Verhaltensökonomie (u. a. Kahneman, Slovic, Tversky, Fischhoff) und verdienen daher Beachtung. Die Formen von Bias in der Arbeit von Jugnandan u. Willows sind ähnliche, wie sie im organisatorischen Setting auftreten (S. 1546). Deswegen sind auch die aufgeworfenen Fragen der Autorinnen, welche Biases in welchem Kontext auftreten und welche von diesen die schädlichste Wirkung entfalten (S. 1555), hilfreich für die vertiefte Analyse.

Beasley et al. (2023) greifen das von Lundqvist (2015, s. oben) eingeführte Konzept der Risiko-Governance auf und legen dafür eine differenzierte Struktur vor, entwickelt aus 2'380 auswertbaren Fragebögen der Jahre 2011 bis 2016. Befragt wurden Mitglieder einer Untergruppe der US-amerikanischen Vereinigung der Wirtschaftsprüfer, 39 % der Antworten stammen von CFOs. Die Autoren ermitteln die Determinanten von Risiko-Governance, die industrie- und organisationsunabhängig eine Rolle spielen. Dazu positionieren sie Risiko-Governance als eine Dienstleistung, die durch interne und externe Beteiligte mit jeweils unterschiedlichen Vorstellungen und Erwartungen beeinflusst wird. Erbracht wird die Dienstleistung durch Schlüsselpersonen, die gesamthaft als *„risk governance ecosystem“* (Beasley, Branson, Braumann, et al., 2023, S. 100) oder auch *„risk governance network“* (2023, S. 103) bezeichnet werden.

Insbesondere arbeiten die Autoren den Bezug von ERM zur strategischen Entscheidungsfindung heraus (Beasley, Branson, Braumann, et al., 2023, S. 123). Die Autoren testen ihr Konstrukt der Risiko-Governance mit einem vergleichsweise komplexen Modell von Moderator- und Mediatorvariablen anhand der verfügbaren Daten (2023, S. 107). Der Mehrwert des Modells liegt in der Identifikation der beteiligten Stakeholder und der Analyse, welche Einflüsse diese auf den Risk-Management-Prozess haben.

Für die Arbeit relevant ist der Verhaltensaspekt der Akteure auf den obersten Leitungsebenen der Organisation. Dieser wirkt sich unmittelbar auf die strategische Entscheidungssituation aus (2023, S. 117). Zudem stellen die Autoren fest, dass unterhalb der Leitungsebenen erst wenig zur Risiko-Governance erforscht wurde (2023, S. 123). Sie weisen u. a. auf das selbstdienliche Verhalten (2023, S. 103) als ‚Bias‘ hin, vertiefen den Gedanken jedoch nicht. Gleiches gilt für die individuelle Motivationslage aller Beteiligten (2023, S. 103), die vermutlich ebenfalls einen Einfluss auf die Risikoidentifikation ausübt.

Die aktuelle Arbeit von ***Crawford und Jabbour*** (2024) entwickelt, basierend auf der kritischen Durchsicht von 33 wissenschaftlichen Fachartikeln, ein integratives Modell, das die Verknüpfung von ERM mit der Entscheidungsfindung näher analysiert. Das Modell unterteilt das ERM-Umsystem in vier Bereiche: kognitive, kontextuelle, soziale und technische Faktoren. Das Modell stellen die Autoren in einen Gesamtzusammenhang mit strategischen Zielen und Entscheidungen (Crawford & Jabbour, 2024, S. 131).

In dem Modell werden ‚weiche' Faktoren, wie z. B. die Risikokultur, Wahrnehmung, Wert- und Zielvorstellungen der Beteiligten sowie kognitive Elemente hervorgehoben. Die Autoren lenken den Blick auf sozio-kognitive Vorgänge (S. 131), die bei der Risikoidentifikation eine Rolle spielen. Diese verhaltenswissenschaftlich orientierten Prozesse stellen sie auf eine Ebene mit technischen und kontextuellen Faktoren, was deren Bedeutung als gleichwertige Determinanten des ERM unterstreicht.

Crawford und Jabbour (2024) gehen noch einen Schritt weiter und schlagen für die zukünftige Forschung zu ERM und Entscheidungen eine kognitive Wende (S. 122) vor. Sie betonen die Bedeutung der ‚weichen' Faktoren, die den technischen Faktoren ebenbürtig, eine kritische Rolle bei der erfolgreichen ERM-Umsetzung spielen (S. 132). Bei der Modellbildung und zur Stärkung ihrer diesbezüglichen Forderung nach einer kognitiven Wende greifen die Autoren jedoch nicht auf die Erkenntnisse der Verhaltensökonomie zurück.

Einordnung

Alle neun vorgestellten Arbeiten bringen das betriebswirtschaftliche Risikomanagement in einen Zusammenhang mit verhaltenswissenschaftlichen Themengebieten. Diese schöpfen entweder aus dem größeren Bezugsrahmen kollektiver Phänomene (z. B. Risiko-Governance bei Lindqvist sowie bei Beasley at al.; Risikokultur bei Anton u. Nucu sowie bei Bockius u. Gatzert), oder aber fokussieren ganz spezifische Aspekte (‚Debiasing' bei Jugnandan u. Willows; individualpsychologische Elemente bei Crawford u. Jabbour).

Tabelle 2.1 Literaturübersicht ausgewählter Forschungsarbeiten

Autor(en) (Jahr)	Für das Forschungsvorhaben relevanter Untersuchungsinhalt	Datengrundlage bzw. Analysemethode	Empirische Basis		Wesentliche Ergebnisse / Aussagen	Spezifisch Risikoidentifikation / Verhaltensökonomie?
			Datengrundlage	Analyse-methode(n)		
Anton und Nucu (2020)	ERM	Literaturübersicht	101 wissenschaftliche Artikel 2008–2019	Phasenmodell nach Snyder (2019, S. 336)	Vier ERM-Haupt-Forschungslinien werden identifiziert.	Nein.
Baumann et al. (2016)	Risikoidentifikation als früher Schritt im RM-Prozess	./.	./.	./.	Stellen sechs Techniken zur Risikoidentifikation kurz vor und diskutieren deren Eignung.	Ja, allerdings sehr knapp und oberflächlich.
Beasley et al. (2023)	Risk Governance	Befragung	Fragebogen mit 2'380 auswertbaren Datenpunkten (Zeitraum 2011 bis 2016)	div. statistische Methoden, u. a. Mediation, Moderation, and Conditional Process Analysis	Verschiedene Hürden/ Barrieren der Risiko-Governance identifiziert und bestätigt.	Nein.
Bockius und Gatzert (2023)	Risk Culture	Literaturübersicht	83 wissenschaftliche Artikel	./.	Vier Unterkategorien der Risikokultur: (i) definition, general characteristics, and dimensions of risk culture, (ii) risk culture assessment and diagnosis, (iii) impact on firm performance, (iv) risk culture improvement levers	Nein. Es geht mehr um das „*corporate risk-taking*" als übergeordnetes Thema.

(Fortsetzung)

Tabelle 2.1 (Fortsetzung)

Autor(en) (Jahr)	Für das Forschungsvorhaben relevanter Untersuchungsinhalt	Datengrundlage bzw. Analysemethode	Empirische Basis		Wesentliche Ergebnisse / Aussagen	Spezifisch Risikoidentifikation / Verhaltensökonomie?
			Datengrundlage	Analyse-methode(n)		
Braumann (2018)	5 Komponenten des ERM, darunter ‚*risk assessment*' und ‚*behavioral expectations*'	Befragung	118 österreichische Firmen	div. statistische Methoden, u. a. Pfadanalyse, Sobel-Test, Bootstrapping	„Although formal risk assessment is not clearly associated with RM effectiveness, it is related to risk awareness. Stronger risk awareness incentivizes managers and risk owners to follow the desired behavior toward risk identification […], because they think more about the consequences of their decisions […]" (2018, S. 258)	Partiell. Verhalten der Beteiligten wird nur kurz thematisiert. Keine Angabe zu Einflüssen aus Verhaltensökonomie.
Crawford und Jabbour (2024)	Zusammenhang zwischen ERM und ‚*managerial judgment in decision making*'	Literaturübersicht	33 Studien/Artikel	Methode von Briner u. Denyer; PRISMA Auswahlmethode	Vier Gruppen von Faktoren sind für den Zusammenhang von ERM und Entscheidung relevant.	Partiell. Verhaltenswissenschaftliche Perspektive wird betont, jedoch ohne Rückgriff auf Erkenntnisse der Verhaltensökonomie.
Gendron et al. (2021)	(Dis)Comfort durch Risikomanagement	Befragung; Modell des (Dis)Comforts (Pezeu-Massabuau, 2004)	25 teilstrukturierte Interviews mit Verwaltungsräten und Risk Management-Beratern	Sekundäranalyse	Unsicherheit und Zweifel über Risiken können hilfreich sein, indem sie gewollt Unwohlsein erzeugen, das durch Fragen und vertieftes Verständnis aufgelöst wird.	Partiell. Es geht um Risk Management als Ganzes, die Risikoidentifikation wird gelegentlich erwähnt. Keine Bezüge zu den Erkenntnissen der BE.

(Fortsetzung)

Tabelle 2.1 (Fortsetzung)

Autor(en) (Jahr)	Für das Forschungsvorhaben relevanter Untersuchungsinhalt	Datengrundlage bzw. Analysemethode	Empirische Basis		Wesentliche Ergebnisse / Aussagen	Spezifisch Risikoidentifikation / Verhaltensökonomie?
			Datengrundlage	Analyse-methode(n)		
Jugnandan und Willows (2023)	Debiasing Ansätze	Literaturübersicht	92 wissenschaftliche Artikel	./.	„Five key debiasing strategies for investors are apparent within the literature: education and training, decision support systems (DSS), financial advice, information and experience.“	Begrenzt. Relevante Biases und Strategien, aber in einem nicht-organisatorischen Setting.
Lundqvist (2015)	Warum Organisationen ERM implementieren; Risk Governance	Befragung	153 Antworten vorwiegend (92 %) von CFO, CEO, CRO oder Risk Manager	MIMIC Modell (*Multiple Indicator Multiple Cause*), erweitert mit zusätzlichen Variablen	ERM als Kombination von traditionellem Risikomanagement mit Risiko-Governance. ERM wird vorwiegend aufgrund finanzwirtschaftlich motivierter Überlegungen implementiert.	Nein. Die Studie betrachtet ERM rein als Aufgabe des Corporate Finance, Risiken anderer betrieblicher Funktionen werden nicht in die Überlegung einbezogen.

Wo das Merkmal der Entscheidungsrelevanz in den Arbeiten thematisiert wird, liegt der Fokus meistens auf der Schnittstelle zwischen (dem Ende) der ERM-Funktion und (dem Beginn) der Strategiefunktion der Organisation. Das Bindeglied dieser beiden Funktionen stellt das fertig bewertete und analysierte Risikosubstrat dar (vgl. Abbildung 2.1).

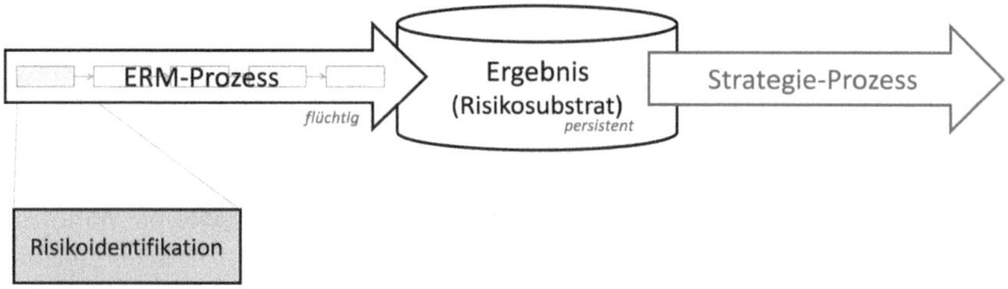

Abbildung 2.1 Risikosubstrat als Bindeglied von ERM- und Strategie-Prozess. (Quelle: Eigene Darstellung)

Wenig Beachtung schenkt die Forschung dagegen den Einflüssen auf die Genese, die erstmalige Erstellung dieses Risikosubstrats. Der generierende Teilprozess, die Risikoidentifikation, wird von Baumann et al. (2016) zwar thematisiert, jedoch fehlt der deutliche Bezug zu den Erkenntnissen der Verhaltensökonomie und den Einflüssen von Biases und Heuristiken.

2.1.4 Forschungslücke

Die Verbindung der Risikoidentifikation im ERM mit den Erkenntnissen der Verhaltensökonomie wird durch die Forschung nicht genügend beachtet. Nur gelegentlich werden einzelne Biases der am Risikomanagement-Prozess beteiligten Akteure erwähnt. Eine umfassende Katalogisierung und Charakterisierung beobachtbarer Wahrnehmungsfehler und Heuristiken existiert nicht.

Die Übersicht des aktuellen Forschungsstandes (vgl. Abschn. 2.1) zeigt auf, was aus Sicht der Strategieprozesse der Unternehmung (vgl. Abbildung 2.1) vorhanden ist, und was die beteiligten Forschungsdisziplinen (v. a. Psychologie und Betriebswirtschaftslehre) hervorgebracht haben.

Die Verknüpfung von Risikomanagement mit dem Prozess strategischer Entscheidungsfindung wird im Forschungsfeld intensiv betrachtet. Hier, am eigentlichen *Ende* des ERM-Prozesses, wird sehr genau auf die Wirkung individueller und motivationaler Aspekte, Interessenlagen der Entscheider, Widerstände und Anreizstrukturen geachtet (Beasley, Branson, Braumann, et al., 2023, S. 103). Im Vordergrund stehen funktional-technische Barrieren der Informationsflüsse, Ressourcenallokation, Kosten sowie technologische Aspekte mit Einfluss auf den ERM-Prozess (2023, S. 105).

In der Literatur nicht berücksichtigt werden die verhaltensökonomischen Effekte im Rahmen der am *Beginn* des ERM-Prozesses liegenden Risikoidentifikation sowie das Verhalten von Organisationsteilnehmern unterhalb der obersten Leitungsebenen (2023, S. 123). Gerade Letztere sind i. d. R. mit der Durchführung des ERM beauftragt und bereiten dadurch die strategischen Entscheidungen vor. Es findet sich in der Literatur keine Darstellung, wie sich verhaltensökonomische Wahrnehmungsfehler und Heuristiken auf den Prozess der Risikoidentifikation auswirken. Es gibt keine Systematik, welche Wahrnehmungsfehler und Heuristiken auftreten oder wie diese die Risikoidentifikation beeinflussen. Demzufolge gibt es auch keine Informationen, wie die Qualität des Prozessschrittes oder dessen Ergebnis, das Risikosubstrat, zu beurteilen ist. Dementsprechend entfällt der Brückenschlag zu den strategischen Entscheidungen auf Basis des Risikosubstrats.

Einen konkreten Hinweis geben Jeitziner et al. (2017), indem sie die Forschungslücke als fehlendes Bindeglied bezeichnen, das die verhaltenswissenschaftliche Perspektive mit dem Risikomanagement verknüpfen soll. Die Autoren stellen die Frage, ob und wie Biases und andere denkhemmenden Einflüsse im Risikomanagement kontrolliert werden können (Jeitziner et al., 2017, S. 464). Die Antwort bleibt aus. Vergleichbare Aufrufe an die Forschung ergehen von Bromiley et al. (2015, S. 273) und Crawford und Jabbour (2024, S. 112).

Abbildung 2.2 BE-Einflüsse auf die Risikoidentifikation. (Quelle: Eigene Darstellung)

Die Forschungslücke, verhaltensökonomische Einflüsse bei der Risikoidentifikation, deren Wirkung auf das Risikosubstrat und die Bedeutung für strategische Entscheidungen der Organisation, zu untersuchen und zu schließen, ist der Gegenstand der Dissertation (vgl. Abbildung 2.2). Dazu wird es erforderlich sein, die hier als ‚Black Box' gezeichnete Risikoidentifikation zu öffnen und deren innere Wirkungsweise zu entschlüsseln. Vermutlich werden die Ansatzpunkte hemmend oder förderlich wirkender Einflüsse erst auf einer tieferen Detaillierungsebene sichtbar.

Die Forschungslücke bezieht sich somit auf das Fehlen von Untersuchungen zur Verbindung zwischen Risikomanagement und Verhaltensökonomie während der Risikoidentifikation. Die bisherige Forschung hat den Bereich der Risikoidentifikation und das Verhalten von Organisationsteilnehmern nicht ausreichend berücksichtigt.

2.1.5 Theoriegeleitete Fragestellungen

Als theoriegeleitete Subforschungsfragen (TSFF) werden diese drei aus der HFF (vgl. Abschn. 1.3.2) abgeleitet: **TSFF_1: Welche Bedeutung hat die Risikoidentifikation für die Qualität des Risikosubstrats?**

Die Risikoidentifikation als kritischer, früher Schritt im ERM-Prozess erzeugt das Risikosubstrat der Organisation (Durrer, 2017, S. 122). Diese Basis wird im Verlauf des ERM-Prozesses weiter vertieft und fließt in die Berichterstattung der ERM-Funktion ein.

Gelingt es im Rahmen der Risikoidentifikation nicht, reale und relevante Risiken und Chancen, denen die Organisation ausgesetzt ist, zu erkennen, verfügt die Leitungsebene nicht über strategisch relevante Informationen. Fehlentscheidungen, unerwartete Verluste oder andere Nachteile können die Folge sein (Goto, 2007, S. 273 u. 281).

TSFF_2: Welche Prozesse laufen bei der Risikoidentifikation ab?
Es ist davon auszugehen, dass die Risikoidentifikation kein monolithischer, nicht weiter unterteilbarer Prozessschritt ist. Vielmehr sind Unterprozesse als Bestandteile der Risikoidentifikation zu erwarten.

TSFF_3: Welche Wahrnehmungsfehler und Heuristiken treten bei der Risikoidentifikation auf?
Die Risikoidentifikation ist ein sozialer Prozess, dessen Effektivität auf intensives Mitwirken der beteiligten Akteure angewiesen ist. *Sozial* bedeutet in diesem Kontext, dass der Prozess wesentlich auf der Interaktion, dem Verhalten und der Kommunikation von Menschen beruht. Die Risikoidentifikation ist kein algorithmischer, formelbasierter, technischer Vorgang, sondern ist verbunden mit Dialog und Diskussion, Abwägen und Bewerten von Informationen, Auswahlprozessen und i. d. R. auch mit Konsensfindung.

Effektiv ist der Prozess, wenn ein für die Unternehmenssteuerung sinnvoll nutzbares Risikosubstrat während der Risikoidentifikation gewonnen werden kann. (Die Effizienz des Prozessschrittes wird hier nicht betrachtet.)

Die *Akteure* sind rollentragende Organisationsteilnehmer unterschiedlicher Hierarchiestufen. Die beteiligten Rollen sind (nicht disjunkt) Risikofachexperten, Risikoeigner, Maßnahmeneigner, Entscheider, C-Level Funktionen[2] und weitere Spezialisten. Aufgrund der unterschiedlichen Rollen prallen heterogene Perspektiven, Erfahrungswelten und Vorwissen während der Risikoidentifikation aufeinander.

Menschen handeln nie vollständig rational. Gerade und insbesondere bei der Risikoidentifikation sind sie aufgefordert, subjektive Einschätzungen und unvollständige Informationen in belastbares Datenmaterial zu überführen. Die dabei ablaufenden Prozesse sollen mit Hilfe der Erkenntnisse der Verhaltensökonomik analysiert werden. Verschiedene Wahrnehmungsfehler und eingesetzte Heuristiken sollen identifiziert und eingeordnet werden.

Vorrangig geht es um das Erkennen und Kontrollieren der in der Risikoidentifikation beobachtbaren Wahrnehmungsfehler. Die auftretenden Biases und handlungsregulierende Heuristiken im Verhalten der Beteiligten werden systematisiert und in den Kontext der Risikoidentifikation gestellt.

2.2 Theoretische Ausführungen

Die beiden nachfolgenden Abschnitte 2.2.1 (Betriebswirtschaft) und 2.2.2 (Psychologie) legen die begrifflichen Grundlagen für die gesamte Arbeit und zeigen auf, welche bestehenden Ansätze der beteiligten Disziplinen verwendet werden können. Erkenntnisse aus der Soziologie werden ergänzt, wo dies zweckmäßig erscheint.

Die relevanten Forschungsergebnisse der betriebswirtschaftlichen Teildisziplinen Prozessmanagement, Entscheidungstheorie und Risikomanagement werden vorgestellt. Wenn das Verhalten von Individuen und Gruppen im Kontext ihrer Organisationsteilnahme diskutiert werden soll, muss die psychologische Perspektive zwingend Teil der Analyse sein. Auf Defizite und Grenzen dieser Beiträge wird ebenfalls hingewiesen.

[2] Gemeint sind, in Anlehnung an angelsächsische Bezeichnungen für Leitungsfunktionen, die Abkürzungen CEO, CFO, CHRO, COO, CIO, etc. Diese repräsentieren die Leitungsebene direkt unterhalb des ‚*Boards*' (Verwaltungsrat der Aktiengesellschaft nach Schweizer Recht).

Die Synthese, bzw. Zusammenführung in die Forschungsdisziplin der Verhaltensökonomie, erfolgt im Abschnitt 2.2.4. Dort wird die Verhaltensökonomie mit ihrer integrativen Perspektive vertieft, auf bestehende Ansätze und eigene Begrifflichkeiten hin analysiert und vorgestellt.

2.2.1 Die betriebswirtschaftliche Perspektive

2.2.1.1 Übersicht

Die Betriebswirtschaftslehre (BWL) bildet zusammen mit der Volkswirtschaftslehre das Gebäude der Wirtschaftswissenschaften als Teil der Sozial- bzw. Geisteswissenschaften (Bardmann, 2019, S. 85; Julmi, 2020, S. 105; Staehle, 1999, S. 131; Weber et al., 2018, S. 24; Wöhe et al., 2020, S. 40). Bereits durch diese Einordnung der BWL in das System der Wissenschaften wird deutlich, dass Menschen als „Mitglieder des Sozialsystems Betrieb" (Wöhe et al., 2020, S. 12), deren Verhalten und Beziehungen untereinander in die Analyse einbezogen werden.

Die deutschsprachige BWL hat ihre wissenschaftlichen Ursprünge[3] am Endes des 19. Jahrhunderts (Julmi, 2020, S. 104). Sowohl „bahnbrechende[...] Erfindungen" u. a. in der Chemie- und beginnenden Automobilindustrie als auch günstige politische Rahmenbedingungen (Staehle, 1999, S. 6) förderten die Entstehung des modernen Managements. Die verhaltenswissenschaftliche Seite der BWL hat sich im deutschsprachigen Raum erst mit zeitlicher Verzögerung entwickelt, obwohl bereits 1920 Publikationen zur „Psychologie des Betriebes" auf Deutsch erschienen sind (Staehle, 1999, S. 132). Als Gründe für die Verzögerung führt Staehle (1999, S. 127–128) u. a. eine ablehnende Haltung etablierter Wirtschaftswissenschaftler an, eine starke Fokussierung auf „Probleme der Rechnungslegung", aber auch die während und nach dem 2. Weltkrieg unterbrochene Forschungstradition im zweigeteilten Deutschland. Anders als in den USA wird die Kooperation von BWL und Verhaltenswissenschaften zunächst nicht etabliert.

Verhaltenswissenschaftliche Erkenntnisse haben erst durch die Arbeit Gutenbergs ab etwa den 1960er Jahren Eingang in die BWL gefunden, wenngleich entscheidende ‚Anschubhilfe' durch Nicht-Betriebswirtschaftler erfolgte. Soziologen, Physiologen und Psychologen haben den Prozess aus ihren jeweiligen

[3] Bedeutende Gründerväter unterschiedlicher Schulen innerhalb der BWL sind u. a.: Horst Albach (1931–2021), Erich Gutenberg (1897–1984), Edmund Heinen (1919–1996), Leopold Illetschko (1902–1979), Erich Kosiol (1899–1990), Friedrich Leitner (1874–1945), Konrad Mellerowicz (1891–1984), Heinrich Nicklisch (1876–1946), Wilhelm Rieger (1878–1971), Eugen Schmalenbach (1873–1955), Fritz Schmidt (1882–1950), Günter Wöhe (1924–2007).

Nachbardisziplinen heraus entscheidend unterstützt (Staehle, 1999, S. 136). Die **„Öffnung der Betriebswirtschaftslehre gegenüber den Verhaltenswissenschaften“** (Staehle, 1999, S. 137, Hervorhebung im Original) gelang im deutschsprachigen Raum somit nur holprig, gilt jedoch mittlerweile als eine „kaum noch strittige Tatsache“ (1991, S. 126). Aktuell hat sich die BWL als entscheidungs- und systemorientierte, angewandte Wissenschaft etabliert, in der als Forschungszweck primär die Lösung praxisorientierter Probleme steht (Julmi, 2020, S. 105, 116).

Der namensgebende ‚Betrieb‘ ist definiert als „organisierte Wirtschaftseinheit, in der verfügbare Mittel (Vermögen) unter Wagnissen zur Erstellung von Leistungen und Abgabe dieser Leistungen an außenstehende Bedarfsträger eingesetzt werden“ (Egger, Egger, & Schauer, 2016, S. 34). Betriebe zeigen, wie Individuen und Gruppen auch, zielorientiertes Verhalten (Staehle, 1999, S. 151). Sie verwenden handlungsleitende Motive (Ziele) zur Allokation von Ressourcen und verfolgen Anpassungsstrategien an veränderliche Umweltbedingungen (Staehle, 1999, S. 472) zwecks Sicherung des langfristigen Überlebens (Simon, 1993, S. 134).

Die BWL identifiziert unterschiedliche *Funktionen* des Betriebes (Thommen et al., 2023, S. 23). Bezogen auf die Produktion von Gütern und die Erbringung von Dienstleistungen als Betriebszweck stehen die Funktionen Beschaffungswesen, Material- & Produktionswirtschaft, Absatz, Transport & Logistik, Marketing, Forschung & Entwicklung sowie Finanzielles Rechnungswesen im Mittelpunkt. Die im angelsächsischen Raum entstandene „Business Administration“ (Bardmann, 2019, S. 5; Staehle, 1999, S. 73) ergänzt u. a. die Funktionen ‚Corporate Social Responsibility‘ (sozial und ökologisch verantwortliches Handeln, (Weber et al., 2018, S. 42)), ‚Sustainability‘ (Nachhaltigkeit), ‚Human Resources Management‘ (Personalwesen), ‚Operations Research‘ (quantitative Unternehmensplanung, (Staehle, 1999, S. 127)) und ‚Stakeholder Management‘ (Umgang mit Anspruchsgruppen, (Thommen et al., 2023, S. 17)).

2.2.1.1.1 Der Organisationsbegriff als komplexes Phänomen

‚Organisation‘ ist ein intuitiv verwend- und verstehbarer Begriff, auch außerhalb der BWL. Als Substantiv gebraucht ist die ‚Organisation‘ ein „zielorientierte[s] soziale[s] Gebilde“ (Staehle, 1999, S. 415), das geschaffen wird, „um bestimmte Zwecke und Ziele zu erreichen“ (1999, S. 437) und durch Koordination, Arbeitsteilung und geplantes Handeln bestimmte Aufgaben zu erfüllen (Weber et al., 2018, S. 130). Nicht mehr ganz so alltagssprachlich verwendet, klingt mit den zuletzt genannten Merkmalen bereits die Vorstellung der Organisation als Tätigkeit an. Egger und Kollegen sehen folglich in der Organisation die „Verwirklichung (Realisation) der zeitlich vorgelagerten Planung“ (2016, S. 114).

Weil prinzipiell alle Organisationen eine Form der Risikobeurteilung im Rahmen ihres Handelns vornehmen, wird in der vorliegenden Arbeit wird ein breit gefasster Organisationsbegriff verwendet. Dieser beinhaltet neben Unternehmungen auch alle anderen, nach wirtschaftlichen Prinzipien organisierten Einheiten, die in einem multipersonellen Kontext im Rahmen der Zielerreichung Entscheidungen treffen und umsetzen.

Um diese begriffliche Einordnung nachvollziehen zu können, rückt in der BWL zunächst der ‚Betrieb‘ in den Mittelpunkt der Betrachtung. Das Verständnis von Betrieben als „zielgerichtete, produktive soziale Systeme“ (Weber et al., 2018, S. 5) ist bereits nahezu deckungsgleich mit der oben zitierten Definition von ‚Organisation‘ bei Staehle (1999). ‚Unternehmen‘ bezeichnen nach Meinung der Autoren die Untermenge „erwerbswirtschaftlich“ (2018, S. 5) agierender Betriebe. So gesehen, werden Unternehmen „einem Vorschlag Erich Gutenbergs folgend, als Betriebe betrachtet, die in Marktwirtschaften tätig sind“ (Bardmann, 2019, S. 105).

Andere Autoren hingegen benutzen die Begriffe ‚Betrieb‘, ‚Unternehmen‘ und ‚Unternehmung‘ synonym (Egger et al., 2016, S. 34). Entsprechend breit gefasst „können neben dem Unternehmen auch öffentliche Betriebe und Verwaltungen, aber auch religiöse, karitative, militärische oder viele andere gesellschaftliche Institutionen Gegenstand […] einer Organisationslehre sein“ (Thommen et al., 2023, S. 527). Letztere Auffassung erscheint zweckmäßig für die Fragestellungen der vorliegenden Arbeit, da auch Einheiten einbezogen werden, die nicht gewinnorientiert wirtschaften, aber dennoch Risiken und Chancen beachten müssen.

Unter den Organisationsbegriff fallen außerdem auch „Forschungseinrichtungen in der Wissenschaft oder Kirchen im Funktionssystem Religion“ (Bardmann, 2019, S. 509) sowie „Wohlfahrtsverbände, Schulen oder Sportvereine“ (Tacke, 2019, S. 2).

Keine Organisationen im Sinne der vorliegenden Arbeit sind „informelle Gruppen bzw. intraorganisationale Netzwerke“ (Weber et al., 2018, S. 149), zeitlich begrenzte Kollektive, bspw. zum Zweck des Erfahrungsaustausches oder Kunstgenuss, sowie öffentlich stattfindende Demonstrationen.

Ferner liefert die BWL eine Unterscheidung von Aufbau- und Ablauforganisation (Egger et al., 2016, S. 33; Staehle, 1999, S. 672)[4]. Letztere repräsentiert die Gesamtheit der erfolgssichernden Kernprozesse (Weber et al., 2018, S. 131),

---

[4] Zur Aufbauorganisation vgl. Abschnitt 2.2.1.1.2 der Arbeit.

verstanden als „raumzeitliche Strukturen“ (Egger et al., 2016, S. 127; Thommen et al., 2023, S. 511). Während Egger und Kollegen in ihrer Begriffsklärung vergleichsweise oberflächlich bleiben und nicht näher auf Prozesse als wesentliche konstitutive Merkmale der Ablauforganisation eingehen, ergänzen Wöhe et al. die Prozesssicht noch um die „personelle Strukturierung von Arbeitsabläufen“ (2020, S. 103) und weisen damit auf die Bedeutung des menschlichen Faktors im Geschehen hin.

Abschließend zur Vielschichtigkeit des Organisationsbegriffs erfolgt noch der Hinweis auf die Vorstellung der Organisation als Organismus (Teece, 2007, S. 1341). Beiden Begriffen liegt das griechische Wort ‚ὄργανον‘ (organon) zugrunde, das ‚Werkzeug‘ oder ‚Instrument‘ bedeutet. Damit lassen sich einerseits biologische Phänomene (z. B. Evolution als ungesteuerte Entwicklung, (Simon, 1993)), andererseits auch verhaltenswissenschaftliche Erkenntnisse und Defizite (z. B. unscharf formulierte Ziele, Wahrnehmungsverzerrungen, informelle Strukturen und begrenzte Rationalität der Akteure) in die Analyse der Vorgänge bei der Risikoidentifikation einbringen (Augier & Frigotto, 2016, S. 4; Simon, 1955, 1956).

2.2.1.1.2 Der Systembegriff

Ein **System** ist eine „Menge von geordneten Elementen mit Eigenschaften, die durch Relationen verknüpft sind“ (Feess & Gillenkirch, 2018, Abs. 1). Die Elemente sind nicht weiter teilbar; die Struktur des Systems als Ganzes entspricht der betriebswirtschaftlichen Aufbauorganisation. Systeme sind gegenüber ihrer Umwelt abgrenzbar und stehen mit dieser oder anderen Systemen in einer wechselseitigen Beziehung (2018, Abs. 2). Die Organisation oder das Unternehmen ist ein „nach allen Seiten offenes soziales System“ (Egger et al., 2016, S. 61).

Aus wissenschaftlicher Perspektive beginnt die Erforschung von Systemen durch den Biologen und Systemtheoretiker Ludwig von Bertalanffy (1901–1972) (Diesner, 2015, S. 13). Von dessen Allgemeiner Systemtheorie mit ihrem „biologischen Hintergrund“ (2015, S. 19) ausgehend erfolgen Weiterentwicklungen durch Vertreter des Faches Soziologie, u. a. Talcott Parsons (1902–1979) und Niklas Luhmann (1927–1998), zur „neueren Systemtheorie“ (Bardmann, 2019, S. 64) mit ihrer „gewöhnungsbedürftigen Begrifflichkeit“ (2019, S. 13). Das System ist definiert „als ein Ganzes, das sich aus Teilen zusammensetzt, die miteinander in Beziehung stehen“ (Bardmann, 2019, S. 430). Luhmann genügt dieser Ansatz nicht. Er sieht „das System nicht als Ganzheit, sondern als Differenz. System ist die Differenz zwischen System und Umwelt“ (Luhmann, 1987, S. 35, Unterstreichungen im Original).

Die Erkenntnisse der Systemtheoretiker werden von der BWL aufgenommen. Der Systembegriff spielt dort eine wichtige Rolle: „Die verhaltenswissenschaftlich geprägte BWL sieht den Betrieb als sozio-ökonomisches System" (Wöhe et al., 2020, S. 5). Deutliche Kritik an Wöhe und Kollegen übt Bardmann (2019), selbst Wirtschaftswissenschaftler, bei dem Systembegriff. Dieser werde bei Wöhe et al. zunehmend „oberflächlich" (2019, S. 432) und – über die Neuauflagen ihres Lehrbuchs hinweg betrachtet – mit stets weniger Worten bedacht. Da eine ähnliche Tendenz auch bei anderen Autoren zu beobachten sei, gelangt Bardmann zu der ernüchternden Einsicht, dass „die Luhmann ' sche Systemtheorie unter Wirtschaftswissenschaftlern in Vergessenheit geraten zu sein" scheint (2019, S. 510), zumindest aber „nur sporadisch wahrgenommen" (2019, S. 454) wird.

Für die Zwecke der vorliegenden Arbeit ist der ursprüngliche, oben genannte Systembegriff ausreichend. Die Systemorientierung in der BWL unterstützt die Ziele der vorliegenden Arbeit, indem sie durch ihre „ganzheitliche, interdisziplinäre Ausrichtung" das „verhaltenswissenschaftliche[] Managementwissen" (Staehle, 1999, S. 140) der betriebswirtschaftlich ausgerichteten Analyse zugänglich macht.

2.2.1.1.3 Strategie und Ziele

Für die bereits oben (Abschn. 1.1.2) eingeführten Begriffe werden die folgenden Definitionen in der vorliegenden Arbeit verwendet: **Strategie**[5] bezeichnet einen Prozess zur „Festlegung der langfristigen Ziele einer Unternehmung" (Staehle, 1999, S. 603; ähnlich bei Kühl, 2023, S. 260) durch das „Top-Management" (Egger et al., 2016, S. 63) und Berücksichtigung von „Chancen und Risiken" (Wöhe et al., 2020, S. 75). Die Fristigkeit wird mit einem Planungshorizont „von mehr als fünf Jahren" (2020, S. 74) gleichgesetzt.

Die Definition von **Ziel** als „wesentliches Element des privaten Unternehmens im marktwirtschaftlichen System" (Thommen et al., 2023, S. 52) greift zu kurz, denn auch die breiter definierte Organisation (vgl. Abschn. 2.2.1.1.1) verfügt über Ziele. Die von Wöhe und Kollegen vorgelegte Definition von Unternehmenszielen als „Maßstäbe, an denen unternehmerisches Handeln gemessen werden kann" (2020, S. 63) kann ebenfalls nicht überzeugen, insofern Ziele darin nicht als Ausgangspunkt betrieblicher Entscheidungsprozesse, sondern ex-post als Messinstrument vorhergehender und ggf. bereits abgeschlossener Aktivitäten eingeordnet

---

[5] „Etymologisch gesehen stammt das Wort **Strategie** aus dem Griechischen (*strategos* = Heerführer) und bezeichnet die Kunst der Heerführung" (Staehle, 1999, S. 601, Hervorhebungen im Original). „Der Begriff „Strategie" leitet sich aus dem griechischen „strategiea" ab; ein Wort, das sich aus den Wortteilen „stratos" (Heer) und „agein" (Führen) zusammensetzt" (Pfister, Lippmann, & Beutter, 2019, S. 289).

werden. Die zukunftsgerichtete Steuerungsfunktion des Ziels geht dabei völlig verloren.

Zweckmäßiger erscheint die Vorstellung der Ziele als „erwünschte künftige Zustände oder Entwicklungsprozesse bzw. generelle Verhaltensvorschriften" (Weber et al., 2018, S. 89). Diese betont sowohl den Zeitbezug (Zukunft) als auch die verhaltenswissenschaftliche Perspektive. Die soziologische Forschung präzisiert an dieser Stelle mit vier weiteren Merkmalen:

1. **Erstrebenswert** (Bardmann, 2019, S. 370), d. h. die Zielformulierung appelliert an Wünsche und Bedürfnisse als elementarem Motor der handelnden Menschen (Thommen et al., 2023, S. 4);
2. **Motivierend** (Luhmann, 1999, S. 100), d. h. Ziele können ein Aktivierungspotenzial erregen, das aktives Handeln erst ermöglicht;
3. **Entscheidungsrelevant**, insofern „Ziele als Entscheidungsprämissen definiert werden, die ein Entscheidungsträger bei seinen Entscheidungen berücksichtigt" (Bardmann, 2019, S. 370);
4. **Fokussierend** (Kühl, 2023, S. 259), d. h. Nebensächliches kann ausgeblendet werden und die Ressourcenallokation wird hin zur bestmöglichen Verwendung gesteuert.

Aus diesen Bausteinen ergibt sich eine für die Zwecke der vorliegenden Arbeit angemessene Definition des **Ziels** als ‚erstrebenswerter, zukünftiger Zustand oder Entwicklung mit für Organisationsteilnehmer entscheidungsförderndem, handlungsleitendem und motivierendem Charakter'. **Zielbildung** ist ein zyklischer Prozess, der sich in die „Teilaufgaben Zielbildung, Planung, Entscheidung, Ausführung, Kontrolle" (Wöhe et al., 2020, S. 48; ähnlich bei Egger et al., 2016, S. 65) gliedern lässt.

Allgemeine Darstellungen zu Zielbeziehungen, -hierarchien, -systemen, zeitlichen Aspekten und Konzepten der Operationalisierbarkeit von Zielen sind nahezu deckungsgleich in gängigen Einführungswerken der BWL enthalten (Bardmann, 2019, S. 389–392; Egger et al., 2016, S. 67–86; Thommen et al., 2023, S. 55–58; Weber et al., 2018, S. 96–99; Wöhe et al., 2020, S. 66–69).

2.2.1.1.4 Weitere Begriffe und betriebswirtschaftliche Konzepte

Weitere Begriffe und Konzepte der BWL mit Relevanz für die vorliegende Arbeit werden in der Tabelle 2.2 vorgestellt. Sofern begriffliche Uneinheitlichkeit oder unterschiedliche Auffassungen der jeweiligen Autoren bestehen, wird darauf hingewiesen.

Tabelle 2.2 Betriebswirtschaftliche Begriffe und Konzepte

Begriff bzw. Konzept	Erläuterungen und Festlegung im Rahmen der Arbeit
Homo oeconomicus	Als Modell und „zentrale Annahme der klassischen Ökonomie" (Beck, 2014, S. 1) „eine Kunstfigur, die **streng rational** handelt und dabei ausschliesslich **auf den eigenen Vorteil** bedacht ist" (Wöhe et al., 2020, S. 3, Hervorhebungen im Original).
	Aufgrund „starker Kritik aus dem Bereich der Sozialwissenschaften" (2020, S. 6) an dem Modell, u. a. an der „Realitätsferne" (2020, S. 19) der „rationalen Handlungsweise" (Egger et al., 2016, S. 66) ist der *homo oeconomicus* nicht Gegenstand der verhaltensökonomischen Analyse. Die Modellannahmen sind „zu wirklichkeitsfremd [...] und unrealistisch" (von Nitzsch, 2021, S. 5), deswegen macht auch die Psychologie dem „Homo-Oeconomicus-Vorgehen einen Strich durch die Rechnung" (2021, S. 92).
	Übersehen wird bei aller Kritik jedoch gerne, dass der *homo oeconomicus* „nicht das Weltbild der Ökonomen [darstellt], er ist ihr Versuch, gedankliche Laborbedingungen herzustellen" (Beck, 2014, S. 7).
	Verwendung des Menschenbildes in der Arbeit lediglich als historischer Kontrast zum „realitätsnähere[n] Modell vom handelnden Menschen in Organisationen" (Bardmann, 2019, S. 354).
Management, Top-Management	„Die Gesamtheit der mit überwiegend **dispositiven Aufgaben** beschäftigten Personen bezeichnet man als Management, wobei die oberste Unternehmensführung als **Top-Management** [...] bezeichnet" wird (Egger et al., 2016, S. 63, Hervorhebungen im Original).

(Fortsetzung)

Tabelle 2.2 (Fortsetzung)

Begriff bzw. Konzept	Erläuterungen und Festlegung im Rahmen der Arbeit
Unternehmen, Unternehmung	Als „abgegrenzte soziale Kollektive" (Bergmann & Bungert, 2022, S. 41) und „systemtheoretisch als offene Systeme" (Staehle, 1999, S. 416) im Organisationsbegriff (vgl. Abschn. 2.2.1.1.1) eingeschlossen.
Unternehmenskultur	„Als Unternehmenskultur bezeichnet man die Gesamtheit von Normen, Wertvorstellungen und Denkhaltungen, welche das Verhalten aller Mitarbeitenden und somit das Erscheinungsbild eines Unternehmens prägen" (Thommen et al., 2023, S. 612; ähnlich bei Bergmann & Bungert, 2022, S. 41).
	Weber und Kollegen ergänzen den Aspekt von Unternehmenskultur als „sozialen Orientierungsrahmen […], der das organisatorische Handeln der Organisationsmitglieder beeinflusst und somit einheitlich und kohärent macht. Sie dient als Instrument zur besseren Zielerreichung" (2018, S. 485).

2.2.1.2 Prozessmanagement als betriebswirtschaftliche Teildisziplin

Prozesse als Mittelpunkt der wirtschaftlichen Aktivitäten sind aus der modernen BWL nicht mehr wegzudenken. Vor den 1990er Jahren noch als betriebliche Ablauforganisation bezeichnet und erforscht, werden mittlerweile die Begriffe ‚Ablauforganisation', ‚Geschäftsprozessmanagement (GPM)' oder das eingedeutschte ‚Business Process Management (BPM)' weitgehend synonym verwendet (Herrmann & Fritz, 2021, S. 84; Gadatsch, 2023, S. 1; Schmelzer & Sesselmann, 2020, S. 12; Wöhe et al., 2020, S. 117; abweichend bei Weber et al., 2018, S. 131). Organisatorische Abläufe lassen sich als Prozesse darstellen, betriebswirtschaftliche Lehrbücher (z. B. Weber et al., 2018), aber auch Publikationen zum Risikomanagement und entsprechende Standards (z. B. Brühwiler, 2016, S. 243; Romeike, 2024; Schweizerische Normen-Vereinigung (SNV), 2020, Abschn. 4.1) sind prozessorientiert aufgebaut.

Die BWL besitzt kein Monopol in der Verwendung und Erforschung von Phänomenen aus einer prozessorientierten Optik. Auch technisch orientierte Wissenschaftsdisziplinen (z. B. Maschinenbau, Elektroingenieurwesen, Statik und Verfahrenstechnik, Informatik) erforschen Prozesse. Für die vorliegende Analyse ist die betriebswirtschaftlich orientierte Betrachtungsweise ausreichend, unter Berücksichtigung entsprechender Transfers aus der Technik (z. B. Modellierungstechniken, Notationssprachen, Automatisierungsbestrebungen).

Ein betriebswirtschaftlicher *Prozess* ist zunächst ein Arbeitsablauf (Gadatsch, 2023, S. 113) und damit Untersuchungsgegenstand der betrieblichen Ablauforganisation. Wesentliche Prozessmerkmale sind „Gleichartigkeit, Regelmäßigkeit und Wiederholbarkeit" (Egger et al., 2016, S. 114) sowie Zielorientierung, Arbeitsteilung, Informationsverarbeitung von Inputs, Erzeugen von Outputs, Nutzung betrieblicher Ressourcen (Gadatsch, 2023, S. 7). Keine Organisation kommt ohne Prozesse aus (Dumas, La Rosa, Mendling, & Reijers, 2013, S. 1).

Zwecks weiterer Annäherung an den Prozessbegriff identifiziert Hilmer in seiner Dissertation „eine enorme Vielfalt und Heterogenität" (2016, S. 36–37) von 50 verschiedenen Prozesstypen, für die er 122 unterschiedliche Merkmale zusammen stellt. Basierend auf dieser Grundlage wählt Gadatsch fünf Definitionen aus (2023, S. 8–9), die aber alle aufgrund ihrer jeweils spezifischen Perspektive nicht überzeugen können: Entweder wird der Kundennutzen der erzeugten Produkte betont, oder es wird die „Nutzung von Informations- und Kommunikationstechnologien" (2023, S. 9) vorausgesetzt. Zielorientierung als Prozessmerkmal ist nur in einer der fünf Definitionen enthalten.

Überzeugender aus Sicht der Anwendbarkeit auf das organisatorische Risikomanagement erscheint die Definition von Koschmider (2021): „Ein **Geschäftsprozess** (engl. *business process*) ist eine Menge von manuellen, teilautomatisierten oder automatisierten betrieblichen Aktivitäten, die nach bestimmten Regeln auf ein bestimmtes Ziel hin ausgeführt werden" (Koschmider, 2021, S. 1, Hervorhebungen im Original). Koschmider übernimmt die oben zitierte Definition wörtlich von Oberweis (2013), dort allerdings noch als Definition des „betrieblichen Ablaufs" (Oberweis, 2013, S. 14) positioniert. Die Begriffe ‚Prozess' und ‚Geschäftsprozess' werden im betriebswirtschaftlich-organisatorischen Kontext synonym gebraucht (Waser & Peter, 2020, S. 287; anderer Ansicht sind Schmelzer & Sesselmann, 2020, S. 64).

Vorteilhaft an der Definition von Oberweis und Koschmider sind die explizite Ausrichtung auf ein Ziel sowie die angedeuteten Strukturmerkmale, die sich in eine einfache, vierstufige hierarchische Ordnung gliedern und auch visualisieren lassen (vgl. Abbildung 2.3): Der *Prozess* besteht aus *Teilprozessen,* die sich aus *Aktivitäten* zusammensetzen. Diese wiederum bestehen aus einer Reihe von auszuführenden *Aufgaben* und *Arbeitsschritten* (Koschmider, 2021, S. 1). Häufig gebrauchte Synonyme zur Aufgabe sind ‚Prozessschritt', ‚Vorgang' und ‚Funktion' (Gadatsch, 2023, S. 107) oder auch ‚Operation' (Waser & Peter, 2020, S. 55). Mit diesem Begriffsinventar ist eine Modellierung der Prozesse (Dumas et al., 2013, Kapitel 3), beispielsweise in Form einer Prozesslandkarte, möglich (Gadatsch, 2023, S. 115). Die Visualisierung auf Basis eines etablierten Modells der Geschäftsprozessmodellierung (Dumas et al., 2013, S. 21) erlaubt zudem die genaue Darstellung, wo Heuristiken und Wahrnehmungsfehler im Prozess ansetzen und auftreten können.

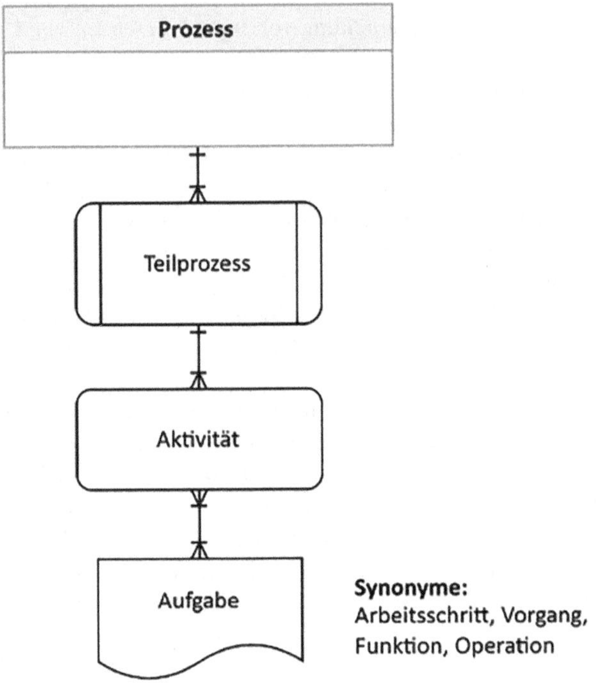

Abbildung 2.3 Begriffe und deren Visualisierung als Prozesshierarchie. (Quelle: Eigene Darstellung)

Auch die Soziologie stützt die hier dargestellte Sichtweise mit dem Hinweis, dass „gegen die Konzeptualisierung von organisationalen Phänomenen als Prozessen wenig eingewandt wird“ (Weik, 2020, S. 12), sie setzt jedoch voraus, dass eine „gewisse Gestalt, Zusammenhang oder innere Struktur“ (2020, S. 8) vorhanden sein müssen.

Abschließend folgt eine Übersicht weiterer Begriffe, Konzepte und Beispiele aus dem Fundus des Prozessmanagements:

Tabelle 2.3 Begriffe, Konzepte und Beispiele des Prozessmanagements

Begriff bzw. Konzept	Erläuterungen und Festlegung im Rahmen der Arbeit	Beispiele
Geschäftsprozess, engl. *business process*	*(Bereits im Text definiert.)*	ERM-Prozess
Geschäftsprozess-management (GPM), engl. *Business Process Management (BPM)*	„BPM is concerned with the analysis, design, and management of work processes within and across organizations" (Beerepoot et al., 2023, Abschn. 1). Mit dieser Definition wird deutlich, dass BPM ein Arsenal unterschiedlicher Ansätze und Möglichkeiten bereitstellt.	Ziele: Kosten senken, Ressourceneinsatz verringern, Durchlaufzeiten verkürzen, aber auch „Weglassen überflüssiger Aktivitäten" (Gadatsch, 2023, S. 45), etc.
	Unterstrichen wird dies mit der Definition von BPM als „body of methods, techniques and tools to discover, analyze, redesign, execute and monitor business processes" (Dumas et al., 2013, S. 5), zusätzlich kommt mit den Verben ‚to redesign' und ‚to monitor' zum Ausdruck, dass wirtschaftlich motivierte Ziele mit dem BPM verknüpft sind.	
Teilprozess, engl. *sub process*	Der Teilprozess gruppiert einzelne Abschnitte des Gesamtprozesses, die sachlogisch zusammen gehören (Dumas et al., 2013, S. 97).	Risikoidentifikation
	Ein Grund für die Verwendung von Teilprozessen ist die Komplexitätsreduktion, die bei Ausblenden der Details im Prozessablauf entsteht. Die Darstellung wird leichter lesbar und verbirgt (vorübergehend) die auf tieferen Modellierungsebenen stattfindenden Aktivitäten und Aufgaben (2013, S. 129).	
	In der vorliegenden Arbeit soll das Gegenteil erzeugt werden: Teilprozesse dienen der sukzessiven Dekomposition des Gesamtprozesses, es wird bewusst und gewollt in tieferliegende Modellierungsebenen vorgedrungen, um deren internen Aufbau zu beschreiben (Herrmann & Fritz, 2021, S. 97).	
Aktivität, engl. *activity*	Eine Aktivität ist eine sachlogische Gruppierung von zusammenhängenden Aufgaben. In der Literatur werden verschiedene Varianten vorgestellt, z. B. die manuelle Aktivität und die Transaktion als automatisierte Aktivität (Gadatsch, 2023, S. 155).	Risk Intake (manuelle Aktivität)

(Fortsetzung)

Tabelle 2.3 (Fortsetzung)

Begriff bzw. Konzept	Erläuterungen und Festlegung im Rahmen der Arbeit	Beispiele
	Aktivitäten im Rahmen eines Prozesses werden vorwiegend mit Verben beschrieben (Weik, 2020, S. 6), was deren temporären Charakter unterstreicht (Bakken & Hernes, 2006, S. 1603): Erst die vom Prozess geschaffenen „concrete entities" (2006, S. 1609) manifestieren sich als persistent Gewordenes[6] (Hernes, 2014, S. 39, eigene Übers.) aus dem Prozess, die Aktivität selber ist flüchtig.	
Aufgabe, engl. *task*	Eine nicht weiter unterteilbare, atomare „unit of work" (Dumas et al., 2013, S. 97).	Rufe Wissen aus dem Gedächtnis ab
	Synonyme: Arbeitsschritt, Vorgang, Funktion, Operation (Gadatsch, 2023, S. 107).	
Modellierung, engl. *process discovery*	„Process discovery is defined as the act of gathering information about an existing process and organizing it in terms of an as-is process model" (Dumas et al., 2013, S. 155).	Prozessaufnahme und -dokumentation
	Erzeugt wird eine, nach Maßgabe der verwendeten Modellierungssprache und deren Notation, dokumentierte Abbildung der gelebten Prozesse. Üblicherweise werden dazu Visualisierungen in Form von Diagrammen und Flowcharts genutzt (2013, S. 16). „Grundsätze ordnungsmässiger Modellierung" (Gadatsch, 2023, S. 174–175) sollen dazu beitragen, die Qualität der erzeugten Modelle zu verbessern.	
	Dumas und Kollegen fassen die beiden Aktivitäten ‚information gathering' und Dokumentation in ihrem BPM-Lifecycle-Modell zusammen (2013, S. 21), unterschlagen dabei jedoch nicht, dass die dokumentarische Aktivität des Modellierens eine eigene, enorm anspruchsvolle Tätigkeit ist. Sie weisen explizit auf die unterschiedlichen Anforderungsprofile von Fachexperten gegenüber Prozessanalysten hin (2013, S. 157).	

(Fortsetzung)

[6] Im englischen Original bei Hernes (2014): „Becoming". Ausführlich dazu der Abschnitt 3.1 „Becoming in a World on the Move".

Tabelle 2.3 (Fortsetzung)

Begriff bzw. Konzept	Erläuterungen und Festlegung im Rahmen der Arbeit	Beispiele
Modell	Das Modell ist eine zweck- und adressatenorientierte, abstrakte Abbildung (Dumas et al., 2013, S. 66) der organisatorischen Realität in der Darstellung der gewählten Modellierungssprache. Zu Zwecken der Komplexitätsreduktion dürfen, je nach Detaillierungsgrad und gewünschtem Informationsgehalt, für die Modellbildung Details weggelassen oder ausgeblendet werden. Die Ebenen (engl. *level*, Abk. L) des Modells deuten den gezeigten Detaillierungsgrad an (Dumas et al., 2013, S. 42; Schmelzer & Sesselmann, 2020, S. 96).	L0: Prozesslandkarte der Gesamtorganisation, L1: Prozess-Grobablauf, …, L4: Ausmodellierung aller einzelnen Aufgaben in feinster Granularität.
Modellierungs-sprache	Modellierungssprachen legen Syntax, Semantik und Symbolvorrat für den jeweiligen Einsatzzweck fest (Dumas et al., 2013, S. 78–79). Die Sprachen unterscheiden sich u. a. nach ihrem Einarbeitungsaufwand und Verständlichkeit der erzeugten Modelle (Gadatsch, 2023, S. 169).	EPK: Ereignisgesteuerte Prozessketten; UML: Unified Modelling Language; BPMN: Business Process Model and Notation, die Standardmethode in Schweizer Unternehmen und Behörden (Gadatsch, 2023, S. 154)
Notation	Die Notation umfasst die graphischen Symbole der jeweiligen Modellierungssprache. Ziel ist die Visualisierung der Prozesse (Benes & Groh, 2022, S. 157).	Eine Raute symbolisiert die Entscheidung; weitere Symbole vgl. Abbildung 2.3.
Entscheidung	In der Modellierung des Prozesses stellt die Entscheidung eine Verzweigung dar, „that affects the way the process is executed" (Dumas et al., 2013, S. 4). Die Entscheidung ermöglicht alternative Verläufe der nachfolgenden Aktivitäten oder Aufgaben.	Aufnahme in das Risikoinventar ja/nein?

2.2.1.3 Entscheidungstheorie als betriebswirtschaftliche Teildisziplin

Oben wurden Strategie, Ziele und Entscheidungen als Begriffe bereits erwähnt (vgl. Abschn. 1.1.2), dort allerdings noch ohne einen fundierten theoretischen Unterbau, der die Zusammenhänge aufzeigt. Dieser wissenschaftliche Unterbau wird in den folgenden Abschnitten gelegt, beginnend mit der Vorstellung der Entscheidung einerseits als Akt und andererseits als Prozess im Rahmen der Entscheidungstheorie.

Innerhalb der „Theorien der rationalen Wahl" (Staehle, 1999, S. 519) wird unter **Entscheidung** „die Auswahl einer von zwei oder mehreren Handlungsmöglichkeiten (Alternativen) verstanden, die dem oder den Entscheidungsträgern zur Realisierung eines Zieles zur Verfügung stehen" (Thommen et al., 2023, S. 601–602). Mit variierendem Fokus werden der Wahlakt, die Alternativen und der Zielbezug auch von anderen Autoren angeführt (z. B. Bardmann, 2019, S. 296; Laux, Gillenkirch, & Schenk-Mathes, 2018, S. 3; Staehle, 1999, S. 519). Wöhe und Kollegen weisen zusätzlich auf die „*optimale* Handlungsalternative" hin (2020, S. 88, eigene Hervorhebung), Egger et al. präzisieren um den Aspekt der „verbindlichen Durchführung eines bestimmten Massnahmenpaketes" (2016, S. 100). Aus soziologischer Sicht basieren Entscheidungen „auf selektiven Prozessen der Informationsverarbeitung" (Tacke, 2019, S. 11). Dies bringt zwei zentrale Aspekte zum Ausdruck:

1. Die ‚Informationsverarbeitung' ist eine planerische (auf die Zukunft gerichtete) Gedankenarbeit, die von den beteiligten Individuen einzeln oder in der Gruppe ausgeübt wird;
2. Mit ‚selektiven Prozessen' geht die intendierte Abwahl von Informationen einher – die Entscheidung erfolgt auf Basis einer Untermenge an verfügbaren oder möglichen Informationen. Zum Informationsstand in Entscheidungssituationen vgl. Abschnitt 2.2.1.3.2 der Arbeit.

Die **Führungsentscheidung** bzw. die **strategische Entscheidung** als fundamentale (Das & Teng, 1999, S. 758, eigene Übers.)[7] oder originäre (Egger et al., 2016, S. 65) Entscheidung besitzt eine weitaus höhere Tragweite als die davon abgeleiteten Entscheidungen tieferer Management-Ebenen. Strategische Entscheidungen, salopp formuliert, beantworten die „Big Questions" (Simon, 1993, S. 131).

[7] Im Original: „Strategic decision making is the process by which top management makes its most fundamental decisions."

Egger und Kollegen (2016), aber auch Staehle (1999, S. 531–532) beziehen sich auf Gutenberg (1962) und führen die hohe Bedeutung für den Fortbestand der Organisation als Ganzes sowie die Nichtdelegierbarkeit als zusätzliche Merkmale der „Ganzheitsentscheidung“ an (Egger et al., 2016, S. 64). Wenig realistisch ist dagegen die Forderung nach der „Kenntnis aller Zusammenhänge“ als Voraussetzung für das Treffen einer Führungsentscheidung (2016, S. 64). Dies erscheint als ein Relikt des *homo oeconomicus*-Modells (vgl. Tabelle 2.2).

Fundamental kritisiert als „wholly unsatisfactory framework for the study of strategic decision“ wird das Konzept der Alternativenauswahl durch Simon (1993, S. 134). Er weist auf die umfangreichen Anforderungen an die *Fähigkeiten* der Entscheider hin. Dazu zählen u. a. die Einschätzung der unsicheren Zukunft, das rasche Reagieren auf veränderte Umweltbedingungen sowie die Schaffung neuer, zusätzlicher Alternativen (1993, S. 138). Unterstrichen wird diese Einschätzung durch Bergmann und Bungert mit dem Hinweis auf die zunehmende Unsicherheit von Voraussagen, je weiter in die Zukunft geplant werden soll (2022, S. 6). Häufig fließt nur eine ungenügende Anzahl an Handlungsoptionen in die Entscheidungssituation ein. Viele Alternativen werden gar nicht erst berücksichtigt (Betsch, 2011a, S. 76; Das & Teng, 1999, S. 762). Die Kritik am vergleichsweise einfachen Konzept der Alternativenauswahl als wesentlichem Merkmal der Entscheidungssituation akzentuiert sich zusätzlich in einer von Unsicherheit geprägten VUCA-Welt. Um erfolgreich zu sein, haben „managers sometimes [...] no other choice than to rely on their adaptive capabilities in thinking and deciding“ (Basel & Brühl, 2013, S. 750).

Diese und andere Kritikpunkte werden von der deskriptiven **Entscheidungstheorie** als betriebswirtschaftliche Teildisziplin aufgegriffen. (Anders bei Bardmann, der die Entscheidungstheorie als „Nachbarwissenschaft“ (2019, S. 88) der BWL ansieht.) Vor allem betrachtet die deskriptive Entscheidungstheorie[8] eine Entscheidung als Prozess (Staehle, 1999, S. 140 u. 518; Wöhe et al., 2020, S. 88), der unter Beteiligung von Menschen oder sozialen Institutionen (Staehle, 1999, S. 139; von Nitzsch, 2021, S. 4) abläuft. Die Prozessorientierung erstreckt sich dabei u. a. auf vorbereitende Aktivitäten, Vorentscheidungen und die explizite Suche nach zusätzlichen Handlungsalternativen (Laux et al., 2018, S. 12). Es geht um das „tatsächliche Entscheidungsverhalten von Menschen“ (von Nitzsch, 2021, S. 4).

---

[8] Im Unterschied zur präskriptiven Entscheidungstheorie mit ihren „traditionell mathematischen Ansätzen“ baut die deskriptive Entscheidungstheorie auf "Studienergebnissen aus der psychologischen Forschung“ auf (von Nitzsch, 2021, S. 5). Wenn Bardmann konstatiert, eine „soziale Dimension fehl[e] der formalwissenschaftlichen Entscheidungstheorie“ (2019, S. 317), so bezieht er sich vermutlich auf die präskriptive, normative Entscheidungstheorie.

Aus soziologischer Perspektive behauptet Bardmann: Alles, „was die formalwissenschaftliche Entscheidungstheorie vernachlässigt, erklären verhaltenswissenschaftliche Ansätze der Entscheidungstheorie zu ihrem Forschungsgegenstand" (2019, S. 318). Damit wird die verhaltenswissenschaftliche Seite der entscheidungsorientierten BWL zum Resteverwerter für alle nicht mathematisch formalisierbaren Phänomene degradiert. Dagegen verweist die Soziologin Tacke auf das Verständnis von Organisationen als soziale Systeme, die „elementar aus Entscheidungen bestehen und die fortlaufend damit befasst sind, Entscheidungen aus anderen Entscheidungen zu erzeugen" (2019, S. 10–11). Mit dieser Einordnung unterstreicht sie einerseits die kritische Bedeutung der Entscheidung für das Funktionieren der Organisation, andererseits das iterative, kontinuierlich fließende Element der Entscheidung als Prozessfolge.

Gut erkennbar wird die Emanzipation vom *homo oeconomicus*-Modell im Zeitablauf: Ging es 1962 noch „klassischerweise" um „rationale Entscheidungen" innerhalb einer „normativen Entscheidungstheorie" (Staehle, 1999, S. 139), zeichnet sich eine rapide Entwicklung ab: Schon ab Ende der 1960er Jahre (Bardmann, 2019, S. 318) legt Edmund Heinen in seinen ‚Grundlagen betriebswirtschaftlicher Entscheidungen: das Zielsystem der Unternehmung' bzw. 1976: ‚Grundfragen der entscheidungsorientierten Betriebswirtschaftslehre' eine „deskriptive Theorie menschlichen Entscheidungsverhaltens" (Egger et al., 2016, S. 54) vor. Spätestens ab 1970 rückt mit den Publikationen Werner Kirschs der „verhaltenswissenschaftliche Aspekt in den Vordergrund" (Egger et al., 2016, S. 55). Darin werden explizit „Erkenntnisse der Psychologie und der soziologischen Kleingruppenforschung" (2016, S. 55) berücksichtigt. Die Basis für die Entstehung der Verhaltensökonomie als eigener Wissenschaftszweig ist damit gelegt (vgl. Abschn. 2.2.4 der Arbeit).

2.2.1.3.1 Bezug zur Risikoidentifikation

Bereits oben wurde auf die deutliche (zeitliche und organisatorische) Distanz zwischen der Risikoidentifikation am *Anfang* des ERM-Prozesses und dem eigentlichen Entscheiden gegen *Ende* des Strategieprozesses hingewiesen (vgl. Abbildung 2.1). Es bedarf einer Erläuterung, warum die organisatorische Strategieentscheidung in der vorliegenden Arbeit dennoch so ausführlich betrachtet wird. Die verhaltenswissenschaftlich orientierte Forschungsaktivität der BWL ist deutlich auf das Entscheidungsverhalten von Individuen und Gruppen ausgerichtet: So erklärt sich das Entstehen der deskriptiven Entscheidungstheorie als Teildisziplin, ebenso wie die zahlreichen Forschungsbeiträge unterschiedlicher Disziplinen zum Thema ‚Decision Making under Uncertainty' und ‚Entscheidungsverhalten unter Risiko' (z. B. Glette-Iversen et al., 2023; Kahneman &

Tversky, 1979; Laux et al., 2018; Montibeller & von Winterfeldt, 2015; Morelli, Casagrande, & Forte, 2022; Obermaier & Saliger, 2020; Rosen-Schwarz & Shapira, 2016; Sibony, 2020; von Nitzsch, 2021). Hubbard (2009) betont, dass „risk analysis must be a subset of decision analysis" (2009, S. 92). Es besteht eine Verbindung zwischen Risiko(identifikation) und Entscheiden, die im folgenden Abschnitt näher beleuchtet wird.

2.2.1.3.2 Entscheiden unter Unsicherheit vs. Risiko vs. Sicherheit

Die von Knight (1921, S. 233) etablierte Terminologie wurde bereits im Abschnitt 1.1.3 eingeführt. Daraus entwickeln betriebswirtschaftliche Autoren[9] die in Abbildung 2.8 wiedergegebene Systematik der Informationsgrundlage in Entscheidungssituationen:

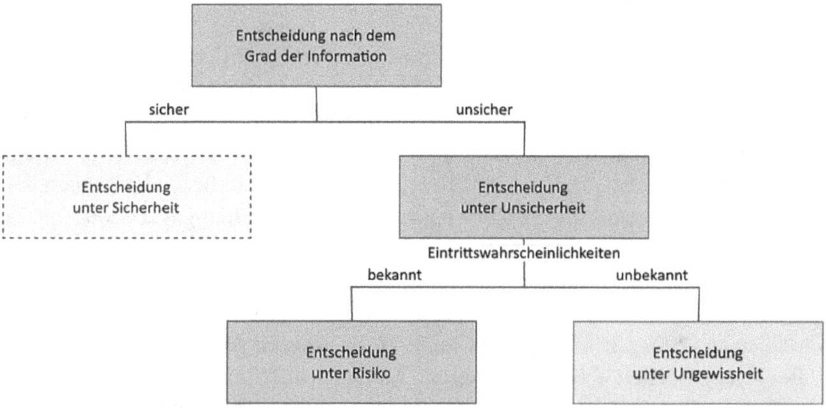

Abbildung 2.4 Informationsgrundlage in Entscheidungssituationen. (Quelle: Eigene Darstellung nach Lingnau & Fuchs, 2018, S. 11)

[9] U. a. diese: Obermaier & Saliger, 2020, S. 13; Wöhe, Döring, & Brösel, 2020, S. 89; Laux, Gillenkirch, & Schenk-Mathes, 2018, S. 35; etwas differenzierter bei Bardmann, 2019, S. 301.

Letztgenannter beklagt, dass in „betriebswirtschaftlichen Lehrbüchern […] häufig" der „Sicherheit nicht ihre Negation, die Unsicherheit, […] gegenübergestellt wird", sondern die Ungewissheit, Unsicherheit und Risiko seien dort „Ausprägungen der Ungewissheit" (2019, S. 298, Fn. 676). Diese Kritik ist keineswegs nachvollziehbar, denn genau wie von Bardmann gewünscht und von ihm so visualisiert (S. 301), stellen die hier zitierten Grundlagenwerke der BWL allesamt der Sicherheit die Unsicherheit gegenüber.

Bei **Sicherheit** besteht „vollständige Kenntnis darüber, was gewollt wird, zwischen welchen Handlungsalternativen gewählt werden kann [und] welche Umweltsituation eintreten wird. Darüber hinaus sind die aus den eigenen Handlungen und der Umweltsituation resultierenden Handlungsfolgen vollständig berechenbar“ (Bardmann, 2019, S. 298). Dies allerdings besitzt „kaum reale Relevanz“ (Egger et al., 2016, S. 100), „die tatsächlichen Verhältnisse sind anders“ (Wöhe et al., 2020, S. 93). Aus soziologischer Perspektive wird eine Situation der Sicherheit sogar völlig ausgeklammert, mit der Begründung: Die „Last der fehlenden Information ist die Voraussetzung für die Lust am Entscheiden. Bei vollständiger Information könnte keine Entscheidung sich als Entscheidung kenntlich machen“ (Luhmann, 2000, S. 188), „Entscheidungen unter Sicherheit gibt es für Luhmann nicht“ (Bardmann, 2019, S. 508). Der linke Ast in Abbildung 2.4 besitzt für die vorliegende Arbeit keine Relevanz.

Bei **Risiko** können allen möglichen Zielzuständen ihre Eintrittswahrscheinlichkeiten und die Höhe oder die Verteilung der Zielgrösse zugeordnet werden, wie es bspw. bei Lotterien der Fall ist (Basel & Henrizi, 2023, S. 16; Gigerenzer, 2019, S. 2; Gigerenzer et al., 2022, S. 174; Laux et al., 2018, S. 35; Wöhe et al., 2020, S. 89). Situationen des Risikos sind prinzipiell mathematisch formalisierbaren Entscheidungsregeln zugänglich, berechenbar und werden daher von Savage als „small-world acts“ (1972, S. 85) bezeichnet. Bardmann bezeichnet einen solchen Informationsstand als „**wohl strukturierte** Entscheidungssituation“ (2019, S. 300, Hervor-hebung im Original) oder „stochastische Entscheidung“ (2019, S. 308) oder auch „well-defined“ (Artinger et al., 2022, S. 601). Diese Entscheidungssituation wird im Rahmen der präskriptiven Entscheidungstheorie behandelt (von Nitzsch, 2021, S. 4) und fließt nicht in die weitere Analyse ein.

Bei **Unsicherheit** lässt sich keine Aussage über die Vollständigkeit der Handlungsalternativen, deren Eintretenswahrscheinlichkeiten und die statistische Verteilung der Ergebnisse treffen (Bardmann, 2019, S. 299; Romeike & Hager, 2020, S. 58; Weber et al., 2018, S. 406). Die Anzahl möglicher Zielzustände ist nicht bestimmbar und diese sind auch nicht notwendigerweise inhaltlich disjunkt (z. B. wenn unterschiedliche Maßnahmen zu gleichen oder partiell gleichen Ergebnissen führen), oder sie entziehen sich ganz der Erkennbarkeit (Gigerenzer, 2018, S. 304). „Unsicherheit ist also der Normalfall in Entscheidungssituationen“ (von Ameln, 2021, S. 569), der Soziologe Niklas Luhmann bestätigt dies mit seiner Formulierung: „Jede Organisation operiert in einer Welt, die sie nicht kennen kann. Diese Welt wird durch Unsicherheitsabsorption in eine bekannte Welt überführt“ (Luhmann, 2004, S. 35). Das organisatorische Risikomanagement „befasst sich ausdrücklich mit der Unsicherheit“ (Brühwiler, 2016, S. 59).

Die vorliegende Arbeit beschäftigt sich mit der Risikoidentifikation als Basis strategischer Entscheidungen. Von daher steht die durch *Unsicherheit* gekennzeichnete Entscheidungssituation im Vordergrund, wenngleich „selbst bei Experten die Begriffe gleichgesetzt oder ähnlich verwendet werden" (Unkrig, 2020, S. 8) und meistens von Risiko die Rede ist (vgl. Tabelle 2.4).

Tabelle 2.4 Informationsstände und deren Merkmale

<table>
<tr><th>Informationsstand</th><th>Vollständigkeit der Alternativen</th><th>Zielzustände</th><th>Einordnung</th></tr>
<tr><td>Sicherheit, engl. certainty</td><td>gegeben</td><td>bekannt</td><td rowspan="3">präskriptive Entscheidungstheorie (Mathematik, Statistik), z. B. das Lotterieparadigma (Betsch, 2011a, S. 76)
Small world (Savage), bzw. well-defined (Artinger et al., 2022, S. 602)
unrealistisch bei strategischen Entscheidungen (Führungsentscheidungen)</td></tr>
<tr><td>Ungewissheit (Obermaier & Saliger, 2020, S. 13), ohne engl. Entsprechung</td><td>prinzipiell möglich</td><td>unbekannt</td></tr>
<tr><td>Risiko</td><td>prinzipiell möglich</td><td>bekannt, Verteilung bekannt</td></tr>
<tr><td>Ambiguity (Artinger et al., 2022, S. 601)</td><td>prinzipiell möglich</td><td>bekannt, Verteilung unbekannt</td><td>präskriptive Entscheidungstheorie
Well-defined (Artinger et al., 2022, S. 602)
häufig synonym mit Unsicherheit / uncertainty gebraucht (z. B. bei Gigerenzer, 2019, S. 2), problematisch aus Sicht von Artinger et al.</td></tr>
<tr><td>Unsicherheit, engl. uncertainty</td><td>nicht gegeben</td><td>unbekannt</td><td>deskriptive Entscheidungstheorie (Psychologie)
schlecht strukturiert (Bardmann, 2019, S. 301) bzw. „ill-defined" (Artinger et al., 2022, S. 602)
Gegenstand der Arbeit</td></tr>
</table>

2.2.1.3.3 Strategisches Management – der Strategie-Prozess

Der Vollständigkeit der Prozessübersicht halber wird hier ein vereinfachter Strategie-Prozess wiedergegeben (vgl. Abbildung 2.5). Erkennbar wird die Einbindung von „Chancen und Risiken" (Staehle, 1999, S. 616) als Output des vorgelagerten ERM-Prozesses (‚Risikosubstrat'). Die wichtige Verknüpfung von Zielen mit Chancen und Risiken wurde bereits oben (vgl. Abschn. 1.2) erläutert, wird jedoch in den Ausführungen Staehles (1999, ab S. 601) nicht weiter vertieft.

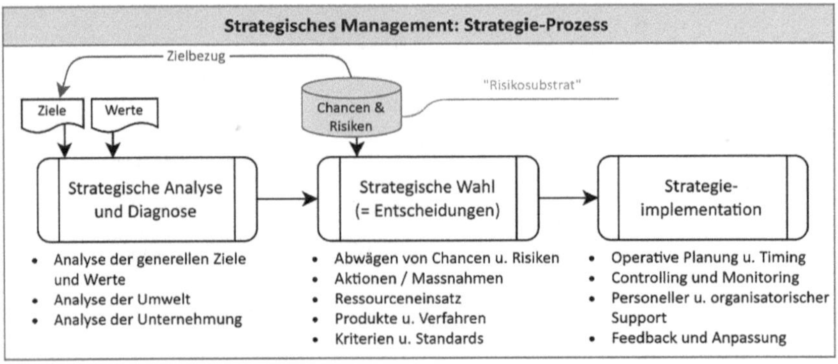

Abbildung 2.5 Strategie-Prozess. (Quelle: Eigene Darstellung nach Staehle, 1991)

2.2.1.4 Risikomanagement aus betriebswirtschaftlicher Perspektive

„Als **Risikomanagement** bezeichnet man alle Maßnahmen zur Erkennung und bestmöglichen Beherrschung einzelner unternehmerischer Risiken" (Wöhe et al., 2020, S. 191, Hervorhebung im Original). Die Autoren bewegen sich damit auf der nichtstrategischen Ebene des Operativen Risikomanagements (ORM); eine ganzheitliche Betrachtung kommt in der Definition nicht zum Ausdruck. Nahezu poetisch betrachten Fraser und Kollegen (2022) das Risikomanagement als „the art of trying to measure the unknown" (2022, S. 255) und weisen damit auf die stochastischen, kontingenten Aspekte im Umgang mit Risiken hin. Es wird der Versuch unternommen, das nicht zu Greifende, das zukünftige Geschehen der Operationalisierung zugänglich zu machen.

Risikomanagement ist ein Führungsinstrument, das die Erfolgsaussichten strategischer Entscheidungen zu verbessern hilft (Brühwiler, 2016, S. 40). Es wird die Führungsentscheidung in den Fokus gerückt, damit „Risiken und Chancen in ein gutes Verhältnis zueinander gebracht werden" (Glaser, 2019, S. 111). Primäres

Ziel des betrieblichen Risikomanagements ist die „Vermeidung von bestandsgefährdenden Risiken“ (Dierkes & Schäfer, 2022, S. 255; Deutsches Aktiengesetz, 1966, § 91).

Risikomanagement findet in nahezu jeder Organisation statt, sei es explizit als definierte Funktion oder Aufgabengebiet, oder informell als Abwägen von Vor- und Nachteilen in Entscheidungssituationen. Je nach Rechtsform und Unternehmensgröße ist die Durchführung einer Risikobeurteilung gesetzlich vorgeschrieben. Das Schweizer Obligationenrecht beispielsweise verpflichtet den Verwaltungsrat der Aktiengesellschaft zur Erstellung eines Lageberichts, der eine Risikobeurteilung beinhaltet (Art. 716a und 961c OR). Als Risikomanagement-System wird die Gesamtheit aller „Bestandteile des Managementsystems, die sich mit der Steuerung von Risiken befassen und die Anwendung und Umsetzung des Risikomanagement-Prozesses gestalten“ (Brühwiler, 2016, S. 228) bezeichnet.

2.2.1.4.1 Zentrale Begriffe des Risikomanagements

Als **Risiko** werden mögliche, zukünftige Ereignisse oder Entwicklungen bezeichnet, die sich bei Eintreten negativ auf die Ziele der Organisation auswirken können (Adam, 2024, S. 5; Henrizi & Renn, 2023, S. 15; Pielken & Krystek, 2016, S. 125; Wöhe et al., 2020, S. 191). Zwei Merkmale des Risikobegriffs werden in der Definition betont:

1. **Das Eintreten des Risikos ist kontingent und liegt in der (ungewissen) Zukunft** (Knight, 1921, S. 198; Weber et al., 2018, S. 482)
   Ein Risiko kann, muss aber nicht eintreten. Wenn es eintritt, kann das Ausmaß der Zielabweichung unterschiedlich ausfallen. Im Rahmen der Risikobewertung werden Schadenshöhe, Eintrittswahrscheinlichkeiten und weitere statistische Verteilungsparameter ermittelt oder geschätzt. Szenarien können gebildet werden, um alternative „Umweltzustände“ (Wöhe et al., 2020, S. 89) der Zukunft genauer zu beschreiben (Brüggemann & Binder, 2021, S. 50; Brühwiler, 2016, S. 184; Hunziker, Henrizi, et al., 2022, S. 86).
2. **Ein Risiko besitzt immer einen Zielbezug** (Romeike & Hager, 2020, S. 485)
   Ohne die Verknüpfung zu einem oder mehreren Zielen der Organisation bleibt das Risiko abstrakt und besitzt für die Organisation keine Relevanz. Basierend auf dieser (trivialen) Einsicht, dient ein fehlender Zielbezug dazu, ein vermeintliches Risiko von der weiteren Betrachtung auszuschließen und stellt mithin ein einfaches, erstes Kriterium der Risikoidentifikation dar. Für die echten Risiken, also solche, die mit einer organisatorischen Zielsetzung in Verbindung stehen, stellen Priorität, Gewicht und Bedeutung der zugeordneten Ziele eine Bewertungshilfe im Schritt nach der Risikoidentifikation, der

Risikoanalyse, dar (Brühwiler, 2016, S. 158). Chancen entsprechen positiven Zielabweichungen und werden grundsätzlich gleich betrachtet und analysiert (Romeike & Hager, 2020, S. 78).

Nebst dieser begrifflichen Definition wurde oben Risiko und Unsicherheit als Eigenschaft der Entscheidungssituation vorgestellt (vgl. Abschn. 2.2.1.3.2). Es gibt folglich mindestens zwei Bedeutungen von Risiko, die gleichberechtigt existieren, allerdings unterschiedliche Sichtweisen und Zeitpunkte repräsentieren (vgl. Abbildung 2.6). Bindeglied der beiden Perspektiven ist die Zielorientierung, die sowohl die Entscheidungssituation als auch die (negative) Abweichung von einem erwünschten Zielzustand charakterisiert. Ausserdem wird die untrennbare Zusammengehörigkeit von Risiken/Chancen und Entscheidungen ersichtlich – das eine existiert nicht ohne das andere.

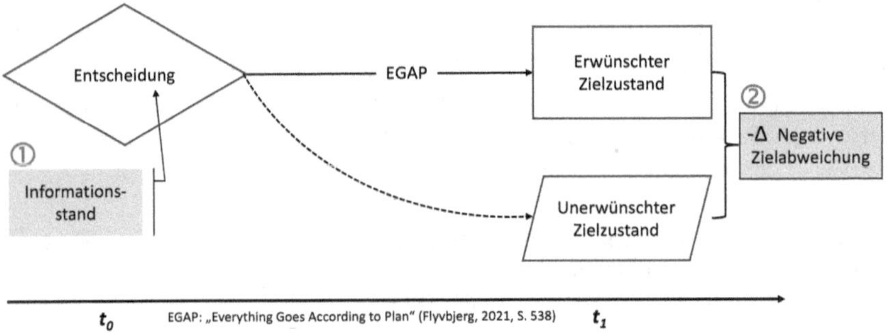

Abbildung 2.6 Zwei Bedeutungen von Risiko. (Quelle: Eigene Darstellung)

Risikomanagement auf der oberen Leitungsebene wird in der Literatur seit etwa den 1990er Jahren (Hunziker, 2019, S. 2) als **Enterprise Risk Management (ERM)** bezeichnet und vom COSO definiert als

> „a process, effected by an entity's board of directors, management and other personnel, applied in strategy setting and across the enterprise, designed to identify potential events that may affect the entity, and manage risk to be within its risk appetite, to provide reasonable assurance regarding the achievement of entity objectives" (Committee of Sponsoring Organizations of the Treadway Commission, 2004, S. 15; zit. in Durrer, 2017, S. 67–68).

Gar nicht konsistent definiert die gleiche Organisation ERM an anderer Stelle als

> „culture, capabilities, and practices, integrated with strategy-setting and its performance, that organizations rely on to manage risk in creating, preserving, and realizing value" (Committee of Sponsoring Organizations of the Treadway Commission, Society of Corporate Compliance and Ethics, & Health Care Compliance Association, 2020, S. 4).

Konkreter in der Darstellung von ERM werden andere Autoren: Demnach dient jenes als Führungsinstrument zur Verbesserung strategischer Entscheidungen, die die gesamte Organisation und langfristig ausgerichtete Ziele betreffen (Beasley, Branson, & Pagach, 2023, S. 102; Bone & Lee, 2023, S. 26; Brühwiler, 2016, S. 40; Callahan & Soileau, 2017, S. 124; Hunziker, 2019, S. 18), und wird demzufolge an der Leitungsebene der Organisation angesiedelt. ERM fördert eine ganzheitliche, integrierte Perspektive (Arena, Arnaboldi, & Palermo, 2017, S. 65; Gatzert & Martin, 2015, S. 32) und unterstreicht die intendierte Abkehr von der traditionellen Risikobewirtschaftung in organisatorischen Silos (Gatzert & Martin, 2015, S. 29; Jean-Jules & Vicente, 2020, S. 253).

Strategische Risiken bedrohen „die Strategie des Unternehmens als Ganzes" (Gleißner, 2021, S. 37). ERM verfolgt eine ganzheitliche, organisationsweite Steuerung von Risiken und Chancen zur Unterstützung strategischer Ziele (Gatzert & Martin, 2015, S. 29). Bromiley et al. (2015) nennen die „strategic risks" als ergänzendes Merkmal von ERM. Jedoch konnten sich die Autoren mit ihrer Sichtweise von „Strategic Risk Management (SRM) as part of the next generation of ERM (ERM 2.0)" (2015, o. S.) bisher nicht durchsetzen. Der Mehrwert von SRM wird in dem Beitrag nicht deutlich. Obwohl eine ausführliche Auflistung an SRM „Definitionen / Descriptions / Discussions" (2015, Tabelle 2.1) vorgelegt wird, unterbleibt eine schlüssige Definition von SRM, auch wenngleich dies behauptet wird.

Frühere Autoren, d. h. aus der Zeit, bevor COSO sich mit ‚ERM' durchsetzte, verwenden synonym zu ERM den Begriff „Integrated Risk Management (IRM)" (Hoyt & Liebenberg, 2011, S. 795). Tabellarische Übersichten zu den zahlreichen Definitionen von ERM geben Bromiley und Kollegen (2015, Tabelle 2.1 u. Tabelle 2.2). Folgende gemeinsame Merkmale kristallisieren sich heraus:

1. Risikoorientierung;
2. Ganzheitlichkeit, was verschiedene Arten[10] von Risiken angeht;
3. Strukturiertheit durch Prozessorientierung;

[10] Eine vielfach verwendete Einteilung der Risiken nach ihrer Art unterscheidet Strategisch, Operativ, Finanziell, Compliance (Romeike & Hager, 2020, S. 150, 399). Gelegentlich auch noch Politisch und Rechtlich, Reputation, Governance (2020, S. 145).

4. Ziel- und Strategiebezug;
5. integrativ in der gesamten Organisation.

Eine ungewöhnliche Begriffsbestimmung wird von Lundqvist (2015) vorgelegt. Sie definiert ERM als Kombination von „traditional risk management with the addition of risk governance“ (2015, S. 442), ohne allerdings den Aufsatz der ‚Risk Governance‘ präzise zu definieren. Crawford und Jabbour (2024) sehen diese Definition als „inconsistent“ (2024, S. 115) mit den gängigen Definitionen an.

Abgrenzen lässt sich das ERM vom Operativen Risikomanagement (ORM): Dieses widmet sich den Risiken im operativen Tagesgeschäft der einzelnen betrieblichen Funktionen und Bereiche. Prozesse, Systeme, zu vermeidende Fehler und Schadensereignisse stehen im Mittelpunkt des ORM (Brühwiler, 2016, S. 76). Hunziker (2019) umgeht die trennscharfe Unterscheidung zwischen ERM und ORM, indem er den Geltungsbereich des ersteren auf die „key risks“ bzw. Schlüsselrisiken beschränkt und für diese eine Definition vorlegt: „We define a key risk as a risk that exceeds a significance threshold in the case of risk occurring set by the company and thus can significantly affect one or several business objectives“ (2019, S. 5).

Unter **Chance** wird eine Entwicklung oder ein Ereignis mit positiver Auswirkung auf die Organisationsziele verstanden (Romeike & Hager, 2020, S. 78). Chancenpotenziale werden aktiv gesucht und deren Realisierung wird im unternehmerischen Kontext angestrebt. Chancen sind z. B. mit der Gewinnung von Kunden, Entwicklung neuer Produkte und Dienstleistungen, Produktivitätsverbesserungen oder Emissionsreduktion und Vermeidung von Umweltschäden verbunden (Schweizerische Normen-Vereinigung (SNV), 2015, S. 10). Wie beim Risikobegriff gilt auch hier die Kontingenzvermutung: Die Chance kann sich einstellen, muss aber nicht. „Risikomanagement bedeutet gleichzeitig auch Chancenmanagement“ (Schmelzer & Sesselmann, 2020, S. 603).

2.2.1.4.2 Rahmenwerke und Standards

Rahmenwerke zum Risikomanagement, wie z. B. COSO[11] ERM, haben internationale Bedeutung erlangt (Brühwiler, 2016, S. 53; Jean-Jules & Vicente, 2020, S. 249). Sie stellen als Sammlungen von „best practices“ (Jemaa, 2022,

[11] Das Akronym COSO steht für ‚Committee of Sponsoring Organizations of the Treadway Commission‘ und bezeichnet eine US-amerikanische Organisation, die seit den 1980er Jahren Rahmenwerke zur Internen Kontrolle und zum Risikomanagement entwickelt und bereitstellt.

Abschn. 1) Einführungsmethoden, Werkzeuge und Prozesse zur Bewirtschaftung von Risiken und Entscheidungsunterstützung im organisatorischen Kontext zur Verfügung (Hunziker, 2019, S. 174). Aus über 100 publizierten Vorgabedokumenten zum Risikomanagement (Hunziker, 2019, S. 169) wurden wenige Rahmenwerke in entsprechende nationale und internationale Standards und Normen überführt, z. B. ISO 31000, die österreichische ONR 49000[12] (Durrer, 2017, S. 106) oder die australisch-neuseeländische AS/NZS 4360 (Brühwiler, 2016, S. 55). Gemeinsame Merkmale acht ausgewählter Rahmenwerke und Standards werden von Glette-Iversen et al. hervorgehoben (2023, Tabelle 2.1), darunter u. a. die Prozessorientierung, Kontinuität und Zyklizität der Abläufe. Das Autorentrio verdichtet die untersuchten Rahmenwerke und Standards und identifiziert vier weitgehend ähnliche Hauptschritte (2023, Abschn. 2):

1. Establishing a context;
2. Risk assessment (darin u. a. die Risikoidentifikation);
3. Evaluation;
4. Decision.

Die von Glette-Iversen und Kollegen (2023) vorgenommene Auswahl der analysierten Rahmenwerke und Standards erscheint etwas willkürlich. Mindestens ein Werk entstammt der Ratgeberliteratur und stellt ein proprietäres Softwaretool in den Vordergrund (‚The decision analysis framework‘ von Clemen und Reilly 2013). Ein anderer Beitrag ist ein älteres Public Health Assessment, das international keine Bedeutung erlangt hat (‚The risk assessment framework‘ im ‚Red Book‘ des National Research Council 1983). Auch das in der Auswahl enthaltene ‚Decision analysis framework‘ von Howard und Abbas 2015 basiert auf einem Beitrag von 1968 und ist damit nicht mehr ganz zeitgemäss.

Eine Übersicht aktueller Rahmenwerke mit Informationen zur Risikoidentifikation und jeweiligen Schwerpunkten ist in Tabelle 2.5 enthalten. COSO ERM und ISO 31000 werden als die relevantesten Dokumente eingestuft (Gleißner & Berger, 2024, S. 4).

[12] Die Normenfamilie ONR 4900 × wurde zunächst weiterentwickelt und 2021 durch die ÖNORM 4900 ersetzt (Brühwiler, 2021).

Tabelle 2.5 Risikoidentifikation in ERM-Standards und Normen

Rahmenwerk / Norm / Autor	Risikoidentifikation als eigener Prozessschritt?	Schwerpunkte
ISO 31000:2018 und ISO 31010:2019	Ja, im ersten Teilschritt der Risikobeurteilung („Risk Assessment"), vgl. Abbildung 1.2.	nicht durch die Organisation steuerbare Risiken (Durrer, 2017, S. 122) Berücksichtigung der „Folgewirkungen" von Risiken und „Szenarien" (Durrer, 2017, S. 123) ISO 31010:2019 listet verschiedene Techniken zur Risikoidentifikation auf, keine davon mit Fokus auf Biases und Heuristiken (International Organization for Standardization (ISO), 2019, app. B.2)
COSO Enterprise Risk Management Framework (Committee of Sponsoring Organizations of the Treadway Commission (COSO), 2017)	Ja, in der Komponente „Ereignisidentifikation" („Event Identification"). Die Risikoidentifikation ist, anders als in der ISO 31000, dem eigentlichen Risk Assessment vorgelagert und dadurch in der Bedeutung abgewertet: „The risk (or event) identification process precedes risk assessment and produces a comprehensive list of risks" (Curtis & Carey, 2012, S. 2).	Bezug zu Strategie und Führungsentscheidungen (Hunziker, 2019, S. 170) „Kombination aus verschiedenen Techniken sowie unterstützenden Hilfsmitteln", „Gruppen-Workshops mit einem Moderator" (Durrer, 2017, S. 77) Durrer listet verschiedene Techniken auf, von denen aber keine spezifisch auf verhaltensökonomische Wahrnehmungsfehler oder Heuristiken eingehen (2017, S. 77, Fn. 512) Brainstorming als Technik zur Risikoidentifikation, möglichst multidisziplinär besetzt (Moeller, 2007, S. 28) Kategorisierung und Vollständigkeit der erhobenen Daten (Curtis & Carey, 2012, S. 2)

(Fortsetzung)

Tabelle 2.5 (Fortsetzung)

Rahmenwerk / Norm / Autor	Risikoidentifikation als eigener Prozessschritt?	Schwerpunkte
ÖNORM 4901:2021	Ja, im ersten Teilschritt der Risikobeurteilung (Abschnitt 8.4.2.).	Anleitung zur Umsetzung der ISO 31000 Knappe Darstellung von Methoden der Risikobeurteilung im Teil 2, darunter auch das Brainstorming als „sehr gut geeignete" Methode zur Risikoidentifikation (ÖNORM 4902:2021, Abschn. 4 auf S. 6).
Brühwiler (2016)	Ja (orientiert an ISO31000).	Grundsätzliche Erkennbarkeit von Risiken Technologiegrenzen – nicht erkennbare Risiken Wahrnehmung neuer Risiken System- und Prozessanalysen Früherkennung Verknüpfung von ISO 31000 mit ÖNORM 4900 als Implementierungshilfe
IRGC Risk Governance Framework	Nein, nur knapp erwähnt im Rahmen des „Pre-Assessment" (Florin & Bürkler, 2017, S. 9).	Einbezug der Stakeholder Risikobewertung knappe Hinweise auf „complacency bias" und „Framing" (Florin & Bürkler, 2017, S. 12)
Project Management Institute PMBOK Guide (Project Management Institute, 2008)	Ja, als Teil von Project Risk Management.	verschiedene Techniken (u. a. Brainstorming, Checklisten, SWOT-Analyse, Expertenschätzung) werden genannt (2008, S. 287) „experts' bias" wird erwähnt, aber nicht näher ausgeführt, sonst keine Hinweise auf verhaltensökonomische Einflüsse (2008, S. 288)

Den Rahmenwerken zum ERM weiterhin gemein ist die Verwendung eines definierten Prozesses, nach dem das Risikomanagement erfolgt (Jean-Jules & Vicente, 2020, S. 249). Der ERM-Prozess wird im nächsten Abschritt genauer vorgestellt.

2.2.1.4.3 Der ERM-Prozess

Der Risikomanagement-Prozess wird auf einer ersten Abstraktionsebene – je nach Rahmenwerk – in fünf bis sieben sequenzielle Schritte oder Teilprozesse unterteilt (Durrer, 2017, S. 120; Vanini, 2022, S. 273). Die Risikoidentifikation ist dabei einer der ersten Schritte (Adam, 2024, S. 9; Dierkes & Schäfer, 2022, S. 255; Jean-Jules & Vicente, 2020, S. 258), gefolgt von Risikoanalyse und -bewertung, Bestimmung von Maßnahmen sowie Berichterstattung und Risikosteuerung als abschließende Aktivitäten eines üblicherweise iterativen Vorgehens (vgl. Abbildung 1.2).

Die einzelnen Teilprozesse leisten die folgenden Aufgaben:

- **Rahmenbedingungen etablieren** den Kontext bzw. den „Zusammenhang" (Durrer, 2017, S. 116), in dem das ERM-System der Organisation angesiedelt ist. Informationen über Ziele, Anforderungen, Erwartungen der Stakeholdergruppen, externe Umstände und interne Auslöser zählen zu diesem Kontext (Brühwiler, 2016, S. 128).
- **Risikoidentifikation** beinhaltet die initiale Festlegung der für die Organisation relevanten Risiken und Chancen. Der Teilprozess ist von besonderer Kritikalität, denn werden „Risiken nicht identifiziert oder korrekt bewertet, so müssen die Folgen dieser Fehleinschätzung im Schadensfall aus dem laufenden Cash-Flow, aus Rücklagen oder durch die Auflösung stiller Reserven finanziert werden" (Romeike & Hager, 2020, S. 129).

Die Risikoidentifikation ist ein komplexes Aggregat an unterschiedlichen Aufgaben und Aktivitäten mit hohen Anforderungen an die Beteiligten. Die Überlegung Brühwilers (2016, S. 143), „nicht erkannte oder nicht erkennbare Risiken fallen aus dem Risikomanagement-Prozess heraus" muss dahingehend korrigiert werden, insofern diese Risiken gar nicht erst in den ERM-Prozess aufgenommen werden, auch später nicht (Durrer, 2017, S. 122; Tupa, Simota, & Steiner, 2017, S. 1226). Nicht identifizierte Risiken „sind aus dem Risikomanagementprozess ausgeschlossen und deshalb besonders bedrohlich“ (Austrian Standards International, 2021, S. 20).

Wie in der Arbeit bereits angedeutet, stehen Bedeutung der Risikoidentifikation und deren systematische, forschungsseitige Untersuchung in keinem Verhältnis zueinander (Maytorena, Winch, Freeman, & Kiely, 2007, S. 323). Auf die nicht sehr detailreiche und generell ungenügende Reflektion der Risikoidentifikation in gängigen Rahmenwerken wurde hingewiesen (vgl. Tabelle 2.5 und Abschn. 2.1.4).

- **Risikoanalyse** umfasst die Dokumentation des Risikos mit seinen Ursachen, möglichen positiven und negativen Auswirkungen (Benes & Groh, 2022, S. 117; Durrer, 2017, S. 123), Abhängigkeiten zu anderen Risiken, Verortung innerhalb der Organisation, Eigentümerschaft und weiteren relevanten Attributen und Kategorien. Diese können branchenspezifisch oder regulatorisch bedingt weitere Informationen umfassen.
- **Risikobewertung** bezeichnet die qualitative und/oder quantitative Bewertung des Risikos entlang einer oder mehrerer Bewertungsskalen. Einfache ERM-Systeme begnügen sich mit einem Datentupel aus Eintrittswahrscheinlichkeit und mutmaßlicher Schadenshöhe (Binomialverteilung). Darüber hinaus lassen sich Szenarien möglicher Risikoeintritte und deren statistische Verteilung (objektiv oder subjektiv geschätzt) erstellen (Basel & Henrizi, 2023, S. 16). Die Aktualisierung der Ergebnisse aus früheren ERM-Zyklen gehört ebenfalls zur Risikobewertung.
- **Risikobewältigung** bzw. **Risikosteuerung** umfasst Maßnahmen und Kontrollen zum Umgang mit Risiken. Als generische Risikobewältigungsstrategien stehen ‚Vermeidung‘, ‚Verminderung‘, ‚Transfer‘, ‚Akzeptanz des Restrisikos‘ (Durrer, 2017, S. 124) und, je nach ERM-System oder Rahmenwerk, weitere zur Verfügung (Romeike & Hager, 2020, S. 124).

- **Überwachung & Überprüfung** ist eine Managementaufgabe zur Sicherstellung der Funktionsfähigkeit des ERM-Systems, der kontinuierlichen Verbesserung (Hunziker, 2019, S. 158) sowie des laufenden Monitorings aktueller Ereignisse und Entwicklungen, die diverse kurzfristige Reaktionen nahelegen.
- Die **Berichterstattung** erfolgt schriftlich an die Leitungsebene der Organisation, ggf. auch an Aufsichtsbehörden und andere Stakeholdergruppen nach einer festgelegten Periodizität (z. B. jährlich oder halbjährlich), möglicherweise auch ad-hoc, sofern aktuelle Ereignisse ein schnelles Handeln erfordern.

Der erwartete Mehrwert des ERM-Prozesses ergibt sich aus der Verbindung mit dem Strategie-Prozess der Organisation (vgl. Abbildung 2.1). Die ausführlich analysierten Risiken und Chancen sollen beitragen, die Qualität der Führungsentscheidungen zu verbessern. Mit dieser Sichtweise wird der ERM-Prozess als Führungsinstrument positioniert, der über verschiedene regulatorische Anforderungen hinausgeht (Hunziker, 2019, S. 2). Wenn allerdings die Verknüpfung mit dem Strategieprozess nicht gelingt, bleibt das ERM seinen Nutzen für die Organisation schuldig. Gleißner und Berger diagnostizieren aktuell eine nur schwach ausgeprägte Verknüpfung zwischen ERM und strategischen Entscheidungen (2024, S. 2). Organisationen konzentrieren sich vorwiegend auf operative Risiken des Tagesgeschäfts und vernachlässigen die für den nachhaltigen Unternehmenserfolg relevanten strategischen und makroökonomischen Risiken, so die Autoren (2024, S. 4).

2.2.1.4.4 Weitere Begriffe und Konzepte des Risikomanagement

Weitere Begriffe und Konzepte des Risikomanagements mit Relevanz für die vorliegende Arbeit werden in der Tabelle 2.6 vorgestellt. Sofern begriffliche Uneinheitlichkeit oder unterschiedliche Auffassungen der jeweiligen Autoren bestehen, wird darauf hingewiesen.

Tabelle 2.6 Begriffe und Konzepte des Risikomanagements

Begriff bzw. Konzept	Erläuterungen und Festlegung im Rahmen der Arbeit
Risikokultur, engl. *risk culture*	Hunziker (2019) wagt sich zwar an eine Definition der Risikokultur als „set of shared attitudes, values and practices that defines how a company considers risk in its daily activities" (2019, S. 124), weist aber nur wenig später auf die Unschärfe des Begriffs und den fehlenden Konsens bezüglich der Definition hin (Hunziker, 2021, S. 67; Hunziker, Portmann, Trachsel, & Dubler, 2022, S. 33). Wenngleich der Begriff nur vage definiert ist (Bromiley, McShane, et al., 2015, S. 268), sticht aus der großen Anzahl von Begriffsdefinitionen (Bockius & Gatzert, 2023, Abschn. 1) der Ansatz von Bui und Kollegen (2018) aufgrund seiner Verknüpfung von Risikoverhalten mit der Entscheidungshandlung heraus. In der Definition werden die handelnden Akteure als „decision makers" bezeichnet, die auf Basis ihrer gemeinsamen Werte und Einstellungen gegenüber Risiken die Entscheidung in den Mittelpunkt stellen (Bui et al., 2018, S. 293). Die Risikokultur stellt eine Verhaltensnorm mit Einfluss auf die Risikoidentifikation (Sheedy & Canestrari-Soh, 2023, S. 4094) dar und ist daher von Relevanz für die vorliegende Arbeit. Ausserdem wirkt die Risikokultur auf das strategische Entscheidungsverhalten in Situationen von Unsicherheit und Risiko (Crawford & Jabbour, 2024, S. 124), wenngleich die genauen Zusammenhänge noch nicht geklärt sind (Osman & Lew, 2021, Abschn. 2.1).
Risikobewusstsein, engl. *risk awareness*	Braumann (2018) weist in ihrer Definition des Risikobewusstseins explizit auf die Verhaltensdimension hin: „Risk awareness is defined as the result of all employees, including top management, sharing and reflecting on how their *behavior and actions* are associated with causes and outcomes of potential risks" (2018, S. 243, eigene Hervorhebung).
Risikobeurteilung, engl. *risk assessment*	Gruppierung innerhalb des ERM-Prozesses, diese umfasst die Teilprozesse ‚Risikoidentifikation', ‚Risikoanalyse' und ‚Risikobewertung' (vgl. Abbildung 1.2).

(Fortsetzung)

Tabelle 2.6 (Fortsetzung)

Begriff bzw. Konzept	Erläuterungen und Festlegung im Rahmen der Arbeit
Risikosubstrat	Auch als *Risk Register* (Maytorena et al., 2007, S. 316) oder Risikoinventar (Beasley & Branson, 2022, S. 40) bezeichnet, stellt das Risikosubstrat eine schriftliche Auflistung der identifizierten Risiken (und Chancen) dar. Die Einträge werden mit allen während der Risikoidentifikation festgestellten Merkmalen geführt und in den nachfolgenden Schritten des ERM-Prozesses ergänzt bzw. aktualisiert.
Eintrittswahrscheinlich-keit	Die Eintrittswahrscheinlichkeit (Gleißner & Wolfrum, 2019, S. 7) ist eine statistische Grösse, die angibt mit welcher prozentualen Wahrscheinlichkeit oder absoluten Häufigkeit ein Risikoeintritt innerhalb einer gegebenen Periode erwartet werden kann. Dahinter liegt die Basisannahme, dass der Risikoeintritt einer Wahrscheinlichkeitsverteilung unterliegt. Die Summe der Eintrittswahrscheinlichkeiten möglicher Zielzustände beträgt 1 (Laux et al., 2018, S. 41). Die Eintrittswahrscheinlichkeit wird objektiv ermittelt oder subjektiv geschätzt (Gleißner, 2017, S. 57; Laux et al., 2018, S. 658). Letzteres Verfahren unterliegt kognitiven Einflüssen (Jannusch, Ressel, & Völler, 2023, S. 192).
Auswirkung bzw. Schadenshöhe	Die Auswirkung gibt die qualitative oder quantitative Bewertung des Zielzustandes an. Skalen können in Währungseinheiten, auf niedrigeren Skalenniveaus auch nominal (z. B. moderat, spürbar, wesentlich, gravierend, katastrophal) oder auf einer Intervallskala (z. B. 1 – 5) angegeben werden.
Risikoeintritt	Situation, in der das Risiko sich manifestiert und ein Schaden bzw. eine negative Auswirkung auf Organisationsziele feststellbar wird.
Zielzustand	Der Zielzustand kennzeichnet das angestrebte *Ergebnis* der gewählten Handlungsalternative in Entscheidungssituationen. Mögliche (kontingente) Zielzustände sind damit relevant für die Auswahl der Handlungsalternative (Laux et al., 2018, S. 34). Eine begriffliche Unschärfe bei Wöhe et al. erschwert das Verständnis; sie unterscheiden nicht zwischen Zielzustand und Umweltzustand, sondern sprechen von „künftigen Umweltzuständen" (2020, S. 89).
Umweltzustand	Der Umweltzustand kennzeichnet die Situation *vor* der Durchführung von Handlungen. Zusammen mit den Handlungsalternativen und den Zielzuständen wird das Entscheidungsfeld gebildet (Laux et al., 2018, S. 33).

2.2.1.5 Einordnung der betriebswirtschaftlichen Beiträge

Die Hauptforschungsfrage der vorliegenden Arbeit zielt auf verhaltensökonomische Wahrnehmungsfehler und Heuristiken bei der Risikoidentifikation als Basis strategischer Entscheidungen (vgl. Abschn. 1.4.2.1). Während zu den Elementen ‚Risikoidentifikation' und ‚Führungsentscheidung' erste Grundlagen vermittelt werden konnten, bieten die Allgemeine BWL und ihre hier vorgestellten Teildisziplinen wenig Erhellendes zu Wahrnehmungsfehlern und Heuristiken. Die „emotionale Ebene der Risikoidentifikation" (Brühwiler, 2016, S. 147), Motive der handelnden Akteure, deren Interessenlagen und Gewohnheiten oder bewusstes Ausblenden von Risiken sind allesamt bisher unberücksichtigte Aspekte. Aus diesem Grunde „greift die Betriebswirtschaftslehre auf Einsichten der Psychologie zurück" (Bardmann, 2019, S. 315).

Die Einordnung von ‚Risikoidentifikation' und ‚Führungsentscheidung' als Aggregate von Aktivitäten zu Teilprozessen in miteinander verknüpften, betriebswirtschaftlichen Prozessen (vgl. Abbildung 2.1) hat ebenfalls noch keine tiefgründigen Einsichten erbracht. Die beliebten Darstellungen mit Kästchen und verbindenden Pfeilen deuten zwar einen Prozess an und vermitteln einen Überblick, gleichwohl wird den Kästchen viel Beachtung geschenkt, während die Pfeile mit ihrem allgemeinen Bezeichner ‚danach folgt' vergleichsweise bedeutungslos bleiben (Weik, 2020, S. 13). Immerhin konnte mit Hilfe des Prozessmanagements eine „theoretische Konzeptualisierung unter den Vorzeichen der Prozesstheorie für nicht formalisierte, wenig strukturierte, instabile und temporäre Phänomene" (Weik, 2020, S. 12) eröffnet werden. Im Weiteren wird der Blick auf diese Phänomene zu richten sein.

2.2.2 Die psychologische Perspektive

2.2.2.1 Allgemeine Psychologie

Die Psychologie als experimentelle Wissenschaft hat ihre Ursprünge im späten 19. Jahrhundert mit den Untersuchungen des Leipziger Medizinprofessors Wilhelm Wundt (1832–1920) (Betsch, 2011a, S. 123; Kanning, 2007, S. 27; LeDoux, Michel, & Lau, 2020, S. 6977; Myers, 2014, S. 3). Hervorgegangen ist sie aus Philosophie, Medizin, Physiologie und Biologie (Myers, 2014, S. 7). Eine der ersten großen Strömungen innerhalb der jungen Wissenschaft war der Behaviorismus, bei dem menschliches Verhalten ohne Bezug auf innere Vorgänge oder „mentale Prozesse" (2014, S. 5) untersucht wurde. Verhalten galt zunächst als Resultat von Erleben, Denken, Absichten und Motivation, diese Elemente aber waren im Behaviorismus nicht Gegenstand der Analyse (Butler & McManus, 2022, S. 13; Garcia, Hoffmann, & Pfister, 2019, S. 103; Hergovich, 2021, S. 49).

Ab etwa den 1950er Jahren wird im Rahmen der so genannten ‚kognitiven Wende‘[13] (Hergovich, 2021, S. 47; Myers, 2014, S. 6) ein tiefgreifender Transformationsprozess ausgelöst, basierend auf den Beiträgen von Herbert Alexander Simon (1916–2001), Richard Cyert (1921–1998), James G. March (1928–2018) und anderen (Gavetti, Levinthal, & Ocasio, 2007, S. 525 u. 530; Sent, 2004, S. 739). Herbert A. Simon ist die Verknüpfung der Ökonomie mit der Psychologie zu verdanken, wenngleich dies eher aus Enttäuschung mit der Wirtschaftswissenschaftlichen Fakultät seiner Hochschule, der ‚Graduate School of Industrial Administration at Carnegie Mellon University‘ (Carnegie School) und seinem Wechsel an das psychologische Institut der Universität geschah (Sent, 2004, S. 742). Dort konnte er den Forschungsschwerpunkt des organisatorischen Verhaltens mit seinen kognitionspsychologischen Interessen kombinieren (Gavetti et al., 2007, S. 529). Die Carnegie School hat sich danach mehr auf „the environment and broader social context“ sowie Themen des organisationalen Lernens und Umgang mit Veränderungen konzentriert (2007, S. 524).

Wie in anderen empirischen Wissenschaften auch steht in der Psychologie[14] das Erklären und Prognostizieren messbarer Phänomene (menschlichen Verhaltens) im Vordergrund (Butler & McManus, 2022, S. 11; Garcia et al., 2019, S. 101). Die Psychologie ist zur empirischen, objektiven Wissenschaft herangereift, die Theorien und Hypothesen aufstellt und diese mit empirischen Methoden testet (Myers, 2014, S. 26). Mathematisch-statistische Verfahren unterstützen die Analysen und die Aufbereitung der Erkenntnisse. Die Psychologie wird „heute als die *Wissenschaft vom Verhalten und von den mentalen Prozessen* definiert“ (Myers, 2014, S. 6, kursiv im Original). Unterschiedliche Teilgebiete und Arbeitsfelder haben sich entwickelt, darunter die klinische Psychologie, die Entwicklungs- und Sozialpsychologie, die Persönlichkeitspsychologie und viele weitere (2014, S. 10; Garcia et al., 2019, S. 103; Butler & McManus, 2022, S. 21–22).

---

[13] Gelegentlich auch als „kognitive Revolution“ (Butler & McManus, 2022, S. 16; Gigerenzer, 2020, S. 1364; LeDoux, 2000, S. 156; Sent, 2004, S. 739) bezeichnet. Dieser Begriff wird jedoch mittlerweile neu besetzt durch Yuval Noah Hararis Sachbuch ‚Eine kurze Geschichte der Menschheit‘ (2011). Dort ist mit dem Begriff der „kognitiven Revolution“ der Zeitraum vor gut 70‘000 Jahren gemeint, als die Menschheit bedeutende kognitive Fortschritte durchlief.

[14] Bedeutende Psychologen sind bzw. waren u. a.: Sigmund Freud (1856–1939), Heinz Heckhausen (1926–1988), William James (1842–1910), Carl Gustav Jung (1875–1961), Jean Piaget (1896–1980), Burrhus Frederic Skinner (1904–1990), Lutz von Rosenstiel (1938–2013), Wilhelm M. Wundt (1832–1920), Philip Zimbardo (1933–2024).

Kritik

Die Bedeutung der Allgemeinen Psychologie für die Themen des ERM wird kritisch hinterfragt. Gigerenzer (2023c, S. 3) bspw. beklagt, dass die wichtige Unterscheidung zwischen Risiko und Unsicherheit (vgl. Tabelle 2.4) häufig nicht gemacht wird. Allerdings sind auch die Betriebswirtschaftler in dieser Hinsicht nicht immer exakt (vgl. Abschn. 2.2.1.3.2 der Arbeit).

Bardmann bezweifelt grundsätzlich, „ob die Psychologie überhaupt als Basis für die Betriebswirtschaftslehre taugt" (2019, S. 350). Mit Blick auf Handlung und Entscheidung in sozialen Systemen tendiert Bardmann dazu, Lösungsansätze in der Soziologie zu suchen (2019, S. 350). Luhmann (1991) bestätigt, dass Menschen nicht rational kalkulieren (1991, S. 9), von der „konventionelle[n] Entscheidungstheorie" (1991, S. 10) abrücken und es unklar bleibt, „wer oder was darüber entscheidet, ob [...] ein Risiko beachtet wird *oder nicht*" (1991, S. 12, kursiv im Original). Schlussendlich konzediert Bardmann aber doch, „dass sich die Wirtschaftswissenschaft von psychologischen Erkenntnissen inspirieren lässt" (2019, S. 351).

2.2.2.2 Kognitionspsychologie

Seit etwa den 1970er Jahren existiert die Kognitionspsychologie als eigener Zweig innerhalb der Psychologie, der sich u. a. mit menschlicher Informationsverarbeitung und -speicherung befasst (Tobinski, 2017, S. 24). Parallelen wurden und werden mit der Computertechnologie gezogen (Tobinski, 2017, S. 29–30; von Nitzsch, 2021, S. 36), jedoch ist etabliert, dass (menschliches) Problemlösen „weit darüber hinaus" geht (Tobinski, 2017, S. 33). In der Kognitionspsychologie wird Verhalten als Ergebnis kognitiver Vorgänge im Gehirn erklärt. Es geht dabei um Wahrnehmung, Verarbeitung, Abspeichern und Wieder-Abrufen von Informationen (Garcia et al., 2019, S. 103); die unterschiedlichen Arten des Gedächtnisses werden untersucht und zur Erklärung herangezogen (Myers, 2014, S. 330).

Mit dem Begriff der Kognition werden mentale Aktivitäten bezeichnet, die mit „Denken, Wissen, Erinnerung und Kommunikation" (Myers, 2014, S. 186 u. 368) sowie mit dem Gedächtnis und Prozessen der Wahrnehmung in Verbindung stehen (LeDoux, 2000, S. 157). Den menschlichen Kognitionen vorgelagert sind Emotionen (Gavetti et al., 2007, S. 530), die in verschiedenen Bereichen des Gehirns ihren Ursprung haben können. Möglicherweise werden beide Elemente, Kognitionen und Emotionen im Arbeitsgedächtnis kombiniert und bilden gemeinsam den vorherrschenden Sinneseindruck der Person (LeDoux, 2000, Abb. 2.8).

Von Nitzsch (2021, S. 51–52) präzisiert und vergleicht die Gedächtnisinhalte mit einem „internen Datenspeicher". Darin werden die „aktuelle Gefühlslage" (als emotionale Situation), die kognitiven Elemente der „gegebenen Informationsgrundlage“ und außerdem noch „grundlegende Werte, Normen und Einstellungen“ zu einem „mentalen Modell der Entscheidungssituation“ zusammengeführt (vgl. Abbildung 2.7).

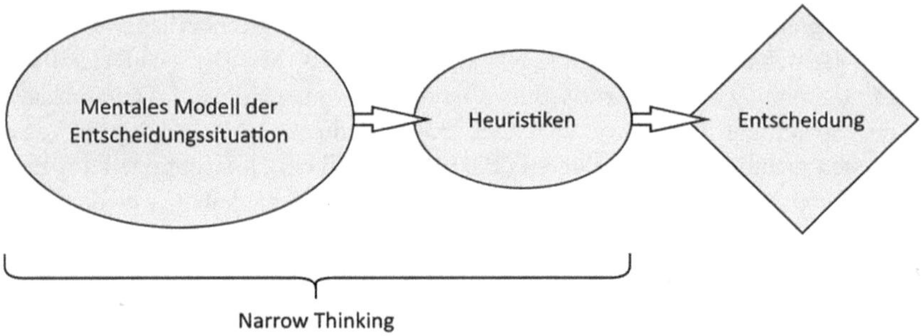

Abbildung 2.7 Zusammenhang zwischen Narrow Thinking und Heuristiken. (Quelle: Eigene Darstellung nach von Nitzsch, 2021, S. 52)

Restringierend auf die Risikoidentifikation wirken sich zwei Formen des „Narrow Thinking“ (Soll, Milkman, & Payne, 2015, S. 928; von Nitzsch, 2021, S. 50) aus: Die Kognitionspsychologie weist auf die Möglichkeit einer unvollständigen Modellbildung hin (linkes Oval in Abbildung 2.7). Die Verhaltensökonomik (vgl. Abschn. 2.2.4) ergänzt um die kognitiven Heuristiken (bei Soll et al. (2015, S. 929) treffender als Biases bezeichnet). Gemeinsam wirken sich beide Restriktionen auf die Entscheidungsbildung aus. Das „Narrow Thinking“ begünstigt die Entstehung von Wahrnehmungsfehlern (Soll et al., 2015, S. 929) und beeinflusst die Entscheidungen.

Noch nicht ganz befreit vom *homo oeconomicus* (vgl. Tabelle 2.2) übersieht das Risikomanagement, dass **Emotionen** eine bedeutende Rolle im Risikoverhalten und Entscheidungshandeln spielen. Die rein kognitiv dominierte Analyse greift demnach zu kurz (Gavetti et al., 2007, S. 530–531). In diesem Zusammenhang wird auf die Hypothese von „risk-as-feelings“ (Loewenstein, Weber, Hsee, & Welch, 2001, S. 270) hingewiesen. Demnach können Gefühle schneller (2001, S. 268), entgegengesetzt (2001, S. 270) und auch unabhängig von (kognitiv erlangter) Einschätzung zu Wahrscheinlichkeiten (2001, S. 271) wirken. Dabei muss beachtet werden, dass die psychologischen Konzepte ‚Gefühl‘ und ‚Emotion‘ nicht dasselbe bedeuten (Betsch, 2011a, S. 124; Garcia et al., 2019, S. 122;

Myers, 2014, S. 496). Emotionen sind kurzzeitige, objektbezogene Empfindungen (Funke & Holt, 2006, S. 80); „Gefühle wie Furcht, Abscheu, Wut, Ekel usw. [sind] immer an der Entscheidungsfindung beteiligt", erläutert Bardmann (2019, S. 345).

2.2.2.3 Arbeits- und Organisationspsychologie

Die Arbeits- und Organisationspsychologie ist eine Teildisziplin der Allgemeinen Psychologie, die sich schon ab etwa 1900 der beruflichen Eignungsdiagnostik sowie Zeit- und Bewegungsstudien am Arbeitsplatz verschrieben hat. Später treten Anwendungsfelder in der „Arbeitsplatzgestaltung, Personalentwicklung und Personaldiagnostik" hinzu (Kanning, 2007, S. 30). Ähnlich wie auch die BWL hat sich die Disziplin in Deutschland nach dem Zweiten Weltkrieg eher langsam, dafür stärker in den USA entwickelt (2007, S. 31). Anfang des 21. Jahrhunderts wird die Arbeits- und Organisationspsychologie als eine der „größten Disziplinen der angewandten und praktischen Psychologie" (2007, S. 32) angesehen.

In der Arbeits- und Organisationspsychologie geht es um das Verhalten und Erleben des arbeitenden Menschen in Organisationen (Garcia et al., 2019, S. 105; von Rosenstiel, 2007, S. 18). Untersucht werden u. a. Theorien und Modelle zur Motivation (Brandstätter & Schnelle, 2007), Entscheidung (Brocke & Holling, 2007), Lernen (Schaper, 2007) und Konfliktverhalten auf individueller und kollektiver Ebene (Staehle, 1999, S. 525).

Die Arbeits- und Organisationspsychologie kann als Basis der Verhaltensökonomie (vgl. Abschn. 2.2.4) angesehen werden. Während die Arbeits- und Organisationspsychologie ‚lediglich' in der Organisation stattfindet, versucht die Verhaltensökonomie gezielt die Hintergrundfolien ‚Psychologie' und ‚Ökonomie' miteinander zu kombinieren und daraus neue Erkenntnisse zu ziehen. Ernüchtert stellt Kahneman jedoch fest, dass in den drei Jahrzehnten seit 1970 zwar eine Annäherung der beiden Wissenschaftsdisziplinen stattgefunden hat (2003, S. 162), eine vereinende Theorie menschlichen Verhaltens sich indes nicht abzuzeichnen scheint (2003, S. 166).

2.2.2.4 Weitere Begriffe aus der Psychologie

Weitere Begriffe und Konzepte der Psychologie mit Relevanz für die vorliegende Arbeit werden in der Tabelle 2.7 vorgestellt. Sofern begriffliche Uneinheitlichkeit oder unterschiedliche Auffassungen der jeweiligen Autoren bestehen, ist dies vermerkt.

Tabelle 2.7 Begriffe der Psychologie

Begriff bzw. Konzept	Erläuterungen und Festlegung im Rahmen der Arbeit
Motivation	Motivation (lat. *movere*, bewegen) strebt eine Veränderung des aktuellen Zustands in Richtung eines erwünschten Zustands, bzw. weg von einem negativ empfundenen Gegenwärtigem an (Künzli, 2019, S. 654).
	Betriebswirtschaftler definieren den auch in der Alltagssprache verwendeten Begriff der Motivation als Summe aller „Anreize, die ein Individuum veranlassen, sich mit voller Kraft für die Erreichung eines bestimmten Ziels einzusetzen" (Wöhe et al., 2020, S. 101). Während Zielbezug und Anreize bereits als wichtige Elemente genannt werden, müssen aus psychologischer Sicht gleich mehrere Aspekte ergänzt bzw. präzisiert werden: • Motivation als Voraussetzung (Staehle, 1999, S. 218) *ermöglicht* zielgerichtete Handlungen zur Befriedigung von Bedürfnissen oder Erfüllung von Wünschen (Achtziger & Gollwitzer, 2009, S. 155; Myers, 2014, S. 439), löst diese aber noch nicht aus – erst wenn die „Aktivierung oder Erhöhung der Verhaltensbereitschaft" (Thommen et al., 2023, S. 469) genügend gross ist, wird eine aktionale Phase ausgelöst; • Unterschieden wird zwischen intrinsischer Motivation – die Handlung wird um ihrer selbst willen ausgeführt aufgrund von Interesse oder Neugier – und extrinsischer Motivation – Streben nach Belohnung oder Vermeiden von Bestrafung ist der Antrieb (Myers, 2014, S. 317–318); • Anreize, Werte und nicht-beobachtbare implizite Motive stehen hinter der (sichtbaren) Handlung bzw. Verhalten (J. Heckhausen & Heckhausen, 2011, S. 4; Thommen et al., 2023, S. 489); • Personelle und situative Motivationsfaktoren wirken gemeinsam (Brandstätter & Schnelle, 2007, S. 51); Außerachtlassen der Letzteren könnte zum fundamentalen Attributionsfehler führen (Fiedler et al., 2021, S. 263; Oswald & Wyler, 2018, S. 104); • Motivationstheorien beziehen den situativen Kontext ein und öffnen das Konzept der Motivation einer differenzierten Betrachtung, z. B. in Theorien der Arbeitsmotivation (2014, S. 787), im Rahmen der Analyse von Handlungsphasen (Achtziger & Gollwitzer, 2009, S. 151) oder zur Zielsetzung selbst (vgl. Abschn. 2.2.3.2).

(Fortsetzung)

Tabelle 2.7 (Fortsetzung)

Begriff bzw. Konzept	Erläuterungen und Festlegung im Rahmen der Arbeit
Anreiz	Ein Anreiz stellt einen ‚Aufforderungscharakter' zu einem entsprechenden Handeln dar. Während die Motivation der Person zugeordnet wird, sind Anreize Merkmale der Situation. Unterschieden werden positive und negative, sowie intrinsische und extrinsische Anreize (J. Heckhausen & Heckhausen, 2011, S. 5).
Gedächtnis	Das Gedächtnis ist der dauerhafte Aufbewahrungsort von Wissen und Lernergebnissen. Die Inhalte bleiben gespeichert auch nachdem die ursprüngliche Quelle der Information nicht mehr verfügbar ist (Gruber, 2018, S. 2).
	Die mit dem Gedächtnis einhergehenden kognitiven Prozesse umfassen u. a. das Enkodieren (Speichern), Abruf(en), sowie Vergessen von Informationen (Gruber, 2018, S. 63; Myers & Wilson, 2014, S. 328). Unterschieden nach Fristigkeit der gespeicherten Informationen werden die beiden Gedächtnissysteme Arbeitsgedächtnis und Langzeitgedächtnis. Das Konzept des Kurzzeitgedächtnisses gilt als veraltet (Gruber, 2018, S. 28; Hergovich, 2021, S. 70; Pastötter, Oberauer, & Bäuml, 2018, S. 123; anderer Ansicht ist Flor, 2019, S. 841).
	Inhaltlich nach Art der gespeicherten Wissensinhalte wird das Langzeitgedächtnis in explizite und implizite Informationen unterschieden (LeDoux et al., 2020, S. 6979; Pastötter et al., 2018, S. 124). Für die Risikoidentifikation sind explizit verfügbare Informationen im deklarativen Teil des Gedächtnisses von Bedeutung, nur diese können verbalisiert werden. Dabei spielt es keine Rolle, ob Risikoereignisse selbst erlebt (‚episodisches Gedächtnis') oder als abstraktes Geschehen bewusst sind (‚semantisches Gedächtnis') (Flor, 2019, S. 839; Pastötter et al., 2018, S. 124).
	Auffindbar im Gehirn ist das Gedächtnis in den unterschiedlichsten Hirnregionen, die über Netzwerke bzw. Ensembles oder Neuronencluster zusammenhängen (Flor, 2019, S. 840; Tobinski, 2017, S. 33–34). Die Speicherung von Informationen ist nicht mit einzelnen Zellen, Synapsen oder Neuronen realisierbar (Flor, 2019, S. 842).
Arbeitsgedächtnis	Das Arbeitsgedächtnis, gelegentlich auch mit einem „Notizblock des Gehirns" verglichen (Laureiro-Martinez, Brusoni, Tata, & Zollo, 2019, S. 1656), ist ein knapp bemessener Speicher, in dem etwa sieben + /- zwei Informationseinheiten (‚*chunks*') enthalten sein können (Pastötter et al., 2018, S. 141; von Nitzsch, 2021, S. 44; nur etwa vier chunks bei Cowan, 2001, S. 107). Das Arbeitsgedächtnis ermöglicht Rechenoperationen mit diesen *chunks*, d. h. sie können miteinander kombiniert, verglichen, verarbeitet und zueinander in Bezug gesetzt werden (Baddeley, 1992, S. 556; Diamond, 2013, S. 142; „Manipulation und Organisation" bei Flor, 2019, S. 841). Komplexe kognitive Leistungen werden durch diese Prozesse ermöglicht (1992, S. 559). (In dem älteren Konzept des Kurzzeitgedächtnisses waren solche dynamischen Vorgänge nicht vorgesehen (Diamond, 2013, S. 143; von Nitzsch, 2021, S. 46).)

(Fortsetzung)

Tabelle 2.7 (Fortsetzung)

Begriff bzw. Konzept	Erläuterungen und Festlegung im Rahmen der Arbeit
	Das Arbeitsgedächtnis wird als eine der wichtigsten kognitiven Fähigkeiten des Menschen überhaupt angesehen (Laureiro-Martinez et al., 2019, S. 1659). Die Bedeutung für die Risikoidentifikation ergibt sich aus der Fähigkeit, in Szenarien zu denken und sich gedanklich-planerisch auf dem Zeitstrahl zu bewegen (2019, S. 1660). Das Arbeitsgedächtnis verbindet Langzeitgedächtnis mit aktiver Informationsverarbeitung (von Nitzsch, 2021, S. 46).
	Interindividuelle Unterschiede hinsichtlich der Kapazität des Arbeitsgedächtnisses korrelieren regelmäßig positiv mit Textverständnis, Lernfähigkeit, logischem Denken und allgemeiner Intelligenz (Baddeley, 1992, S. 557; Pastötter et al., 2018, S. 141).
	Alternative Modelle zur Erklärung des Arbeitsgedächtnisses sehen dieses nicht als separates Speichersystem, sondern als „Zustand von Repräsentationen im Langzeitgedächtnis" (Pastötter et al., 2018, S. 138), wobei sich diese noch nicht durchsetzen konnten (2018, S. 141). So genannte „Ein-Speicher-Modelle" des Gedächtnisses folgen dieser alternativen Sichtweise und sehen das Arbeitsgedächtnis als hochaktivierten Teil des Langzeitgedächtnisses an (Tobinski, 2017, S. 36–37).
Langzeitgedächtnis	Im Langzeitgedächtnis werden Wissensinhalte langfristig, evtl. sogar lebenslang, gespeichert (von Nitzsch, 2021, S. 43). Über die „riesige" Kapazität des Langzeitgedächtnisses (Gruber, 2018, S. 39; Myers & Wilson, 2014, S. 338; Pastötter et al., 2018, S. 138; von Nitzsch, 2021, S. 45; „grundsätzlich unbegrenzt" bei Myers, 2014, S. 862) besteht ein qualitativer Konsens, quantitative Angaben oder Grenzen können indes derzeit nicht benannt werden (Flor, 2019, S. 841).
Denken	Denken ist ein in der Kognitionspsychologie untersuchtes Phänomen (Garcia et al., 2019, S. 103). Es ist ein unbewusster, implizit ablaufender Prozess (Birbaumer & Schmidt, 2019, S. 867), der unterschiedlichen Zwecken dient, z. B. zum Problemlösen, Urteilen, Schlussfolgern oder Erschaffen von etwas Neuem (Funke, 2011, S. 139). In der Psychologie wird Denken oft mit Problemlösen gleichgesetzt (Hergovich, 2021, S. 92).
	Wird der Denkprozess in seine Bestandteile dekomponiert, so zeigt sich eine Abfolge von Gedanken, die durch eingestreute Verarbeitungsvorgänge regelmäßig unterbrochen wird (Ericsson & Simon, 1998, S. 180). Dabei wird das Arbeitsgedächtnis eingesetzt.
	Für die Risikoidentifikation relevant ist das induktive Denken zum Ableiten vom Besonderen auf das Allgemeine, dabei „werden häufig Heuristiken verwendet" (Hergovich, 2021, S. 101).
Abruf, engl. *retrieval*	Der Abruf bezeichnet das Reproduzieren von früher gelernten Wissensinhalten aus dem Gedächtnis. Diese werden aus dem Langzeitgedächtnis in das Arbeitsgedächtnis übertragen (von Nitzsch, 2021, S. 46).

(Fortsetzung)

Tabelle 2.7 (Fortsetzung)

Begriff bzw. Konzept	Erläuterungen und Festlegung im Rahmen der Arbeit
	Der in der englischsprachigen Literatur als ‚*recall*' bezeichnete Vorgang ist vom bloßen ‚*recognition*' zu unterscheiden (Gruber, 2018, S. 6–7). Beides sind Maße der Erinnerungsfähigkeit, bei letzterem allerdings reicht das Wiedererkennen von Inhalten, diese müssen *nicht* aktiv im Gedächtnis aufgefunden und reproduziert werden (Myers, 2014, S. 328). Für die Risikoidentifikation, spezifisch für unbekannte, strategische Risiken, reicht der ‚*recall*' deswegen nicht.
	Die Verfügbarkeit von Wissensinhalten wird durch verschiedene Determinanten begünstigt, darunter Aktualität, Anschaulichkeit, Auffälligkeit, Aufmerksamkeit und Frequenz (von Nitzsch, 2021, S. 46) der Inhalte. Auch verschiedene emotionale Verknüpfungen bereits beim Enkodieren der Informationen wirken sich auf den Abruf aus, denn der „Abruf von Informationen kann nicht unabhängig von der Enkodierung betrachtet werden" (Gruber, 2018, S. 89).
	Für die Risikoidentifikation ist das von Bedeutung, weil explizite Informationen über Risiken häufig mit emotionalem Empfinden (während des Enkodierens) verknüpft sind und sich auf die Auffälligkeit des Ereignisses auswirken. Ein Beispiel dafür ist die Erinnerung, was man am 11. September 2001 gemacht hat – die „emotional bewegenden Episoden" der terroristischen Anschläge in den USA werden üblicherweise sehr gut erinnert (Gruber, 2018, S. 112).
Handlungsregulation	Mit Handlungsregulation bezeichnet die Psychologie den Prozess, mit dem Menschen ihre bewussten und unbewussten Handlungen (Bewegungen und Reflexe, Aktionen, Sprechakte) steuern und zielgerichtet einsetzen (Unkrig, 2020, S. 24). Durch Handlungen werden Pläne und Absichten in konkrete Annäherungen an ein Ziel überführt. Regelmäßige Kontrolle, Feedback und Anpassungsreaktionen sind Untersuchungsgegenstände der Handlungstheorie (Keller, 2014, S. 790).
	Die während der Risikoidentifikation auftretenden Heuristiken wirken sich handlungsregulierend aus, bspw. indem sie eine Auswahl unter Alternativen auch bei unvollständiger Informationslage (Risiko) ermöglichen. Dies insbesondere, weil die Handlungsregulation mit der erworbenen Kompetenz der „volitionalen und motivationalen Selbststeuerung" interindividuell variiert (J. Heckhausen & Heckhausen, 2011, S. 8).

2.2.3 Anwendbare Modelle aus Psychologie und Betriebswirtschaft

Die in den nachfolgenden Abschnitten vorgestellten Modelle dienen als Konstruktionshilfen für den ‚Risk Intake', einer Aktivitätenfolge innerhalb der Risikoidentifikation. Der Lineare Problemlöseprozess stellt dabei das umfassende Referenzmodell dar, einzelne Elemente oder Teile des ‚Risk Intake' werden mittels weiterer Modelle aus Psychologie und BWL hergeleitet bzw. plausibilisiert. Die eigentliche Konstruktion des ‚Risk Intake' erfolgt im Abschnitt 2.2.5.

2.2.3.1 Referenzmodell: Der Lineare Problemlöseprozess

Laureiro-Martinez und Kollegen verwenden ein lineares Phasenmodell zur Analyse von „individual-level microprocesses" (2023, S. 2208) bei der Problemlösung und Entscheidungsfindung. Das vorgeschlagene Prozessmodell beabsichtigt, die Aufmerksamkeit individueller Entscheider in komplexen Situationen zu aktivieren und die Ableitung von Theorie zu ermöglichen (2023, S. 2207). Mentale Aktivitäten stehen im Vordergrund bei der experimentellen Untersuchung gewichtiger, komplexer, unstrukturierter und neuartiger (2023, S. 2209) Entscheidungssituationen – allesamt Merkmale der strategischen Führungsentscheidung (vgl. Abschn. 2.2.1.3). Das Phasenmodell erfordert mehrheitlich kognitive Vorgänge; die (in der Versuchsanordnung erzeugten) Entscheidungssituationen erlauben keinen Einsatz von Erfahrungswissen (Gavetti & Levinthal, 2000, S. 135). Die Autoren stellen ihr Phasenmodell (vgl. Abbildung 2.8) in eine Reihe mit etablierten Vorgängermodellen (Laureiro-Martinez et al., 2023, Tabelle 2.1) und begründen dessen Linearität mit der wiederholt belegten Vorgehensweise beim Problemlösen (2023, S. 2209).

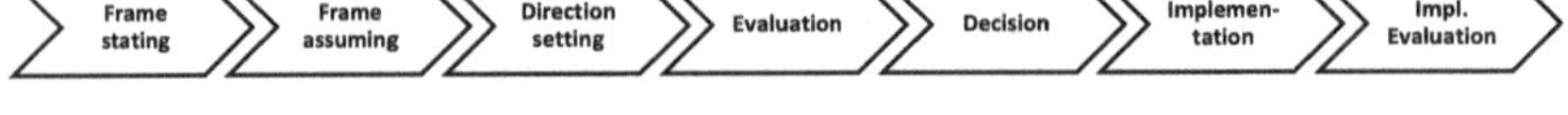

Abbildung 2.8 Linearer Problemlöseprozess (LPSP). (Quelle: Eigene Darstellung nach Laureiro-Martinez et al., 2023, S. 2210)

Nach initialer Theoriebildung mithilfe des LPSP verwerfen Laureiro-Martinez et al. (2023) ihr lineares Modell allerdings und weichen so ihre eigene Argumentation zugunsten deutlich älterer Ansätze (Laureiro-Martinez et al., 2023, S. 2213; Mintzberg, Raisinghani, & Theoret, 1976) nachhaltig auf. Bei genauerer Betrachtung jedoch wird deutlich, dass Laureiro-Martinez et al. (2023) sowie

Mintzberg et al. (1976, S. 266) in ihren Ansätzen durchaus Linearität mit Sprüngen nach vorne und zurück sowie Iterationen kombinieren, ihre jeweiligen Positionen mithin nicht völlig inkompatibel zueinander sind. Balconi et al. (2010, S. 8) leisten an dieser Stelle Schützenhilfe mit dem Hinweis auf die Möglichkeit gradueller Abstufungen zwischen starker, sequenzieller Linearität ohne Sprünge und vollständiger Interkonnektivität aller Aktivitäten am anderen Ende des Kontinuums[15].

Im Vergleich mit der Risikoidentifikation im ERM-Prozess weist das Prozessmodell des schweizerisch-holländischen Forscherteams grosse Gemeinsamkeiten auf. Beide Abfolgen zeigen einen linearen Prozess des Problemlösens mittels vorwiegend kognitiver Arbeit. Die detaillierte Zuordnung erfolgt im Abschnitt 2.2.5.2.

2.2.3.2 Zielsetzungstheorie nach Locke und Latham

Motivationstheorien lassen sich als Inhaltstheorien oder Prozesstheorien einordnen (Staehle, 1999, S. 221). Letztere beschreiben und erklären anhand von Prozessen, „**wie** individuelles Verhalten rein formal erklärt, hervorgebracht und zielgerichtet beeinflusst und verändert werden kann“ (Bardmann, 2019, S. 326–327, Hervorhebung im Original).

In der Zielsetzungstheorie nach Locke und Latham (1991), einer Prozesstheorie der Motivation, geht es ursprünglich um die motivierende Wirkung von Zielen (1991, S. 213). Diese lösen ein Aktivierungspotenzial aus und ermöglichen das Erbringen von Leistung, proportional zur Schwierigkeit des Ziels (1991, S. 214). Die „zentrale Rolle von Zielen für die Arbeitsmotivation“ hebt dieser Ansatz hervor (Bardmann, 2019, S. 334). Berücksichtigt werden situative Faktoren (Schwierigkeit und Spezifität des Ziels) (Miner, 2005, S. 173) und personenspezifische Faktoren (individuelle Fähigkeiten, Zielakzeptanz, Determiniertheit in der Zielverfolgung) bei der Entfaltung des motivierenden Potenzials (Locke & Latham, 1991, S. 217). Die „Motivationskraft ist umso stärker ausgeprägt, je attraktiver das Ziel aus Sicht des Handelnden ist“ (Bardmann, 2019, S. 334).

Als Motivationstheorie leistet der Ansatz eine Vielzahl praktischer Anwendungsmöglichkeiten, darunter der Führungsstil ‚Management by Objectives‘ (Miner, 2005, S. 170) und im Personalwesen (Personalentwicklung, Selbstmanagement, Leistungsbeurteilung) (2005, S. 172). Die Autoren sind aufgrund

[15] Eigene Übersetzung, im Original: „At one extreme, we might identify the strong form LM (a sequence of activities, occurring one after the other with no feedbacks of any sort). At the other extreme, one finds a fully interconnected system, where all the activities interact with each other“ (Balconi, Brusoni, & Orsenigo, 2010, S. 8).

der zahlreichen empirischen Bestätigung ihrer Theorie der Ansicht, eine kulturübergreifende Entwicklung geleistet zu haben (Locke & Latham, 1991, S. 216).

Die Zielsetzungstheorie lässt sich auf die Risikoidentifikation anwenden, insofern auch dort ein expliziter Zielbezug zugrunde gelegt wird: Ziele sind Bezugspunkt der Risiken (vgl. Abschn. 1.2) und sie besitzen hohe strategische Relevanz für die Organisation (vgl. Abschn. 1.1.2). Von daher erscheint diese Theorie passend als Motivationstheorie, die bei gegebenem Handlungsziel (Risiken und Chancen identifizieren) untersucht, wie die Teilnehmer dazu motiviert werden können. Zudem gilt dieses Konzept „für individuelles Handeln als gut bestätigt" (Keller, 2014, S. 791). Wie auch der ERM-Prozess und sein Teilprozess ‚Risikoidentifikation' ist die Zielsetzungstheorie „handlungsnah und prozessorientiert" (2014, S. 790) aufgebaut.

Ältere Motivationstheorien, wie z. B. die Maslow'sche Bedürfnishierarchie (Maslow, 1943) „sind vorrangig bedürfnisorientiert und sprechen ohnehin Praktiker mehr an" (Brandstätter & Schnelle, 2007, S. 52; ähnlich bei Staehle, 1999, S. 221). Die darin thematisierten persönlichen Bedürfnisse sind für die Risikoidentifikation und ihre möglichen kognitiven Biases nachrangig.

Leistungsmotivationstheorien (McClelland, 1985) bieten zwar Ansatzpunkte (das Leistungsmotiv), verfolgen aber daneben auch Motive nach Macht und (sozialem) Anschluss (Brandstätter & Schnelle, 2007, S. 53; Jacobsen, 2003, S. 56; McClelland, 1985, S. 816; Staehle, 1999, S. 227). Sie sind deswegen nicht genügend fokussiert auf die Motivierung von Handlungen im Rahmen der Risikoidentifikation. Sie vermitteln Denkanstöße, können aber nicht erklären, „*wie* ein bestimmtes Verhalten zustandekommt [sic], welche kognitiven Prozesse im Individuum ablaufen, die als Motivation bezeichnet werden" (Staehle, 1999, S. 230, kursiv im Original).

Prozesstheorien sind für die Anwendung auf die Risikoidentifikation besser geeignet als Inhaltstheorien: Die Zielsetzungstheorie priorisiert ein gewähltes Ziel, das eine Spannung erzeugt, die durch Handlung wieder aufgelöst wird (1991, S. 217). Bis dieser entspannte Zustand erreicht ist, wird die Motivation aufrechterhalten. Die Zielsetzungstheorie gibt Aufschluss über diese Vorgänge. Dennoch wird es erforderlich sein, die Unterschiede zwischen Motivation und Volition in der Vorbereitung auf stattfindende Entscheidungen in die Analyse der Risikoidentifikation zu integrieren. Die Hintergründe dazu liefert das Rubikon-Modell (H. Heckhausen & Gollwitzer, 1987).

2.2.3.3 Das Rubikon-Modell der Handlungsphasen nach Heckhausen und Gollwitzer

Das Rubikon-Modell analysiert den Handlungsverlauf von der Entscheidung bis zur Handlung und unterteilt diesen in vier Phasen mit drei Übergängen (vgl. Abbildung 2.9). Die mentalen Zustände vor und nach einer Entscheidung (erster Phasenübergang) werden derart unterschiedlich charakterisiert, dass vom Überschreiten des Rubikon[16] gesprochen wird (Achtziger & Gollwitzer, 2009, S. 151). In der prädezisionalen Phase werden „Vor- und Nachteile noch nicht realisierter Wünsche" (2009, S. 151) abgewogen, bis eine Entscheidung erfolgt, welcher Wunsch oder welches Bedürfnis zum verbindlichen Ziel erklärt wird. Damit geht eine nahezu radikale Veränderung in den Gedankengängen des Entscheiders einher – in der postaktionalen Phase wird konkret geplant, wie das Ziel erreicht werden soll.

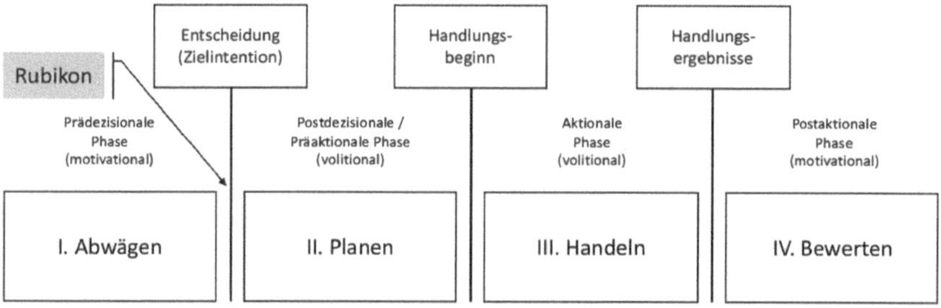

Abbildung 2.9 Rubikon-Modell der Handlungsphasen. (Quelle: Eigene Darstellung nach Achtziger & Gollwitzer, 2009, S. 151)

Die planende Phase wird von einer neuen Bewusstseinslage begleitet, die sich deutlich von der abwägenden Phase zuvor unterscheidet (H. Heckhausen & Gollwitzer, 1987, S. 119). Diese Lage wechselt zwischen Zweckoptimismus, Vernachlässigung widersprüchlicher Informationen, Kontrollillusion und „übertrieben positive Selbstbeurteilung" (Achtziger & Gollwitzer, 2009, S. 153).

Damit die Zielverfolgung nicht gehemmt oder unterbrochen wird, müssen auch „als lästig erlebte" (Keller, 2014, S. 792) Aktivitäten in das Planungskalkül einbezogen werden. Volitionen sind dabei die regulativen Prozesse, die das planende ‚Wann, Wie, und Wo' der bevorstehenden Handlungen unterstützen (J. Heckhausen & Heckhausen, 2011, S. 7). Weitere „deliberative reflection is precluded" (H.

[16] Keller (2014, S. 792) verortet den Rubikon fälschlicherweise als das „Umsetzen in Handeln" zwischen den Phasen II und III.

Heckhausen & Gollwitzer, 1987, S. 103). Die Volitionen fördern eine unbeirrte, zielbezogene Handlungsorientierung.

Dies verdeutlicht, dass die planende Bewusstseinslage Ansatzpunkte für Biases und Heuristiken bietet. Die genannten Stichworte (Zweckoptimismus, Kontrollillusion, gestörte Informationsaufnahme) repräsentieren den idealen Nährboden für kognitive Biases wie z. B. ‚Overconfidence', ‚Optimism Bias', ‚Confirmation Bias' und weitere, über die in Abschnitt 2.2.6 berichtet wird. Abgesehen davon stehen Ziele und Entscheidungen im Mittelpunkt des Rubikon-Modells, also den Aktivitäten bei der Risikoidentifikation sehr ähnlich.

Die Unterscheidung von Kognition und Volition im Rubikon-Modell vermittelt ein präziseres Bild von den Vorgängen nach der Entscheidung, von denen in der Risikoidentifikation mindestens zwei zu treffen sind. Die abwägende Bewusstseinslage *vor* der Entscheidung ist mit ihrer realistischen, objektiven Perspektive auf die eigenen Fähigkeiten tendenziell immun gegenüber Wahrnehmungsfehlern. Anders erscheint das Bild in der planenden Bewusstseinslage *nach* der Entscheidung. Was zur „positiven Beurteilung des gewählten Ziels" (Achtziger & Gollwitzer, 2009, S. 154) und Optimismus führt, nährt gleichzeitig den Verdacht der Anfälligkeit für Wahrnehmungsfehler.

Das Rubikon-Modell der Handlungsphasen eignet sich für einen genaueren Blick auf mögliche Heuristiken und Biases beim Fällen von Entscheidungen, ein bestimmtes Ziel zu erreichen (hier: Risiken und Chancen zu identifizieren). Von Interesse sind vorwiegend die präaktionalen Phasen I. und II., die die Entscheidung (Übergang 1 in Abbildung 2.9) betreffen.

2.2.3.4 Ein einfaches Phasenmodell der Informationsverarbeitung nach von Nitzsch

Mit der Verarbeitungslogik eines Computers vergleichend, bildet von Nitzsch ein „dreistufiges Phasenmodell der [menschlichen] Informationsverarbeitung" (2021, S. 36). Die sequenziell verlaufenden Phasen lauten Wahrnehmung, Verarbeitung und Reaktion. Die Phase der Verarbeitung ist sehr stark mit der Gedächtnisleistung verknüpft. Es werden die oben eingeführten Konzepte ‚Arbeitsgedächtnis' und ‚Langzeitgedächtnis' verwendet (vgl. Abschn. 2.2.2.4). Ein initial erfolgender Stimulus stößt den Prozess an. Übergeordnet steuert die Aufmerksamkeit des Individuums alle drei Phasen des Modells (vgl. Abbildung 2.10). Die unterschiedlichen Denksysteme (System 1 und 2, vgl. Abschn. 2.2.3.6) werden ebenfalls in das Modell aufgenommen.

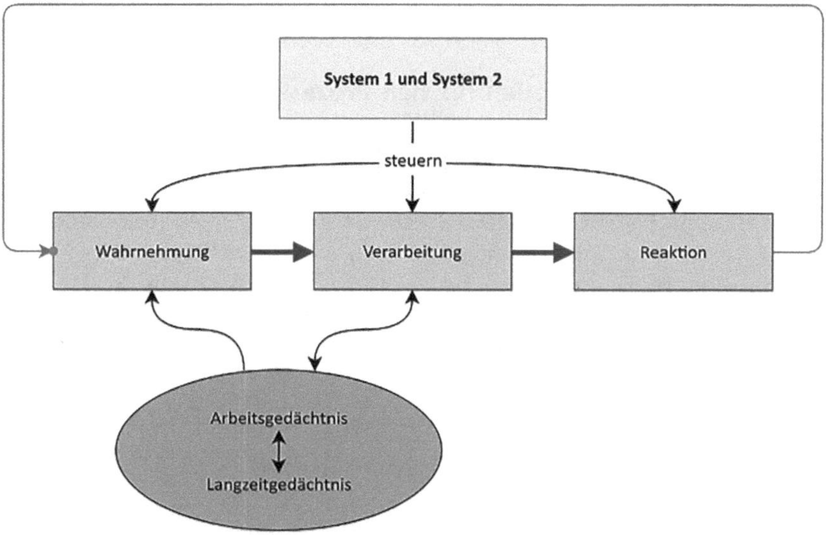

Abbildung 2.10 Phasenmodell der menschlichen Informationsverarbeitung. (Quelle: Eigene Darstellung nach von Nitzsch, 2021, S. 36)

Von Nitzsch entwirft das einfache Phasenmodell der Informationsverarbeitung, um das menschliche Entscheidungsverhalten besser analysieren zu können. Dazu werden die ablaufenden Mechanismen näher untersucht. Das Augenmerk gilt insbesondere den dysfunktionalen, störenden Vorgängen, die sich negativ auf das Entscheidungsverhalten auswirken.

Das Modell an sich sowie insbesondere die „drei kritische[n] Faktoren" (2021, S. 37) Aufmerksamkeit, Wahrnehmung und Verfügbarkeit von Gedächtnisinhalten können auf die Risikoidentifikation angewendet werden. Von den fünf „Determinanten der Verfügbarkeit" (2021, S. 46) sind zumindest bei einigen Andockstellen für Biases oder Heuristiken vorstellbar (z. B. bei den Faktoren Aktualität [denke an Rezenzeffekt], Auffälligkeit [Verfügbarkeitsheuristik]).

Weniger relevant für die Ziele der vorliegenden Arbeit sind die vertieften Betrachtungen der „Funktionsweise des menschlichen Gedächtnisses" (2021, S. 42) sowie Effekte, die keine Heuristiken oder Biases sind (z. B. selektive Wahrnehmung, Kontrasteffekte, Wahrnehmungserwartungshypothesen).

Insgesamt ist mit dem Modell der Informationsverarbeitung ein Großteil der bei der Risikoidentifikation ablaufenden Aktivitäten theoretisch herleitbar (vgl.

Abbildung 2.18). Um die darin enthaltenen Entscheidungen besser verstehen zu können, ist ein weiteres psychologisch-fundiertes Prozessmodell erforderlich.

2.2.3.5 Ein Rahmenmodell für den Prozess des Entscheidens nach Betsch

Betsch (2011a, S. 75) legt ein deskriptives Modell vor, das den Entscheidungsprozess strukturiert, damit die einzelnen Elemente isoliert voneinander analysiert werden können. Das Modell „bietet [...] einen konzeptuellen Analyserahmen und erlaubt[,] Phänomene und Theorien einzuordnen.“ Theoriebildung oder Vorhersage von Entscheidungsverhalten sind nicht beabsichtigt (2011a, S. 75). Man unterscheidet drei Phasen (vgl. Abbildung 2.11). Zusätzlich geht Betsch auf die Rolle von Emotionen im Entscheidungsprozess ein (Betsch, 2011a, Kapitel 11).

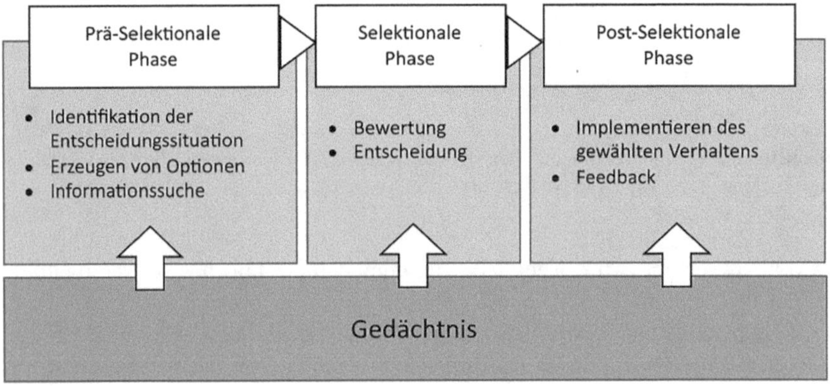

Abbildung 2.11 Rahmenmodell für den Prozess des Entscheidens. (Quelle: Eigene Darstellung nach Betsch, 2011a, S. 75)

Die Verbindung zu den Entscheidungen im Rahmen der Risikoidentifikation ergibt sich aus den zahlreichen Anknüpfungspunkten zu Biases entlang des Entscheidungsprozesses. So weist Betsch auf die begrenzte Rationalität des Entscheiders (2011a, S. 96) sowie Framing als potenziell Bias auslösendes Gestaltungsmerkmal der Informationsdarstellung hin (2011a, S. 87). Nichtanalytische Strategien (2011a, S. 100) bieten Platz für Heuristiken, die auch bei der Risikoidentifikation auftreten können. Explizit erwähnt werden in dem Kapitel die Formen ‚habitual heuristic‘, ‚repeat-prior-choice-rule‘, ‚attitude heuristic‘ sowie

‚take the best heuristic‘ und die ‚adaptive toolbox‘ (jeweils mit Verweis auf deren Originalarbeiten). Die Bezüge zur Verhaltensökonomie sind unverkennbar.

In der postselektionalen Phase schließlich werden Lerneffekte angesprochen, die in der Risikoidentifikation relevant sein können: Risiken und Chancen werden anders erinnert, wenn dabei Wissen, „das durch eigene Erfahrung erworben wurde“ (2011a, S. 110) eingesetzt wird. Dabei können der Rückschaufehler (2011a, S. 112) und der Wahrnehmungsfehler (2011a, S. 120) als Wahrnehmungsverzerrungen eine Rolle spielen.

Nicht alle Aspekte des Rahmenmodells sind direkt auf die Risikoidentifikation übertragbar. Lerneffekte und Erfahrung sind sicherlich relevant für Alltagsentscheidungen (2011a, S. 107). Bei neuartigen, strategischen Entscheidungen in der VUCA-Welt trifft das vermutlich nicht zu, „eigene Erfahrung“ (2011a, S. 110) schon gar nicht. Strategieklassen und Messmethoden für kognitive Vorgänge sind ebenfalls nicht relevant für die vorliegende Arbeit.

Das Gedächtnis wird in dem Rahmenmodell undifferenziert allen Phasen und Aktivitäten zugeordnet. Dabei wird nicht zwischen unterschiedlichen Arten des Gedächtnisses unterschieden (vgl. Tabelle 2.7). Eine differenziertere Betrachtung erfolgt im Phasenmodell der Informationsverarbeitung (vgl. Abschn. 2.2.3.4).

Insgesamt liefert das prozessorientierte Rahmenmodell des Entscheidungsverhaltens eine nützliche Basis für die Konstruktion der bei der Risikoidentifikation ablaufenden Vorgänge. Besonders wertvoll für die Analyse erscheint auch der Hinweis auf emotionale Einflüsse. Betsch nennt in dem Zusammenhang die Möglichkeit des Auftretens von Überoptimismus (2011a, S. 123) und der Affektheuristik (2011a, S. 128). Ferner erklärt Forgas (1995), dass positive Emotionen die Verwendung von Heuristiken (und gleichzeitiger Vernachlässigung von Informationen) hervorrufen können (1995, Abb. 2). Somit Das gewährleistet das Modell ausreichend viele Anknüpfungspunkte zu möglichen Biases und Heuristiken.

2.2.3.6 Zwei-Prozess-Theorien: Denksysteme 1 und 2

Die Zwei-Prozess-Theorien (engl. *‚dual process theories‘, DPT; seltener auch ‚default-interventionist model‘* (Grayot, 2019, S. 219; Laureiro-Martinez et al., 2023, S. 2208)) postulieren die Existenz zweier unterschiedlicher Arten kognitiver Problemlösung (Kahneman & Frederick, 2005, S. 267). Die Unterscheidung erfolgt in der Literatur anhand unterschiedlicher Labelsysteme, vergleichsweise häufig werden ‚System 1‘ und ‚System 2‘ verwendet (Evans & Stanovich, 2013, S. 224; Kahneman, 2011; Kahneman & Frederick, 2005, S. 267–268). Andere

Autoren ziehen neuerdings ‚Type 1‘ und ‚Type 2‘ vor (Grayot, 2020, S. 116). Als sprechendere Bezeichnung deuten die Begriffe „Heuristic System and Analytic System“ (2020, S. 113) an, wo mögliche Heuristiken und Wahrnehmungsfehler zu suchen sind.

Inhaltlich postulieren die DPT eine Dichotomie zwischen einerseits „fast, reactive, automatic, intuitive, heuristic, associative, and preconscious“ als Merkmale des Systems 1 sowie „slow, controlled, reflective, serial, rule-based, and conscious“ für das System 2 (2020, S. 112). Traditionell wurden die Gegensätze als ‚Intuition‘ und ‚Vernunft‘ (‚reason‘) bezeichnet (Kahneman & Frederick, 2005, S. 267). Allen DPT gemein ist die Kontrastierung zwischen automatisch ablaufenden Prozessen (Type 1) und höherem, kontrolliert stattfindendem, reflektivem Denken (Type 2) (Evans & Stanovich, 2013, S. 225, Tab. 2.1).

Die dichotome Betrachtung ist allgegenwärtig in der Kognitionspsychologie (Laureiro-Martinez et al., 2023, S. 2218) und wird von etlichen Autoren aufgegriffen und tabellarisch einander gegenübergestellt (z. B. bei Basel & Brühl, 2013, S. 751; Evans & Stanovich, 2013, S. 225; Hergovich, 2021, S. 158; Garcia, Hoffmann, & Pfister, 2019, S. 125; Meyer, 2023, S. 6; Slovic, Finucane, Peters, & MacGregor, 2004, S. 313). Die oben erwähnte Bezeichnung als ‚default-interventionist model‘ bezieht sich auf ein sequenzielles Arrangement der beiden Systeme, bei dem System 1 autonom funktioniert und grundsätzlich aktiv ist (‚default‘), das System 2 überwacht und interveniert nur bei Bedarf (Grayot, 2019, S. 215, 2020, S. 113). Die Aktivität des Systems 2 erfordert mehr energetischen Ressourceneinsatz und erfolgt nur im Bedarfsfall – das Gehirn muss sparsam mit seinen begrenzten attentionalen Ressourcen umgehen (Butler & McManus, 2022, S. 71; Grayot, 2019, S. 211; Kahneman & Klein, 2009, S. 519). Ein Informationsaustausch zwischen den beiden Systemen ist erforderlich (Grayot, 2020, S. 114). Dazu müssen die beiden Denksysteme in Verbindung stehen und während der Problemlösung miteinander interagieren (Laureiro-Martinez et al., 2023, S. 2218).

Umfassende Kritik an den DPT wird von Grayot (2019, 2020) und Kruglanski (2013) geübt. Beide streichen u. a. heraus, dass bildgebende Verfahren des Gehirns während der Problemlösung **keinen** Nachweis unterschiedlicher beteiligter Hirnareale erbringen konnten (Grayot, 2020, S. 115; Kruglanski, 2013, S. 246). Genau dies hatten Basel und Brühl (2013, S. 752) mit Hinweis auf – evtl. nicht zum Thema passenden[17] – Untersuchungen von Spunt und Lieberman (2013) noch vermutet. Die Schlussfolgerungen daraus variieren jedoch stark:

---

[17] Die von Basel und Brühl (2013, S. 752) referenzierte Arbeit von Spunt und Lieberman (2013) erwähnt zwar die DPT im Abstract und erbringt einen Nachweis für diese, jedoch ist

Kruglanski (2013, S. 246) sieht die Lösung in einem „unimodel", während Grayot (2020, S. 127) ein „tri-process model" in die Diskussion einbringt. Schlussendlich werden diese Fragen nicht beantwortet. Zusätzliche Erkenntnisse über den Beitrag der DPT zum Entscheidungsverhalten müssen erarbeitet werden (Basel & Brühl, 2013, S. 752). Grayot (2020, S. 128–129) zeigt sich konziliant, die DPT müssen nicht gleich verworfen werden. Sie besitzen durchaus Plausibilität und Erklärungskraft auf (meta-)theoretischer Ebene.

DPT finden Anwendung u. a. auf die Analyse von Entscheidungsverhalten unter Unsicherheit. Populär dargestellt als ‚Schnelles Denken, langsames Denken' verwendet Kahneman (2011) die beiden Denksysteme und deren charakterisierenden Adjektive (s. oben) als Basis für die Verwendung von Heuristiken und Quelle von Biases (Caputo, 2013, S. 377). Diese Phänomene werden erkennbar, wenn das System 1 unbewusst handlungsregulierend wirksam wird, ohne von System 2 korrigierend übersteuert zu werden (Basel & Brühl, 2013, S. 751; Grayot, 2019, S. 220; Kahneman & Frederick, 2005, S. 267). „*System 1* ist das schnelle, intuitive und automatische System. Sein Nutzen besteht darin, dass seine Anwendung minimalen Aufwand erfordert; die Kosten bestehen darin, dass es Abkürzungen nimmt und Fehler macht" (Butler & McManus, 2022, S. 69, kursiv im Original). System 1 greift auf Heuristiken zurück ohne aktive Kontrolle der Person (von Nitzsch, 2021, S. 49). Denkprozesse im System 2 hingegen sind mental anstrengend, langsam und energieintensiv. Nur der Mensch verfügt über diese evolutionspsychologisch jungen, abwägend-reflektiven Regulationsmechanismen (Evans, 2005, S. 180).

Die DPT sind für gleich zwei der oben gestellten theoriegeleiteten Forschungsfragen (vgl. Abschn. 2.1.5) bedeutsam. Bei der Risikoidentifikation ist aufgrund der Neuartigkeit der Inhalte und der kreativen Verknüpfung von Wissensinhalten intensive kognitive Arbeit notwendig. Diese wird beeinflusst, wenn primär das System 1 die Gedankengänge steuert und die eigentlich erforderlichen, analytischen Gedankengänge des Systems 2 gar nicht erst aktiviert werden (Kaplan & Mikes, 2016a, S. 10). Gleichzeitig ist die Dominanz des Systems 1 für das Auftreten von Wahrnehmungsfehlern verantwortlich. Konkret ist das System 1 u. a. am Auftreten der Affektheuristik (S. 128) beteiligt und verzerrt dabei die Risikowahrnehmung (Weibel, Basel, & Faes, 2023, S. 53).

---

der Kontext ein gänzlich anderer als das hier relevante Entscheidungsverhalten unter Unsicherheit. Die beiden US-amerikanischen Psychologen siedeln ihre Experimente im Bereich von Verhaltensbeobachtungen an, welche von den Versuchspersonen eingeschätzt werden sollen. Es geht um Spiegelneuronen bei der Beobachtung motorischer Aktivitäten sowie um Gedankenprozesse bei der Einschätzung des mentalen Zustands anderer Personen. Die Vermutung liegt nahe, dass Basel und Brühl (2013) sich hier haben fehlleiten lassen.

2.2.3.7 Einordnung transferierbarer Erkenntnisse

Die oben dargestellten Modelle aus der Psychologie und (in geringerem Umfang) aus der BWL bieten hinreichend viele Ansatzpunkte, die bei der Risikoidentifikation ablaufenden Vorgänge zu entschlüsseln. Auch sind bereits etliche Hinweise auf Wahrnehmungsfehler und Heuristiken erfolgt. Die Kombination der beiden Wissenschaftszweige stellt dabei einen Erfolgsfaktor dar, der sich als eigene Wissenschaftsdisziplin, der Verhaltensökonomie (engl. *behavioral economics*) manifestiert. Die bisherigen Erkenntnisse werden in den verhaltensökonomischen Rahmen eingeordnet (Abschn. 2.2.4), bevor die Risikoidentifikation in ihre Bestandteile zerlegt (Abschn. 2.2.5) und ein systematischer Katalog der beobachtbaren Wahrnehmungsfehler und Heuristiken erstellt werden kann (Abschn. 2.2.6).

2.2.4 Synthese: Die verhaltensökonomische Perspektive

Auf die Genese und den Gegenstand der Verhaltensökonomie als eigenständiger Wissenschaftszweig wurde bereits oben eingegangen (vgl. Abschn. 1.1.4). An dieser Stelle soll begründet werden, wie die Verhaltensökonomie die bisher getrennt vorgestellten Modelle und Theorien in ein Theoriegebäude überführt, das für die Zwecke der Arbeit herangezogen werden kann. Auf die limitierte Informationskraft bei der Einzelbetrachtung der verschiedenen Perspektiven wurde hingewiesen (vgl. Abschn. 2.2.1.5). Die Verhaltensökonomie soll fortan an den umfassenderen Bezugsrahmen darstellen.

In den Abschnitten 2.2.4.1 bis 2.2.4.3.4 folgt eine Einführung in die wesentlichen Begriffe und Konzepte, die für die Zielstellungen der vorliegenden Arbeit relevant sind. Dazu zählen auch Hinweise auf begriffliche Unschärfen, auf bewusst nicht übernommene Definitionen sowie auf die gelegentlich widersprüchliche Sicht auf das Verhältnis von Wahrnehmungsfehlern und Heuristiken.

2.2.4.1 Hintergrund und Forschungsrichtungen

Strenggenommen ist die Etablierung der Verhaltensökonomie Mitte des 20. Jahrhunderts eine ‚Neugründung', denn bereits zweihundert Jahre zuvor berücksichtigt der „Urvater der Nationalökonomie, Adam Smith" (Beck, 2014, S. 9) ein moralisch-philosophisch orientiertes Menschenbild (heute würde man ‚psychologisch' sagen) in seinen ökonomischen Theorien (Beck, 2014, S. 8; Camerer, 1999, S. 10575). Die psychologische Perspektive ging jedoch zwischenzeitlich verloren, z. T. auf aktives Betreiben einflussreicher Ökonomen hin (Sent, 2004, S. 738). Die Verhaltensökonomie beschäftigt sich heute neben den Wahrnehmungsfehlern und Heuristiken mit vielen weiteren Effekten. Untersucht werden Phänomene wie z. B. „reciprocity, fairness, identity, money illusion, loss aversion, herding, and procrastination" (Sent, 2004, S. 736).

Die Betrachtung von vorwiegend Biases und Heuristiken und einiger ausgewählter Modelle in der vorliegenden Arbeit stellt mithin eine Fokussierung auf einen kleinen Ausschnitt der Verhaltensökonomie dar (Sent, 2004, S. 743); eine Herabwürdigung der vielen anderen Forschungsschwerpunkte darin ist damit keinesfalls beabsichtigt. Die Fokussierung ist der Absicht geschuldet, eine Forschungslücke im Bereich des Enterprise Risk Management schließen zu wollen (vgl. Abschn. 2.1.4). Unter diesem Aspekt stehen die Aktivitäten des Forschungsprogramms zu systematischen Denkfehlern und Heuristiken (Tversky & Kahneman, 1974) sowie die ab etwa Mitte der 1990er[18] am Berliner Max-Planck-Institut für Bildungsforschung stattfindende Entscheidungsforschung im Vordergrund.

Die beiden zuletzt genannten ‚Hotspots' der verhaltensökonomischen Forschung zum Entscheidungsverhalten in Organisationen werden mithin als „fundamentally incompatible bodies of work" (Hodgkinson et al., 2023, S. 1055) angesehen. Nicht immer werden die Unterschiede deutlich, obschon „[t]here have been considerable efforts to differentiate this emerging body of work from the body of work falling under the umbrella of the heuristics and biases program" (2023, S. 1044). Die Tabelle 2.8 bildet einige Aspekte der unterschiedlichen Ansätze ab:

[18] Berufung Gerd Gigerenzers zum Direktor im Jahr 1997 (Max-Planck-Gesellschaft zur Förderung der Wissenschaften e. V., o. J.), vorher am Max Planck Institute for Psychological Research in München tätig.

Tabelle 2.8 Vergleich der Forschungsprogramme

Merkmal	Forschungsprogramm Heuristics-and-biases	Forschungsprogramm Fast-and-frugal heuristics
Wichtigste Vertreter	Amos Tversky, Daniel Kahneman, Baruch Fischhoff, Paul Slovic, Cass Sunstein	Gerd Gigerenzer
Zeitraum	Ab ca. 1970, Vorläufer bereits Mitte 1950er (Sent, 2004, S. 742)	Ab 1989/90 (Gigerenzer, 2024, S. 11)
Motivation	Kritik am *homo oeconomicus* und Modellen auf Basis des (subjektiven) Erwartungsnutzens (Bardmann, 2019, S. 342);	Effizientes Entscheiden möglich trotz oder gerade wegen Informationsdefizit;
	Entscheidungsverhalten nicht durch ökonomische Theorien erklärbar;	Begrenzte Rationalität (Simon, 1955);
	Begrenzte Rationalität (Simon, 1955)	Missfallen an der Entwicklung zu „heuristics became seen as something best to avoid" (Gigerenzer & Brighton, 2009, S. 109)
Bekannte Theorien und Modelle	Prospect Theory; Endowment Effect; Nudge Theory;	Adaptive Toolbox (Gigerenzer, 2023b, S. 97), darin enthalten die
	Drei generelle Biases: Verfügbarkeitsheuristik, Repräsentativitätsheuristik, Ankereffekt (Gilovich & Griffin, 2002, S. 3);	‚Fast-and-frugal heuristics' und „weniger ist mehr" (Gigerenzer et al., 2022, S. 174);
	Denksysteme 1 und 2 (Kahneman, 2011) im Rahmen der ‚Dual Process'-Modelle der Kognition	Theorie ökologischer Rationalität, „take the best heuristic" (Gigerenzer, 2019, S. 7; Gigerenzer & Brighton, 2009, S. 113).
Erfolge	Nobelpreise Wirtschaftswissenschaften 2002, 2017;	Heuristiken sind schneller, ökonomischer und akkurater als komplexe Modelle (Gigerenzer & Gaissmaier, 2011, S. 454);
	Politische Gestaltung (‚Nudge Units') in etlichen Ländern, Gesundheitswesen, Konsumentenforschung;	
	Die deutsche BWL wandelt sich zur „verhaltenswissenschaftlich orientierte[n]" Disziplin (Wöhe et al., 2020, S. 3; ähnlich bei Staehle, 1999, S. 140)	Jedoch ist es „still too early to discern the extent to which top managers actually rely on fast and frugal heuristics and with what effect" (Hodgkinson et al., 2023, S. 1044)

(Fortsetzung)

Tabelle 2.8 (Fortsetzung)

Merkmal	Forschungsprogramm Heuristics-and-biases	Forschungsprogramm Fast-and-frugal heuristics
Kritik	Zu pessimistisches Bild des Entscheiders („we can't be that dumb") (Fiedler et al., 2021, S. 257; Gilovich & Griffin, 2002, S. 8; Hjeij & Vilks, 2023, S. 11);	„Anekdotische ‚Beweisführung'" (von Nitzsch, 2021, S. 15);
	Menschen sind nicht „systematisch irrational", diese Vorstellung war „eine Zeit lang lustig, aber das ist vorbei" (Funder, 2000, S. 674, eigene Übers.)[19];	Einfache Heuristiken bei unvollständiger Information führen zu Fehlentscheidungen, sind für komplexe Entscheidungssituationen nicht angemessen;
	Heuristiken als „Gefahrenquelle für die resultierende Entscheidungsqualität" (von Nitzsch, 2021, S. 14);	Zu stark vereinfachend (Oppenheimer, 2003, Abschn. B8);
	Biases als empirisch nicht testbare, vage Etiketten (Gigerenzer & Gaissmaier, 2011, S. 453);	Zwar plausibel, aber unklar, ob es eine „accurate description of *actual* human behavior" erbringt (Newell, Weston, & Shanks, 2003, S. 92, kursiv im Original);
	Experimente im Labor, wenig praxisnah (Hodgkinson et al., 2023, S. 1040)	Junges, sich noch rasch entwickelndes Forschungsgebiet (Gigerenzer et al., 2022, S. 172).
Im direkten Vergleich	**Gemeinsamkeiten** • Beide Programme beziehen sich auf die Arbeiten von Herbert A. Simon (Gigerenzer et al., 2022, S. 173; Kahneman, 2003, S. 163); • „In both heuristics programs it is not clear how humans decide on which heuristics to use" (Basel & Brühl, 2013, S. 751) **Unterschiede** • Das Programm von Kahneman und Tversky zeigt anhand von Heuristiken die „Fehlerhaftigkeit des menschlichen Denkens und Urteilens", das Programm von Gigerenzer dagegen betont die adaptive Wirkung (und damit die Stärke) von Heuristiken (Hergovich, 2021, S. 133). • Für Gigerenzer sind Heuristiken nur in Situationen der Unsicherheit relevant. Situationen unter Risiko dagegen benötigen keine Heuristiken, die Entscheidung lässt sich mit Hilfe mathematisch-statistischer Verfahren fällen (vgl. Tabelle 2.4). • Verletzungen von Logikregeln stehen nützlichen Anpassungen des Verstandes an die Umwelt gegenüber (Funke, 2011, S. 186). • Die „systematische[] Fallibilität menschlicher Urteilskraft" (Graf, 2015, S. 512) kontrastiert mit der „Klugheit durch einfache Heuristiken" (Fiedler et al., 2021, S. 259).	

[19] Im Original: „The attention-grabbing notion that the human mind is afflicted by „systematic irrationality" was fun while it lasted, but is gone with the wind."

2.2.4.2 Begrenzte Rationalität und ‚Judgment under Uncertainty'

Die auf Knight (1921) zurückgehende begriffliche Unterscheidung von Risiko, Sicherheit und Unsicherheit wurde unter entscheidungstheoretischen Gesichtspunkten bereits oben eingeführt (vgl. Tabelle 2.4). Vertreter der Verhaltensökonomie verwenden dieselbe Einteilung und leiten daraus Erkenntnisse über das Entscheidungsverhalten ab. Die Diskussion wird unter den Begriffen ‚Judgment under Uncertainty', gelegentlich auch als „managerial judgement in decisionmaking (MJDM)" (Crawford & Jabbour, 2024, S. 111) oder nur JDM (Basel & Brühl, 2013, S. 745; Fiedler et al., 2021, S. 256; Hubbard, 2009, S. 97) geführt.

Das Konzept der ‚**begrenzten Rationalität**' wird von Simon (Simon, 1955, 2000) eingeführt. Es bezieht sich zunächst auf die „computational capacities" (1955, S. 99) des Menschen und wird anfänglich noch als „‚limited' rationality" (1955, S. 113) bezeichnet.

Die Vorarbeit zu dem Konzept legt Simon bereits in seiner Dissertation mit einer Grenzziehung, ausgehend von „limited individual knowledge, selective attention as guided by the environment of decision making, and incomplete preferences" (Gavetti et al., 2007, S. 526). Abweichend davon stellt Gigerenzer (2023b, S. 93) die Genese des Konzepts dar: Demzufolge ist die begrenzte Rationalität ein Residualbecken für alles, was nicht nach der Theorie des subjektiven Erwartungsnutzens und vollständigem Wissen als rationales Verhalten („fully rational") erkannt wird.

Kennzeichnend für die ‚begrenzte Rationalität' wird in Entscheidungssituationen nur ein „limited set of alternatives" (Simon, 1955, S. 102) berücksichtigt; einer vergleichsweise simplen Entscheidungsregel folgend wird gleich die erste Alternative ausgewählt, die ein Mindestniveau erreicht (1955, S. 110). Auch in Simons Beitrag zu rationalen Entscheidungen (1956) taucht der Begriff der ‚begrenzten Rationalität' noch nicht auf, dieser findet Erwähnung im Zusammenhang mit strategischen Entscheidungsprozessen (Simon, 1993). Vergleichsweise fatalistisch urteilt Simon dort, dass Menschen keine andere Wahl haben, als ihre begrenzte Aufmerksamkeit selektiv auf Phänomene der Umwelt zu lenken (1993, S. 137).

Mehr als ein halbes Jahrhundert nach Beginn seiner Überlegungen ist das Konzept der ‚begrenzten Rationalität' zu einem fundierten Theoriegebäude herangewachsen. Simon definiert darin:

> *„Bounded rationality is simply the idea that the choices people make are determined not only by some consistent overall goal and the properties of the external world, but also by the knowledge that decision makers do and don't have of the world, their ability*

or inability to evoke that knowledge when it is relevant, to work out the consequences of their actions, to conjure up possible courses of action, to cope with uncertainty […]. Rationality is bounded because these abilities are severely limited. Consequently, rational behavior in the real world is as much determined by the ‚inner environment' of people's minds, both their memory contents and their processes, as by the ‚outer environment' of the world on which they act, and which acts on them" (2000, S. 25).

Kürzer, dafür aber ohne direkten Bezug zur Umwelt, drückt es Gigerenzer (2021) aus: „Bounded rationality is the study of how humans […] rely on heuristics to achieve their goals in situations of uncertainty" (2021, Abschn. Brief Summary). Auch er nimmt eine pessimistische Perspektive ein und befürchtet, dass „humans are innately susceptible to cognitive illusions or even irrationality" (2021, Abschn. Axiomatic Rationality).

Kritisch, aber kryptisch weisen Hodgkinson und Healey (2011) auf zu erwartende Korrekturen durch „social cognitive neuroscience and neuroeconomics" (2011, S. 1503) hin. Diese Disziplinen bezweifeln angeblich die Richtigkeit („veracity") der ‚begrenzten Rationalität'. Leider bezieht sich die Kritik vorwiegend auf emotionale Aspekte und die ‚Dual-Process-Theory' (vgl. Abschn. 2.2.3.6). Es bleibt unklar, was am Konzept der ‚begrenzten Rationalität' aus neuroökonomischer Sicht nicht stimmen mag. Gleichzeitig weisen die Autoren auf das noch frühkindliche Dasein der Neuroökonomie und den vorläufigen Charakter der Erkenntnisse hin (2011, S. 1503). Fünf Jahre danach äußert sich das gleiche Autorenpaar erneut zum Thema, scheinbar selbst nicht schlüssig, ob die Neuroökonomie einen wirklichen Wertbeitrag zur Debatte leistet (2016, S. 3).

Die begrenzte Rationalität ist die eigentliche Begründung, warum Menschen in ihrem Entscheidungsverhalten auf die Anwendung von Heuristiken zurückgreifen (Beck, 2014, S. 2). Dabei kann es auch zu Wahrnehmungsfehlern kommen, über die im folgenden Abschnitt informiert wird.

2.2.4.3 Wahrnehmungsfehler (Biases und Heuristiken)

2.2.4.3.1 Wahrnehmungsfehler

Definitionen

Der Evolutionsbiologe Trimmer (2016, S. 38) identifiziert sechs unterschiedliche Definitionen des Wahrnehmungsfehlers (engl. ‚*Bias*'). Als deren gemeinsames Merkmal erkennt er die Verzerrung eines kognitiven Prozesses oder einer mentalen Abbildung (2016, S. 37). Als wichtiges weiteres Merkmal nennt Meyer den „Einfluss auf die Fähigkeit, evidenz- oder faktenbasiert zu entscheiden" (2023,

S. 5). Biases bewirken nichtrationales und nichtobjektives Denken und Handeln (Hubbard, 2009, S. 98), wirken also verhaltenssteuernd.

„Bewusst oder unbewusst auftretende […] Vorurteile und andere Denkfehler“ (Domsch et al., 2019a, S. 5) werden als weitere Merkmale genannt, was an anderer Stelle jedoch differenzierter gesehen wird: Die forensische Psychologin Sagana sieht Biases als weitgehend unbewusst entstanden und dies auch nicht auf Basis von Vorurteilen (2018, S. 134).

Tversky und Kahneman (1974) geben in ihrem bedeutenden Grundlagenartikel keine Definition des Wahrnehmungsfehlers, obschon sie auf „systematic errors“ (1974, S. 1124) und den Zusammenhang mit Heuristiken hinweisen (mehr dazu im Abschn. 2.2.4.3.4). Hodgkinson und Mitautoren (2023) führen die Perspektiven der beiden Forschungsprogramme (vgl. Tabelle 2.8) zusammen und definieren „biases as systematic deviations from rational judgement and thinking that can, and sometimes do, result from the adoption of heuristics“ (2023, S. 1034).

Die menschliche Kognition scheint von einer Vielzahl törichter Biases durchsetzt zu sein, urteilen Haselton und Kollegen (Haselton & Nettle, 2006, S. 47; Haselton, Nettle, & Andrews, 2015, S. 742, eigene Übers.)[20]. Die Ansicht, dass es sich dabei um „faulty mental processes“ (Montibeller & von Winterfeldt, 2015, S. 1230) handelt, ist abzulehnen: Aus evolutionspsychologischer Perspektive sind diese adaptiven Mechanismen „ganz gezielt auf bestehende Umweltanforderungen zugeschnitten“ (Fiedler et al., 2021, S. 260) oder selektiert. Sie werden lediglich als irrational (Gigerenzer & Brighton, 2009, S. 113) bzw. als *„design flaws“* (Haselton et al., 2015, S. 725, Hervorhebung im Original) missinterpretiert.

Auf alternative Begrifflichkeiten wurde bereits hingewiesen (Abschn. 1.4.1.2). *Keine* systematischen, kognitiven Wahrnehmungsfehler im Sinne der vorliegenden Arbeit sind – nicht abschließend – in der nachfolgenden Aufzählung enthalten:

- „Occasional and accidental errors“ (Caverni, Jean-Paul, Fabre, & Gonzalez, 1990, S. 8);
- „Unsystematic errors […] mistaken for systematic biases“ (Gigerenzer, 2023a, S. 59; Artinger et al., 2022, S. 627);
- Mehrdeutige Entscheidungssituationen bei asymmetrischer Informationsverteilung (Bergmann & Bungert, 2022, S. 7 u. 12);
- Fehler aufgrund von Unachtsamkeit, Müdigkeit oder „limited attentional capability of humans“ (Ocasio, 1997, S. 187);

[20] Im Original jeweils: „[A] proliferation of seemingly foolish bias effects“ (Haselton, Nettle, & Andrews, 2015, S. 742) bzw. „riddled with biases“ (Haselton & Nettle, 2006, S. 47).

- Vorsätzlich durchgeführte Fehlhandlungen;
- Risikoaversion, Fehlentscheidungen, Unentschlossenheit der Entscheider;
- „Bias bias: The tendency to see systematic biases in behavior even when there is only unsystematic error or no verifiable error at all“ (Gigerenzer, 2018, S. 307);
- „Decision inertia“ (Alós-Ferrer, Hügelschäfer, & Li, 2016, Abschn. 1);
- „Political bias“ (Flyvbjerg, 2021, S. 532) – absichtlich herbeigeführte Verzerrungen aus strategischen oder machtpolitischen Gründen. Diese sind zwar ebenfalls verhaltenssteuernd, basieren jedoch nicht auf unbewussten kognitiven Prozessen.

Entstehung

Als häufiges Erklärungsmuster wird die Entstehung von Wahrnehmungsfehlern als Nebenprodukt begrenzter Verarbeitungskapazität herangezogen (Haselton et al., 2015, S. 727). Deswegen müssen Heuristiken eingesetzt werden, aus denen systematisch auftretende Wahrnehmungsfehlern resultieren (2015, S. 727). Dem Rubikon-Modell folgend (vgl. Abschn. 2.2.3.3) ist die Entstehung von Biases ein präaktionaler Vorgang. Von ihnen allein geht daher (noch) keine handlungsregulierende Wirkung aus.

Biases wirken handlungswirksam durch inkongruente Zuordnung von Problemen zu Lösungs- bzw. Entscheidungssystemen im menschlichen Gehirn – dies geschieht in der aktionalen Phase III. des Rubikon-Modells (vgl. Abbildung 2.9). Die Zuordnung ist dann fehlgeleitet, wenn das intuitive, schnelle Denksystem 1 die Handlung steuert, wo eigentlich die Komplexität des Problems das gründlichere Denksystem 2 erforderte. Die Wahrnehmungsfehler geschehen, wenn das Denksystem 2 nicht korrigierend übersteuert (Basel & Brühl, 2013, S. 751).

Ansätze zur Klassifikation

In der Literatur existieren unzählige Biases zur individuellen Entscheidungsfähigkeit (Baer, Dirks, & Nickerson, 2012, S. 4). Lange Aufzählungen sind indes selten hilfreich, um eine Struktur oder Systematik zu erkennen. Sibony (2020, S. 153) legt eine Ordnung mit fünf „Familien“ vor (vgl. Abbildung 2.12). Bedeutsam sind dabei die Familien der ‚Action-Oriented Biases‘, die zu Verhalten führen, das besser unterlassen werden sollte, sowie die ‚Inertia Biases‘, die eigentlich adaptiv vorteilhaftes Verhalten hemmen (2020, S. 154).

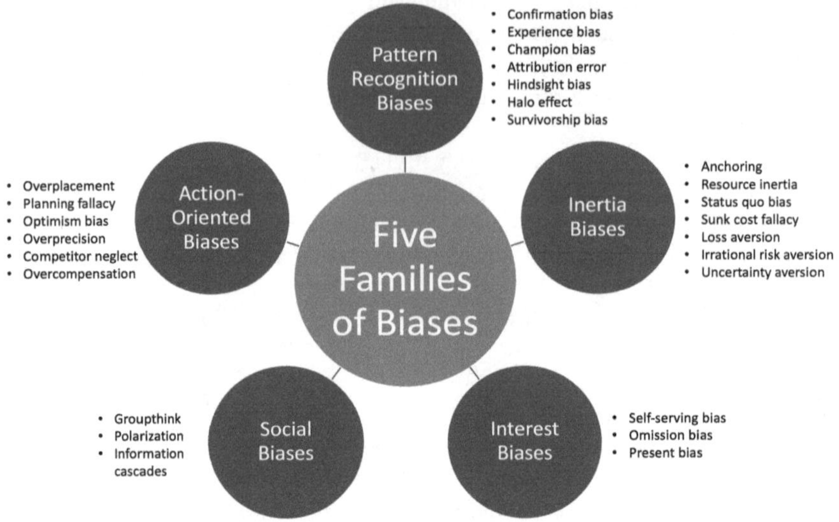

Abbildung 2.12 Fünf Familien der Wahrnehmungsfehler. (Quelle: Eigene Darstellung nach Sibony, 2020, S. 153)

Durchgesetzt hat sich die einfache Einteilung[21] der Wahrnehmungsfehler in

- **Kognitive Biases**, diese sind für Verhalten verantwortlich, das systematisch (Acciarini, Brunetta, & Boccardelli, 2021, S. 641; Montibeller & von Winterfeldt, 2015, S. 1231) von normativen Standards gemäß Wahrscheinlichkeitstheorie oder Logik abweicht (Haselton et al., 2015, S. 727);
- **Motivationale Biases**, die auf der (Un-)Erwünschtheit von Ereignissen, Eigeninteressen oder sozialem Druck basieren (Montibeller & von Winterfeldt, 2015, S. 1230–1231), oder aus einer emotional gefärbten Bewertung herrühren (Müller-Peters, 2023, S. 20); sowie

[21] So z. B. bei Hunziker (2019) oder Montibeller und Von Winterfeldt (2015). Thekdi und Aven (2024) ergänzen noch um eine Kategorie algorithmischer Biases, die sich auf Fehlerquellen im Rahmen der mathematisch-statistischen Analyse beziehen (2024, Abschn. 2.1.).

- **Gruppenspezifische bzw. kollektive Biases.**

Kognitive Biases werden weiter unterteilt in die Klassen „*social biases, decision-making biases, memory biase*s, and *probability and belief biases*“ (Emmons et al., 2018, S. 54, kursiv im Original).

Bedeutung für die Risikoidentifikation

Generell wird Biases im Zusammenhang mit dem Risikomanagement eine potenziell verzerrende, ignorierende oder verfälschende Wirkung zugeschrieben (Thekdi & Aven, 2024, Abschn. 1.). Für das Risikomanagement sind neben kognitiven Biases (individuell und kollektiv) sämtliche motivationalen Wahrnehmungsfehler relevant (Montibeller & von Winterfeldt, 2015, S. 1247). Bei ersteren handelt es sich um omnipräsente Phänomene im Rahmen strategischer Entscheidungsbildung (Das & Teng, 1999, S. 757). Letztere sind ebenfalls allgegenwärtig, wurden weitgehend von der Forschung ignoriert (Montibeller & von Winterfeldt, 2015, S. 1231), können jedoch eine Fehleinschätzung von Risiken bewirken (Müller-Peters, 2023, S. 20; Thekdi & Aven, 2024, Abschn. 2.1.).

Spezifisch die „biases of *optimism*, *planning fallacy*, *anchoring*, and *ambiguity effect* were deemed particularly influential to the risk identification and evaluation processes“ (Emmons et al., 2018, S. 52, kursiv im Original). Eine differenzierte Betrachtung und Auswahl relevanter Biases ist notwendig und effizient, denn viele Wahrnehmungsfehler sind zu vernachlässigen und können im Rahmen der Risikoidentifikation leicht korrigiert werden (Montibeller & von Winterfeldt, 2015, S. 1231). Außerdem, so äußert sich Flyfbjerg (2021) kritisch, werden viele der im Experiment beobachteten Biases stillschweigend auf die Lebensrealität übertragen, ohne dass diesbezügliche Annahmen geprüft wurden (2021, S. 543).

2.2.4.3.2 Heuristiken

Der aus dem Altgriechischen stammende Begriff der Heuristik (*heurísko*, manchmal auch *heuriskó*: finden, entdecken, herausfinden) lässt noch nichts von seiner brisanten Bedeutung in der verhaltensökonomischen Verwendung erahnen (Flyvbjerg, 2022, Abschn. What Are Heuristics?; Gigerenzer & Brighton, 2009, S. 108; Hjeij & Vilks, 2023, S. 3). Erst die breite Verwendung von Heuristiken in der Informatik, dort als Gegenstück zu (rechenintensiven) Algorithmen positioniert, zeigt erste Parallelen auf. So nutzen beispielsweise Schachprogramme Rechenvorschriften, die statt vollständiger Berechnung (‚*brute force*') mittels Elimination und Vorauswahl kostengünstiger (heißt, mit weniger Rechenoperationen) zu Ergebnissen führen (Artinger et al., 2022, S. 609–610; Hjeij & Vilks, 2023, S. 7–8).

Eine begriffliche Definition der Heuristik wurde bereits oben vorgelegt (vgl. Abschn. 1.4.1.2). An dieser Stelle sollen die Bedeutungsunterschiede zwischen den Forschungsprogrammen Heuristics-and-biases und dem Fast-and-frugal und deren Wirkungsweisen näher betrachtet werden (vgl. Tabelle 2.8). Gigerenzer und seine verschiedenen Unterstützer (Gigerenzer, 2020, S. 6; Gigerenzer & Brighton, 2009, S. 107; Gigerenzer & Gaissmaier, 2011, S. 454; Gigerenzer, Hertwig, & Pachur, 2011, S. xvii; Gigerenzer et al., 2022, S. 172) sehen in der Heuristik einen adaptiv, also nützlich wirkenden Prozess, der bei bewusst unvollständiger Informationslage (Unsicherheit) schnelle und sparsame, wenngleich nicht immer optimale Entscheidungen ermöglicht. *Sparsam* bezieht sich dabei auf einen geringen kognitiven Ressourceneinsatz in der menschlichen Informationsverarbeitung (von Nitzsch, 2021, S. 14). Dieser wird aufgrund der „kognitiven Limitationen" (2021, S. 51) sogar erzwungen oder ist in Situationen der Unsicherheit unvermeidlich (Hjeij & Vilks, 2023, S. 2). Heuristiken sind demnach etwas grundsätzlich Vorteilhaftes (Artinger et al., 2022, S. 619).

Hingegen ist die Heuristik im Heuristics-and-biases Programm eher negativ zu bewerten (Artinger et al., 2022, S. 609; Flyvbjerg, 2022, Abschn. Two Schools of Heuristics) und wird mit minderwertiger, mentaler Software verglichen (Gigerenzer & Brighton, 2009, S. 109). Ergebnisse von Entscheidungen sind „sometimes […] quite wrong" (Kahneman, 2011, S. 416) und „often imperfect" (2011, S. 98). Optimale Lösungen können aus der Anwendung einer Heuristik nicht garantiert werden (Hjeij & Vilks, 2023, S. 2). „Die überwiegende Mehrheit der Verhaltensforscher aus der deskriptiven Entscheidungstheorie sieht Heuristiken als Gefahrenquelle für die resultierende Entscheidungsqualität", urteilt von Nitzsch (2021, S. 14).

Heuristiken sind für das ERM und den daran ansetzenden Strategieprozess von Bedeutung (vgl. Abbildung 2.5). Sie werden in Situationen der Unsicherheit handlungsregulierend wirksam und ermöglichen strategische Entscheidungen angesichts einer ungewissen Zukunft und einer komplexen, dynamischen Umwelt (Hjeij & Vilks, 2023, S. 9). Wo den Akteuren aufgrund der Neuartigkeit strategischer Entscheidungen kein Erfahrungswissen zur Verfügung steht, erlauben Heuristiken gleichwohl eine Einschätzung und Urteilsfindung. Heuristiken „can reduce variance" (Artinger et al., 2022, S. 626) – das bedeutet nichts anderes als das Ausschließen nicht-relevanter Alternativen in der Entscheidungssituation. Die Auswahlmöglichkeiten werden auf ein überschaubares Ausmaß reduziert. Romeike und Hager (2020, S. 63, Fn. 11) gehen sogar so weit und bezeichnen Heuristiken als Kunst innerhalb des Risikomanagements. Im Rahmen der Risikoidentifikation mögliche Heuristiken werden, zusammen mit möglichen Biases, im Abschnitt 2.2.6.2 vorgestellt.

2.2.4.3.3 Begriffliche Abgrenzungsprobleme

In der Literatur besteht keine eindeutige Begrifflichkeit zur Unterscheidung von Bias und Heuristiken. Die gleichen Effekte werden sowohl als Bias und als Heuristik bezeichnet, u. a.:

- ‚Affect heuristics' werden bei Hunziker (2019, S. 19) unter Bias geführt, andernorts als Heuristik vorgestellt (Finucane, Alhakami, Slovic, & Johnson, 2000, S. 3; Slovic et al., 2004, S. 314; Slovic, Finucane, Peters, & MacGregor, 2007, S. 1336). Nur bedingt Klarheit schaffen Montibeller und Von Winterfeldt (2015, S. 1238) durch die Bezeichnung als „affect influenced bias".
- Der Ankereffekt wird bei Caverni und Péris als „anchoring-adjustment heuristic" (1990, S. 1) mit Verweis auf Tversky und Kahneman genannt, dort allerdings ist von „anchoring bias" (1974, S. 1129) die Rede.
- ‚Simplifying heuristics' werden bei Goto (2007, S. 270) in der Aufzählung der Biases geführt.
- ‚Availability Bias' beziehungsweise ‚Availability Heuristic' (Glaser, 2019, S. 130; Hergovich, 2021, S. 102; Hodgkinson et al., 2023, S. 1040).
- Representativeness „can be interchangeably considered as a bias instead of a heuristic" (Hjeij & Vilks, 2023, S. 9).
- Bias wird gleich wie Heuristik als „mental shortcut" beschrieben (Thekdi & Aven, 2024, Abschn. 1).

Die Verwendung von „biased heuristics" (Basel & Brühl, 2013, S. 750; Haselton & Buss, 2000, S. 81) oder „heuristic biases" (Trimmer, 2016, S. 38) zur Kennzeichnung der Herkunft aus dem „heuristics-and-biases program" von Tversky und Kahnemann bzw. als Abgrenzung gegenüber Effekten aus Gigerenzers ‚Adaptive Toolbox'[22] (vgl. Tabelle 2.8) und anderen Forschungsansätzen trägt indes nicht zur begrifflichen Klarheit bei. Die in der Medizin vorgeschlagene

[22] „Adaptive toolbox: the repertoire of heuristics that an individual, team, or organization has at its disposal for making decisions" (Gigerenzer, Reb, & Luan, 2022, S. 172) – mithin Heuristiken, die mit Entscheidungen bei Unsicherheit, aber nicht mit Wahrnehmungsfehlern in Verbindung stehen.

Konzeption von Heuristiken, dass „[w]hen they succeed, we describe them as economical, resourceful, and effective, and when they fail, we refer to them as cognitive biases“ (Croskerry, 2002, S. 1201) ist aufgrund ihrer dynamischen, *post hoc* erfolgenden Einordnung abzulehnen.

Im Rahmen der vorliegenden Arbeit werden Bias und Heuristiken zusammengeführt, insbesondere weil eine inhaltliche, trennscharfe Abgrenzung nicht immer möglich ist. Alle elf (11) der für die Risikoidentifikation relevanten Heuristiken sind auch als Bias bezeichnet in der Literatur auffindbar. Ob die begriffliche Unschärfe gewollt oder unbeabsichtigt entstanden ist, kann nicht festgestellt werden. Zum Teil geht die Unterscheidung in der deutschsprachigen Literatur durch den pauschalen Begriff ‚Effekt‘ ohnehin verloren. Relevant wird die Unterscheidung gleichwohl, wenn es um allfällige kausale Beziehungen zwischen Bias und Heuristiken geht. Diese werden im folgenden Abschnitt besprochen.

2.2.4.3.4 Zur Frage der Kausalität von Bias und Heuristiken

In Situationen der Unsicherheit führt die Anwendung von Heuristiken zu nachteiliger kognitiver Verzerrung (Bias):

$$H \longrightarrow B^-$$

Diese strenge Kausalität scheint in der Forschung nahezu unumstritten zu sein (Emmons et al., 2018, S. 54; Fiedler et al., 2021, S. 261; Fischhoff, 2007, S. 11; Flyvbjerg, 2022, Abschn. What Are Heuristics?; Haselton et al., 2015, S. 727; Sagana, 2018, S. 130; von Nitzsch, 2021, S. 49). Weniger streng sieht Funke den Zusammenhang, lediglich in „bestimmten (eher seltenen) Fällen führen […] Heuristiken“ (2011, S. 186) zu Wahrnehmungsfehlern.

Etwas differenzierter, aber grundsätzlich die gleiche Kausalität betonend, weisen Das und Teng (1999, S. 760) auf die Kontingenz („may lead to“) des Zusammenhangs hin (ähnlich bei Parnell & Tani, 2013, S. 49). Bias ist aus Sicht der beiden US-amerikanischen Betriebswirtschaftler die *negative Folge* einer der drei wesentlichen Heuristiken „representativeness, availability, and adjustment and anchoring“ (Das & Teng, 1999, S. 760). Alle genannten Autoren beziehen sich dabei auf den verhaltensökonomischen Basisbeitrag von Tversky und Kahneman (1974).

Ein Vierteljahrhundert nach Das und Teng (1999) realisieren Hjeij und Vilks in ihrer Rückschau auf die Forschungstätigkeit auch *positive Wirkungen* von Heuristiken (2023, S. 12). Mittlerweile wird anerkannt, dass die Vorstellung des starren Wirkungsgefüges ‚Heuristik führt zu Bias‘ nicht haltbar ist: Biases „can, and sometimes do, result from the adoption of heuristics“ (Hodgkinson et al., 2023, S. 1034).

Umgekehrt können auch auftretende Biases zum Einsatz von Heuristiken führen. Zum Beispiel kann die Bestätigungsverzerrung dazu führen, dass Menschen Informationen selektiv wahrnehmen oder interpretieren, um ihre bestehenden Überzeugungen zu bestätigen. Als Folge verwenden sie bestimmte Heuristiken, die mit ihren bestehenden Überzeugungen oder Vorurteilen in Einklang stehen. Für die Analyse im Rahmen der vorliegenden Arbeit bedeutet dies, dass:

1. Wahrnehmungsfehler auch andere Ursachen als Heuristiken haben können (vgl. die Hinweise zu ‚Sonstigen Störungen‘ im Abschn. 2.2.5.2 der Arbeit);
2. nicht jede Heuristik zwangsläufig einen oder mehrere Biases nach sich zieht (Grayot, 2020, S. 126);
3. die bidirektionale Beziehung zwischen Heuristiken und Biases von doppelter Kontingenz gekennzeichnet ist (Luhmann, 1987, S. 148);
4. *cum hoc non est propter hoc* – nur weil Bias und Heuristiken zusammen beobachtbar sind, muss nicht zwangsläufig das eine Ursache des anderen sein (Korrelation ≠ Kausalität).

Die strenge, gerichtete Kausalität ist demzufolge abzulehnen zugunsten der Annahme komplexer, kontingenter und bidirektionaler Wechselwirkungen zwischen Wahrnehmungsverzerrungen (*B*), sonstigen Effekten (*E*) und Heuristiken (*H*):

$$H \leftrightarrows B^-, E^+$$

Mit dem benötigten Grundvokabular und für die vorliegende Fragestellung zweckmäßigen Modellen kann nun der Versuch unternommen werden, den Teilprozess der Risikoidentifikation in seine weiteren Schritte aufzulösen. Dies geschieht im Hinblick auf die Beantwortung der theoriegeleiteten Fragen (vgl. Abschn. 1.4.2.2 der Arbeit).

2.2.5 Der ‚Risk Intake‘ als Aktivitätenfolge innerhalb der Risikoidentifikation

2.2.5.1 Herleitung

Als Ausgangslage für die weitere Analyse dient der oben dargestellte Risk-Management-Prozess (vgl. Abbildung 1.2). Der darin enthaltene Teilprozess der

Risikoidentifikation lässt sich verkürzt als Einsatz von Sammel- und Suchmethoden (Baumann et al., 2016, S. 28; Romeike & Hager, 2020, S. 144) sowie dem anschließenden Dokumentieren von Risiken und Chancen verbildlichen (vgl. Abbildung 2.13). Der Teilprozess der Risikoidentifikation beschreibt weitgehend die *äußere Form* der Aktivität, d. h. das was sicht- und beobachtbar ist: Nach entsprechenden Instruktionen über den gewählten Ansatz werden die teilnehmenden Experten (Ferretti, Montibeller, & Von Winterfeldt, 2023, S. 661) aufgefordert, unterschiedlichen Methoden folgend, die für die Organisation strategisch relevanten Risiken und Chancen aufzuzeichnen.

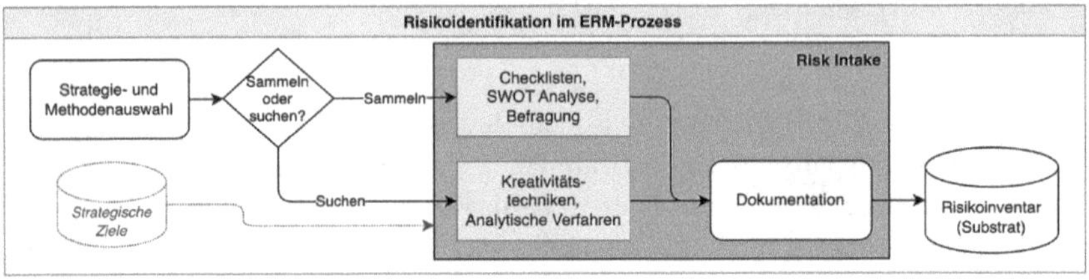

Abbildung 2.13 ERM-Teilprozess ‚Risikoidentifikation'. (Quelle: Eigene Darstellung)

Methoden des Sammelns innerhalb der Risikoidentifikation zielen auf *bekannte* Risiken und Chancen ab, die systematisch erfasst und dokumentiert werden (Romeike & Hager, 2020, S. 90). Dagegen sind Suchmethoden vorwiegend dazu geeignet, bisher *unbekannte* Risiken und Chancen aufzuspüren (Häntsch & Huchzermeier, 2013, S. 130; Romeike & Hager, 2020, S. 92).

Strategische Entscheidungen über die zukünftige Gestaltung und Zielerreichung der Organisation betreffen Neues und Unbekanntes; mithin Phänomene, über die bisher nur wenig Wissen vorhanden ist (vgl. Abschn. 1.1.2 der Arbeit). Unter diesem Aspekt drängen sich die Suchmethoden als Mittel zur Risikoidentifikation im ERM in den Vordergrund. In der VUCA-Welt (vgl. Abschn. 1.1.1) ändern sich die Umweltbedingungen laufend, so dass reine Sammeltechniken, z. B. Checklisten, zur Risikoidentifikation nur nachrangige Bedeutung besitzen. Der von Baumann und Kolleginnen vorgeschlagene Einsatz von Kreativitätstechniken (2016, S. 37) unterstreicht diese Einschätzung. Ein kreativer Prozess erzeugt etwas Neues, beschränkt sich also nicht auf das reine Abrufen und Zusammentragen von Gedächtnisinhalten. Es wird vielmehr ein intensiver Denkprozess initiiert. Dieser fördert „to identify a broader range of risks" (2016, S. 38), was für strategische Ziele und Entscheidungen durchaus erforderlich ist.

Die *innere Struktur* der Risikoidentifikation mit ihren „(meta)cognitive processes such as heuristics, checks, or beliefs“ (Rott, Specht, & Knipping, 2021, S. 737) und „individual-level microprocesses“ (Laureiro-Martinez et al., 2023, S. 2208) befindet sich in einer ‚Black Box‘, über deren Inhalte zunächst nichts bekannt ist. Als Bezeichnung für die Black Box dient das Etikett ‚Risk Intake‘ (vgl. die blaue Fläche in Abbildung 2.17). Kognitive Suchstrategien sind im ‚Risk Intake‘ dem (für die Sammelstrategien bedeutsamen) reinen Erfahrungswissen überlegen, insofern sie eine grosse Anzahl von Alternativen simultan überblicken können, und dies bei unvollständiger Information über die herrschenden Umweltzustände (Gavetti & Levinthal, 2000, S. 135).

2.2.5.2 Aufbau des ‚Risk Intake' und Referenzmodell

Die Aktivitätenfolge (vgl. Abbildung 2.3) des ‚Risk Intake‘ wird ‚von oben‘, also dem übergeordneten Teilprozess ‚Risikoidentifikation‘ her, abgeleitet. Nun wird die Aktivitätenfolge eines idealtypischen, weitgehend linearen Ablaufs beschrieben. Dabei wird die *innere Form* mit ihren nicht direkt beobachtbaren Phänomenen (kognitive Aspekte des Denkens, Bewertens, Erinnerns, Abwägens, Auswählens, Verwerfens etc.) betont, also die Black Box geöffnet (vgl. Abbildung 2.14).

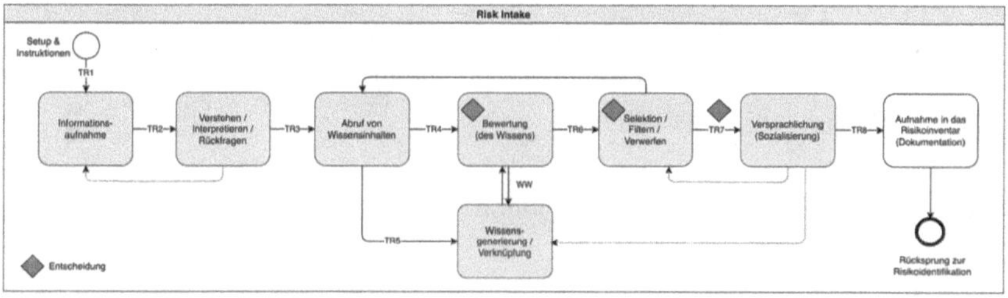

Abbildung 2.14 Aktivitätenfolge des ‚Risk Intake‘. (Quelle: Eigene Darstellung)

Um die im ‚Risk Intake‘ stattfindenden Aktivitäten zu begründen oder zumindest zu plausibilisieren, wird deren Auftreten mit Modellen oder Theorien der psychologischen und verhaltensökonomischen Forschung verknüpft (vgl. Abschn. 2.2.3). Ferner werden die Übergänge (in der Abbildung 2.14 mit TR*x* bezeichnet), Wechselwirkungen zwischen den Aktivitäten betrachtet und auf mögliche Störungen verhaltensökonomischen Ursprungs hin analysiert. Damit soll der von soziologischer Seite geübten Kritik begegnet werden, es würden meistens nur die Kästchen, nicht aber die verbindenden Pfeile erklärt (Weik, 2020, S. 13). Auch an den Übergängen können Biases und Heuristiken ansetzen und sich kritisch auf den ‚Risk Intake' auswirken.

Die in Abbildung 2.14 gezeigte Aktivitätenfolge orientiert sich an dem von Laureiro-Martinez et al. (2023) vorgelegten Phasenmodell der Entscheidungsfindung (LPSP, vgl. Abbildung 2.8 in Abschn. 2.2.3.1). Beide Modelle sind prozessorientiert aufgebaut, basieren auf kognitiven Aktivitäten und Erkenntnissen der Entscheidungstheorie (2023, S. 2208) und berücksichtigen verhaltensökonomische und neurowissenschaftliche Grundlagen zum Entscheidungsverhalten unter Risiko bzw. Unsicherheit (Rangel, Camerer, & Montague, 2008, S. 548–549). Die „high-stakes decisions" (Laureiro-Martinez et al., 2023, S. 2209) lassen sich mit strategischen Führungsentscheidungen vergleichen. Es geht um Situationen, in denen Erfahrungswissen nicht weiterhilft und intensive gedankliche Arbeit gefragt ist. Weitere Gründe, das Prozessmodell von Laureiro-Martinez et al. (2023) als Referenz heranzuziehen, sind diese:

- Mentale Aktivitäten entsprechen weitgehend der inneren Form des ‚Risk Intake';
- Berücksichtigung der kognitionspsychologisch-fundierten Denksysteme 1 und 2, dort als „default-interventionist model" (2023, S. 2208) bezeichnet;
- Berücksichtigung der Übergänge zwischen den Aktivitäten (2023, S. 2212).

Die Aktivitätenfolge der beiden Prozessmodelle lässt sich nicht 1:1 aufeinander zuordnen (vgl. Tabelle 2.9). Damit ist der unmittelbare Nutzen des LPSP als Referenzmodell leicht eingeschränkt.

Tabelle 2.9 Mapping der Aktivitäten des Linearen Problemlöseprozesses (LPSP) zu denen des ‚Risk Intake'

Risk Intake-Aktivitätenfolge	LPSP *(Laureiro-Martinez et al., 2023)*
Setup & Instruktionen (SI)	Frame stating (FS)
Informationsaufnahme (IA)	Frame assuming (FA)
Verstehen & Interpretieren (VI)	Direction setting (DS)
Abruf von Wissen (AW)	*(keine direkte Entsprechung)*
Generierung von Wissen (GW)	
Bewertung des Wissens (BW)	Evaluation (EV)
Filtern & Verwerfen (FV)	Decision (DE)
Versprachlichung (VS)	Implementation (IM)
Aufnahme in das Risikoinventar (RD)	

Ein entscheidender Unterschied zwischen der ‚Risk Intake'-Aktivitätenfolge und dem LPSP (Laureiro-Martinez et al., 2023) besteht darin, dass letzterer nicht im Kontext des Risikomanagements angesiedelt ist. Gleichwohl lässt sich anführen, dass die entscheidenden Merkmale, kognitiv-dominierte Problemlöseprozesse als Basis für bedeutende Entscheidungen, durchaus eine Vergleichbarkeit erlauben, der LPSP, also ein relevantes, verhaltensökonomisch fundiertes Referenzmodell darstellt. Dennoch werden weitere Modelle aus Psychologie und BWL für die vollständige Herleitung des ‚Risk Intake' benötigt (vgl. Abschn. 2.2.3). Auf die entsprechenden Beiträge dieser Modelle wird bei der Vorstellung der einzelnen Aktivitäten in den nächsten Abschnitten jeweils hingewiesen.

2.2.5.2.1 Setup und Instruktionen

Auslösendes Ereignis für den ‚Risk Intake' ist das organisatorische **Setup** und die Übergabe von **Instruktionen** (SI; im LPSP die Phase ‚Frame stating', FS). Es wird den teilnehmenden Experten erklärt, was im Rahmen der Risikoidentifikation erreicht werden und mit welchen Methoden (vorwiegend Suchmethoden) im Gruppensetting oder individuell vorgegangen werden soll. Dies wird durch einen Moderator vorgetragen oder den Teilnehmenden schriftlich vorgelegt. Kombinierte Formen sind möglich. Ggf. werden Zeitbudget und organisatorische Aspekte vermittelt. Falls ein Gruppensetting gewählt wird, stellen die Teilnehmenden sich vor (insbesondere falls diese sich noch nicht kennen).

Zur Risikoidentifikation bieten sich verschiedene Methoden an, darunter „brainstorming, personal knowledge and experience, questionnaires, lessons learned, and risk management tools such as Failure Modes Effects and Analysis, Fault Tree Analysis, and Probability Risk Analysis" (Emmons et al., 2018, S. 54). Der Setup zur Anwendung der Kreativitätstechniken (*creare*, lat. für „zeugen, gebären, erschaffen" (Pfister, Lippmann, & Beutter, 2019, S. 300)) kombiniert dazu die Kreativitätskomponenten Expertenwissen, Fähigkeit zu phantasievollem Denken mit einer kommunikativen und störungsfreien Umgebung (Myers, 2014, S. 406).

Instruktionen haben die Funktion von ‚Cues' (Plessner, 2011, S. 26), die die nachfolgende Aktivität der Informationsverarbeitung anstoßen und damit auch auf das Ergebnis wirken. So gesehen repräsentieren die Instruktionen die unabhängige Variable in der Aktivitätenfolge. Aus einer verhaltensökonomischen Blickrichtung könnte bereits an dieser Stelle eine Wahrnehmungsverzerrung (Bias) entstehen, denn „[w]hich view a person expresses depends on how a question is asked and/or how the respondent frames a given situation" (Hoff & Demeritt, 2023, Abschn. The Second Wave of Behavioral Economics). Neben dem *Framing* kann auch ein *Priming-Effekt* als Bias aus „nichtbewussten situativen Einflüssen" (J. Heckhausen & Heckhausen, 2011, S. 5) eintreten.

Sonstige Faktoren, die sich negativ auf die Wirksamkeit von SI auswirken können, sind u. a. der Unwille zur Teilnahme (Reaktanz), fehlende intrinsische Motivation (Myers, 2014, S. 406), negative Emotionen oder ungelöste Konflikte auf individueller oder kollektiver Ebene.

Der Übergang von SI zur nachfolgenden Aktivität (TR1 in Abbildung 2.14) wird als unkritisch eingestuft, weil die beiden Aktivitäten nahezu zeitgleich erfolgen und die Aktivität SI noch keine umfangreichen Denkleistungen erfordert. Schwierigkeiten infolge ineffektiver Kommunikation sind nicht Gegenstand der Arbeit (vgl. Abschn. 1.4.3).

2.2.5.2.2 Informationsaufnahme

Bei der **Informationsaufnahme** (IA; LPSP: FA ‚Frame assuming'; Phasenmodell der Informationsverarbeitung: Wahrnehmung) erfolgt durch Zuhören oder Lesen der Instruktionen eine erste Aufnahme der bevorstehenden Aufgabe in das Arbeitsgedächtnis (vgl. Tabelle 2.7). Die akustische bzw. optische Sinneswahrnehmung der Instruktionen (Reize) leitet eine automatische Informationsverarbeitung ein (Myers, 2014, S. 237). Gleichzeitig findet ein Interpretationsprozess statt, der die sensorischen Reize mit „Erfahrungen und Erwartungen" (2014, S. 235) zu einem mentalen Modell kombiniert (Hoff & Demeritt, 2023, Abschn. The Second Wave of Behavioral Economics). Es vollzieht sich ein kognitiver Lernprozess, der für die nachfolgenden Aktivitäten des ‚Risk Intake' eine verhaltenssteuernde Wirkung entfaltet (Myers, 2014, S. 292).

Das Setting, in dem der ‚Risk Intake' stattfindet, könnte von Teilnehmenden als Stressor empfunden werden. Die Teilnahme an einem ‚Risk Assessment-Workshop' könnte eine belastende Situation darstellen und Stressempfinden auslösen, insbesondere wenn die Auseinandersetzung (in der Gruppe) mit Risiken unangenehmer Emotionen einhergeht (Myers, 2014, S. 244). Es vollzieht sich ein ungewollter Perspektivwechsel zu „*risk as feelings*" statt „*risk as analysis*" (Slovic et al., 2004, S. 311, kursiv im Original). Es entsteht eine dynamische Wechselwirkung aus Kognitionen und Emotionen (Hodgkinson & Healey, 2011, S. 1512; Hodgkinson, Sund, & Galavan, 2018, S. 3). In der Folge wird „die Informationsaufnahme [...] ineffizient", gehemmt oder sogar irrelevant (Myers, 2014, S. 790). Ohnehin ist die Informationsverarbeitung durch selektive Aufmerksamkeit gegenüber sensorischen Inputs getrübt (2014, S. 94). nur die auffälligsten Informationsreize werden der Verarbeitung zugeführt (Laureiro-Martinez et al., 2023, S. 2217).

Aus verhaltensökonomischer Sicht wird die Informationsaufnahme durch mögliche Wahrnehmungsfehler auf individueller und kollektiver Ebene sowie Heuristiken berührt, die sich ebenfalls auf den Prozess hemmend oder förderlich auswirken können. Der *Bestätigungsfehler* etwa wird durch die *„Hypothesentheorie der sozialen Wahrnehmung"* (von Nitzsch, 2021, S. 40–41, kursiv im Original) erklärt. Affektive Reaktionen können die Risikowahrnehmung bereits in dieser frühen Aktivität beeinflussen (Basel & Henrizi, 2023, S. 135–136).

Sonstige Störungen können aus unzureichender Aufmerksamkeit (Ocasio, 1997, S. 187; von Nitzsch, 2021, S. 37), mangelndem Textverständnis, Legasthenie, Sprachschwierigkeiten oder unzureichenden kognitiven Ressourcen, deren Überlastung (Funke, 2011, S. 184) und Schonung (von Nitzsch, 2021, S. 39) resultieren.

Damit die Aktivitätenfolge fortgesetzt werden kann (TR2), muss die Bereitschaft der Teilnehmenden aktiviert werden, sich weiterhin vertieft mit der Risikoidentifikation zu beschäftigen. Aus der Sicht des Rubikon-Modells (vgl. Abschn. 2.2.3.3) befinden wir uns in der prädezisionalen Phase, die von einem abwägenden Bewusstseinszustand geprägt ist. Abbruchkriterien, die sich aus realistischer und objektiver Einschätzung ergeben, sind darin noch reichlich enthalten (Achtziger & Gollwitzer, 2009, S. 153). Der Aufbau hinreichender Motivation für eine Fortsetzung in eine aktionale Phase ist noch nicht gewährleistet. Dazu muss das Ziel der Risikoidentifikation als „genügend attraktiv" (Brandstätter & Schnelle, 2007, S. 56) erkannt und als intrinsisch angestrebtes Ziel der teilnehmenden Person übernommen werden. Dabei spielen auch „situative[] Anreize, persönliche[] Präferenzen und deren Wechselwirkung" (J. Heckhausen & Heckhausen, 2011, S. 6) eine Rolle.

2.2.5.2.3 Verstehen und Interpretieren

Die nachfolgende Aktivität bezieht sich auf das **Verstehen** und **Interpretieren** der aufgenommenen Informationen (VI; LPSP: FA; Phasenmodell: Wahrnehmung). Die Teilnehmenden denken nach und können Verständnisfragen stellen. Im Gruppensetting kann ein kommunikativer Austausch zwischen den Teilnehmenden entstehen. Die kognitive Denkleistung dominiert die Aktivität. Diese äußert sich nicht beobachtbar, mit Ausnahme gestellter Rückfragen, Gesprächen oder ungerichteter verbaler Meldungen (z. B. Murmeln oder Zwischenrufe). „Der Verstehensprozess hat die Funktion, die **interne Repräsentation des Problems** zu erzeugen" (Funke, 2011, S. 180, Hervorhebung im Original; „mentales Modell" bei von Nitzsch, 2021, S. 51).

Interindividuell unterschiedlich ausfallende Kapazitäten des Arbeitsgedächtnisses restringieren die kognitive Arbeit. Heuristiken und Intuition werden kompensatorisch zur Komplexitätsreduktion eingesetzt (Betsch, 2011b, S. 18). Die

Struktur (Intensität, Vollständigkeit, frühere Erfahrungen mit ähnlichen Fragestellungen) des Verstehens wirkt sich auf die „Programme, die zur Problemlösung herangezogen werden“ (Funke, 2011, S. 181) aus. Damit ist die Strategie für den weiteren Problemlöseprozess weitgehend determiniert.

Wahrnehmungsfehler in dieser Aktivität erstrecken sich bspw. auf den *Ambiguitätseffekt*, falls Teilnehmende durch die Instruktionen verwirrt sind und sie nicht über die nötige Ambiguitätstoleranz verfügen. Sonstige Störungen der Aktivität können durch „Bildungsstand aber auch durch grundlegende Werte, Normen und Einstellungen, die aktuelle Gefühlslage und die Persönlichkeit“ (von Nitzsch, 2021, S. 51) hervorgerufen werden, aber auch durch Missverstehen der Instruktionen, der Begriffe oder der Suchmethode.

Zwecks Weiterführung der ‚Risk Intake‘-Aktivitätenfolge (TR3) ist ein genügend hohes Motivationspotenzial bei entsprechender Zielattraktivität erforderlich.

2.2.5.2.4 Abruf von Wissensinhalten

Der Abruf von Wissensinhalten bedeutet das „Wiederauffinden gespeicherter Informationen im Gedächtnisspeicher“ (Myers & Wilson, 2014, S. 330). Dabei sind zwei Arten des deklarativen Langzeitgedächtnisses relevant: Das semantische Gedächtnis speichert Faktenwissen, das episodische Gedächtnis enthält Erinnerungen an autobiographische Ereignisse (Addis, 2020, S. 234). Die Unterscheidung könnte sich auf die Qualität der Risikoidentifikation auswirken, falls dem eigenen (angeblich) Erlebten des episodischen Gedächtnisses ein größerer Stellenwert als dem Faktenwissen, dessen Ursprung oft nicht bekannt ist, beigemessen wird (Hergovich, 2021, S. 70–71). Eine solche Gewichtung beim Abruf relevanter Wissenselemente (Slovic et al., 2004, S. 314) ist „error prone or noisy“ (Spiliopoulos & Hertwig, 2024, Abschn. 2.1) und könnte verzerrte Ergebnisse produzieren. Gemäß dem False-Memory-Syndrome lassen sich Ereignisse erinnern, die nie stattgefunden haben (Hergovich, 2021, S. 78).

Äußerlich besitzt die Aktivität AW (Phasenmodell: Verarbeitung; Rahmenmodell der Entscheidung: präselektionale Informationssuche) keine Manifestation; die Teilnehmenden denken nach. Denken ist das „innere Gespräch der Seele mit sich selbst“ (Funke, 2011, S. 176)[23]. Intuition als Denkprozess zum Abruf von Wissen aus dem Langzeitgedächtnis (Betsch, 2011b, S. 4; Kahneman & Klein, 2009, S. 520; Plessner, 2011, S. 44) ist dabei ausdrücklich erlaubt. Vorteilig an der Intuition ist der geringe kognitive Aufwand, denn die Verfügbarkeit geschieht

[23] Funke (2011, S. 176) scheint sich seiner Quellen nicht ganz sicher zu sein. Am Fundort schreibt er das Zitat „Platon vor über 2000 Jahren“ zu, nur wenige Seiten weiter (2011, S. 192) soll es „Aristoteles vor 2500 Jahren“ gesagt haben.

„plötzlich[], mühelos[] und automatisch[]" (Myers, 2014, S. 372). Nachteilig können sich allfällige Verzerrungen auswirken, die beim Abruf des Wissens unbewusst entstehen können, z. B. indem nur Teile der Information der Verarbeitung zugeführt oder vereinfacht dargestellt werden (Betsch, 2011b, S. 18).

Eine zusätzliche Problematik ergibt sich aus der begrenzten Kapazität des Arbeitsgedächtnisses (vgl. Tabelle 2.7). Einem ‚Notizbuch des Managers' (Laureiro-Martinez et al., 2019) gleichend, ist das Arbeitsgedächtnis die Voraussetzung zur Exploration vorhandenen Wissens (2019, S. 1675). Bei der Aufbereitung von Informationen im Arbeitsgedächtnis sind kognitive Biases zu erwarten (Hodgkinson et al., 2023, S. 1046), die von Nitzsch (2021, S. 46 u. 52) genannten Determinanten der Verfügbarkeit lassen auf die Verfügbarkeitsheuristik, den Rezenzeffekt und den Bestätigungsfehler schließen (vgl. Abschn. 2.2.6.2). Ein möglicher Planungsfehlschluss verhindert, dass nach weiteren Informationen gesucht wird (Kahneman, Lovallo, & Sibony, 2011, S. 58).

Grundsätzlich ist in dieser Aktivität mit relevanten Informationen über Risiken zu rechnen, denn „[k]nowledge captures some important aspects of rare, surprising and extreme events" (Glette-Iversen & Aven, 2021, Abschn. 3.1.). Allerdings reicht der reine Abruf verfügbarer Wissenselemente für Suchmethoden wie das Brainstorming zur Identifikation unbekannter, strategischer Risiken nicht aus. Die Aktivitätenfolge muss mit der Aktivität GW zum Auffinden neuen Wissens oder zwecks Rekombination bestehender Informationen fortgesetzt werden (TR5). Dies setzt einen Erkenntnisprozess voraus, dass bisherige Wissensinhalte nicht genügen und zusätzliche Suchstrategien eingesetzt werden müssen (Allwood & Björhag, 1990, S. 443). Wird dieser Schritt übersprungen (TR4), besteht die Gefahr einer unvollständigen Risikoidentifikation.

2.2.5.2.5 Generierung von Wissen

Die Aktivität GW vereint die fortgesetzte Denkarbeit mit den kommunikativen Elementen der gewählten Kreativitätstechnik (Phasenmodell: Verarbeitung; Rahmenmodell: präselektionale Informationssuche). Der von Baumann et al. (2016, S. 28) vorgeschlagene Einsatz von Kreativitätstechniken lässt darauf schließen, dass die Risikoidentifikation ein kreativer Prozess ist. Es wird etwas (neu) erzeugt. Es handelt sich also um mehr als nur ein reines Abrufen und Zusammentragen von Gedächtnisinhalten.

Neues Wissen lässt sich u. a. durch Rekombination von Informationen erzielen. Im klassischen Brainstorming ist dies bei erfolgender Inspiration durch Beiträge anderer Teilnehmer möglich. Das Brainstorming im Rahmen eines Gruppensettings wird als älteste, wichtigste und häufigste Technik für die Risikoidentifikation genannt (Baumann et al., 2016, S. 29; Häntsch & Huchzermeier,

2013, S. 131; Pfister et al., 2019, S. 313) und kann mit anderen Kreativitätstechniken kombiniert werden (Romeike & Hager, 2020, S. 96). Das klassische Brainstorming verbietet Kritik an eingebrachten Ideen, fördert den Informationsfluss und erlaubt ausdrücklich freie Assoziationen und Weiterentwicklung basierend auf den Beiträgen Anderer (Pfister et al., 2019, S. 314). Kritik am Brainstorming üben Kerr und Tindale (2004, S. 627) mit Hinweis auf Blockaden und Befürchtungen im Gruppensetting. Auf die Prävalenz von Bias beim Brainstorming weisen Brüggemann und Binder hin (2021, S. 48).

Auf einer mehr theoretisch orientierten Ebene werden kognitive Ressourcen zielgerichtet eingesetzt, um Wissen zu generieren oder einen Problemlöseprozess voran zu treiben (Laureiro-Martinez et al., 2023, S. 2217). Wissen lässt sich als eine ‚begründete Überzeugung' interpretieren und unterliegt damit der möglichen Verzerrung (Thekdi & Aven, 2024, Abschn. 5). Eine solche Überzeugung kann als wahr akzeptiert sein oder als Mutmaßung (‚conjecture' „without proof or sufficient evidence") lediglich eine individuelle oder kollektiv vertretene Meinung wiedergeben (Ehrig & Schmidt, 2022, S. 1293). Deren Erzeugung ist ein zielgerichteter, kreativer Prozess (Wiltbank, Dew, Read, & Sarasvathy, 2006, S. 988), der eine Vielzahl an Biases zulässt.

Im Denkprozess selbst besteht die Möglichkeit, dass die Teilnehmer der Risikoidentifikation vorwiegend das System 1 verwenden (vgl. Abschn. 2.2.3.6) und sich im ‚Narrow Thinking' bewegen (vgl. Abschn. 2.2.2.2), wo eigentlich „**divergente** Denkoperationen" benötigt werden (Pfister et al., 2019, S. 303, Hervorhebung im Original). Dieses begünstigt den Einsatz nicht angemessener Vereinfachungsheuristiken (Goto, 2007, S. 270; von Nitzsch, 2021, S. 47). Beschränkungen in den „intellektuellen Fähigkeiten" der Teilnehmer sowie der zur Verfügung stehenden Zeit verhindern, dass alle möglichen, zukünftigen Szenarien antizipiert werden können (Bardmann, 2019, S. 378). Sonstige Störungen der Aktivität betreffen fehlende Kreativität oder Vorstellungskraft sowie gruppendynamische, kontraproduktiv wirkende Einflüsse während der Kreativitätstechniken.

2.2.5.2.6 Bewertung

Bewertung (BW; LPSP: EV ‚Evaluation'; Phasenmodell: 2. Verarbeitung; Rahmenmodell: Selektional – Bewertung und Entscheidung) bedeutet die Zuordnung einer Einschätzung zu den bisher erbrachten Informationen. Damit ist eine erste **Entscheidung** vollzogen. Die Einschätzung geschieht auf nominalem Skalenniveau und bedeutet, auf niedrigster Stufe, ob ein bestimmter Sachverhalt als Risiko einzugliedern ist oder nicht. (Das Risiko selbst wird noch nicht bewertet.) Bei dieser Einschätzung spielen individuelle Faktoren der Wahrnehmung eine besondere Rolle, ein gemeinsames Verständnis davon, was ein Risiko ist, muss dabei nicht vorliegen (Maytorena et al., 2007, S. 316; Romeike & Hager, 2020, S. 60). Entscheidungen werden durch die Stimmung, verstanden als anhaltender, diffus affektiver Zustand (Funke & Holt, 2006, S. 80), beeinflusst und kann entsprechende Biases (z. B. die Affektheuristik) hervorrufen (2006, S. 81).

Als äußere Form sind – je nach Suchmethode – Gespräche und Diskussionen beobachtbar. Dabei können Fehleinschätzungen gegenüber einer vermuteten Norm erkennbar werden (Allwood & Björhag, 1990, S. 443). Biases wie z. B. Overconfidence (1990, S. 447), Scheinkorrelationen (von Nitzsch, 2021, S. 66), Overprecision (2021, S. 74) oder der Bestätigungsfehler (Beck, 2014, S. 51) treten zutage. Kein Bias, wohl aber ein beobachtbarer nivellierender Effekt, der durch den Austausch in der Gruppe eintreten kann, ist die Regression zur Mitte (von Nitzsch, 2021, S. 73).

Die Aktivität BW ist eng verknüpft mit der vorgelagerten Aktivität GW. Es bestehen intensive Austauschbeziehungen (Wechselwirkungen, WW). Diese können sich als rasche Wechsel zwischen den Aktivitäten, entweder chaotisch hin- und herspringend oder systematisch-iterativ, manifestieren. Zu beobachten ist die Wechselwirkung nur indirekt, sie beruht vorwiegend auf den Gedankengängen der Teilnehmer. Äußerungen anderer Teilnehmer können eine sofortige Neu- bzw. Umbewertung des zuvor generierten Wissens nach sich ziehen.

Gefördert wird die Wechselwirkung durch eine psychologisch belastende Ausgangssituation: Die Teilnehmenden müssen eine Vermutung (‚conjecture‘ bei Ehrig & Schmidt, 2022, S. 1293) über Wirkungszusammenhänge, Ereignisse und Entwicklungen in der Zukunft anstellen, um ein Risiko als solches einordnen zu können. Die damit verbundene Unsicherheit wird als etwas Unangenehmes empfunden. Es könnte ein Hin- und Herwechseln zwischen GW und BW entstehen, um weitere Informationen zu generieren und damit die eigene Vermutung, die auf unvollständigem Wissen basiert, zu stützen. Die endgültige Bewertung (BW) stellt eine Entscheidung dar, die mit dem Überschreiten des Rubikon von einem abwägenden in einen planenden Bewusstseinszustand überführt. Mit der Entscheidung entstehen zeitgleich drei mögliche Konsequenzen:

1. Die Spannung der abwägenden, prädezisionalen Phase löst sich auf;
2. Biases werden wahrscheinlicher (vgl. Abschn. 2.2.3.3);
3. Kognitive Dissonanz wird perzipiert. Dabei handelt es sich um einen negativ-emotionalen Zustand nach einer Entscheidung, „ein Gefühl des Unbehagens“ (Opp, 1964, S. 190). Es treten Zweifel auf, ob richtig entschieden wurde. Gelöst wird dieser Zustand durch bestätigende Informationen, z. B. im

Rahmen eines Bestätigungsfehlers oder durch Ignorieren von Informationen (‚Vogel-Strauß-Effekt' (Scopelliti et al., 2015, S. 2472)).

2.2.5.2.7 Filtern und Verwerfen

Diese Aktivität (FV; LPSP: EV ‚Evaluation'; Phasenmodell: 3. Reaktion; Rahmenmodell: Selektional – Bewertung und Entscheidung) steht in engem Zusammenhang mit der Entscheidung in BW. Nachdem dort ein Risiko als solches identifiziert wurde, erfolgt in FV eine erneute Entscheidung. Es geht darum, eine mögliche Iteration, verbunden mit einem Rücksprung zur Aktivität AW, einzuleiten. Dies ist erforderlich, wenn die Ausbeute an bisher identifizierten Risiken als ungenügend betrachtet wird. Risiken sind „beobachterabhängige Phänomene" (Gebauer, 2017, S. 85) und unterliegen regelmäßiger (Neu-)Bewertung und Überprüfung. Entsprechend hoch ist die kognitive Aktivierung. Es müssen mehrere Risiken im Arbeitsgedächtnis miteinander verglichen werden. Dabei wirken Wahrnehmungsfehler in unterschiedliche Richtungen: Eine unbegründete Überschätzung der Beeinflussbarkeit der Zukunft (Overoptimism, „extreme Overconfidence" (Allwood & Björhag, 1990, S. 447)) führt eher zum Verwerfen eines Risikos (Haselton & Nettle, 2006, S. 58), wohingegen das Risikoschubphänomen in komplexen Gruppensettings tendenziell die Einschätzung der Risiken erhöhen kann (Allwood & Björhag, 1990, S. 445).

Sicherheit im Auswahlprozess bietet der Bestätigungsfehler durch das Ausräumen von Zweifeln und Rationalisieren widersprüchlicher Informationen. Eine interindividuell abweichende Risikowahrnehmung wird dabei auch bei Vorliegen von Belegen nicht notwendigerweise ausgeräumt; auch die Einschätzung von Experten unterliegt Wahrnehmungsverzerrungen (Slovic, Fischhoff, & Lichtenstein, 1980, S. 211, Nr. 4 u. 9). Sonstige Störungen der Aktivität stammen aus einer archaischen Vorstellung „that all risk is bad" (J. Fraser, Quail, & Simkins, 2024, Abschn. 3, Nr. 6), Leugnen von Risiken, Verwechslung von Risiken mit Managementfehlern (Gleißner, 2022, S. 13) oder einer generellen, pessimistischen Grundhaltung der Person.

Während die äußere Form von FV durch entsprechende Aktivitäten der gewählten Kreativitätstechnik gekennzeichnet ist (z. B. An-, Ab- und Umhängen von Post-It-Kärtchen), dominiert die kognitive, von vielerlei möglichen Biases durchzogene, gedankliche Arbeit. Kritisch auf das Ziel der Risikoidentifikation, Einträge für das Risikoinventar zu ermitteln, wirken die dabei auftretenden Fehlertypen: Ein ‚false positive' („Type I errors" bei Haselton & Buss, 2000, S. 81), also ein vermeintliches Risiko, das sich nachträglich als kein solches herausstellt, führt möglicherweise zu einer Fehlallokation von Ressourcen in der organisationsweiten Risikosteuerung des ERM. Umgekehrt führt ein ‚false negative' (Type

II error), ein nicht-identifiziertes oder wieder verworfenes, aber echtes Risiko unter Umständen zu substanziellen Nachteilen in der Zielerreichung der Organisation. Die Asymmetrie in den Kosten der beiden Fehlertypen bzw. welche Art von bias-induziertem Irrtum gravierender wirkt (Haselton & Nettle, 2006, S. 47), lässt sich an dieser Stelle des Prozesses nicht abschätzen.

Auf dem Übergang (TR7) in die Aktivität VS wird eine dritte Entscheidung erforderlich. Diese stellt sicher, dass die bisher erzielten Zwischenergebnisse des ‚Risk Intake' auch versprachlicht werden, d. h. die Gruppe wird mit der Einschätzung jedes Teilnehmers konfrontiert. Potenziell gestört wird der Übergang durch die Wirkung von Persönlichkeitsmerkmalen (z. B. Introvertiertheit, Schüchternheit), Unsicherheit bezüglich der Qualität der Beiträge oder allgemeine Entscheidungsträgheit und kognitive Dissonanz (Jung, Erdfelder, Bröder, & Dorner, 2019, S. 31).

2.2.5.2.8 Versprachlichung (Sozialisierung)

Die Aktivität VS (LPSP: IM ‚Implementation'; Phasenmodell: 3. Reaktion – verbal; Rahmenmodell: Postselektional – Feedback und Lernen) rückt die äußere Form des ‚Risk Intake' in den Vordergrund. Es geht darum, aus der Menge der bisher identifizierten Risiken eine Auswahl zu treffen und in der Gruppe zu besprechen. Das geht einher mit dem möglichen Verwerfen von Risiken, die als weniger relevant oder wichtig eingeschätzt werden. Im Rahmen „diskursiver Prozesse" (Weik, 2020, S. 11) äußern die an der Aktivität teilnehmenden Personen ihre Vorschläge identifizierter Risiken. Je nach Setting ist dies mit zusätzlicher Erläuterung und Wirkung auf die Organisationsziele verbunden. Weitere Informationen (z. B. risikosteuernde Maßnahmen, Wirkungen bei Risikoeintritt, Versicherbarkeit, frühere Vorkommen des Risikos etc.) können ergänzt werden. Im Gruppensetting werden die Vorschläge besprochen, näher erörtert und ggf. modifiziert oder verworfen. Die Vorschläge können auf Zustimmung oder Ablehnung stoßen, was sich jeweils auf die zeitliche Dauer der Aktivität bzw. die Durchlaufzeit des ‚Risk Intake' auswirkt. Weitere Gründe für ein nachträgliches Verwerfen (Rücksprung zu FV) bei der Versprachlichung von Risiken sind:

- Ein empfundener Konformitätsdruck (‚Conformity bias') durch den Eindruck, Beiträge anderer Personen seien verlässlicher (Goto, 2007, S. 271);
- Selbstwertdienliche Motive (Hunziker, 2019, S. 39) und „deliberate strategic distortions" (Flyvbjerg, 2021, S. 532);
- Spannungen zwischen den beteiligten Individuen und Gruppen (Hodgkinson & Healey, 2011, S. 1504);

- Ablenkung durch „gesteigerte Selbstaufmerksamkeit und gesteigertes Erregungsniveau" (Lermer, Streicher, Eller, & Sachs, 2014, S. 3);
- Nivellierend wirkende Moderation im Gruppenkontext (Allwood & Björhag, 1990, S. 445).

Ein Rücksprung zu GW ist möglich, wenn neue Assoziationen geknüpft werden, also neues Wissen aus der Rekombination entsteht. Der versprachlichte Beitrag kann bei anderen Teilnehmern (in einem kollektiven Setting) als neue Information gewertet werden und bei diesen eine weitere Iteration der ‚Risk Intake'-Aktivitätenfolge auslösen.

Der Social-Loafing-Bias kann als hemmender Effekt bei der Identifikation von Risiken im Gruppensetting auftreten. Einzelne Teilnehmer reduzieren dabei ihre Leistung, wenn ihr Beitrag an der Gesamtleistung nicht oder nur schwierig erkennbar ist (Lermer et al., 2014, S. 3). Weitere Störungen der Aktivität resultieren aus möglichen sprachlichen Defiziten, Artikulationsschwierigkeiten, Paraphrasieren oder genereller Zurückhaltung aufgrund befürchteter Bewertung durch Andere (Kerr & Tindale, 2004, S. 627).

Auch im Übergang (TR8) zur Dokumentation der Risiken (RD) können noch Zweifel aufkommen und eine Aufnahme in das Risikoinventar verhindern. Kognitive Dissonanz nach den Entscheidungen des ‚Risk Intake' oder ein Abwägen nach den Gesichtspunkten der Error-Management-Theory (Haselton & Buss, 2000), üblicherweise zugunsten der Overconfidence (Allwood & Björhag, 1990, S. 443), können die Aktivitätenfolge vorzeitig beenden.

2.2.5.2.9 Aufnahme in das Risikoinventar

Die Aufnahme in das Risikoinventar (RD; LPSP: IM ‚Implementation'; Phasenmodell: 3. Reaktion – verbal; Rahmenmodell: Postselektional) beinhaltet das schriftliche Festhalten der geforderten Mindestattribute von Chancen und Risiken. Die Dokumentationsrichtlinien des jeweiligen ERM-Systems bestimmen, welche Informationen aufgezeichnet werden. Das Risikoinventar wird mit neuen Einträgen erstmalig erstellt. Zu diesem Zeitpunkt sind nur rudimentäre Angaben zum Risiko bekannt (z. B. Beschreibung, Zielbezug, Ursache und Wirkung, Verortung in der Organisation, Zuständigkeit). Weitere Informationen zu den Risiken werden im Verlauf der nachfolgenden Aktivitäten im ERM-Prozess ergänzt.

Risiken besitzen handlungsauffordernden Charakter und sie müssen auf zweckmäßige Weise bewirtschaftet (z. B. reduziert) werden. Eine letzte Hürde stellt vor diesem Hintergrund ein möglicherweise beabsichtigtes Nicht-Wissenwollen der Risikoinformationen oder Scheu vor Übernahme von Verantwortung dar (Hertwig & Engel, 2016, S. 362). Der Teilnehmer sucht einen „Zustand der selbstbestimmten Unwissenheit (deliberate ignorance)“ (Fiedler et al., 2021, S. 265).

Mit dem Ende der Aktivitätenfolge ‚Risk Intake‘ erfolgt ein Rücksprung in den aufrufenden ERM-Teilprozess ‚Risikoidentifikation‘ (vgl. Abbildung 2.13).

2.2.5.3 Einordnung

Der Aufbau des ‚Risk Intake‘ wurde streng sequenziell dargestellt, um die einzelnen Aktivitäten isoliert und separat vorstellen zu können. Realiter ist dies vermutlich nicht der Fall. Die Aktivitätenfolge ist von mindestens einer intendierten Schleife (AW-GW-BW-FV) sowie diversen (intendierten und nicht-intendierten) Vor- und Rücksprüngen gekennzeichnet. Diese können zeitlich synchron oder in sehr rascher Folge ablaufen. Einem Beobachter würden die einzelnen Aktivitäten verwischt erscheinen und keinen trennscharfen Einblick vermitteln. Sichtbare Elemente der äußeren Form erlauben nicht zwingend einen Rückschluss auf die gerade ablaufende Aktivität des ‚Risk Intake‘. Auch den Teilnehmenden selbst fiele eine Unterscheidung, insbesondere der inneren Formen, vermutlich schwer. In einem Gruppensetting akzentuiert sich die Dynamik zusätzlich, bspw. wenn Teilnehmende sich durch Sprechakte anderer in ihrem Gedankenfluss gestört fühlen und der Gedankengang unterbrochen wird oder ganz entgleist (Kerr & Tindale, 2004, S. 627). Andere gruppendynamische Effekte (z. B. Paraphrasieren, Rückfragen an die Moderation, andere Wortäußerungen) können die Aktivitätenfolge zusätzlich stören.

Die innere Form der Aktivitätenfolge ist vorwiegend von Denkprozessen gekennzeichnet. Nur die äußere Form, Sprechakte, Gesten und Mimik der Teilnehmenden sowie Geschriebenes ist beobachtbar. Im gedanklichen Ablauf der Aktivitätenfolge des ‚Risk Intake‘ folgen beide Formen einer Dramaturgie, die von gegensätzlichen Verläufen gekennzeichnet ist: Die äußere Form findet vorwiegend zu Beginn und am Ende des ‚Risk Intake‘ statt (SI, IA, VS, RD). Dazwischen besitzt sie nur nachgeordnete Bedeutung. Umgekehrt verhält es sich mit der inneren Form, die bei hohem kognitiven Workload der Aktivitäten VI, AW, GW, BW und z. T. bei FV dominiert (vgl. Abbildung 2.15).

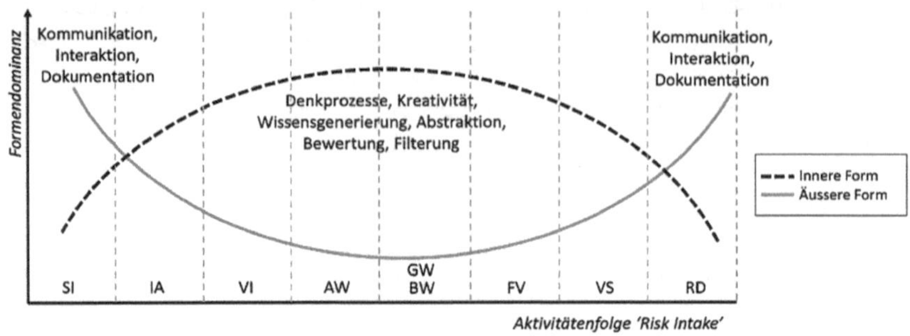

Abbildung 2.15 Verlauf der Formendominanz im ‚Risk Intake'. (Quelle: Eigene Darstellung)

Wollte man die tatsächliche Abfolge der Aktivitäten visualisieren, würde sich aufgrund der ständig stattfindenden Vor- und Rücksprünge ein verwirrendes, diffuses Bild ergeben, ähnlich wie es die Auswertungen des Process Mining zeigen (Caron, Vanthienen, & Baesens, 2013, Abb. 3; Reijers, 2021, Abschn. 7). Eine Kartographierung der real ablaufenden Aktivitätenfolge zeigte einerseits die funktionalen Bewegungen entlang des intendierten (normativen) Ablaufs sowie die durch Störungen verursachten Sprünge (vor und zurück), die nicht der geplanten Abfolge entsprechen, aber ebenfalls auftreten können.

2.2.6 Katalog der bei der Risikoidentifikation theoriebasiert hergeleiteten Biases und Heuristiken

2.2.6.1 Auswahlverfahren

Die Auswahl der für den ‚Risk Intake' relevanten Biases und Heuristiken ist auf Basis der gesichteten Literatur zum Thema erfolgt. Aus den Beiträgen von Goto (2007), Hunziker (2019), Montibeller und Von Winterfeldt (2015), Meyer (2023), Flyvbjerg (2021) sowie weiteren Fundstellen konnten 111 Biases und Heuristiken extrahiert werden. Nach Eliminierung von Duplikaten verblieben 81 Einträge. In weiteren Teilschritten wurden nur solche Einträge selektiert, die aufgrund des textlichen Kontextes in den jeweiligen Beiträgen

a) einem organisatorischen Kontext zugeordnet werden können (73) *und*
b) strategische Entscheidungen betreffen können (54) *und*

c) mit dem Risikomanagement allgemein in Zusammenhang gebracht werden (41) *und*
d) durch Textstellen in der gesichteten Literatur explizit in den Zusammenhang mit der Risikoidentifikation gestellt werden (18).

Beim vierten Kriterium wurde vorsichtshalber ein Eintrag beibehalten, falls ein Bezug zur Risikoidentifikation zwar nicht erwähnt wird, dieser aber auch nicht ausgeschlossen werden kann[24]. Die 18 verbleibenden, für die Risikoidentifikation relevanten Biases und Heuristiken sind in Abbildung 2.16 aufgelistet. Insgesamt 17 der 18 verbliebenen Wahrnehmungsfehler konnten den Aktivitäten und Transitionen des ‚Risk Intake', gestützt auf wissenschaftliche Beiträge, zugeordnet werden.

An vorläufigen Erkenntnissen aus der Zuordnung von Biases zu den Aktivitäten des ‚Risk Intake' können diese gezogen werden:

- Die Prävalenz von Bias ist bei Aktivitäten mit dominanter innerer Form besonders hoch. Biases treten vorwiegend dort auf, wo der kognitive Apparat besonders intensiv zum Einsatz kommt (dunkelgraue Markierungen in Abbildung 2.16). Die meisten Biases treten an den Aktivitäten BW und VS (8 bzw. 6), sowie WW (6) auf (vgl. Abbildung 2.17).
- Biases treten vorwiegend in den Aktivitäten auf (95 %), kaum bei den Transitionen (5 %). Während TR1, TR2, TR5 und TR6 als unkritisch für die Aktivitätenfolge angesehen werden, können durchaus Störungen an den übrigen Übergängen in Erscheinung treten.
- Die Aktivität VS weist drei Biases auf, die spezifisch für VS sind und bei keiner anderen Aktivität vorkommen (hellgraue Markierungen in Abbildung 2.16). Es handelt sich um Biases, die mit sozialen Austauschbeziehungen in der Gruppe und gruppendynamischen Aspekten in Zusammenhang stehen.
- Die Aktivität FV weist mit vier Biases wenige Wahrnehmungsfehler auf, trotz intensiver Denkarbeit und einer zu treffenden Entscheidung. Gründe für diese kontra-intuitive Einschätzung können u. a. diese sein:

---

[24] Dies betrifft bspw. die Biases ‚Range insensitivity' und ‚Subadditivity/superadditivity' im Beitrag von Montibeller und Von Winterfeldt (2015), sowie ‚Desirability of a positive event or consequence', welches die gleichen Autoren als Synonym zum ‚Optimism Bias' auffassen.

Bias \ Aktivitäten und Übergänge	SI	TR1	IA	TR2	VI	TR3	AW	TR4	TR5	GW	WW	BW	TR6	FV	TR7	VS	TR8	RD
Affektheuristik			X				X											
Ambiguity effect			X		X							X						
Ankereffekt							X				X	X						
Bestätigungsfehler			X							X		X		X				X
Framing Effect	X											X		X		X		
Group polarization																X		
Hidden Profile																X		
Inside View												X						
Negativitätsdominanz																X		
Optimism Bias										X	X							
Overconfidence											X	X		X			X	
Perceived Risks												X		X				
Planning Fallacy								X			X							
Rezenzeffekt							X				X							
Social Loafing			X													X		
Transparency Bias												X				X		
Verfügbarkeitsheuristik							X			X	X							
Verlustaversion																		

Abbildung 2.16 Mapping von Biases und Heuristiken zu den Aktivitäten des ‚Risk Intake'. (Quelle: Eigene Darstellung)

- Windschatteneffekt: Die gedankliche Leistung der vorangegangenen Aktivitäten AW, GW und BW hat die Entscheidung schon so gründlich vorbereitet, sodass in FV aufgrund des vorher erarbeiteten Fundaments an kognitiver Einsicht weniger Raum für Biases bleibt.
- *Decision fatigue*: Die kognitiv und emotional anstrengenden, vorherigen Aktivitäten haben die Teilnehmer derart erschöpft, dass weniger Energie (messbar am Blutzuckerspiegel) für tiefgreifende Auseinandersetzung mit Informationen im Arbeitsgedächtnis zur Verfügung steht (Danziger, Levav, & Avnaim-Pesso, 2011, S. 6889).

- Die Verlustaversion konnte zunächst keiner Aktivität des ‚Risk Intake' zugeordnet werden. Das kann einerseits daran liegen, dass diese tatsächlich keine Bedeutung im ‚Risk Intake' besitzt und im Rahmen der Vorauswahl zu vorsichtig vorgegangen wurde, statt diesen Eintrag bereits dort zu streichen; oder aber, dass er gleichwohl eine Bedeutung haben könnte, und nur nachrangig oder nicht deutlich genug in der Literatur hervorgehoben und in den Kontext mit der Risikoidentifikation gestellt worden ist. Das Vorsichtsprinzip fortführend, wird dieser Eintrag beibehalten und im Empirischen Teil der Arbeit allenfalls erneut aufgegriffen.

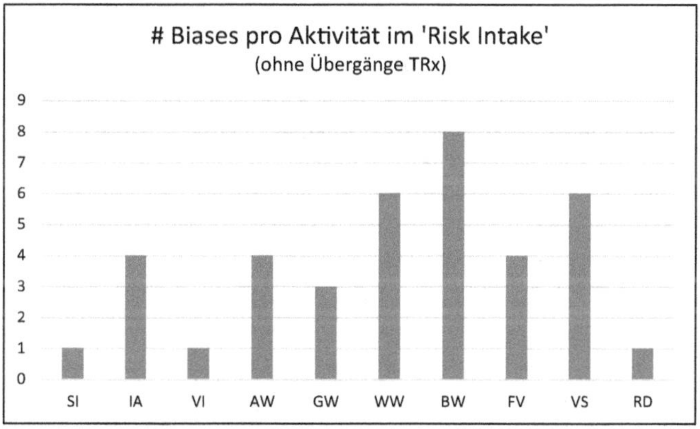

Abbildung 2.17 Anzahl möglicher Bias in den Aktivitäten des ‚Risk Intake'. (Quelle: Eigene Darstellung)

2.2.6.2 Katalog der Biases und Heuristiken

1. **Affektheuristik (Gefühlsheuristik)**
   „Affect may be viewed as a feeling state that people experience, such as happiness or sadness“ (Finucane et al., 2000, S. 2) und schließt „Emotionen und Stimmungen mit ein“ (Funke & Holt, 2006, S. 80). Im Rahmen der Affektheuristik werden Empfindungen als Kognitionen gleichwertige Elemente in einer Entscheidungssituation eingestuft (Hergovich, 2021, S. 128). Damit wird anerkannt, dass Gefühle oder Gemütserregungen als affektiver Begleiteffekt in Entscheidungssituationen eine nicht zu vernachlässigende Rolle spielen (Slovic et al., 2007, S. 1335–1336).

   Die Affektheuristik beeinflusst aufgrund des emotionalen Zustands der an der Risikoidentifikation teilnehmenden Person die „Wahrnehmung von Nutzen und Risiko“ (Weibel et al., 2023, S. 66) und auch die ‚Risk Intake‘-Aktivität AW, bei der es um den Abruf von „relevant examples from memory“ (Slovic et al., 2004, S. 314) geht. Damit ist das Auftreten der Affektheuristik in der Risikoidentifikation denkbar, insbesondere wenn unter der „risk-as-feelings hypothesis“ (Loewenstein et al., 2001, S. 271) Gefühle und Emotionen in den frühen Aktivitäten der Risikoidentifikation die sachliche Analyse dominieren.

   Mit dem Hinweis, dass „reliance on affect and emotion is a quicker, easier, and more efficient way to navigate in a complex, uncertain, and sometimes dangerous, world“ (Slovic et al., 2004, S. 313) unterstreicht das Forscherteam den Charakter als *Heuristik* (bekräftigt in Slovic et al., 2007, S. 1336). Dagegen stellen Montibeller und Von Winterfeldt die emotionale Reaktion als *Wahrnehmungsfehler* („affect influenced bias“) vor (2015, S. 1238). Es handelt sich somit bei der Affektheuristik um ein hybrides Phänomen, das sich als Bias und als Heuristik manifestieren kann (vgl. Abschn. 2.2.4.3.3).
2. **Ambiguity Aversion**
   In Situationen der Entscheidung unter Unsicherheit bevorzugen Menschen die Alternative mit präziseren Informationen gegenüber Mehrdeutigem und Diffusem (Emmons et al., 2018, S. 55; Montibeller & von Winterfeldt, 2015, S. 1236). Dies wirkt sich insbesondere auf die Risikoidentifikation aus, urteilen Emmons und ihre Mitautoren (2018, S. 52).
3. **Ankereffekt (Anchoring-and-adjustment Bias)**
   Der Ankereffekt „ist wahrscheinlich die bekannteste und weitestverbreitete kognitive Verzerrung, die unsere Vernunftfähigkeit beeinträchtigt“ (Butler & McManus, 2022, S. 78). „Menschen tendieren dazu, sich bei Schätzungen oder in der Verwertung von Informationen zunächst an einem ersten

Ursprungs- oder Richtwert zu orientieren (Anchoring) und anschließend diesen Wert (den Anker) unter Berücksichtigung weiterer Informationen oder mittels einer genaueren Analyse durch eine Verschiebung in Richtung des wahren Wertes anzupassen (Adjustment)“ (von Nitzsch, 2021, S. 55). Die Anpassung des temporär salienten Ankerwerts (Kahneman & Frederick, 2005, S. 272) erfolgt dabei – bezogen auf die Situation – nur unzureichend (Caputo, 2013, S. 379; Tversky & Kahneman, 1974, S. 1128).

In der Logik der DPT (vgl. Abschn. 2.2.3.6) erfolgt zwar ein Einsatz des Systems 2, dies jedoch erst, nachdem eine Wahrnehmungsverzerrung durch das automatische System 1 entstanden ist. Gerade dieses Zusammenspiel verleiht dem Ankereffekt seine Grösse und Robustheit (Kahneman & Klein, 2009, S. 521).

Flyvbjerg (2021, S. 541) weist auf das durchdringende, allgegenwärtige Auftreten des Ankereffekts hin, seine Ansicht jedoch, der Ankerwert müsse mit dem Thema zusammenhängen (2021, S. 532) ist abzulehnen. Beck (2014, S. 145) stellt klar, dass die „Ausgangswerte gar nichts mit dem zu schätzenden Problem zu tun haben“ müssen.

4. **Bestätigungsfehler (Confirmation Bias)**
Der Bestätigungsfehler bzw. Bestätigungsirrtum sorgt dafür, dass gezielt nach Informationen gesucht wird, welche die eigene, vorgefasste Meinung bestätigen (Beck, 2014, S. 47; von Nitzsch, 2021, S. 286). Widersprüchliches oder gegenteilige Informationen werden abgelehnt, umbewertet (rationalisiert) oder nicht beachtet (Meyer, 2023, S. 24; Myers, 2014, S. 371). Bestehende Denkmuster sollen gestützt werden (Domsch, Ladwig, & Weber, 2019b, S. 6), die Informationsverarbeitung wird weniger zuverlässig (Peters, 2022, S. 1355).

Der Bestätigungsfehler kann sich auch selbstwertstützend, handlungsbefähigend, dissonanzreduzierend und – im Sinne einer Heuristik – effizient auswirken (Beck, 2014, S. 56–57; Duffy, 2020, S. 161). Synonym wird der Begriff ‘my-side bias’ verwendet (Mercier & Sperber, 2017; Stanovich & West, 2007, S. 226).

Im Rahmen der Risikoidentifikation kann sich der Bestätigungsfehler kritisch für die gesamte Aktivitätenfolge erweisen, indem Suchstrategien in den engen Grenzen der einmal vorgefassten Ansicht verhaften bleiben. Die intendierte Identifikation von Neuartigem und Unbekanntem mit Bedrohungspotenzial für die Organisation kann deutlich gehemmt werden oder zum Erliegen kommen.

5. **Framing Effect**

Framing bezieht sich auf die Art, wie eine Information textlich oder visuell präsentiert wird. Durch Verwendung unterschiedlicher Begriffe und Formulierungen (‚Frames‘, engl. für Rahmen) kann die gleiche Information eine positive oder negative Voreingenommenheit seitens der an der Risikoidentifikation teilnehmenden Person bewirken (Hunziker, 2019, S. 32). Die Folge ist ein möglicher „Einfluss auf die Wahl des Entscheiders“ (Beck, 2014, S. 153), bis hin zur Veränderung der Präferenzen je nach angebotenem ‚Frame‘ (Tversky & Kahneman, 1981, S. 457). Dies geschieht, obschon alternative ‚Frames‘ inhaltlich die gleiche Information transportieren, jedoch in jeweils unterschiedlicher Präsentation (H. R. Arkes, Gigerenzer, & Hertwig, 2016, S. 32).

Vehemente Kritik am Framing Effect wird von Gigerenzer (2023a) geübt, der eine weitere Überschreitung („transgression“, S. 45) der Verhaltensökonomen vermutet. Für Gigerenzer sind die ‚Frames‘ lediglich die Manifestationen unvollständiger bzw. asymmetrisch dargestellter Informationsinhalte. Bei vollständiger Information verschwindet der Framing Effect im experimentellen Setting (2023a, S. 51).

Weil aber vollständige Information in Situationen der Unsicherheit nicht gegeben ist, argumentiert Gigerenzer wie folgt: Die unterschiedliche Einordung alternativer Frames in den Präferenzen der Menschen mit der Möglichkeit des „preference reversal“ (2023a, S. 47) ist kein Bias (im Sinne systematischer Wahrnehmungsfehler), sondern Ausdruck „intelligenter Schlussfolgerungen“ (2023a, S. 51). Die Menschen sind durchaus in der Lage, entscheidungsrelevante Informationen auf nichtverbaler Ebene zu erkennen und in ihre Überlegungen einzubeziehen. (2023a, S. 47).

Im ‚Risk Intake‘ sind insbesondere die Aktivitäten SI und VS, ggf. auch BW und FV, potenziell von Framing betroffen. Gigerenzers Perspektive berücksichtigend, müssen potenziell hemmende *und* förderliche Aspekte des Framing Effect in die Analyse der Risikoidentifikation einbezogen werden.

6. **Group Polarization**
Bei der Group Polarization wird eine bestehende Tendenz im Rahmen der Gruppendiskussion verstärkt, jedoch nicht ins Extrem verzerrt (Myers & Lamm, 1976, S. 603). Als stärksten Prädiktor für den Effekt ermitteln Myers und Lamm Lerneffekte, welche sich beim Austausch überzeugender Argumente und neuer Information einstellen (1976, S. 616).

Die von Myers und Lamm (1976) vorgetragene Argumentation ist bereits etwas betagt und auch nicht abschließend. Die Autoren deuten an, dass passiv stattfindendes, kognitives Lernen nicht allein das Auftreten von Group Polarization erklärt, sondern andere Effekte (z. B. positive Selbstdarstellung bzw. „social motivation", soziale Erwünschtheit oder Selbstzensur) mitwirken (1976, S. 618–619). Schwierigkeiten bei der (mathematischen) Ermittlung von Tendenzen in Gruppenaussagen erschweren die Operationalisierung des Effekts zusätzlich (1976, S. 603).

In der Risikoidentifikation kann sich Group Polarization als nützlich erweisen, um einen Konsens zu fördern und einen akzentuierteren Blick auf die erarbeiteten Ergebnisse zu erhalten. Erkenntnisse werden dem Beobachter gegenüber verstärkt, jedoch nicht ins Extreme verzerrt. Anderer Ansicht sind Sibony (2020, S. 131) und Hunziker (2019, S. 41), der sehr wohl eine Tendenz zu Extremmeinungen und selbstverstärkenden Bewertungsverzerrungen in Risikoworkshops beobachtet. Lermer und Kollegen (2014, S. 3) liefern dazu eine Erklärung: Extremmeinungen im Sinne eines ‚risky shift-Effekts' nach oben bzw. ‚cautious shift' nach unten entstehen dann, wenn bereits vor der Gruppendiskussion die Teilnehmenden ähnliche Meinungen vertreten haben.

7. **Hidden Profile**
Hidden Profile kann Gruppen betreffen, die in kollaborativen Prozessen wie der Risikoidentifikation zwar Informationen miteinander austauschen, dies aber nur einseitig geschieht: Es werden diejenigen Informationen besprochen, die ohnehin allen Teilnehmenden zur Verfügung stehen und über den Konsens besteht. Individuell vorhandenes, möglicherweise konträres Wissen wird nicht ausgetauscht und bleibt ‚hidden' (Stasser & Titus, 1985, S. 1467). Dabei kann es sich um wesentliche, relevante Informationen bezüglich zu identifizierender Risiken handeln.

   Eigentlich bezweckt die Gruppendiskussion, eine bias-mitigierende Wirkung zu entfalten und durch Austausch von Informationen einen Konsens zu ermöglichen (1985, S. 1467). In Versuchsanordnungen kann gezeigt werden, dass prä-diskursiv existierende Biases beibehalten und eher bestätigt denn korrigiert werden (1985, S. 1476). Vorteile unterschiedlicher Sichtweisen werden nicht ausgeschöpft (1985, S. 1477), wichtige Perspektiven bleiben in der Risikoidentifikation möglicherweise unausgesprochen.
8. **Inside View**
Der Inside View verleitet die Entscheider, sich mit der Berufung auf die angebliche Einzigartigkeit (‚Uniqueness Bias') ihrer Aktivitäten vorwiegend

oder ausschließlich auf intern verfügbare Informationen abzustützen (Kahneman & Lovallo, 1993, S. 30). Damit geht die externe Perspektive verloren, möglicherweise entscheidungsrelevante Informationen fließen bewusst nicht in das Chancen-Risiko-Kalkül ein (Flyvbjerg, 2021, S. 537). Als Ursachen für eine solche Handlungsstrategie der Entscheider wird auf deren Scheu vor der Übernahme von Verantwortung sowie auf Vermeidung kognitiver Dissonanz und persönlicher Haftung referenziert (Hertwig & Engel, 2016, S. 362). Der ‚Uniqueness Bias' erzeugt zudem eine moralische Distanz, wenn nicht sogar Überlegenheit, zur externen Perspektive. im Vergleich „with the inside view, the outside view doesn't stand a chance" (Kahneman, 2011, S. 249), stellt Kahneman fest.

In der Risikoidentifikation kommt dem Inside View eine unmittelbare Bedeutung zu. Flyvbjerg postuliert die Wirkungskette „uniqueness bias feeds the inside view and optimism, which feed underestimation of risk" (Flyvbjerg, 2021, S. 538). Damit zielt er zwar auf den Teilprozess der Risikobewertung ab, jedoch kann bereits im ‚Risk Intake' die Aktivität BW betroffen sein.

9. **Negativitätsdominanz (Negativity Bias)**

„Der Negativitäts-Bias beschreibt eine Verzerrungstendenz, nach der Negatives mehr ins Gewicht fällt als Positives. Damit haben negative Informationen einen stärkeren Einfluss auf Aufmerksamkeit, Wahrnehmung, Gedächtnis, Emotionen, Motivation, Verhalten und Entscheidungen" (Meyer, 2023, S. 27).

Umfassend recherchiert wird die Negativitätsverzerrung durch Norris (2021), sie schreibt eine der frühesten Diskussionen des asymmetrisch wirkenden Effekts den ‚Gründervätern' der Verhaltensökonomie, Kahneman und Tversky (1979), zu (Norris, 2021, S. 68).

Die Negativitätsdominanz kann sich für die Risikoidentifikation förderlich auswirken, indem sie das Denken und Fühlen negativer Dinge gegenüber Positivem stärker gewichtet (Glaser, 2019, S. 134; Norris, 2021, S. 68). Insbesondere in Hochrisikosituationen „hat die Negativitätsverzerrung [...] ohne Zweifel ihre Berechtigung" (Glaser, 2019, S. 135). Die Anwesenheit eines abschätzenden Publikums kann die Negativitätsdominanz noch verstärken (Müller-Pinzler et al., 2019, Abschn. ohne Überschrift), allerdings auch einen Bestätigungsfehler in Bezug auf die eigene Urteilsfähigkeit hervorrufen (2019, Abschn. Discussion).

10. **Optimism Bias (Überoptimismus)**

Beim Optimism Bias sind Menschen, der Situation entsprechend *un*angemessen (Krizan & Windschitl, 2007, S. 112) übermäßig optimistisch in Bezug auf ihre Pläne und zukunftsweisenden Entscheidungen (Kahneman, 2011, S. 255), jedoch ohne sich dessen bewusst zu sein (Flyvbjerg, 2021, S. 535). In der Literatur wird Überoptimismus auch als „illusorischer Optimismus" (Achtziger & Gollwitzer, 2009, S. 153), „unrealistischer Optimismus" (Müller-Peters, 2023, S. 20) oder „delusional optimism" (Kahneman, 2011, S. 252) bezeichnet, alle drei Varianten unterstreichen die innewohnende Fehleinschätzung.

Als einer der bedeutendsten Wahrnehmungsfehler wird der Optimism Bias als wichtige Triebfeder unternehmerischen Handelns angesehen (Kahneman, 2011, S. 256). Er beruht auf einer Kombination anderer kognitiver Biases, darunter der Ankereffekt, Kontrollillusion und Overconfidence (2011, S. 259). (Obschon bei Beck, 2014, S. 58, als Synonyme abgehandelt, sind Overoptimism und Overconfidence nicht das Gleiche. Ersterer resultiert aus einer verzerrten Sicht auf die Umwelt, während Overconfidence aus einer verzerrten Selbsteinschätzung resultiert.)

Die Verbindung zur Risikoidentifikation wird deutlich: Übersteigerter Optimismus kann dazu führen, dass Risiken – ungeachtet der Datenlage – dennoch eingegangen werden (Flyvbjerg, 2021, S. 536; Goto, 2007, S. 270). In der Risikoidentifikation erweist sich der Effekt als nachteilig, wenn Risiken in ihrer möglichen Tragweite unterschätzt werden (Krizan & Windschitl, 2007, S. 97), unerkannt oder unerwähnt bleiben (Emmons et al., 2018, S. 55).

11. **Overconfidence Bias (Überkonfidenz bzw. Systematische Selbstüberschätzung)**
Der Overconfidence Bias, ein handlungsfördernder Bias in der Typologie nach Sibony (vgl. Abbildung 2.12), tritt in unterschiedlichen Varianten auf, welche sich im Zeitablauf herausdifferenziert haben: Bei Kahneman und Tversky (1977, S. 4–1) ging es zunächst (nur) um die verzerrte Einschätzung des (statistischen) Konfidenzintervalls, bei Fischhoff (1981, Abschn. Summary) um „the tendency to exaggerate how much one knows", bis Moore und Healy die begriffliche Unterscheidung in *„overestimation, overplacement, overprecision*" (2008, S. 502, kursiv im Original) einführen. Die Tabelle 2.10 vermittelt, basierend auf der Triage durch Moore und Healy (2008), einen Überblick:

Tabelle 2.10 Varianten des ‚Overconfidence Bias'

Variante gem. Moore und Healy (2008)	Erläuterungen
Overestimation	Diese Variante stellt die Reflexion auf die eigene Person in den Vordergrund: „die Neigung von Menschen [...], bestimmte eigene Fähigkeiten systematisch zu überschätzen" (von Nitzsch, 2021, S. 70). Hinweise auf individuelle Verhaltensmerkmale gibt Beck (2014, S. 58), wenn „Menschen sich selbst und ihre Fähigkeiten eigennützig und egozentrisch beurteilen".
Overplacement	Diese Variante basiert auf einem Vergleich mit anderen: „the so-called „better-than-average" effect, describing the phenomenon that people tend to judge their own performance as better than the average performance" (Müller-Pinzler et al., 2019, S. 8; Beispiele bei Hubbard, 2009, S. 38).
Overprecision	Bei der Schätzung unbekannter Verteilungen werden Intervalle erfragt. Wenn diese zu schmal ausfallen, sprechen die Autoren von Overprecision: „Overprecision is a persistent and poorly understood form of overconfidence [...], which can lead to serious and detrimental consequences in decision and risk analysis" (Ferretti et al., 2023, S. 661). „Tendenz, mit großem Selbstvertrauen auf falschen Aussagen zu beharren – die Verlässlichkeit der eigenen Überzeugungen und Einschätzungen zu überschätzen" (Myers, 2014, S. 374) „seeing smaller confidence intervals than actually exist" (Roese & Vohs, 2012, S. 417)
Nicht trennscharf zuordenbar bzw. variantenübergreifend:	Flyvbjerg setzt die Selbsteinschätzung mit der Unkenntnis über die wahren Umweltbedingungen in Bezug: „the tendency to have excessive confidence in one's own answers [...] and to not fully recognize the uncertainty of the world and one's ignorance of it" (2021, S. 538) „decisionmakers provide estimates for a given parameter that are above the actual performance (overestimation) or when the range of variation they provide is too narrow (overprecision)" (Montibeller & von Winterfeldt, 2015, S. 1233)

Diese perspektivische Vielfalt mag dafür gesorgt haben, dass der Overconfidence Bias „zu den wichtigsten und am meisten behandelten Phänomenen in der gesamten deskriptiven Entscheidungsforschung“ (von Nitzsch, 2021, S. 70) zählt. Sheedy und Canestrari-Soh werten Overconfidence im Risikomanagement als Versagen der Risikomanager (2023, S. 4099), der Japaner Goto formuliert es zurückhaltender: „Underestimating the effects of risks because of a tendency to believe our estimates of the risks are generally accurate“ (2007, S. 270). Forschungsseitig wird auf die Möglichkeit der Aggregation von Überkonfidenz von einer individuellen Wahrnehmungsverzerrung hin zu einem kollektiven Phänomen hingewiesen (Montibeller & von Winterfeldt, 2015, S. 1239; Müller-Peters, 2023, S. 30). Betroffen sind Experten gleichermaßen wie Laien (Slovic et al., 1980, S. 187).

Overconfidence besitzt neben der Bedeutung im Risikomanagement auch Relevanz für strategische Führungsentscheidungen in Organisationen: Eine erhöhte Prävalenz von Overconfidence wird bei CEOs und höheren Führungsetagen generell vermutet (Bromiley, McShane, et al., 2015, S. 270; Hodgkinson et al., 2023, S. 1051). Das mit strategischen Entscheidungen einhergehende Informationsdefizit fördert das Auftreten von Overconfidence (Keh, Der Foo, & Lim, 2002, S. 128).

Die hier nur knapp skizzierte Vielfalt des Begriffs der Überkonfidenz steht in der Kritik: An der Grenze zur Beliebigkeit und „without any proven theoretical links or empirical correlations“ zweifelt Gigerenzer (2018, S. 321) an der wissenschaftlichen Aussagekraft. Empirisch festgestellte Effekte entlarvt er mehrheitlich als Regression zur Mitte (Begriff aus der Statistik) (2018, S. 322). Schon früh weist er nach, dass es sich bei Überkonfidenz nicht um „general deficiencies in information processing or motivation“ (Gigerenzer, Hoffrage, & Kleinbfilting, 1991, S. 526), sondern um „intelligent inferences“ (Gigerenzer, 2018, S. 323) handelt.

12. **Perceived Risks**

To perceive bedeutet: etwas erkennen, wahrnehmen, spüren. Die Wahrnehmung von Risiken ist interindividuell sehr verschieden und unterliegt verzerrenden Einflüssen (Bias). Aus dem Lager der Verhaltensökonomen hat sich Paul Slovic bereits früh mit der unterschiedlichen Wahrnehmung von Risiken und deren Quantifizierung beschäftigt (Slovic, 1987; Slovic et al., 1980, S. 190).

Aus der Bewertung von etwa 90 Risiken anhand von 18 identifizierten Risiko-Charakteristika (Slovic et al., 1980, S. 199) entwickeln die Autoren drei zentrale ‚Faktoren‘ „labeled Dread, Familiarity and Exposure“

(1980, S. 211), die zwischenzeitlich mittels Faktorenanalyse auf die Faktoren „Dread Risk“ und „Unknown Risk“ aggregiert werden (Weibel et al., 2023, S. 49). Die beiden Faktoren werden auf Skalen abgebildet und ermöglichen die Einordnung der Risikowahrnehmung entlang der Kontinua ‚nicht furchtbar – furchtbar‘ und ‚bekannt – unbekannt‘.

In der Risikoidentifikation treffen nicht nur Laien und Experten aufeinander; auch die unterschiedliche Wahrnehmung der Beteiligten erzeugt eine Reibungsfläche. Ernüchtert konstatieren Slovic und seine Mitautoren, dass sich solche Differenzen auch angesichts präsentierter Beweise nicht immer auflösen lassen (1980, S. 211).

13. **Planning Fallacy (Planungsfehlschluss)**
Emmons und Kollegen werten den Planungsfehlschluss als besonders bedeutsam für die Risikoidentifikation (2018, S. 52). Dieser Bias ist verantwortlich für systematisches Unterschätzen von Kosten, Zeitbedarf und Risiken geplanter Aktivitäten (2018, S. 55). Hervorzuheben ist die Persistenz des Effekts: Trotz einer Geschichte eigener Fehlplanungen in der Vergangenheit bleiben Menschen durchaus optimistisch, dass ihre aktuelle Einschätzung (dieses Mal) realistisch ist (Buehler, Griffin, & Ross, 2002, S. 251). Zur Begründung wird der „isolation error“ (Kahneman & Lovallo, 1993, S. 17) herangezogen, demzufolge Entscheider ihre frühere Erfahrung von der Planung für die Zukunft entkoppeln (Keh et al., 2002, S. 130). Dies geschieht mit Berufung auf die vermeintliche Einzigartigkeit der anstehenden Planungsaktivität (Kahneman & Lovallo, 1993, S. 27).

Besonders anfällig für den Planungsfehlschluss sind machtvolle Entscheider, die – bei grundsätzlicher Zielorientierung – allfällige Randbedingungen und relevante Ereignisse vernachlässigen (Guinote, 2017, S. 366).

Der Planungsfehlschluss ist ein Wahrnehmungsfehler, der in komplexer Wechselwirkung mit anderen Biases steht. Überoptimismus sorgt für eine unrealistisch positive Einschätzung vergangener Erfahrungen (Buehler et al., 2002, S. 252; Ebert & Freibichler, 2017, Abschn. Improving efficiency in planning). Somit stellt der Planungsfehlschluss nach Ansicht Flyvbjergs eine Unterkategorie des Optimism Bias dar (2021, S. 538). Ebenfalls spielt der Ankereffekt eine Rolle, wenn frühe Planzahlen „als Anker fungieren und nicht hinreichend weit angepasst werden“ (Fiedler et al., 2021, S. 259). Eine weitere Verbindung besteht zum ‚Inside View‘ Bias, demzufolge nur naheliegende Informationen berücksichtigt werden, jedoch nicht ein Vergleich mit (organisationsexternen) Planungsvorhaben vorgenommen wird (Kahneman et al., 2011, S. 58; Kruger & Evans, 2004, S. 586). Der ‚Inside View‘ Bias kann den Planungsfehlschluss hervorrufen, aber auch zu dessen Reduktion beitragen (Kruger & Evans, 2004, S. 587).

14. **Recency-Effekt (Rezenzeffekt)**
„Recency is the tendency to give more importance to recent events than to those of the past" (Gigerenzer, 2023c, S. 4). Das bedeutet, dass länger zurückliegende Informationen in der Risikoidentifikation unterrepräsentiert sind (Hilsbos & Hunziker, 2021, S. 51). Damit steht der Rezenzeffekt in Zusammenhang mit der Verfügbarkeitsheuristik. Auch dort geht es um das Abrufen von Gedächtnisinhalten (Flyvbjerg, 2021, S. 539).

Der Rezenzeffekt konkurriert mit dem ‚Primacy Effect', wonach auch die zuerst erworbenen Informationen zur Verfügung stehen und die zuletzt aufgenommenen Informationen dominieren (von Nitzsch, 2021, S. 55 und 119), vgl. Abbildung 2.18. Als Begründung dieser Dominanz der älteren Information wird der „serielle Positionseffekt" (Myers, 2014, S. 348) angeführt, wonach die jüngeren Informationen aus dem Arbeitsgedächtnis bald wieder verschwinden und dann nur noch die ersten Informationen aus dem Langzeitgedächtnis zur Verfügung stehen (Pastötter et al., 2018, S. 129).

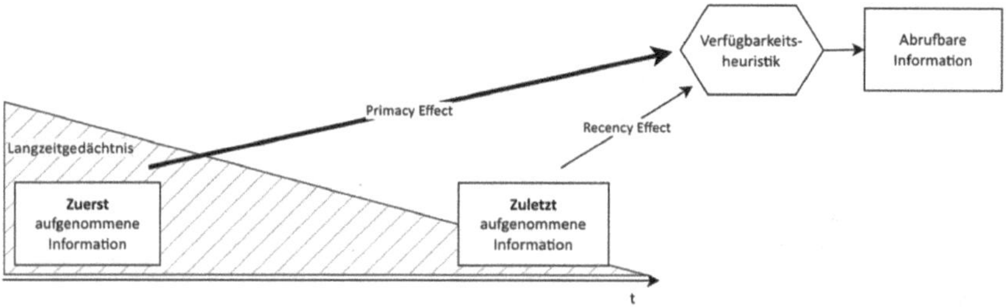

Abbildung 2.18 Primacy- und Recency-Effekt. (Quelle: Eigene Darstellung)

Im Rahmen der Risikoidentifikation werden unterschiedliche Gedächtnissysteme angesprochen, darunter auch das Langzeitgedächtnis. Die Beschränkung des Rezenzeffekts nur auf Informationen im Kurzzeitgedächtnis[25] (von Nitzsch, 2021, S. 44) greift von daher zu kurz, denn diese Inhalte werden „ohne Wiederholung […] schnell wieder vergessen" (Myers, 2014, S. 855).

[25] Von Nitzsch (2021, S. 44) verwendet die Begriffe ‚Kurzzeitgedächtnis' und ‚Arbeitsgedächtnis' synonym, stellt jedoch im gleichen Absatz klar, dass die Konzepte nicht gleich sind. Andere Autoren sehen das ‚Arbeitsgedächtnis' als das „neuere Verständnis des Kurzzeitgedächtnisses" (Myers, 2014, S. 330; sinngemäss auch bei Pastötter, Oberauer, & Bäuml,

Im ‚Risk Intake', Aktivität AW, sind auch zuletzt erworbene Informationen relevant, die bereits in das Langzeitgedächtnis übergegangen sind.

15. **Social Loafing**
Social Loafing bezeichnet die Tendenz von Gruppenteilnehmern, ihren eigenen Einsatz, im Vergleich zur individuellen Arbeit, zu reduzieren (Goto, 2007, S. 271; Karau & Williams, 1997, S. 156). Lermer und Kollegen beklagen, dass durch Social Loafing die Kreativität im Rahmen der Risikoidentifikation leidet (2014, S. 1) und einzelne Gruppenteilnehmer ihre Leistung reduzieren (2014, S. 2). Fehlende Zurechenbarkeit individueller Beiträge am Gesamtergebnis erhöhen die Prävalenz des sozialen Faulenzens (2014, S. 2) und reduzieren die Motivation zur Teilnahme (Hunziker, 2019, S. 43).
Männliches Geschlecht und westlicher Kulturkreis werden als begünstigende Faktoren identifiziert. Umgekehrt ist Social Loafing im asiatischen Raum weniger ausgeprägt (Kerr & Tindale, 2004, S. 628). Eine wesentliche Bedeutung kommt dem Konstrukt der Gruppenkohäsion zu. Hochkohäsive Gruppen verringern Social Loafing, indem sie höhere Motivationsniveaus erzeugen und Bewusstsein für die Gruppenleistung schaffen (Karau & Williams, 1997, S. 155–156).

16. **Transparency Bias (Transparenzverzerrung, Illusion of Transparency)**
Der Transparency Bias ist die kognitive Verzerrung, bei der Menschen glauben, dass ihre Gedanken, Emotionen oder Absichten für andere offensichtlicher sind, als sie es tatsächlich sind (Gilovich, Savitsky, & Medvec, 1998, S. 332; Savitsky & Gilovich, 2003, S. 618). Im Rahmen der Risikoidentifikation kennzeichnet die Transparenzverzerrung einen bewusst gewählten oder unbewussten Umgang mit Risiken. In beiden Fällen bleiben Risiken unerkannt (Hunziker, 2019, S. 24). Nicht immer liegt eine transparente Auflistung relevanter Risiken im Interesse aller Beteiligten (Gleißner, 2017, S. 14), insofern diese zu Einstellung organisatorischer Aktivitäten, Reduktion von Budgets oder unvorteilhaften Auswirkungen auf die Karriere führen könnten (Hunziker, 2019, S. 24). Darin kann die Motivation zur *bewussten* Verschleierung der Risikosituation begründet sein.
Die intentional gewählte Variante der Transparenzverzerrung gilt als „political bias" (Flyvbjerg, 2021, S. 532) und ist damit nicht Gegenstand der vorliegenden Arbeit. Die *unbewusst* auftretende Transparenzverzerrung

---

2018, S. 127; Baddeley, 1992, S. 556) und damit den eigentlichen, informationsverarbeitenden Teil des Gedächtnisses (Hergovich, 2021, S. 69). Aus dem Arbeitsgedächtnis können Informationen direkt im Langzeitgedächtnis abgelegt werden (von Nitzsch, 2021, S. 46).

kann kognitive oder motivationale Ursachen haben und bedeutende Quelle für zwischenmenschliche Missverständnisse sein (Gilovich et al., 1998, S. 344). Sie kann in Erscheinung treten, wenn die bei der Risikoidentifikation gewählte Kommunikation und Interaktion der Beteiligten keinen hinreichenden Rückschluss auf Motive, Absichten und Einschätzungen zulassen. Menschen überschätzen, wie gut ihre Ansichten und Ziele für andere erkennbar sind oder glauben, ihre beobachtbaren Handlungen seien dazu hinreichend (1998, S. 332–333). Trivialere Gründe für eine intransparente Darstellung von Risiken können auch unvollständige Dokumentation oder unabsichtlich zurückgehaltene Informationen sein.

17. **Verfügbarkeitsheuristik (Availability Bias)**
Die Verfügbarkeit von Gedächtnisinhalten oder Beispielen führt zu deren höherer Gewichtung in Entscheidungssituationen gegenüber Informationen, nach denen erst aktiv gesucht werden muss (Flyvbjerg, 2021, S. 539; Montibeller & von Winterfeldt, 2015, S. 1240; Müller-Peters, 2023, S. 15). Die verfügbaren Informationen können als Ankerwert dienen und den Anchoring-and-adjustment Bias auslösen (Flyvbjerg, 2021, S. 541). Für die Risikoidentifikation problematisch erweist sich der mögliche Abbruch der Suchstrategie bei Auftreten des Availability Bias: Es werden keine weiteren Anstrengungen unternommen, um weitere Risiken und Chancen zu finden.

    Als Heuristik dagegen hat die Verfügbarkeitsheuristik förderliche Wirkung, wenn sie als „useful clue for assessing" (Tversky & Kahneman, 1974, S. 1127) rasch und ohne übermäßigen kognitiven Aufwand für ein mögliches Risiko eine Einschätzung ermöglicht. Die kognitiv leichte Verfügbarkeit von Gedächtnisinhalten (Hergovich, 2021, S. 103) kann sich auch nützlich in der Risikoidentifikation erweisen (‚Risk Intake'-Aktivitäten AW, GW).

18. **Verlustaversion (Loss Aversion)**
Risiken bergen die Möglichkeit von Verlusten. Bei der nahezu allgegenwärtigen (Novemsky & Kahneman, 2005, S. 119) Verlustaversion werden Verluste als schmerzhafter empfunden, als ein vergleichbarer Gewinn positive Emotionen erzeugt, „losses loom larger than corresponding gains" (Kahneman, 2011, S. 284; Tversky & Kahneman, 1991, S. 1039, 1992, S. 303). Die dem Effekt innewohnende „asymmetry of pain and pleasure" (Tversky & Kahneman, 1991, S. 1057) präzisiert Xing wie folgt: „loss aversion, an affective bias in which people exhibit risk averse behavior in situations involving gains but risk seeking behavior in situations involving losses" (2021, Abschn. 2.3.2.).

    Die selbst bei Tieren beobachtbare (Kahneman, 2011, S. 305) Verlustaversion scheint derart fest im menschlichen Gehirn verankert zu sein (Hoff &

Demeritt, 2023), dass dies auch durch bildgebende Verfahren (fMRT) in verschiedenen, für „negative affective response[s]" zuständigen Hirnregionen sichtbar gemacht werden kann (Tom, Fox, Trepel, & Poldrack, 2007, S. 516–517).

Der intensive forschungsseitige Diskurs zur Verlustaversion hat auch Kritik hervorgebracht. Im Vergleich zum wissenschaftlich fundierten Status Quo-Bias hält Gal die Verlustaversion lediglich für ein Hilfskonstrukt (2006, S. 24) und fordert gar die Abkehr vom deren Prinzip (2006, S. 31). Noch deutlich später treibt den Chicagoer Forscher diese Vorstellung an, wenn er nach umfangreicher Literaturrecherche feststellt, dass Verluste – je nach Kontext – auf psychologischer Ebene keineswegs schwerer wiegen als Gewinne, sondern auch gegenteilige Ergebnisse erzielt werden (Gal & Rucker, 2018, S. 498). Dies deckt sich mit Ergebnissen Yoons und Kollegen (2021), die für verschiedene kognitive Biases wesentliche individuelle Unterschiede feststellen (Yoon et al., 2021, S. 155). Xing beispielsweise konnte zeigen, dass Verlustaversion verschwindet, wenn die Entscheidung in einer Fremdsprache formuliert wird (2021, Abschn. 5.4.).

Aufgrund der Kritik sowie der fehlenden Einordnung der Verlustaversion in das ‚Risk Intake'-Modell (vgl. Abschn. 2.2.5.2 der Arbeit) lässt sich nicht nachweisen, ob dieser Wahrnehmungsfehler bei der Risikoidentifikation auftreten kann.

2.2.7 Katalog der Qualitätsindikatoren

2.2.7.1 Grundlagen und Begriffe

2.2.7.1.1 Qualität und Qualitätsmanagement

Mit Hinweis auf die lateinischen Wurzeln (*qualitas* bei Herrmann & Fritz, 2021, S. 32; Sternad & Mödritscher, 2018, S. 17) stellen Herrmann und Fritz (2021) eine Vielzahl an Definitionen des Qualitätsbegriffs vor (2021, S. 32–34). Eine neutral und allgemein gehaltene Definition findet sich in der ISO-Norm 9000, dort bezeichnet Qualität den „Grad, in dem ein Satz inhärenter Merkmale eines Objekts Anforderungen erfüllt" (DIN EN ISO 9000:2015).

Eine nähere Unterscheidung ist möglich in die Qualität von Produkten und Dienstleistungen auf einer ersten Betrachtungsebene, weiterhin in die Qualität der (Fertigungs- bzw. Dienstleistungs-)Prozesse auf der zweiten Betrachtungsebene (Herrmann & Fritz, 2021, S. 35–36). Die Prozessqualität basiert auf „der Arbeitsqualität der Menschen im Unternehmen" (Sternad & Mödritscher, 2018, S. 27). Eine Wertung ist mit dem Qualitätsbegriff nicht verbunden, denn diese

„ist abhängig vom Kontext und der Perspektive des Betrachters" (2018, S. 28). Das *Qualitätsmanagement* umfasst alle Aktivitäten, Vorkehrungen und Maßnahmen der Organisation, die Qualität ihrer Produkte, Dienstleistungen und Prozesse aktiv zu gestalten. Es setzt und verfolgt qualitätsbezogene Ziele (Herrmann & Fritz, 2021, S. 16) und überwacht diese im Rahmen eines Regelkreises (Benes & Groh, 2022, S. 101; Herrmann & Fritz, 2021, S. 381).

Neben der *Prozessqualität* sind für die Risikoidentifikation Aspekte der *Produktqualität* und der *Dienstleistungsqualität* von Bedeutung:

- Die Risikoidentifikation ist ein Prozess (vgl. Abschn. 2.2.1.4.3). Zur Messung dessen Qualität ist ein Prozessmanagement(-system) eine Voraussetzung. Diese wiederum erfordert die Definition und Aufzeichnung der Prozesse (Sternad & Mödritscher, 2018, S. 184). Die vier Phasen des Prozessmanagements werden durch Herrmann und Fritz in den Kontext des Qualitätsmanagements eingeordnet (2021, S. 95).
- Das von der Risikoidentifikation erzeugte Risiko-Chancen-Substrat kann als Produkt des Prozesses interpretiert werden. Falls das Substrat im Rahmen strategischer Entscheidungen zweckmäßig genutzt werden kann, ist das Produktqualitätsmerkmal der *Nützlichkeit* (lat. *utilitas*) erfüllt, wobei diese graduell-abgestuft im Vergleich mit den Erwartungen ausfallen kann (Sternad & Mödritscher, 2018, S. 80).
- Letztlich ist die Risikoidentifikation eine intern erbrachte Dienstleistung des ERM-Systems. Damit gewinnt die Sichtweise auf die qualitativ umfassende Bedürfnisbefriedigung interner Kunden an Bedeutung. Weil Dienstleistungen „in ganz unterschiedlicher Form erbracht werden können und die Wahrnehmung der Dienstleistungsqualität daher sehr differenziert und subjektiv erfolgt" (Sternad & Mödritscher, 2018, S. 100), rücken Merkmale und Prioritäten in den Vordergrund, die kundenseitig explizit als kritisch eingestuft werden (Herrmann & Fritz, 2021, S. 57).

2.2.7.1.2 Indikator bzw. Kennzahl

Indikatoren weisen auf das Vorhandensein eines oder mehrerer Merkmale hin, auch wenn das zugrundeliegende Phänomen evtl. nicht direkt beobachtbar ist (Kromrey, 2002, S. 151). Gemäss Friedrichs (1990) sind Indikatoren häufige Hilfsmittel in den Sozialwissenschaften. Sie unterstützen die Operationalisierung (Messbarkeit) eines Phänomens, insbesondere, wenn dieses noch nicht abschließend definiert ist, sondern zunächst nur eine unvollständige, „operationale Definition" (Friedrichs, 1990, S. 78) vorliegt.

Ein *Qualitätsindikator* erlaubt Aussagen über die Qualität eines Phänomens, verstanden als „Gesamtheit von Merkmalen […] bezüglich ihrer Eignung, festgelegte und vorausgesetzte Erfordernisse zu erfüllen" (Waser & Peter, 2020, S. 231). Im Kontext der Risikoidentifikation misst ein Qualitätsindikator, ob das identifizierte Substrat an Risiken und Chancen eine geeignete Basis für strategische Managemententscheidungen darstellt. Damit wird die Bedeutung der Risikoidentifikation für strategische Entscheidungen der Organisation hervorgehoben.

Kennzahlen und Indikatoren sind Synonyme, insofern *„relative Kennzahlen"* (Herrmann & Fritz, 2021, S. 117, kursiv im Original) verwendet werden. Diese setzen den gemessenen Wert in Beziehung zu anderen. Daraufhin werden Relationen gebildet. Indikatoren können auch aus mehreren Kennzahlen (darunter auch absolute Kennzahlen) gebildet werden.

2.2.7.1.3 Modelle und Kennzahlensysteme

Leidner (2015, S. 6–7) listet vier Dimensionen zur Beurteilung des Risikoinventars auf. Zwei der Dimensionen *(comprehensiveness, cost)* beziehen sich auf das gesamte Risikoinventar; die beiden anderen Dimensionen *(currency, correctness)* gelten für jeweils ein Risiko. Weiterführende Informationen zur Konzeption oder Messbarkeit der Dimensionen werden nicht vorgestellt.

Carreño et al. (2004, 2007) schlagen einen „Risk Management Index, RMI" (2007, S. 2) vor, der sich aus vier Teilindices *(risk identification, risk reduction, disaster management, governance and financial protection)* zusammensetzt. Für jeden der vier Teile identifizieren sie jeweils sechs Komponenten (2007, S. 6). Die Beiträge beziehen sich auf Naturkatastrophen und zielen auf *Vergleichbarkeit* von Ländern und Städten ab, sind aber methodisch genügend allgemein gehalten, um auch in anderen Bereichen Ansatzpunkte zu vermitteln. Dem Transfer auf Themen des ERM in Organisationen sind dabei jedoch Grenzen gesetzt, insbesondere weil die Autoren Rechenvorschriften vorstellen, die zwar mindestens intervallskalierte, quantitative Daten voraussetzen, für die einzelnen Indikatoren jedoch nur eine vergleichsweise einfache Bewertungsskala anbieten: Diese „rango de 1 a 5, siendo uno el nivel más bajo y cinco el nivel más alto"[26] (2004, S. 27). Für die sechs Komponenten des Indikators *‚risk identification'* werden jeweils inhaltliche Anforderungen aufgeführt (2004, S. 31–34), zu diesen aber keine Operationalisierungsverfahren bereitgestellt. Dennoch ist die Systematik aufgrund der Möglichkeit, Vergleiche zwischen Einheiten zu ziehen, für die Risikoidentifikation nützlich.

---

[26] Eigene Übersetzung aus dem Spanischen: „reicht von 1 bis 5, wobei 1 die niedrigste Stufe und 5 die höchste Stufe ist."

Gadatsch (2023) bezieht die Perspektive des Controllings und stellt eine Auswahl von Prozesskennzahlen vor, darunter die Prozessqualität als prozentuales Verhältnis abgeschlossener Aufträge ohne Nacharbeit zur Anzahl abgeschlossener Aufträge (2023, S. 98). Kennzahlensysteme setzen sich in der Aufzählung vorwiegend aus in Prozent ausgedrückten Relationen einfach zu messender Merkmale zusammen.

Gleißner (2017) bezieht sich mit seinem Vorschlag zur Formulierung einer Begründung und Darstellung des Rechengangs zwar auf die Risikobewertung (ein der Risikoidentifikation nachfolgender Teilprozess, vgl. Abbildung 2), dennoch trägt diese Forderung zur „Qualitätssteigerung subjektiver Risikoeinschätzungen […] wesentlich bei" (2017, S. 15). An gleicher Stelle weist Gleißner „auf mögliche psychologisch bedingte Quellen für eine Risikofehleinschätzung" hin.

Zur Prozess- und Produktqualität unterscheiden Dumas und seine Koautoren (2013) die unterschiedlichen Perspektiven der beteiligten Rollen: „The quality of a business process can be viewed from at least two different angles: from the client's side and from the process participant's side. This is also known as the distinction between external quality and internal quality. The *external quality* can be measured as the client's satisfaction with either the product or the process […] On the other hand, the *internal quality* of a business process [is] related to the process participants' viewpoint" (2013, S. 214, kursiv im Original).

Die genannten Autoren liefern mit ihren Vorschlägen transferierbare Ansätze, die sich zur Entwicklung von Qualitätsindikatoren in der Risikoidentifikation eignen. Die wesentlichen Ansätze sind in Tabelle 2.11 zusammengestellt.

Tabelle 2.11 Ansätze aus der Literatur für die Entwicklung von Qualitätsindikatoren

Autoren	Ansätze für Qualitätsindikatoren der Risikoidentifikation
Leidner (2015)	Unterscheidung der Betrachtungsebenen (Risikoinventar gesamthaft vs. Einzelrisiko)
Carreño et al. (2004, 2007)	Vergleichbarkeit der Kennzahlen zwischen unterschiedlichen Einheiten
Gadatsch (2023)	Konzeption von Indikatoren als in Prozent ausgedrückte Relationen von (Prozess-)Kennzahlen
Gleißner (2017)	Begleitdokumentation oder Begründung als Qualitätsmerkmal der Risikoeinschätzung; Hinweis auf mögliche Biases
Dumas et al. (2013)	Perspektivische Dichotomie: teilnehmerseitig und kundenseitig – reflektiert die Unterscheidung zwischen Teilnehmer der Risikoidentifikation vs. Top-Management

2.2.7.2 Allgemeines zur Qualität des ERM

Die Bewertung der Qualität eines ERM-Systems setzt an dessen Zielen an, die darin liegen, organisatorische Führungsentscheidungen durch Analyse innewohnender Chancen und Risiken zu unterstützen. Der Erfolgsbeitrag bzw. der Grad der Zielerreichung muss mess- und damit steuerbar sein (Herrmann & Fritz, 2021, S. 144). Eine erste Annäherung der Messbarkeit stellen Reifegradmodelle dar. Im Bereich der Prozessqualitätsmessung existiert eine Vielzahl solcher Modelle (Benes & Groh, 2022, S. 333; Schmelzer & Sesselmann, 2020, S. 477). Die meisten davon für spezifische Anwendungsgebiete (z. B. Softwareentwicklung, Beschaffung, IT-Dienstleistungen). Universell einsetzbar sind das fünfstufige Modell der ISO 9004:2009 (Schmelzer & Sesselmann, 2020, S. 489–490) und das Process and Enterprise Maturity Model zur „Bewertung einzelner Prozesse und Organisationen" (2020, S. 490–492). Messbarkeitskonzepte zur Reifegradbestimmung basieren auf Checklisten und Fragebögen, die im Rahmen einer Selbsteinschätzung ausgefüllt werden (Hammer, 2007).

Weil mit festgestellten Reifegraden allein noch keine direkte Steuerung der Prozesse bzw. des ERM-Systems möglich ist (Benes & Groh, 2022, S. 338), sind weitere Indikatoren bzw. Kennzahlen notwendig. Basierend auf den verschiedenen, in der Literatur vorgeschlagenen Kennzahlensystemen der Prozess- und Produktqualität (vgl. Tabelle 2.11), lassen sich die nachfolgend dargestellten Qualitätsindikatoren ableiten (vgl. Abbildung 2.19). Die Qualitätsindikatoren werden zunächst nach den Perspektiven des ERM-Systems und des Managements als Leistungsempfänger bzw. Kunden unterschieden.

Die Bildung der Indikatoren folgt den von Herrmann und Fritz (2021, S. 120) vorgeschlagenen Schritten. Hilfreich sind dabei die oben erwähnten perspektivischen Unterscheidungen durch Dumas et al. (2013, S. 215): Die Indikatoren der Prozessqualität entsprechen der ‚internal quality' und können durch die an der Risikoidentifikation beteiligten Personen erhoben werden. Die Kundensicht, von Dumas et al. (2013, S. 215) als ‚external quality' bezeichnet, bezieht sich auf das Ergebnis, das Risikosubstrat. Der ‚Kunde', also der strategische Entscheider im Top-Management, ist am Teilprozess der Risikoidentifikation i. d. R. nicht beteiligt, kann somit die Prozessqualität nicht direkt beurteilen, wohl aber das resultierende Risiko-Chancen-Substrat. Die enge Verknüpfung der beiden Perspektiven wird deutlich.

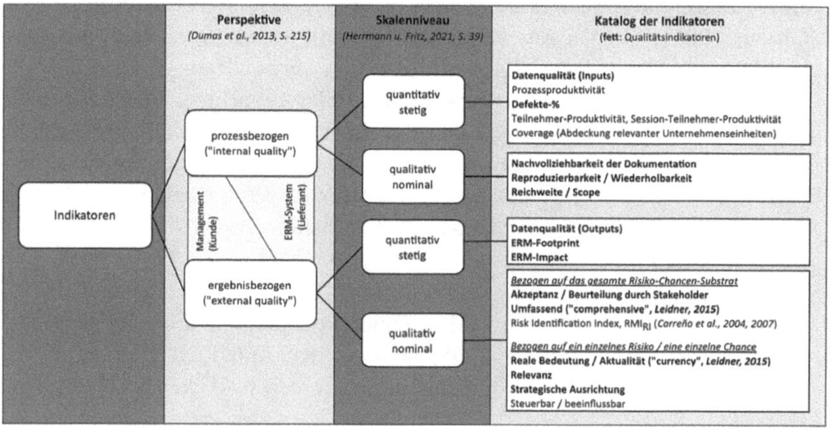

Abbildung 2.19 Systematik der Indikatoren. (Quelle: Eigene Darstellung)

Von Aufsichtsbehörden[27] geforderte oder gesetzlich verlangte Leistungskennzahlen im Bereich Risikomanagement wie bspw. Risikoappetit, Risikotragfähigkeit oder Risikotoleranz werden zur Beurteilung der finanziellen Situation einer Organisation herangezogen. Sie stellen keine Qualitätsindikatoren dar.

2.2.7.3 Indikatoren der Prozessqualität

Der Prozess der Risikoidentifikation ist flüchtig, d. h. ausgesprochene, symbolisierte oder anderweitig artikulierte Beiträge im Moment des Geschehens bleiben i. d. R. nicht erhalten. Die einzelnen Aktivitäten der Risikoidentifikation bzw. im ‚Risk Intake' sind nur dann messbar, wenn sie ein Artefakt, z. B. einen Datensatz, verändern oder erzeugen. Auf der Basis dieser Artefakte können die folgenden Indikatoren der Prozessqualität gebildet werden (ein Datensatz kann ein identifiziertes Risiko oder eine identifizierte Chance sein; die Anzahl der Daten-sätze entspricht dem *Prozess_Yield*):

1. **Datenqualität (inputbezogen)**
   Datenqualität ist gegeben, wenn die Daten „*fit for use by data consumers*" (Wang & Strong, 1996, S. 6, kursiv im Original) sind. In einem von ihnen eingeführten Rahmenwerk zur Beurteilung der Datenqualität erkennen die US-amerikanischen Autoren u. a. die „Eignung der Daten zur Nutzung in

[27] Z. B. die Eidgenössische Finanzmarktaufsicht FINMA in der Schweiz (www.finma.ch).

einem bestimmten Verwendungskontext“ (Otto, Kokemüller, Weisbecker, & Gizanis, 2011, S. 4). Aus dem Rahmenwerk lassen sich Anforderungen an Merkmale der bei der Risikoidentifikation verwendeten Quellen ableiten (z. B. eigene Analysen, erworbene Studien oder Gutachten, Medienbeiträge, wissenschaftliche Publikationen und Statistiken, Wettbewerber, vergleichbare Organisationen). Weitere Informationen (z. B. frühere Risikoeintritte, Verfügbarkeit, Aktualität und Unabhängigkeit der verwendeten Quellen) werden zur Einschätzung der inputseitigen Datenqualität herangezogen.

2. **Defekte-Anteil**
Defekte sind Einträge im Risikosubstrat, die in nachfolgenden ERM-Teilprozessen als unvollständig dokumentiert oder nicht hinreichend begründet zurückgewiesen werden. Der Indikator misst den Anteil der Defekte an der Gesamtzahl der in das Risikosubstrat aufgenommenen Risiken und Chancen.

$$Defekte\_Anteil = \frac{Anzahl\ zurückgewiesener\ Datensätze}{Prozess\_Yield} * 100$$

3. **Reproduzierbarkeit / Wiederholbarkeit**
Die Reproduzierbarkeit bezieht sich auf den Grad, inwiefern der Teilprozess der Risikoidentifikation bei wiederholter Durchführung gleiche oder ähnliche Resultate erbringt. Dies kann festgestellt werden, wenn andere Personenkreise oder benachbarte Abteilungen innerhalb der Organisation separat den Teilprozess der Risikoidentifikation durchführen. Die Qualität steigt, wenn dabei auch andere Kreativitätstechniken oder Suchmethoden eingesetzt werden und dennoch gleiche oder ähnliche Ergebnisse erzielt werden.
4. **Reichweite / Scope**
Die Reichweite bezieht sich auf den Grad der Abdeckung bzw. des Einbezugs relevanter Organisationsbereiche. Die Qualität steigt, wenn insgesamt mehr Personen in die Risikoidentifikation integriert werden (‚Schwarmintelligenz‘ und Multiperspektivität) bzw. wenn ein Fokus auf die strategierelevanten Einheiten gelegt und sichergestellt wird, dass diese möglichst umfassend an der Risikoidentifikation teilnehmen.

2.2.7.4 Indikatoren der Ergebnisqualität

Indikatoren der Ergebnisqualität werden bei Herrmann und Fritz als „Ausbeutekennzahlen“ (2021, S. 122) bezeichnet. Damit wird „die Qualität der im Prozess erzeugten Produkte“ gemessen. Yield-Kennzahlen sind häufig einfache Kennzahlen, die die Anzahl erzeugter Einheiten angeben (2021, S. 123). Bezogen auf *einzelne* Einträge im Risiko-Chancen-Substrat können die folgenden Indikatoren abgeleitet werden:

5. **Aktualität**
   Bei Leidner (2015, S. 6) als „currency“ bezeichnet, gibt die Aktualität des Risikos an, ob es sich grundsätzlich um ein (kontingentes) Risiko handelt, das in der Zukunft eintreten kann, aber noch nicht eingetreten ist.
6. **Datenqualität (outputbezogen)**
   Anhand vordefinierter Mindestanforderungen an die Vollständigkeit der erzeugten Datensätze und Verwendung vorgegebener Skalen bei quantitativ zu erfassenden Merkmalen (z. B. Schadenshöhe, Eintrittswahrscheinlichkeit) kann die Datenqualität bestimmt werden. Das oben erwähnte Rahmenwerk zur Datenqualität (Wang & Strong, 1996) kann herangezogen werden, insbesondere um kundenorientierte Merkmale der Datenqualität zu identifizieren. Qualitative Anforderungen an Verständlichkeit, Nachvollziehbarkeit und Vergleichbarkeit der Informationen können als weitere Merkmale der Datenqualität formuliert und ergänzt werden.
7. **Relevanz**
   Die Relevanz eines Risikos ergibt sich durch dessen Berücksichtigung bei strategischen Entscheidungen.

$$Relevanz = \frac{\begin{array}{c}Anzahl\ der\ in\ strategischen\ Entscheidungen\\ berücksichtigten\ Risikenu.\ Chancen\end{array}}{Prozess\_Yield} * 100$$

8. **Strategische Ausrichtung**
   Die strategische Ausrichtung eines Risikos bzw. einer Chance bezieht sich auf das strategische Ziel, mit dem das Risiko/die Chance in Verbindung gebracht wird. Je höher dieses in der Zielhierarchie figuriert, desto höher ist die strategische Bedeutung der dazu identifizierten Risiken und Chancen einzustufen. Ein zweiter Aspekt dabei liegt in der Kardinalität der Risiko-Ziel-Beziehung. Die strategische Ausrichtung eines Risikos steigt, wenn es sich auf mehr als nur ein strategisches Ziel auswirken kann (die Kardinalität beträgt dann 1:n).

Für das Risiko-Chancen-Inventar *als Ganzes* gelten diese Indikatoren:

9. **Akzeptanz**
Anhand dieses Qualitätsindikators wird festgestellt, inwieweit das ERM-System und dessen Ergebnis, das Risikosubstrat (vgl. Abbildung 2.5), überhaupt als sinnvoller Input in den Strategieprozess erachtet wird. Der Indikator kann als qualitatives, ordinal skaliertes Kontinuum mit den Polen ‚maximale Ignoranz' und ‚vollständige Integration' (alternative Kontinua denkbar) verstanden werden.
10. **Umfassend**
„Comprehensiveness" bei Leidner (2015, S. 6) bezieht sich auf die Erfassung möglichst aller für die Organisation relevanten Risiken und Chancen. Eine absolute Vollständigkeit des Risikoinventars ist aufgrund ökonomischer und technischer Restriktionen jedoch nicht möglich. Aus diesem Grund wird dieser Indikator zur Operationalisierung in Relation zu den Zielen und zur Strategie der Organisation gesetzt. Ein geschätzter Abdeckungsgrad, inwieweit für alle Ziele bzw. Strategieelemente ein Risiko-Chancen-Kalkül durchgeführt wurde, kann als erste Annäherung bereits genügen, um der Leitungsebene ein Bild zu vermitteln.
11. **ERM-Footprint**
Anzahl der strategischen Entscheidungen mit Berücksichtigung von Risiken und Chancen aus dem Risikosubstrat als Anteil aller strategischen Entscheidungen.

$$ERM\_Footprint = \frac{Entscheidungen\ mit\ ERM}{alle\ Entscheidungen} * 100$$

12. **ERM-Impact**
Anzahl aufgrund eines ungünstig ausgefallenen Risiko-Chancen-Kalküls oder absolut zu großen Risikos abschlägig entschiedener Geschäfte an der Zahl strategischer Entscheidungen mit Berücksichtigung von Risiken und Chancen.

$$ERM\_Impact = \frac{abgelehnte\ Geschäfte}{Entscheidungen\ mit\ ERM} * 100$$

Die genauen Angaben zu jedem Indikator umfassen neben der Bezeichnung und Beschreibung auch Informationen zu Datenquellen, Berechnungsformel, Erhebungsfrequenz und ggf. auch einen angestrebten Zielwert. Alle Informationen zum Indikator lassen sich auf ein Datenblatt kürzen (Herrmann & Fritz, 2021, S. 121).

2.2.7.5 Konzepte der Messbarkeit

„Qualität ist keine physikalische Grösse, deren Werte messbar sind“ (Benes & Groh, 2022, S. 38). Aus diesem Grunde erfolgt die Messung der Qualität indirekt über die Indikatoren bzw. deren Faktoren. Bei der Messung werden auch subjektive Eindrücke erhoben, insbesondere bei fragebogenbasierten Messmethoden. I. d. R. erfolgt damit eine über die Messung hinausgehende Bewertung, die der „augenblicklichen Sicht der Befragten“ (2022, S. 71) entspricht. Die Tabelle 2.12 vermittelt eine Übersicht der Ansätze zur Operationalisierung der oben vorgestellten Qualitätsindikatoren.

Tabelle 2.12 Operationalisierung der Qualitätsindikatoren

Operationalisierung durch	Indikator											
	1	2	3	4	5	6	7	8	9	10	11	12
Berechnung, formelbasiert		X					X				X	X
Checkliste	X		X	X	X	X						
Fragebogen, ggf. mit Likert-Skalen-Items	X					X		X	X			
Zählen oder schätzen	X	X		X		X	X			X	X	X
Max. erreichbares Skalenniveau*	O	V	O	O	O	O	V	O	O	O	V	V

*) Skalenniveaus N – Nominal (diskret, qualitativ, kategorial) O – Ordinal (zusätzlich: Rangreihe bestimmbar)	I – Intervall (stetig, quantitativ, definierte Abstände) V – Verhältnis (zusätzlich: definierter Nullpunkt)

Acht von zwölf vorgeschlagenen Qualitätsindikatoren bewegen sich auf dem vergleichsweise niedrigen ordinalen Skalenniveau. Damit ist eine Rangreihe angebbar, weiterführende Rechenmethoden sind nicht zulässig. Vier der vorgeschlagenen Qualitätsindikatoren sind als Relation formuliert und erlauben Berechnung und Ausweis auf einer Verhältnisskala. Unter der Annahme, dass den Qualitätsindikatoren der Risikoidentifikation keine organisationskritische Bedeutung innewohnt, erscheint das Verhältnis ordinal zu verhältnisskalierten Indikatoren angemessen. Ein Vorteil liegt in der verhältnismäßig einfachen Ermittlung der Qualitätsindikatoren, wenn diese auf Abzählen, Schätzen oder Checklisten beruhen.

Ein übergeordnetes Qualitätskonzept für die Risikoidentifikation bzw. den ERM-Prozess insgesamt bleibt unvollständig, solange der Messung von Indikatoren (Ist-Wert) keine Zielwerte als Sollgrössen gegenübergestellt werden (Herrmann & Fritz, 2021, S. 116). Erst dadurch erhalten die Indikatoren eine Steuerungsfunktion über einen „rein informativen, berichtenden Charakter" (2021, S. 118) hinaus.

2.3 Konklusion Theoretischer Teil

Die beiden folgenden Abschnitte 2.3.1 und 2.3.2 runden den theoretischen Teil der Arbeit mit einer Zusammenfassung der Ergebnisse ab und stellen die empiriegeleiteten Fragestellungen vor. Letztere sollen induktiv durch die empirische Vorgehensweise und den dabei gemachten Beobachtungen ermittelt werden.

2.3.1 Konklusion und Beantwortung der theoriegeleiteten Fragestellungen

Die rein betriebswirtschaftliche Perspektive allein ist nicht ausreichend zum Verständnis verhaltensökonomischer Wahrnehmungsfehler bei der Risikoidentifikation. Selbst unter Berücksichtigung von Modellen und Theorien des Prozessmanagement und der Entscheidungstheorie bleibt die Analyse unvollständig. Wenn die BWL das das Handeln von Menschen in Organisationen im Rahmen der Personalwirtschaft erforscht, stehen Aspekte des Menschen als kognitiven und emotionalen Einflüssen unterliegendem Entscheider dabei nicht immer im Vordergrund. Obschon die BWL sich als verhaltenswissenschaftliche Disziplin etabliert hat, muss auf die Erkenntnisse aus der Psychologie, ihrer Teildisziplinen und der Schnittstellendisziplin der Verhaltensökonomie zurückgegriffen werden.

Aus der ergänzend konsultierten Literatur dieser multidisziplinär angelegten Wissenschaftsgebiete konnten indes umfangreiche Erkenntnisse zur Beantwortung der theoriegeleiteten Fragestellungen gezogen werden. Wissenschaftliche Beiträge zum Enterprise Risk Management weisen zum Teil auf verhaltenswissenschaftliche Aspekte hin, darunter auch menschliche Fehlerquellen wie Biases und Heuristiken. Wo dies geschieht, steht die Nennung der Biases und Heuristiken i. d. R. im Zusammenhang mit dem Entscheidungsverhalten (*decision making under uncertainty*), eine der Risikoidentifikation nachgelagerte Aktivität. Dennoch konnte das Auftreten von insgesamt 17 Biases und Heuristiken bereits im Rahmen der Risikoidentifikation belegt werden. Einen Mehrwert der Analyse stellt die Zuordnung der Biases und Heuristiken zu den Aktivitäten des ‚Risk Intake' dar (vgl. Abbildung 2.16).

Schwieriger war die Konstruktion der ‚Risk Intake'-Aktivitätenfolge, die als solche nicht in der Literatur dokumentiert ist. Wissenschaftliche Beiträge in Herausgeberwerken, Monografien und Zeitschriften, als auch die einschlägigen Risk-Management-Standards adressieren die Risikoidentifikation – im Vergleich zu ihrer Bedeutung für den Gesamtprozess – nur äußerst knapp. Wo dies geschieht, wird bestenfalls rudimentär auf Techniken zur Risikoidentifikation eingegangen, bspw. das Brainstorming. Insgesamt sechs Modelle bzw. Theoriegebäude aus Psychologie und Verhaltensökonomik mussten zur Konstruktion des ‚Risk Intake' herangezogen werden. Als Ergebnis konnte ein weitgehend linearer, neun Aktivitäten umfassender Ablauf entwickelt werden. Dessen Existenz in der Realität, allenfalls in unterschiedlichen Varianten, ist im empirischen Teil der Arbeit zu prüfen.

Über die im Rahmen der Risikoidentifikation anwendbaren Qualitätsindikatoren schweigt sich die Literatur aus. Mithilfe theoretischer Erkenntnisse aus der Forschung zur Qualität von Prozessen, Produkten und Dienstleistungen gelingt indirekt ein Transfer prozess- und ergebnisbezogener Qualitätsindikatoren auf die Risikoidentifikation. Zunächst stehen Kundennutzen, industrielle Fertigungsprozesse und ingenieurwissenschaftliche Ansätze im Vordergrund, häufig aus den Automobil-, Pharma- und Lebensmittelindustrien. Kombiniert mit der Normenfamilie ISO 9000:2015 kann aus wissenschaftlichen Beiträgen ein Transfer auf die Risikoidentifikation erzielt werden. Ein Katalog von zwölf Qualitätsindikatoren, vier davon prozess-, acht ergebnisbezogen, wird als Resultat des gewählten Ansatzes vorgelegt. Es könnte dabei limitieren, dass neun der zwölf Indikatoren nur auf einem ordinalen Messniveau feststellbar, dafür aber vergleichsweise einfach zu erheben sind. In der Empirie muss geprüft werden, ob ein solches Indikatorensystem als zweckmäßig erkannt und eingesetzt wird. In dem Zusammenhang könnte auch geschlussfolgert werden, ob ein System an Qualitätsindikatoren für die aktive Steuerung der Risikoidentifikation in der Praxis bereits eingesetzt wird.

Insgesamt konnten die drei theoriegeleiteten Forschungsfragen beantwortet werden, jedoch nicht ohne jeweils auf die Notwendigkeit einer empirischen Überprüfung hinzudeuten. Ob sich die deduktiv aus Forschungsergebnissen entwickelten Ansätze auch in der Praxis wiederfinden und durch empirisch gewonnenes Datenmaterial stützen lassen, ist Gegenstand des entsprechenden Teils der Arbeit.

2.3.2 Empiriegeleitete Fragestellungen

Die empiriegeleiteten Subforschungsfragestellungen (ESFF) lauten:

ESFF_1: Was sind die Unterprozesse, die bei der Risikoidentifikation ablaufen?
Ein Unterprozess ist ein Aggregat von Aktivitäten, die als zusammengehörige Einheit gruppiert und benannt werden können. Eine hierarchische Ebenenstruktur mit zunehmenden Detaillierungsgrad von oben nach unten (System → Prozess → Teilprozess → Aktivität → Aufgabe, vgl. Abbildung 2.3) liegt dieser Betrachtung zugrunde. Bei einer durchzuführenden Prozessmodellierung wird üblicherweise zu Beginn festgelegt, bis zu welcher Ebene die Gestaltung erfolgen soll.

Der Ebenenstruktur folgend wird der Teilprozess der Risikoidentifikation weiter dekomponiert und in seine Aktivitäten aufgegliedert. Erst auf dieser nächsten Detaillierungsebene können die Ansatzpunkte verhaltensökonomischer Einflüsse aufgezeigt werden.

ESFF_2: Welche Wahrnehmungsfehler und Heuristiken beeinflussen die Risikoidentifikation und deren Unterprozesse?
Nachdem theoriegeleitet die Wahrnehmungsfehler und Heuristiken katalogisiert wurden, müssen deren Einflüsse auf die Risikoidentifikation beschrieben werden.

Als *Einfluss* wird hier die Wirkung von Drittvariablen (Moderator- oder Mediatorvariablen) auf einen Prozess bezeichnet, sodass dessen Verlauf und/oder das Ergebnis messbar anders ausfällt als ohne den Einfluss. Der ist eine Form der interventionellen Interaktion, insofern jemand aktiv Einfluss auf jemanden oder etwas ausübt. Es gibt demnach (mindestens) eine Empfängerseite, die dem Einfluss potenziell unterliegt. Die Stärke der Intervention kann dabei von subtil (vgl. ‚Nudges') bis hin zu sanktionierfähigen Handlungsvorschriften reichen.

Ein verhaltensökonomischer Einfluss lässt sich im Bereich der Wahrnehmungsfehler und Heuristiken verorten und unterscheidet sich damit z. B. von Fehlern aufgrund von Müdigkeit, Unachtsamkeit oder Vorsatz. Einfluss wird dann relevant, wenn er in der Risikoidentifikation verhaltenswirksam wird bzw. beim Empfänger eine Handlungsregulation auslöst, die ohne die Intervention des ‚Einflusses' in der Form nicht stattgefunden hätte.

Das Erkennen von Ursache-Wirkungsmechanismen steht zwar im Zusammenhang mit dem Ausüben von Einfluss, wird im Rahmen der vorliegenden Arbeit und dem gewählten Forschungsansatz jedoch nicht als Zielsetzung verfolgt. Im empirischen Teil der Arbeit sollen zunächst konditionale Aussagen („X kann bei der Risikoidentifikation vorkommen") gewonnen werden.

Empirischer Teil 3

3.1 Forschungsdesign

Basierend auf den theoretischen Erkenntnissen und den aus der Forschungslücke identifizierten Fragestellungen erfolgt die empirische Phase der Arbeit. Die nachfolgenden Abschnitte veranschaulichen die dazu durchgeführten methodischen Schritte. Vorgestellt werden die empirische Vorgehensweise, die zum Einsatz kommenden wissenschaftlichen Methoden zur Erhebung und Auswertung von Daten sowie der Operationalisierungsansatz zur Darstellung der Ergebnisse.

3.1.1 Untersuchungen

Die empiriegeleiteten Forschungsfragen (vgl. Abschn. 2.3.2) weisen auf ein neuartiges, bisher wenig erforschtes Thema hin. Ein deduktiv-induktives Vorgehen wird gewählt, um die Forschungslücke auszuleuchten und mit Inhalten zu füllen. Die praxisnah fundierte Motivation für das Forschungsvorhaben wird mit anerkannten und bewährten Forschungsmethoden ergänzt, damit ein generalisierbarer Erkenntnisgewinn entsteht.

Das Forschungsdesign wird gemäß den folgenden Stichworten strukturiert (nicht abschließend und auch nicht streng sequenziell):

1. Vorphase
    a. Zeitplan erstellen
    b. Forschungsfragen aufrufen
    c. Festlegung u. Begründung der Methodik, Toolauswahl

A. Hilsbos, *Verhaltenspsychologisch begründete Wahrnehmungsfehler bei der Identifikation betrieblicher Risiken*, Leadership Insights: Impulse für Management und Führung, https://doi.org/10.1007/978-3-658-52018-2_3

2. Hauptphase
    a. Datenerhebung planen und durchführen (inkl. Pre-Test)
    b. Datenaufbereitung und Toolkonfiguration
    c. Datenanalyse und Erkenntnisgewinn
    d. Verdichtung und Dokumentation der Ergebnisse
    e. Laufende Qualitätssicherung
3. Abschluss
    a. Rückbezug auf die Forschungsfragen
    b. Einordnung der Erkenntnisse
    c. Abschluss empirischer Teil

3.1.2 Methodisches Vorgehen und Methodenauswahl

3.1.2.1 Erhebungsmethode

Die gewünschten Daten werden mittels qualitativer, halbstrukturierter Experteninterviews erhoben. Das *Interview* ist die mündliche Form der Befragung (Friedrichs, 1990, S. 208; Kromrey, 2002, S. 376) und kann nach dem Grad der Standardisierung zwischen den Extrempolen des vollkommen unstrukturierten, narrativen Gesprächs und des vollständig standardisierten Interviews (Holling & Kuhn, 2007, S. 91–92) ohne jegliche Variationsmöglichkeit seitens des Interviewers eingeordnet werden. *Halbstrukturiert* bedeutet vor diesem Hintergrund, dass Themen oder Themenblöcke vorgegeben werden, diese aber flexibel in der Reihenfolge und abhängig von den Antworten des befragten Experten variiert und vertieft werden können. Das derart teilstandardisierte „Leitfadengespräch" (Kromrey, 2002, S. 377) eignet sich besonders, um „Kenntnisse oder Vermutungen der Befragten über den jeweiligen Sachverhalt" (2002, S. 349) als qualitatives Datenmaterial zu gewinnen.

Ein *Experte* im Sinne der Arbeit ist eine Person, die über fundiertes Wissen und praktische Erfahrung im Bereich des betrieblichen Risikomanagements verfügt, nachgewiesen durch eine entsprechende Position, Ausbildung oder langjährige Tätigkeit. Im Vordergrund der Interviews steht ein explorativer Ansatz, der den Interviewpartnern genügend Freiraum für das Vertiefen relevanter Aspekte, ggf. auch das Entwickeln innovativer Vorschläge erlaubt. In der empirischen Sozialforschung eher unüblich (Friedrichs, 1990, S. 207) fungiert in der vorliegenden Untersuchung der Verfasser gleichzeitig auch als Interviewer.

Qualitative, halbstrukturierte Experteninterviews werden durchgeführt, um nach Möglichkeit eine theoretische Sättigung zu erreichen, ab der kein zusätzlicher Erkenntnisgewinn mit vertretbarem Aufwand möglich ist. Als Experten für die zu beantwortenden Fragestellungen kommen unterschiedliche Personengruppen infrage:

- **Risiko-Manager** – Personen, die in einem organisatorischen Kontext für die Bewirtschaftung von Risiken, die die Organisation bedrohen, zuständig sind.
- **Risiko-Eigner** – Personen, die in einem ERM-Kontext die Gesamtverantwortung für Risiken besitzen und diese im Rahmen der Entscheidungsfindung berücksichtigen. Üblicherweise handelt es sich dabei um Mitarbeitende der Leitungsebenen.
- **Forscher** – Personen, die sich im Rahmen ihrer Tätigkeit an einer Forschungseinrichtung mit dem Risikomanagement befassen.
- **Berater** – Personen, die als Unternehmensberater vorwiegend im Bereich Risikomanagement/ERM tätig sind und ihre Kunden bei Konzeption und Umsetzung dieser Themen unterstützen.

Eine entsprechend heterogene Zusammensetzung der Interviewpartner ist erwünscht und soll zur Multiperspektivität und Vielfalt der eingebrachten Inhalte beitragen. So lassen sich Innen- und Außenperspektive, Praxisbezug und Forschungserkenntnis sowie die Einschätzung unterschiedlicher Hierarchieebenen erschließen.

3.1.2.2 Analyse- und Auswertungsmethode

Die erhobenen Daten werden transkribiert und einer Inhaltsanalyse unterzogen. Dazu bietet sich die von Mayring entwickelte Methode der Qualitativen Inhaltsanalyse an (1994, 2022). Die Methode eignet sich u. a. für die Erschließung kommunikativer Inhalte aus transkribiertem Textmaterial, wobei nebst dem wörtlichen Inhalt auch andere kommunikative Ebenen einbezogen werden können, z. B. Emotionen, Absichten, Wirkungen (Mayring, 1994, S. 159). Die Qualitative Inhaltsanalyse hat sich zur Unterstützung explorativer, systematischer Forschungsansätze bewährt.

Ein weiterer Vorteil dieser Strategie ist ihr Bezug zu wissenschaftlichen Gütekriterien (Mayring, 1994, S. 162). Dazu zählen die drei klassischen Kriterien kultur- und sozialwissenschaftlicher Forschung, die hier jedoch in rein qualitativer Anwendung nach Mayring beurteilt werden müssen:

- Validität (spezifisch bei Mayring: Konstruktvalidität in Bezug auf die Analyseeinheiten)
- Objektivität (u. a. durch Einsatz des Kodierleitfadens und anderer Techniken)
- Reliabilität (Intercoderreliabilität durch Einsatz geschulter Kodierer)

Die Methode der Qualitativen Inhaltsanalyse verwendet zusätzliche Gütekriterien, um die Aussagekraft der gewonnenen Ergebnisse zu belegen. Zu diesen zählen u. a. die kommunikative Validierung, Reproduzierbarkeit und Exaktheit der Analyse (Mayring, 2022, S. 122–123). Die Qualität der Analyse wird überdies gestärkt durch „Verfahrensdokumentation, […] Nähe zum Gegenstand, Regelgeleitetheit" (Mayring, 2022, S. 120).

3.1.2.3 Inhaltsanalytisches Vorgehensmodell

Die inhaltsanalytische Vorgehensweise bei der Auswertung des Interviewmaterials geschieht in Anlehnung an Mayring (2022). Das gewählte Vorgehensmodell ist eine Kombination deduktiver Kategorienanwendung (2022, S. 97) und induktiver Kategorienbildung (2022, S. 85), vgl. Anlage VI. Das so gebildete Vorgehensmodell der **deduktiven Kategorienentwicklung** ist in Abbildung 3.1 wiedergegeben. Dabei wird zunächst ein theoretisch-deduktiv erstelltes Kategoriensystem im Kodierleitfaden abgebildet (Schritt 2, konkretisiert im Abschnitt 3.1.4.3 unten) und anschließend mit empirischen Phänomenen laufend ergänzt (ab Schritt 3, vgl. Abschn. 3.1.4.4).

Ab Schritt 4 des Vorgehensmodells erfolgt ein iteratives Codieren und Strukturieren der Textinhalte. Offenes Kodieren beginnt ohne „Vorannahmen des Forschers" (2022, S. 85) und erweitert das Kategoriensystem *induktiv*. Es streicht weitere Aktivitäten im Rahmen der Risikoidentifikation sowie neu erkannte Biases hervor. Außerdem werden Textstellen identifiziert, die inhaltliche Bezüge zu den Forschungsfragen aufweisen können, auch wenn dies zunächst nicht unmittelbar erkennbar ist.

Auf dieser Basis wird bei weiteren Materialdurchläufen axial codiert, d. h. es werden breitere Codes und Kategorien erkannt, die das Kategoriensystem um Zusammenhänge und weitergefasste Einsichten mit Bezug zu den Forschungsfragen ergänzen.

Im Schritt 5 des Vorgehensmodells finden unterschiedliche Aktivitäten des Ordnens, Strukturierens und Zusammenfassens statt. Codes aus der offenen Codierung werden in neue oder bestehende Kategorien konsolidiert. Das ermöglicht einen Erkenntnisgewinn auf einer aggregierten Ebene. Ein Beispiel ist die Verdichtung oder Verknüpfung mehrerer Codes zu einer Kategorie **‚Emotion'** (vgl. Abbildung 3.8).

Schritte 4 und 5 werden wiederholt durchlaufen, damit Lernprozesse und zunehmendes Verständnis der praxisrelevanten Phänomene der Codierung zugänglich gemacht werden und keine Lücken verbleiben. Schritte 6 und 7 sind Gegenstand der Abschnitte 3.2 bzw. 3.3.2.

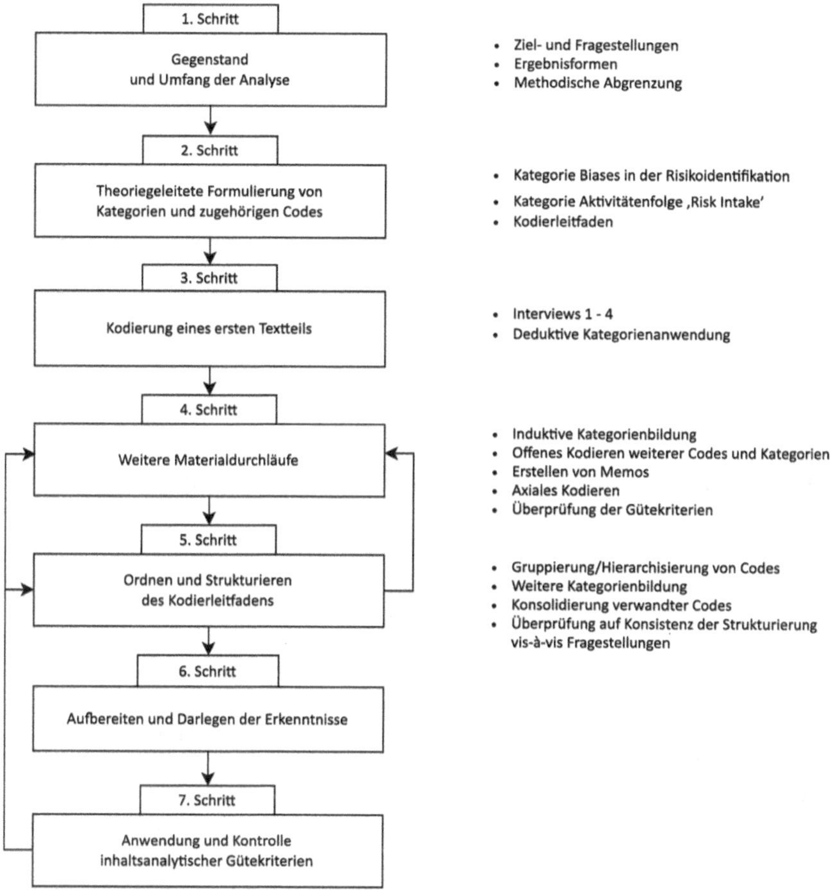

Abbildung 3.1 Vorgehensmodell der Inhaltsanalyse. (Quelle: Eigene Darstellung nach Mayring, 2022)

3.1.3 Operationalisierung

3.1.3.1 Grundsätzliches und gewählter Ansatz

Die Operationalisierung qualitativer Daten ist ein iterativer Prozess, kein einmaliger Messakt. Die Operationalisierung erfolgt ausschließlich qualitativ auf

Basis bewährter Techniken des „sozialwissenschaftlichen Methodeninventar[s]“ (Mayring, 2022, S. 7).

Die Operationalisierung ist erst beendet, wenn ein ausreichender Analysekörper als Aggregat von Erkenntnisbausteinen aus der Analyse den Forschungsfragen gegenübergestellt werden kann. Gütekriterien unterstützen die Einschätzung (vgl. Abschn. 3.3.2). Auf die Auswahl der Interviewpartner wurde bereits oben eingegangen (vgl. Abschn. 3.1.2.1).

Schritte der Operationalisierung sind eng verwoben mit dem Vorgehen der Analyse (vgl. nachfolgender Abschn. 3.1.2.3). Zu diesen Schritten gehören:

- **Entwicklung eines Interviewleitfadens** unter Berücksichtigung der Forschungsfragen. Offen formulierte Fragen sollen einen möglichst freien Redefluss gewährleisten, ohne jedoch den Themenbezug zu verlieren. Für die Interviewten muss eine (modulare oder thematisch-orientierte) Struktur erkennbar sein.
- **Entwicklung eines Kodiersystems** mit Festlegung der Kodier- und Auswertungseinheiten (Mayring, 2022, S. 62). Während der Analyse des transkribierten Textmaterials werden im iterativen Vorgehen die Codes themenbezogen erstellt und erweitert. Die Offenheit der Entwicklung soll dabei unbeabsichtigter Selbstzensur vorbeugen, das spätere Verwerfen von Codes bzw. deren Kennzeichnung als nicht relevant ist durchaus möglich.
- **Bildung eines Kategoriensystems** und **Generieren von Erkenntnissen** der Analyse aus den Kodes durch Gruppierung, Hierarchisierung, Clusterung oder Abstraktion auf allgemeinere Begriffe. An dieser Stelle können vorläufige Erkenntnisse durch Einsatz von Memos[1] festgehalten werden. Diese Erkenntnisse werden validiert bzw. erhärtet, indem sie erneut anhand des Datenmaterials überprüft werden. Rücksprünge zum Datenmaterial, ggf. Durchführung von Vertiefungsinterviews oder Ausdehnen des Expertenpools und Durchführung weiterer Interviews, sind nicht ausgeschlossen.
- **Aussagen zu den Gütekriterien** müssen getroffen werden. Mayring (2022) betont die Wichtigkeit der Intercoderreliabilität zur Beurteilung der Validität der Inhaltsanalyse (2022, S. 119). Die Operationalisierung schließt mit einer Festlegung, wie robust und belastbar die Analyse ist und ob Reproduzierbarkeit prinzipiell möglich ist. Ausgewählte Gütekriterien werden im Abschnitt 3.3.2 besprochen.

---

[1] Memos sind selbsterstellte, ergänzende textliche Informationen, die direkt mit den zugehörigen Textstellen verknüpft werden.

3.1.3.2 Gestaltung des Interviewleitfadens

Der Interviewleitfaden hat zum Ziel, die im Theorieteil der Arbeit deduktiv entwickelten Ansätze empirisch zu konkretisieren und in einen praxisbezogenen Kontext einzuordnen. Möglicherweise sind die theoretischen Erkenntnisse nicht auffindbar oder sie besitzen in der Praxis keine Relevanz. Es können auch neue Konzepte in der Empirie entdeckt werden, die im Rahmen der theoretischen Überlegungen nicht erkannt wurden. Von der Hauptforschungsfrage der Arbeit ausgehend (vgl. Abschn. 1.3.2), sollen die zu erhebenden Daten induktiv Informationen liefern, die die im Theorieteil entwickelten Erkenntnisse ergänzen oder präzisieren. Ein weiteres Ziel ist die Anregung kreativer Ideen, Gedankengänge und Redefluss seitens der interviewten Person als Voraussetzung für den Erkenntnisgewinn. Der Interviewleitfaden soll einen explorativen Ansatz ermöglichen, der auf Themen von besonderem Interesse flexibel eingeht (Kirchmair, 2022, S. 56).

Konkret stehen der Teilprozess der Risikoidentifikation und die darin beobachtbaren Biases und Heuristiken im Vordergrund der empirischen Einordnung

Tabelle 3.1 Herleitung der Interviewfragen

Themenblock	Zu ergründende ESFF	Bezug zu den TSFF, Herleitung der Fragen
ERM-Prozess und Teilprozess Risikoidentifikation	Was sind die Unterprozesse, die bei der Risikoidentifikation ablaufen?	Welche Prozesse laufen bei der Risikoidentifikation ab? • Verständnis von ERM als Prozess (Theorieteil 2.2.1.4.3) • Dekomposition der Risikoidentifikation (2.2.5.1) • der ‚Risk Intake' mit seinen inneren und äußeren Formen (2.2.5.2)
Biases und Heuristiken	Welche Wahrnehmungsfehler und Heuristiken beeinflussen die Risikoidentifikation und deren Unterprozesse?	Welche Wahrnehmungsfehler und Heuristiken treten bei der Risikoidentifikation auf? • allgemeines Verständnis zu Biases und Heuristiken (2. 2.6.2) • Zuordnung zu den Aktivitäten des ‚Risk Intake' (2.2.6.1) • personelle und mögliche situative Dispositionen (Tabelle 2.7 zur Motivation u. Abschn. 2.2.5.2.2)

mittels Interviews. Diese werden unter Verwendung eines Leitfadens strukturiert. Die vollständige Beantwortung eines starren Fragenkatalogs ist dabei ausdrücklich nicht notwendig. Der Interviewleitfaden stellt Themenblöcke bereit, die sich an den beiden empiriegeleiteten Subforschungsfragestellungen orientieren (vgl. Abschn. 2.3.2 u. Tabelle 3.1). Er erlaubt dem Interviewer, flexibel die Gewichtung und Tiefe einzelner Themen – je nach Wissen und Ergiebigkeit des Interviewverlaufs – zu variieren und ggf. vertieft zu besprechen. Ausserdem erlaubt der Interviewfragebogen die Abänderung der Reihenfolge der Themenblöcke, bspw. wenn die interviewte Person von sich aus schon Dinge vorwegnimmt, die erst später hätten thematisiert werden sollen.

Den interviewten Personen werden die Erkenntnisse der theoretischen Analyse nicht vorgelegt. Die Vorwegnahme von Ergebnisformen aus Theorie oder Praxis ist unbedingt zu vermeiden, damit keine Lenkung oder gar Manipulation der Gedankengänge entstehen kann. Die Interviewten berichten vielmehr aus ihren eigenen Erfahrens- und Erlebenswelten.

3.1.3.3 Auswahl der zu befragenden Experten

Alle Experten werden aus dem beruflichen Netzwerk des Verfassers rekrutiert. Zu keinem Experten besteht ein Verwandtschafts- oder Abhängigkeitsverhältnis. Als Auswahlkriterien steht die berufliche oder wissenschaftliche Beschäftigung mit dem betrieblichen Risikomanagement im Vordergrund. Die Auswahlkriterien orientieren sich an der Forschungsfrage, die sowohl praxisrelevante Erfahrungen im Risikomanagement als auch verhaltensökonomische Einflussfaktoren im organisationalen Kontext umfasst. Es werden Personen für ein Interview angefragt, die Stellen bekleiden, die explizit die Bezeichnung Risikomanagement beinhalten. Dieses Expertenkriterium allein trifft auf sechs Praktiker, zwei Berater und zwei Forschende zu. Als weitere Kriterien zur Auswahl werden Kenntnisse der Arbeits- und Organisationspsychologie (ein Berater) bzw. Eigentümerschaft strategischer Risiken (zwei CEOs, ein COO) verlangt. Den genannten Expertenkriterien folgend konnten alle vier Expertengruppen besetzt werden. Alle befragten Experten verfügen nach eigener Aussage über mindestens sieben Jahre Erfahrung im Risikomanagement (vgl. Tabelle 3.3).

3.1.3.4 Qualitätssicherung vor und während der Interviews

Besondere Beachtung vor und während der Durchführung der Interviews verdient die laufende, begleitende Qualitätssicherung durch entsprechende Kontrollen. Dabei relevante Punkte sind in der Tabelle 3.2 aufgeführt.

Tabelle 3.2 Qualitätssicherung bei der Datenerhebung

Merkmal	Qualitätssicherung durch …
Freiwilligkeit der Teilnahme	Umfassende Information über das Forschungsvorhaben in Form einer schriftlichen Einverständniserklärung mit jederzeitigem Rücktrittsrecht. Durch die Teilnahme an der Studie entstehen für die Teilnehmenden keinerlei Nachteile.
Qualität des Interviewleitfadens	Das erste Interview diente als Pre-Test (Friedrichs, 1990, S. 221), u. a. zur Überprüfung des Interviewleitfadens. Dieser wurde für die weiteren Interviews geringfügig überarbeitet.
Kontrolle von Biases in der Gesprächssituation, z. B. soziale Erwünschtheit	Gezieltes Rückfragen, Erfragen konkreter Beispiele und erlebter Situationen. Gelegentlich wurde eine Information im weiteren Verlauf des Interviews erneut erfragt.
Unverständliche Sprechakte	Wiederholte Wiedergabe der Sprachaufzeichnung mit verlangsamter Geschwindigkeit, Korrektur der Transkription.
Kommunikationshemmnisse (Abschweifen, Störungen, Einfluss Dritter)	*(Alle Interviews konnten weitgehend ohne Störungen oder hinderliche Einflüsse durchgeführt werden, mit Ausnahme von jeweils wenigen Sekunden ohne Aufzeichnung in zwei Interviews.)*
Einfluss des Interviewers (Forscher = Interviewer)	Durchgängig enge Anlehnung an den Interviewleitfaden mit offenen Fragen und Gewährleistung freien Redeflusses seitens der Interviewten. Keine Vorwegnahme theoretischer Erkenntnisse oder Fachbegriffe, um nicht bestimmte Inhalte zu betonen oder gar vorzugeben.
Artefakte, Schwadronieren, Fabrizieren	Bei von den Interviewten berichteten Beispielen sind diese Merkmale nicht völlig auszuschließen und bestenfalls durch gezieltes Nachfragen überprüfbar. Beispiele konkret erlebter Situationen werden i. d. R. nicht zur Codierung herangezogen, sondern dienen nur zur Verdeutlichung des vorher Gesagten.

(Fortsetzung)

Tabelle 3.2 (Fortsetzung)

Merkmal	Qualitätssicherung durch ...
Ausfälle, z. B. bei Rückzug der Zustimmung oder Abbruch des Interviews	*(nicht aufgetreten, die erweiterte Liste möglicher Experten kam nicht zum Einsatz)*
Zeitbudget und Zeitplanung	Alle Interviews konnten aufgrund der vergleichsweise wenig zu besprechenden Themengebiete (zwei empirische Forschungsfragen plus einleitende Fragen zur Anregung) im vorgegeben Zeitrahmen durchgeführt werden (durchschnittliche Dauer eines Interviews 44 Minuten, Spannbreite von 24 – 68 Minuten). Die Durchführung fand wie geplant zwischen Dezember 2024 und Februar 2025 statt.

3.1.4 Vorgehen und Ablauf

Das konkrete Vorgehen basierte auf dem oben stichwortartig skizzierten Forschungsdesign (vgl. Abschn. 3.1.1) und wird hier detailliert dargestellt. Der Interviewleitfaden (vgl. Anlage IV.) wurde wie oben (vgl. Abschn. 3.1.3.2) beschrieben erstellt und im ersten durchgeführten Interview eingesetzt. Nach diesem Pre-Test wurde die allgemeine Struktur des Interviewleitfadens beibehalten, inhaltlich wurde geringfügig gekürzt und eine bessere Unterscheidung zwischen Eingangsfragen und möglichen Folgefragen vorgenommen. Mit Vorliegen der finalen Fassung des Interviewleitfadens wurde die Untersuchung auf die nachfolgenden Interviews ausgeweitet.

3.1.4.1 Beschreibung der Stichprobe

Aus dem persönlichen Netzwerk des Verfassers wurden die Interviewpartner rekrutiert. 14 Interviews wurden geführt, davon fünf mit Frauen (36 %) und neun mit Männern (64 %). Alle Interviewpartner haben vor Beginn des Interviews eine schriftliche Einverständniserklärung unterschrieben und sind über das Forschungsvorhaben informiert worden (im Text der Einladung sowie auf der Einverständniserklärung, vgl. Anlage III.). Die Interviews wurden in deutscher Sprache geführt.

Eine anonymisierte Übersicht der interviewten Experten ist in Tabelle 3.3, sortiert nach Datum des Interviews, enthalten. Das mit R_07 geführte Interview diente als Pre-Test zur Überprüfung des Interviewleitfadens (vgl. Anlage IV.). Ein Grobablauf der Datenerhebung mit Informationen zu den verwendeten Werkzeugen ist in Anlage V. enthalten.

Es gab keine Absagen oder nachträgliche Rückzüge der Teilnahme nach Vereinbarung des Interviewtermins. Sechs Interviewpartner (43 %) waren zum Zeitpunkt des Interviews zwischen 36 und 50 Jahre alt, acht zwischen 51 und 65 (57 %). Sie besaßen im Durchschnitt 14 Jahre Erfahrung im Risikomanagement.

Alle Interviews wurden online über eine Videokonferenzlösung geführt und lokal aufgezeichnet. Während die Videoaufnahmen unmittelbar nach Beendigung des Interviews gelöscht wurden, sind die Audiodateien der automatischen

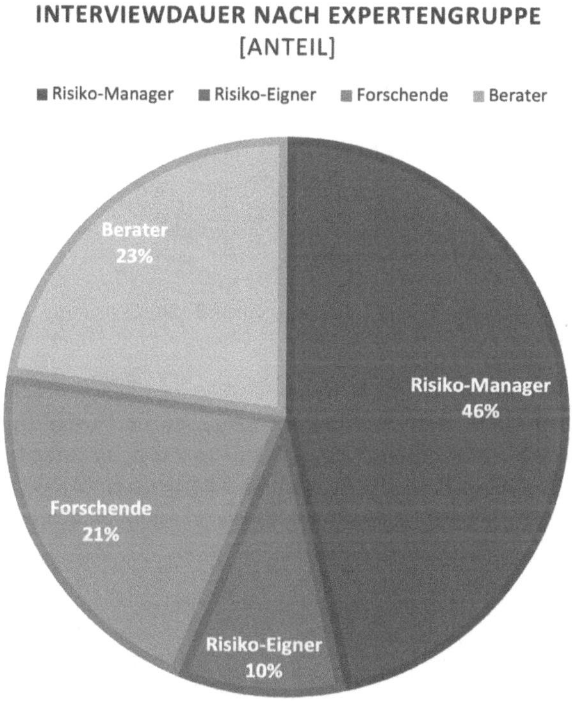

Abbildung 3.2 Anteile der Interviewdauer nach Expertengruppe. (Quelle: Eigene Darstellung)

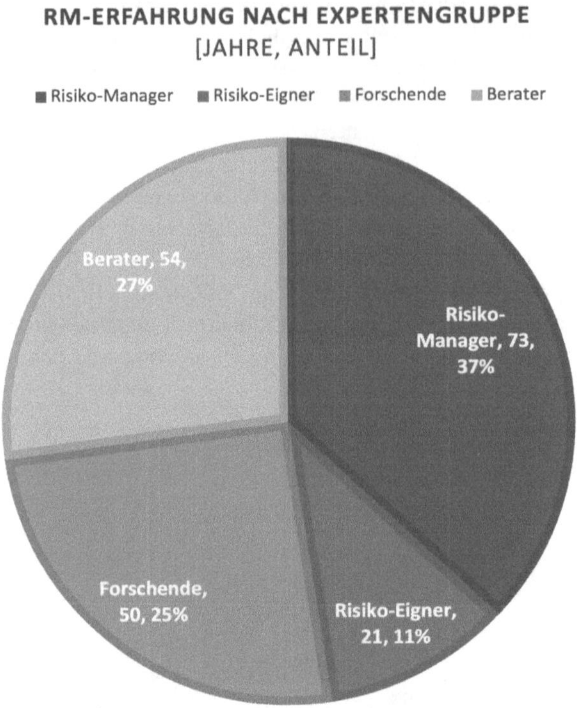

Abbildung 3.3 Aufteilung der Risikomanagement-Erfahrung nach Expertengruppe. (Quelle: Eigene Darstellung)

Transkription zugeführt worden. Ein Korrekturlesen der Transkripte durch die Interviewten war nicht vorgesehen und wurde von den Interviewten auch nicht verlangt. Die Interviews dauerten im Schnitt 44 Minuten. Die Abbildungen 3.2 und 3.3 zeigen die Verteilung der Interviewdauer und Jahre an Erfahrung der Interviewten auf die vier Expertengruppen:

Tabelle 3.3 Übersicht der geführten Interviews

Nr.	Exp.	Position im Unternehmen	Expertengruppe	Jahre RM	Branche	Dauer [min]	Datum
1	R_07	Head Risk and Internal Control (retired)	Risiko-Manager	20	Industrie (Pharma)	38	04.12.2024
2	R_28	Director Enterprise Risk Management	Risiko-Manager	15	Industrie (Pharma)	47	19.12.2024
3	R_20	Risk Manager	Risiko-Manager	7	Krankenhaus	48	19.12.2024
4	R_18	Dozent/in & Autor/in	Forschende	7	Fachhochschule	40	23.12.2024
5	R_17	Leiter/in Risk Management	Risiko-Manager	8	Krankenhaus	41	09.01.2025
6	R_19	CEO in eigener Firma	Berater	16	Unternehmensberatung	43	14.01.2025
7	R_08	Geschäftsführer/in in eigener Firma	Berater	23	Prüfung und Beratung	57	05.02.2025
8	R_11	Zentrumsleiter/in Verkehrs- und Sicherheitspsychologie	Berater	15	Fachhochschule	39	15.01.2025
9	R_29	Chief Risk Officer	Risiko-Manager	10	Krankenversicherung	44	24.01.2025
10	R_02	Professor/in für Risikomanagement	Forschende	16	Fachhochschule	46	24.01.2025
11	R_13	Head of Group Enterprise Risk Management	Risiko-Manager	13	Industrie (Lebensmittel)	68	27.01.2025
12	R_04	Professor/in für Risikomanagement	Forschende	27	Fachhochschule	44	29.01.2025

(Fortsetzung)

Tabelle 3.3 (Fortsetzung)

Nr.	Exp.	Position im Unternehmen	Expertengruppe	Jahre RM	Branche	Dauer [min]	Datum
13	R_27	CEO in eigener Firma	Risiko-Eigner	13	Gesundheitswesen	35	24.02.2025
14	R_14	Chief Operating Officer, Mitglied der Geschäftsleitung	Risiko-Eigner	8	Industrie (Farben und Beschichtungen)	24	17.02.2025

3.1.4.2 Transkriptionsregeln

Die Audioaufzeichnungen der Interviews wurden durch ein automatisches Transkriptionssystem vollständig und wörtlich in Schriftform übertragen. Anschließend wurde durch den Verfasser der Text durchgelesen und gemäß folgender Transkriptionsregeln bearbeitet:

- Kennzeichnung der Interviewpartner durch ein anonymes Token, Bsp. ‚R_14'.
- Der Interviewer wird in den Transkripten als ‚AH' bezeichnet.
- Nicht erkannte Wörter wurden ergänzt oder korrigiert.
- Die Satzform wurde beibehalten, auch wenn sie syntaktische Fehler beinhaltet.
- Deklinationsfehler wurden nicht korrigiert.
- Helvetismen wurden beibehalten, sofern das Textverständnis dadurch nicht beeinträchtigt wird.
- Namen, Orts- und Organisationsbezeichnungen wurden anonymisiert (Ausnahme: Hinweise auf Autoren wissenschaftlicher Texte wurden beibehalten).
- Korrigiert wurden fehlende oder fehlerhafte Interpunktion sowie Wortwiederholungen.
- Unverständliches oder Aussetzer in der Aufzeichnung wurden mit Hinweisen in eckigen Klammern entsprechend gekennzeichnet.

Die Transkripte wurden nach der Bearbeitung in ein Softwareprogramm zur qualitativen Datenanalyse eingelesen. Jedes Interview wurde durch ein so genanntes Dokument repräsentiert; Dokumentengruppen wurden durch den Verfasser angelegt zur Unterscheidung der befragten Expertengruppen (vgl. Abschn. 3.1.2.1 und Abbildung 3.4). Mit der Gruppenbildung einher ging die Möglichkeit einer differenzierten Analyse nach Expertengruppe.

Abbildung 3.4
Dokumentengruppen. (Quelle: Eigene Darstellung)

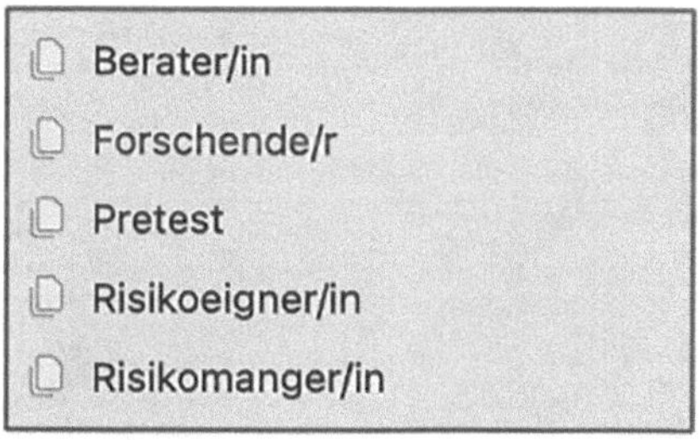

3.1.4.3 Entwicklung des Kodierleitfadens auf Basis theoretischer Erkenntnisse

Der Kodierleitfaden ist eine tabellenartige Zusammenstellung von Codes und Kategorien, deren Bedeutung, Stichworte und Erläuterungen, sowie verschiedene, illustrative Ankerbeispiele aus dem Textmaterial. Er stellt *das* zentrale Arbeitsinstrument dar, um das inhaltsanalytische Vorgehen überhaupt regelbasiert durchführen zu können. Gleichzeitig gewährleistet der Kodierleitfaden die begleitende Dokumentation des Forschungsansatzes. Dementsprechend wird der Kodierleitfaden während der Codierung laufend aktualisiert (Mayring, 2022, S. 62). Er liefert Anhaltspunkte für die Strukturierung und Zusammenfassung des Textmaterials, bspw. wenn inhaltsgleiche oder -ähnliche Codes und Möglichkeiten der Kategorienbildung erkennbar werden.

Kategorien	Erläuterung / Kodierungshilfe	Theorie
Codes	Erklärung und ggf. Beschreibung der Kategorie bzw. des Codes einerseits als Kodierhilfe, andererseits für spätere Nachvollziehbarkeit	Ist die Kategorie bzw. der Code bereits im Theorieteil identifiziert worden?
B&H - Theorie	Biases und Heuristiken, die im Theorieteil der Risikoidentifikation zugeordnet werden konnten (deduktiv ermittelt anhand der Literatur).	
Affektheuristik	Empfindungen, Emotionen, Stimmungen als Ursachen	Ja
Ambiguity Aversion	Im Text gibt es keine direkten Hinweise auf das Konzept der „Ambiguitätsaversion“.	Ja
Ankereffekt	Insbes. bei numerischen Werten, an diesem wird sich orientiert und festgehalten	Ja
Bestätigungsfehler	engl.: Confirmation Bias.	Ja
Framing Effect	Gezielte oder wahrgenommene Einordnung durch Begriffe oder auch visuelle Eindrücke, ggf. manipulativ	Ja
Group polarization	Extremmeinungen können auftreten, aber auch Nivellierungen. Bei der Group Polarization wird eine bestehende Tendenz im Rahmen der Gruppendiskussion verstärkt, jedoch nicht ins Extrem verzerrt	Ja
Hidden Profile	Es werden diejenigen Informationen besprochen, die ohnehin allen Teilnehmenden zur Verfügung stehen und über die Konsens besteht. Individuell vorhandenes, möglicherweise konträres Wissen wird nicht ausgetauscht und bleibt ‚hidden‘	Ja
Inside View	firmen- oder bereichsintern, Ignorieren der Umwelt, andere Organisationen, Forschung	Ja
Negativitätsdominanz	a.k.a. Negativitätsverzerrung (Negativity Bias)	Ja
Optimism Bias	der Situation entsprechend unangemessen/ übermässig optimistisch in Bezug auf Pläne und zukunftsweisende Entscheidungen	Ja
Overconfidence	dt.: Selbstüberschätzung	Ja
Perceived Risks	vermutete Risiken	Ja
Planning Fallacy	Planungstrugschluss	Ja
Rezenzeffekt	kürzlich erworbenes Wissen / Informationen sind dominant, werden eher erinnert	Ja
Social Loafing	Im Text wird das Motiv des „Social Loafing“ oder der Reduzierung des Einsatzes oder Beitrags zur Gemeinschaft nicht explizit angesprochen.	Ja
Transparency Bias	Der Transparency Bias ist die kognitive Verzerrung, bei der Menschen glauben, dass ihre Gedanken, Emotionen oder Absichten für andere offensichtlicher sind, als sie es tatsächlich sind „people often overestimate the extent to which their thoughts, feelings, and sensations "leak out" and are available to others.“ (Gilovich et al., 1998, p. 332)	Ja
Verfügbarkeitsheuristik	Verfügbarkeit bezieht sich auf Gedächtnishinhalte	Ja
Verlustaversion	Auch im Vergleich zu Endowment/Besitztumseffekt. Verluste wiegen mehr als Gewinne.	Ja

Abbildung 3.5 Kategorie und Codes der Biases und Heuristiken in der Risikoidentifikation. (Quelle: Eigene Darstellung)

Kategorien	Erläuterung / Kodierungshilfe	Theorie
Codes	Erklärung und ggf. Beschreibung der Kategorie bzw. des Codes einerseits als Kodierhilfe, andererseits für spätere Nachvollziehbarkeit	Ist die Kategorie bzw. der Code bereits im Theorieteil identifiziert worden?
ERM RIT Aktivitätenfolge	Deduktiv ermittelt im Theorieteil auf Basis der Literatur (insbes. betriebswirtschaftliche und psychologische Modelle). Hier allerdings nicht in der richtigen Reihenfolge, weil die Kodes alphabetisch sortiert angezeigt werden.	Ja
AW Abruf von Wissen	Stichworte: Wissen, erinnern, denken, abrufen, hervorholen, Gedächtnis, Exploration, Erinnerung, Information, suchen, sammeln, damals	Ja
BW Bewertung des Wissens	Stichworte: bewerten, urteilen, einschätzen, einordnen, sortieren, vergleichen, höher, niedriger, tiefer, mehr, besser, schlimmer, schneller, schwierig, relevant, ähnlich, gemeinsam,	Ja
FV Filtern & Verwerfen	Stichworte: vergleichen, verwerfen, auswählen, Wahl, Selektion, genug, genügend, nochmal, Zweifel, Kriterien, passt, zufrieden, sicher, möglich, unmöglich, nicht möglich, reicht,	Ja
GW Generierung von Wissen	Stichworte: denken, kombinieren, erzeugen, neu, Wissen, Erkenntnis, zusammentragen, verbinden, Idee, kreativ, aufschreiben, einschätzen, überlegen, falls, wäre	Ja
IA Informationsaufnahme	Stichworte: lesen, zuhören, Erwartungen, wahrnehmen, Motivation	Ja
RD Aufnahme in das Risikoinventar (Dokumentation)	Schriftliches Festhalten der geforderten Mindestattribute von Chancen und Risiken. Stichworte: dokumentieren, festhalten, eintragen, erfassen, einpflegen, ablegen, übertragen, übergeben, Ursache, Wirkung, Titel, Eigner, Zuständigkeit, fertig, abschliessen, Ende, zögern	Ja
SI Setup & Instruktionen	Es wird den teilnehmenden Experten erklärt, was im Rahmen der Risikoidentifikation erreicht werden soll und mit welchen Methoden im Gruppensetting oder individuell vorgegangen werden soll. Dies wird durch einen Moderator vorgetragen oder den Teilnehmenden schriftlich vorgelegt. Stichworte: Instruktion, Ziel, Vorgabe, Beispiel, Moderator, Zeitbedarf, Brainstorming, Techniken, suchen, Kontext, Hintergrund, cues	Ja
VI Verstehen & Interpretieren	Achtung: ‚Verstehen' ist hier im Sinne von ‚Verstehen der Instruktionen, Setup, Situation' gemeint. Allerdings wird in den Interviews häufig von ‚Verstehen der Risiken' gesprochen - das ist eine andere Bedeutung! Stichworte: verstehen, interpretieren, fragen, rückfragen, denken, nachdenken	Ja
VS Versprachlichung	Dazu zählt auch die Verschriftlichung, also die Aufnahme in das Risikoportfolio (Risikosubstrat, Risikoinventar, Liste). Stichworte: teilen, sprechen, reden, erzählen, berichten, fragen, zweifeln, zögern, erörtern, austauschen, Zustimmung, Ablehnung, Einigung, Diskussion, Argumentation, Streit, auslösen, aufhören, beenden	Ja

Abbildung 3.6 Kategorie und Codes der Risk-Intake-Aktivitätenfolge. (Quelle: Eigene Darstellung)

Im vorliegenden Anwendungsfall speiste sich der Kodierleitfaden zunächst aus den im Theorieteil der Arbeit deduktiv ermittelten Kategorien samt ihrer Codes. Aus den dort erarbeiteten Erkenntnissen wurden zu Beginn zwei grundlegende Kategorien erstellt:

1. Abbildung 3.5: Codes der Kategorie ‚Biases und Heuristiken in der Risikoidentifikation' (B&H, auf Basis der im Abschnitt 2.2.6.2 dargestellten Grundlagen und alphabetisch sortiert);
2. Abbildung 3.6: Codes der Kategorie ‚Risk-Intake-Aktivitätenfolge' (ERM-RIT, Basis in Abschnitt 2.2.5.2).

Die inhaltliche Definition der deduktiv ermittelten Codes und Kategorien kam ohne Ankerbeispiele aus. Stattdessen wurden die im Theorieteil erarbeiteten Grundlagen vorausgesetzt. Gleichwohl wurden zur Unterstützung der Codierung

Abbildung 3.7 Wortliste für die Suchfunktion (Beispiel). (Quelle: Eigene Darstellung)

64 sentences containing all
inflected forms of
abruf OR
wissen OR
bewertung OR
filtern OR
verwerfen OR
generieren OR
erzeugen OR
setup OR
instruktion OR
verstehen OR
interpretieren OR
information OR
aufnehmen OR
instruieren OR
anweisen OR
aussprechen OR
sprechen OR
erklären

erläuternde Stichworte und kurze Kommentare zu den theoretischen Codes verwendet (vgl. Spalte ‚Erläuterung / Kodierungshilfe' in den beiden vorangegangen Abbildungen).

Die Codierung dieser ersten beiden Kategoriensysteme konnte anhand entsprechender Aussagen im transkribierten Textmaterial effizient durchgeführt werden. Die Suchfunktion des Analyseprogramms unterstützte das rasche Auffinden entsprechender Textstellen. Das Programm erlaubte dabei die Kombination von Schlüsselwörtern einschließlich deren Flexionsformen, vgl. beispielhaft die Auswahl für die Codierung von Aktivitäten des ‚Risk Intake' in Abbildung 3.7.

Die so gefundenen Textstellen wurden gelesen, auf ihren Zusammenhang mit dem ‚Risk Intake' geprüft und manuell codiert, sofern eine der theoretisch ermittelten Aktivitäten darin thematisiert wurde. Sinngemäße Beschreibungen und entsprechende Hinweise im Textmaterial deuten ebenfalls auf Kategorien und Codes des zweiten Schrittes im Vorgehensmodell (vgl. Abbildung 3.1) hin und wurden entsprechend codiert.

3.1.4.4 Erweiterung des Kodierleitfadens mit empirisch gewonnenem Datenmaterial

Die theoretischen Kategoriensysteme wurden im Rahmen der inhaltsanalytischen Materialdurchläufe induktiv *erweitert*, beschrieben und anhand geeigneter Textstellen in einem spezifischen Kategoriensystem im Kodierleitfaden laufend dokumentiert. Dazu wurden bei wiederholtem Lesen des Textmaterials die Aussagen der Interviewpartner verwendet und inhaltsanalytisch geprüft. Als kleinste Kodiereinheit wurden Textstellen codiert, die eine mit den Forschungsfragen zusammenhängende Information vermitteln. Das konnte Halbsätze bis hin zu mehreren aufeinanderfolgenden Sätzen betreffen. In Ausnahmefällen erstreckte sich eine Information über nicht-zusammenhängende Textstellen – diese wurden mittels Konkatenation miteinander verknüpft (in der Software: **`Quotation X continued by Quotation Y`**). Der vollständige Kodierleitfaden ist in Anlage XII. zur Arbeit enthalten.

Ab dem vierten Schritt im inhaltsanalytischen Vorgehensmodell (vgl. Abbildung 3.1) wurden *weitere, zusätzliche* Codes anhand entsprechender Textstellen identifiziert und zugewiesen. Diese neuen Codes wurden durch den Verfasser in vier Gruppen eingeteilt, von denen die ersten beiden sich direkt auf die empiriegeleiteten Forschungsfragen bezogen:

1. Zusätzliche Biases und Heuristiken, die im Zusammenhang mit der Risikoidentifikation explizit genannt, umschrieben oder angedeutet wurden[2];
2. Ergänzende Aktivitäten in der Risikoidentifikation und beim ‚Risk Intake';
3. Thematisch verwandte Hinweise auf möglicherweise relevante Erfahrungen und Einsichten, die Ansatzpunkte für zusätzlichen Erkenntnisgewinn im Sinne der empiriegeleiteten Forschungsfragen bergen (z. B. ‚Emotion', ‚Challenge', ‚Leitungsebene', ‚Kultur beeinflussen', ‚personenabhängig', ‚Skills', ‚Wissen');
4. Hinweise auf normative oder gestalterische Aspekte, die im Gestaltungsteil der Arbeit aufgegriffen werden können.

3.1.4.5 Strukturierung des Kodierleitfadens

Wiederholt wurde während des Codierens geprüft, inwieweit die induktiv neu erzeugten Codes sich zu neuen Kategorien zusammenfassen lassen und dadurch

[2] Den Interviewpartnern waren die teils englischsprachigen Bezeichner für Biases und Heuristiken i. d. R. nicht geläufig, dennoch konnten sie die Phänomene teils recht zutreffend beschreiben. Es ergab sich eine qualitative Abstufung von ‚Direkte Nennung des Fachbegriffs' über ‚Zutreffende Beschreibung' zu ‚Andeutung'. Diese Abstufung wird in der Darlegung der Ergebnisse aufgegriffen (Abschnitt 3.2.2).

ein Gewinn an Struktur und inhaltlicher Erkenntnis hervorgeht. Dieses Prozedere entsprach dem Schritt 5 im Vorgehensmodell (vgl. Abbildung 3.1) und ermöglichte eine laufende Zuspitzung der Analyse auf die zu ergründenden empiriegeleiteten Forschungsfragen. Aktivitäten während dieser Momente des Innehaltens und Überprüfens waren u. a. diese:

- Gruppierung und Hierarchisierung von Codes zu neuen Kategorien (z. B. Kombination zahlreicher genannter Ansätze zur Kategorie ‚Kreativitätstechniken' und zur übergeordneten Ebene der ‚Methoden der Risikoidentifikation', vgl. Abbildung 3.10). Die Gruppierung und Hierarchisierung wirkte strukturbildend und ermöglichte vertiefte Einsichten in die Zusammenhänge (vgl. bspw. Abbildung 3.8).
- Verknüpfung verwandter Codes, z. B.
  - ‚Intuition' **is associated with** ‚Bauchgefühl'
  - ‚Diskussion' **is part of** ‚Workshop'
  - ‚Angst' **is a** ‚Emotion'
  - ‚unbewusst' **is property of** ‚Bias'
  - ‚Zufriedenheit' **contradicts** ‚Angst'
- Ähnliche oder doppelt vergebene Codes wurden kombiniert (z. B. ‚Self-serving-bias' mit ‚Selbstwertdienliche Verzerrung', ‚Leadership' mit ‚Führung', ‚gefährlich' mit ‚Gefahr', ‚Skills' mit ‚Fähigkeiten'). Im Rahmen dieser Aktivität wurde auch regelmäßig geprüft, ob Codes aufgrund ihrer Gemeinsamkeiten bestehenden, übergeordneten Kategorien zugeordnet, oder im Extremfall auch wieder verworfen werden konnten.

Zur vertieften Analyse der Textinhalte wurden Codes zusätzlich zu Codegruppen zusammengefasst, die auf die empiriegeleiteten Forschungsfragen ausgerichtet sind (vgl. Abbildung 3.9). In den Codegruppen wurden die zu deren Beantwortung benötigten Codes zusammengefasst. Damit konnte bei der Analyse der Textinhalte eine weitere Ebene der Strukturierung und Zusammenfassung erzielt werden. Ein vergleichbares Vorgehen wurde für die während der Materialdurchläufe durch den Verfasser angelegten Memos gewählt. Auch diese wurden im Hinblick auf die empiriegeleiteten Forschungsfragen gruppiert und ggf. ergänzt.

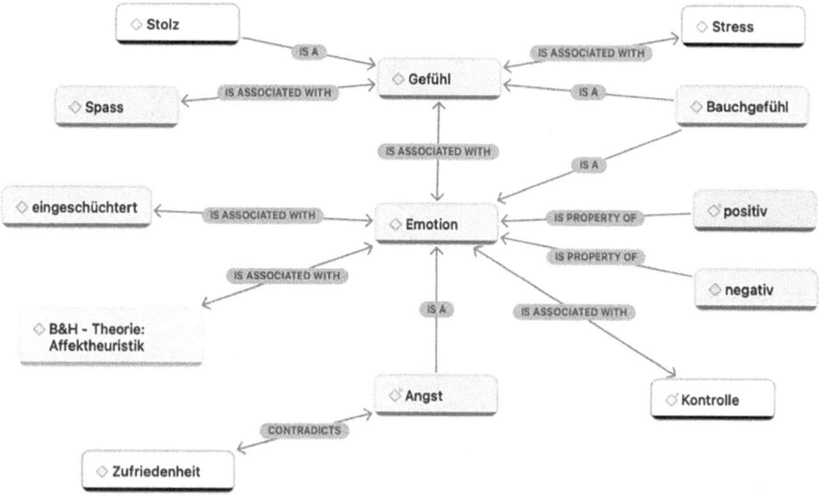

Abbildung 3.8 Kategoriebildung ‚Emotion'. (Quelle: Eigene Darstellung)

3.2 Ergebnisse

Die nachfolgenden Unterabschnitte dokumentieren die Auswertung der Ergebnisse (Abschn. 3.2.1). Die Darlegung der Ergebnisse in Abschnitt 3.2.2 wird weiter unterteilt in die Bereiche ‚Risk Intake', Risikoidentifikation, Biases und Heuristiken. Auszüge aus dem Kodierleitfaden, Grafiken und Tabellen werden zur Visualisierung und Detaillierung oder als Belege für die erzielten Ergebnisse eingesetzt.

3.2.1 Auswertung der Ergebnisse

Die Auswertung der Ergebnisse beginnt bereits während der Interviewphase. Zentral bei der Auswertung ist der zielorientierte, regelgeleitete Aufbau und Einsatz der drei Strukturelemente *Codes*, *Kategorien* und *Memos*. Als Ziel gelten die „präzise[] theoretisch begründeten inhaltlichen Fragestellung[en]" (Mayring, 2022, S. 58). Die Regeln werden durch den Kodierleitfaden und die darin enthaltenen Ankerbeispiele und Erläuterungen und Kodierungshilfen festgelegt. Die drei genannten Strukturelemente öffnen ein Fenster in die Inhalte des gewonnenen

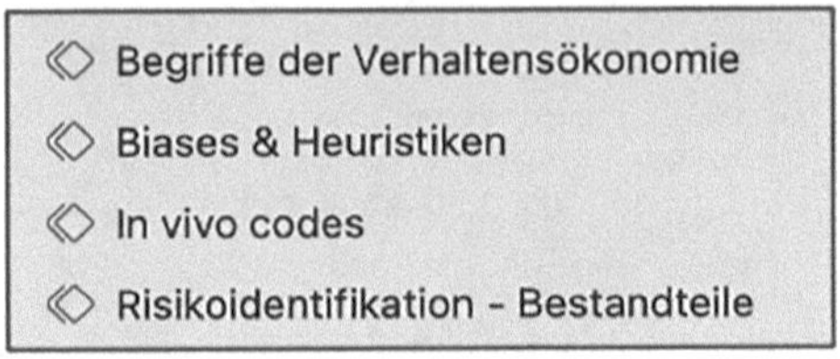

Abbildung 3.9 Codegruppen. (Quelle: Eigene Darstellung)

Materials. Mit ihrer Hilfe erschließt sich dieses einer übergreifenden Analyse und ermöglicht den inhaltsanalytischen Zugang zum Material.

Insgesamt wurden während der Auswertung 466 Codes, 9 Kategorien und 121 Memos angelegt. Nur 413 Codes wurden tatsächlich an Textstellen geknüpft, weil 53 in der theoretischen Analyse ermittelte Phänomene in den Interviews nicht aufgetreten sind (darunter 49 Biases und Heuristiken aus der Literatur zum Theorieteil der Arbeit). Die neun Kategorien umfassen zusammengenommen 156 Codes, d. h., eine Vielzahl der Codes fließt nicht in eine inhaltsanalytische Kategorie ein. Auf die Gruppierung, Hierarchisierung und Verknüpfung von Codes wurde bereits im Rahmen der Vorgehensdokumentation hingewiesen (vgl. Abschn. 3.1.4.4).

Eine wiederholte Durchsicht der erstellten Memos ermöglicht die erweiterte Auswertung des Datenmaterials, insofern die Memos mehr als nur Stichworte enthalten und der Informationsgehalt damit die Kategorien übersteigt oder ergänzt. Memos sind außerdem nützlich, um Inhalte als mutmaßlich irrelevant zu begründen oder um auf Widersprüchliches im Textmaterial hinzuweisen. In ihrer Funktion als *Aide-mémoire* unterstützen Memos die Auswertung der Ergebnisse.

Die Abbildung 3.10 vermittelt anhand der bei der Risikoidentifikation eingesetzten **Methoden** ein Beispiel solcher Auswertungsmöglichkeiten.

Vergleichbar mit dem obigen Beispiel ist die durch axiales Codieren erkannte, inhaltliche Verknüpfung der Codes ‚Berater', ‚Skills', ‚Moderation', ‚Workshop', ‚Anforderungen' und ‚Vorbereitung'. Inhaltsanalytisch kann dadurch eine zusätzliche Aktivität **‚Initialisierung'** im Teilprozess der Risikoidentifikation konstruiert werden (vgl. Abschnitt 3.2.2.2).

Die Inhaltsanalyse von Textmaterial eröffnet Abfragemöglichkeiten[3] auf Basis der Mengentheorie. Damit können Kombination von Codes und/oder Kategorien ermittelt werden; aber auch Teil- und Schnittmengen sind identifizierbar – z. B.

[3] Die Analysesoftware ermöglicht neben dem Query Tool weitere Abfragemöglichkeiten. Es werden hier nur die im Rahmen der Untersuchung verwendeten Funktionen erwähnt.

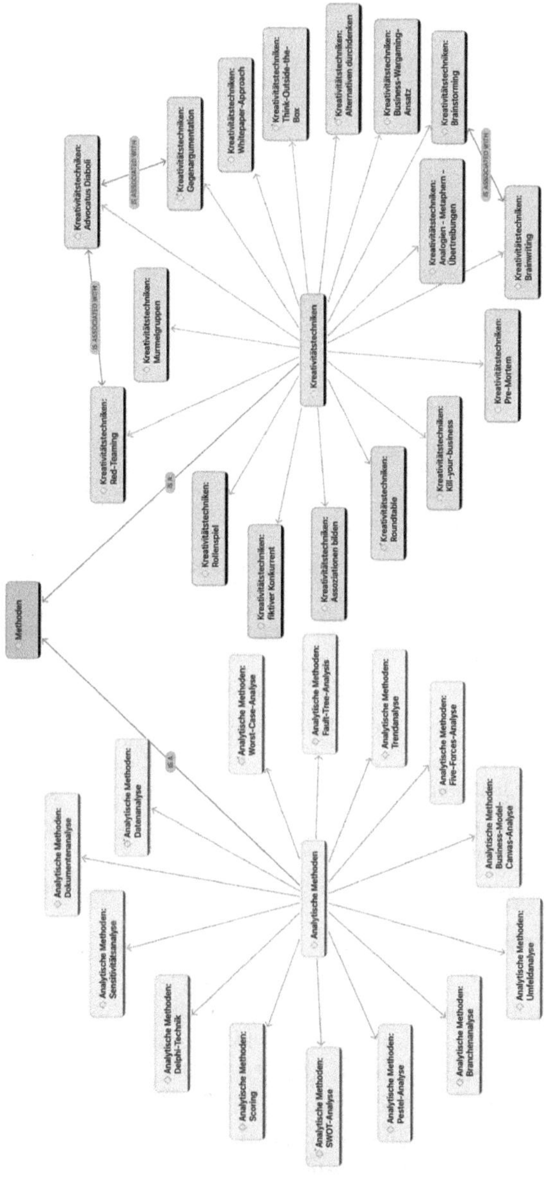

Abbildung 3.10 Methoden der Risikoidentifikation (Netzwerkdarstellung)

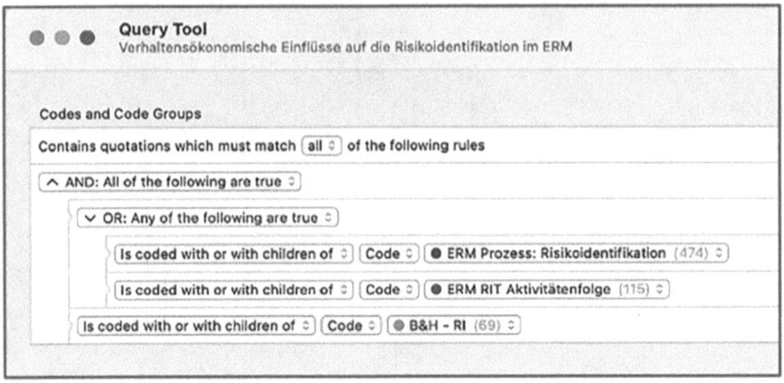

Abbildung 3.11 Abfrage zur Ermittlung von Kategorie- und Codekombinationen (Beispiel). (Quelle: Eigene Darstellung)

Tabelle 3.4 Neue Kategoriensysteme als Zwischenergebnisse der Datenauswertung

Kategorie	Beschreibung
B&H-Empirisch	zusätzliche, induktiv gefundene Biases und Heuristiken (nebst den Vorgaben des Theorieteils)
B&H-Nicht genannt	nicht genannte Biases und Heuristiken (aus den Vorgaben des Theorieteils)
ERM-RI	Phänomene im Teilprozess Risikoidentifikation
ERM-RI-RIT	Phänomene in der ‚Risk Intake'-Aktivitätenfolge
B&H in RI	Kombination der in der Risikoidentifikation auftretenden Biases und Heuristiken (Smart Code Query)
B&H in RIT	Kombination der im ‚Risk Intake' auftretenden Biases und Heuristiken (Smart Code Query)
B&H in RI oder RIT	Kombination der beiden vorgenannten (Smart Code Query)

Auffinden von Biases, die ausschließlich im ‚Risk Intake' vorkommen. Damit lassen sich Abfragen formulieren, um zu Einsichten dieser Art zu erlangen (vgl. Beispiel in Abbildung 3.11). Am Beispiel wird gezeigt, wie sich Textstellen ermitteln lassen, in denen Aktivitäten der Risikoidentifikation mit Wahrnehmungsfehlern in Verbindung gebracht werden. Die Fundstellen liefern Einsichten in das Auftreten der Wahrnehmungsfehler, evtl. sogar mit einer Verortung, an welchen Aktivitäten der Risikoidentifikation diese stattfinden.

Als Zwischenergebnis und Basis für weitere Auswertung liegen nach den wiederholten Materialdurchläufen die nachfolgend aufgeführten, verdichteten Kategoriensysteme mit Bezug auf die Forschungsfragen vor (vgl. Tabelle 3.4):

3.2.2 Darlegung der Ergebnisse

Ergebnisse der empirischen Datenerhebung basieren weitgehend auf dem gereiften Kodierleitfaden und werden in den nachfolgenden Abschnitten vorgelegt. Begonnen wird mit den feingliedrigen Details in der ‚Risk Intake'-Aktivitätenfolge und den dort erkennbaren Ergänzungen und Präzisierungen (Abschnitt 3.2.2.1). Diese wirken sich auf den übergeordneten Teilprozess der Risikoidentifikation aus und werden deswegen zuerst dargelegt. Die Risikoidentifikation selbst mit entsprechenden Erweiterungen (‚Module') wird in Abschnitt 3.2.2.2 besprochen. Es schließen sich die Ergebnisse zu Biases und Heuristiken in der Risikoidentifikation (Abschnitt 3.2.2.3) an.

3.2.2.1 Ergebnisse bezogen auf die ‚Risk Intake'-Aktivitätenfolge

Die erste empiriegeleitete Subforschungsfrage zielt auf die bei der Risikoidentifikation ablaufenden Unterprozesse ab. Die im Theorieteil postulierte Aktivitätenfolge des ‚Risk Intake' lässt sich durch die Aussagen der befragten Experten vollständig belegen (vgl. Tabelle 3.5). Jede der neun Aktivitäten konnte – in unterschiedlichem Umfang und Detaillierungsgrad – im Textmaterial aufgefunden werden. So lassen sich zwei Ebenen erkennen:

1. Die Aktivitäten des ‚Risk Intake', die mit einer prominenten *äußeren Form* einhergehen (Sprechakte, Bewegungen, Interaktionen, etc.; vgl. Abbildung 2.15) werden von den Experten mit gleichlautender Terminologie wie auch in der Theorie beschrieben. Es wird von „*Setup*" (z. B. 7:30, 8:28[4]), „*Instruktionen*" (12:18, 12:44), „*Informationen*" (8:16), „*Verstehen*" (11:33, 2:89), „*filtern*" (6:39, 8:21), „*verbal sagen*" (3:28), „*ansprechen*" (12:67), „*verschriftlichen*" (3:66) und „*dokumentieren*" (12:47) berichtet. Die meisten der verwendeten Vokabeln entstammen dem allgemeinen Sprachgebrauch und sind keine spezifischen Fachtermini.

[4] Die Textstellen (Quotations, Ankerbeispiele) werden durch numerische Kombination aus Interview-Nr, Doppelpunkt, laufende Nummer der Textstelle referenziert.

2. Die stillen, vorwiegend von Gedankenarbeit gekennzeichneten *inneren Formen* der ‚Risk Intake'-Aktivitäten dagegen werden mit eigenen Worten und eher unscharf umschrieben. Die im Theorieteil verwendeten Begrifflichkeiten (z. B. „Generierung von Wissen", „Wechselwirkung") finden keine oder nur gelegentliche Anwendung. Es wird vielmehr von *„sich Gedanken machen"* (4:5), *„Bescheid wissen"* (14:11), *„neue Risiken auftauchen"* (1:36), *„wild und chaotisch diskutieren"* (10:35) und *„plötzlich auftauchen"* (13:13) gesprochen.

In der Tabelle 3.5 erfolgt für acht der neun Aktivitäten des ‚Risk Intake' eine Einordnung durch den Verfasser, die durch ausgewählte Textstellen belegt wird. Eine oder mehrere Kernaussagen schließen die Ausführungen ab, wiederum separat für jede Aktivität.

Neben Belegen für die Existenz der neun Aktivitäten des ‚Risk Intake' können weitere Ergebnisse aus der Analyse der Experteninterviews gezogen werden. Diese beziehen sich auf Aspekte, die die Aktivitätenfolge ergänzen bzw. erweitern. Die im Theorieteil der Arbeit konstruierte ‚Risk Intake'-Aktivitätenfolge (vgl. Abschnitt 2.2.5.2) erfährt an mehreren Stellen einen Bedeutungsgewinn, erkennbar an den Inhalten der zugehörigen Textstellen und dargestellt in den folgenden drei Abschnitten.

3.2.2.1.1 Erweiterung der Aktivität ‚Setup & Instruktionen'

Die Aktivität ‚Setup & Instruktionen' (SI) zu Beginn des ‚Risk Intake' repräsentiert in der Theorie den Einsprungspunkt in die Aktivitätenfolge, mithin die Verbindung zum übergeordneten Teilprozess der Risikoidentifikation. Die Expertenbefragung revidiert das Bild, SI wird um mehrere Aspekte ergänzt: Zunächst wird auf den Wert von **Beispielen** hingewiesen, die die zu erbringende geistige Arbeit motivieren sollen:

- *„Ja, dann schön plastische Beispiele. Und durch diese Kombination müsste dann tatsächlich die Kreativität angeregt werden." (11:23)*

Strategische Risiken des ERM besitzen eine entsprechend hohe ‚Flughöhe'. Dieser Begriff bezeichnet im Risikomanagement die betrachtungsrelevante Größenordnung, die an ein Risiko angelegt wird. Auch hier sind die Experten der Ansicht, die Flughöhe sei anhand von Beispielen zu verdeutlichen:

- *„Also darum arbeite ich dort wirklich mit Beispielen, mache noch mal klar, was ein Risiko ist und was kein Risiko ist, an konkreten, eben an konkreten Beispielen und versuche auch die, die Flughöhe etwas hinzubringen." (12:43)*

Tabelle 3.5 Ergebnisse der Aktivitätenfolge ‚Risk Intake‘

	Einordnung, ausgewählte Textstellen und Kernaussagen
Setup & Instruktionen (SI)	Die Notwendigkeit einer initialen Startaktivität zu Beginn des ‚Risk Intake‘ wird von den Experten erkannt. Es werden Instruktionen verwendet mit Informationen zum Format der bevorstehenden Aktivität (z. B. Workshop) und auch erste inhaltliche Vorgaben (z. B. Größenordnung, Konzernrelevanz) werden gemacht: • *„Aber zuerst mal versende ich da eine Instruktion. Und in diese Instruktion gebe ich wirklich die Vorgabe, was einerseits, wie die Risiken zu beschreiben sind. Da gibt es natürlich auch ein Manual dazu, das hilft.“ (12:18)* • *„Und die Instruktion, die wir vor dem Workshop rausgeht, die hat das natürlich schon drin. Dort werden sie auch aufgefordert, sich bereits Gedanken zu machen.“ (12:44)* • *„Mich interessiert kein Risiko unter einer Million. Sage ich den Leuten auch immer. Das mache ich nicht, das müsst ihr in eurer Abteilung machen. Mich interessieren wirklich die, die wirklich einen großen Einfluss auf die ganzen Konzerngruppe haben.“ (5:35)* Kernaussage: Die Aktivitätenfolge ‚Risk Intake‘ hat einen präzise definierten Startpunkt. Teilnehmerkreis, Organisatorisches und Erwartungen werden festgelegt.
Informationsaufnahme (IA)	Die bevorstehende Aktivität ist ein Treffpunkt von Informationen. Es werden Informationen vorgegeben, mit deren Hilfe sind weitere und neue Fakten bzw. Daten durch die Teilnehmenden zu suchen. • *„Ich weiß, der Risikomanager oder die Risikomanagerin will mit mir ein Interview führen. Ich muss mich ja irgendwie vorbereiten. […] Die meisten bereiten sich vor und dafür nutzen sie Informationen oft, die schon bestehen oder die sie sich noch zusammensuchen.“ (8:16)* • *„Einerseits gibt es eine rein epistemische Dimension, dass man einfach Fakten probiert zu sammeln, Fakten synthetisiert oder zusammenträgt, um zu verstehen beispielsweise, was ist die Base-Rate, wo stehen wir überhaupt?“ (4:22)* Als Basis für eine funktionierende Informationsaufnahme wird ein gemeinsames Verständnis vorausgesetzt. • *„Auch für das Shared Mental Model. Damit alle nicht nur wissen, sondern auch einverstanden sind, was ist der Rahmen? Also es braucht ein gemeinsames Verständnis, das getragen ist von allen im Moment.“ (7:29)* Kernaussage: Den Teilnehmenden ist die Bedeutung von Risiken und Chancen für die arbeitsteilige Zielerreichung der Organisation bewusst und sie verstehen, dass sie aufgefordert sind, dazu einen Beitrag zu leisten.

(Fortsetzung)

Tabelle 3.5 (Fortsetzung)

	Einordnung, ausgewählte Textstellen und Kernaussagen
Verstehen & Interpretieren (VI)	Eine erste inhaltlich-gedankliche Auseinandersetzung mit der Fragestellung, neue Risiken zu identifizieren, findet statt. Die Teilnehmenden erkennen bzw. vollziehen die Verknüpfung von Aufgabenstellung mit dem Format (z. B. Workshop) und mit der Methode (z. B. Brainstorming). • *„Gibt es verschiedene Arten von Risiko identifizieren. Muss, sollte man denken, was ist die beste Methode […]? Was für ein Risiko will man identifizieren? Ist mehr strategisches Risiko oder ist mehr operational?“ (2:89)* Kernaussagen: Mit in den beiden voran gegangen Aktivitäten gefülltem Arbeitsgedächtnis beginnt mit der Aktivität VI ein Transformationsprozess, der sich über die nachfolgenden Aktivitäten des Abrufs und der Rekombination von Gedächtnisinhalten erstreckt. Die Notwendigkeit einer eigenen Leistung ist seitens der Teilnehmenden verstanden.
Abruf von Wissen (AW)	Den Teilnehmenden wird klar, dass sie bereits einiges an Wissen mitbringen, das sie einbringen können. Sie gewinnen Vertrauen in den Prozess oder realisieren, dass sie eine wertvolle Ressource besitzen. Der angesprochene Transformationsprozess bewirkt in AW, dass bestehende Informationen für die Identifikation von Risiken herangezogen werden können, auch wenn diese evtl. in einem anderen Kontext erworben wurden. • *„Ich glaube, das ist der wichtigste Schritt, sich überhaupt bewusst zu machen, mit der Prämisse, ja, es gibt Risiken. Das ist wichtig, sich darüber Gedanken zu machen und dann versuchen zu verstehen, was gibt es für Risiken für uns.“ (4:5)* • *„Und damit hast du natürlich sehr viel Wissen in der Firma drin, wo du automatisch also ja gut, wir sind wahrscheinlich jetzt auch relativ gut aufgestellt, dass wir sehr gut Bescheid wissen.“ (14:11)* Kernaussage: Bestehendes Wissen kann gewinnbringend in die Aktivitätenfolge eingebracht werden.

(Fortsetzung)

Tabelle 3.5 (Fortsetzung)

	Einordnung, ausgewählte Textstellen und Kernaussagen
Generierung von Wissen (GW)	In einem multipersonellen Setting (z. B. Workshop) entsteht, sofern das Format es erlaubt, neues Wissen über Risiken für die Organisation. Das Format muss Fragen und Austausch zulassen, dies auch in einem (kontrolliert-moderierten) zufälligen und unkonventionellem Ansatz. • *„Ja, wobei aber immer wieder vorgekommen ist, dass während der Diskussion, wenn dann die anderen Kollegen aus dem Kreis da Fragen gestellt haben, dann doch auch neue Risiken aufgetaucht sind, die vorher noch nicht identifiziert waren." (1:36)* • *„Also auch beim Risikoidentifikationsprozess habe ich festgestellt, wenn man die Leute einfach mal etwas wild und chaotisch diskutieren lässt, ist meines Erachtens eine relativ hohe Wahrscheinlichkeit vorhanden, dass man einfach aus reinem Zufall neue, neue Perspektiven entdeckt, die relevant sind, als wenn man es sehr, sehr strukturiert, strukturiert angeht." (10:35)* Es kann förderlich wirken, die Teilnehmenden – im geschützten Rahmen des gewählten Formats – durch Druck zur gedanklichen Transformation zu bewegen. • *„Und so kommen die ja eigentlich zu Tage, indem man diese Themen anspricht, indem, oder indem die Leute inhaltlich auch durch die Diskussion gezwungen werden, sich mit diesen Veränderungen auseinanderzusetzen, damit sie dann neue Themen formulieren." (12:38)* GW ist keine triviale Aktivität, sie benötigt Zeit und gedankliche Tiefe: • *„Oder Sachen je tiefer, dass man sich dann überlegte, plötzlich dann Themen auftauchten, wo man sagt, ja okay, ist ein Risiko, haben wir noch gar nicht richtig drüber nachgedacht ..." (13:13)* Kernaussage: In einem moderierten Gruppensetting besteht die Möglichkeit der Neugenerierung von Wissen (z. B. durch Rekombination, Gedankenaustausch, gegenseitige Inspiration, Hinterfragen und aktive Aufforderung).
Bewertung des Wissens (BW)	Der Transformationsprozess ist noch nicht abgeschlossen. An zunächst unverbundenen oder losen gekoppelten Beiträgen aus den voran gegangenen Aktivitäten muss noch weitergearbeitet werden. • *„Die Bewertung ist schön und gut von den einzelnen Faktoren, aber dann die Kommentare sind dann wichtig, um eben Risiken zu identifizieren, Chancen, Schwerpunkte zu setzen." (6:14)* Die Bewertung erfolgt individuell: • *„... da kamen halt solche Sachen hoch, wo man sich fragen musste, ist das überhaupt ein Risiko? Oder wie groß ist dieses Risiko? Wie relevant ist das? Das waren so solche Sachen, die mir durch den Kopf gingen, um einfach die, das richtig einzusortieren." (13:11)* Kernaussage: Die Bewertung des Wissens ist eine individuell stattfindende Aktivität, noch vor dem Austausch in der Gruppe.

(Fortsetzung)

Tabelle 3.5 (Fortsetzung)

	Einordnung, ausgewählte Textstellen und Kernaussagen
Filtern & Verwerfen (FV)	Ein individueller Filter besteht, der eine ‚Türsteher-Funktion' einnimmt. Nicht alle Beiträge passieren den Filter. Abgesehen von dem Hinweis auf notwendiges Nachdenken wird indes nicht klar, worin dieser Filter besteht und wie er entsteht. • *„Also ich habe dort, ich habe dort schon Filter, die ich gar nicht selbst beeinflusse oder stelle, die sind schon vorgegeben, basierend auf der Informationsbasis, die unabhängig von meinen kognitiven Prozessen vorhanden ist." (8:21)* • *„Wo dann vielleicht Sachen,-die vordergründig sofort kamen, wenn man ein bisschen drüber nachdachte, sagen musste, ja okay, das ist eigentlich gar kein Thema, kann man weglassen." (13:12)* Hinweise auf Ursachen des Filters werden in Biases, Heuristiken oder einfach Informationsüberflutung gegeben: • *„Jetzt bin ich vielleicht biased durch Information-Overload, technologische Möglichkeiten, Information, also Information-Overload in dieser Hinsicht, dass so viele Informationen auf uns einprasseln, dass dann irgendwann mit Heuristik dann wirklich man sehr begrenzt noch unterwegs sein kann in der heutigen Zeit. Man irgendwelche Tools oder Mittel schon braucht, um zu filtern, damit man dann wirklich noch schön heuristisch dann bei den gefilterten Informationen vorgehen kann." (6:39)* Kernaussagen: Ein kognitiver Filterprozess wird wirksam, der ggf. zum Verwerfen von Beiträgen führt. Der Einfluss von Wahrnehmungsfehlern auf den Filterprozess ist möglich.
Versprachlichung (VS)	Auch in der Aktivität VS wird eine Transformation vollzogen: Aus anfänglichem Hadern und Zweifeln findet der Übergang zur verbindlichen Festlegung statt. • *„Und dann geht die Diskussion in den Gremien oftmals ein wenig hin und her. Der eine sagt ja nee, das haben wir doch schon mal gemacht, oder da haben wir doch schon was drauf, oder? […] Und dann haben wir aber schon das Thema, das ich dann irgendwie wirklich auch verbal sage: das ist ein Risiko." (3:28)* Kernaussage: Mit dem Aussprechen eines Risikos ist der Rubikon überschritten, das Abwägen und Zweifeln weicht den volitionalen Phasen der Planung und des weiteren Handelns (vgl. Abschn. 2.2.3.3).
Dokumentation (RD)	*Die Aktivität RD konnte aufgrund der empirisch erzielten Ergebnisse aufgewertet werden. Die Vorstellung der Aktivität mit ausgewählten Textstellen und Kernaussage erfolgt im Abschnitt 3.2.2.1.3.*

Ein Experte weist auf Problematik von Beispielen und dadurch möglicher Beeinflussung der nachfolgenden Aktivitäten hin:

- *„Wobei die natürlich immer auch die Gefahr des Framings tatsächlich so ein bisschen haben, dass man dann sich zu sehr wieder an diesen Beispielen rumhangelt, sozusagen auch, aber dann, ähm, die Diskussion anzufangen." (11:14)*

Als Kernaussage kann festgehalten werden, dass den befragten Experten durchaus bewusst ist, dass mit dem Hinweis auf „*Kreativität*" (11:23) eine zusätzliche, geistige Leistung abverlangt wird, die aber auch dem Einfluss möglicher Verzerrungen unterliegen kann.

Ferner wird eine Vielzahl weiterer Elemente betont, die die Aktivität SI ergänzen. Verschiedene Textstellen heben die **kontextuelle Einordnung** der Aktivität hervor („*Betrachtungsrahmen*" und „*Establish Context*" in 7:25; „*was das für die Firma bedeutet*" in 13:9). Weiterhin wird auf die Bedeutung der **Vorbereitung** auf die ‚Risk Intake'-Aktivität hingewiesen, die mit „*Qualität*" (12:16) in Verbindung gebracht wird. Es wird auf die Möglichkeit von Schulungen (9:28, 12:84) hingewiesen unter Erwähnung konkreter **Techniken und Hilfsmittel** („*White-Paper-Ansatz*" in 10:23; „*Fragenkatalog*" in 1:30), die die Aktivität SI anreichern. Gleichzeitig wird ermahnt, „*nicht zu strukturiert*" (10:23) vorzugehen.

Aus den zuletzt aufgeführten Elementen kann eine weitere Kernaussage zum Teilprozess der Risikoidentifikation gezogen werden: Die Experten vermitteln, dass etliche Faktoren am Anfang des Teilprozesses kritisch für dessen Effektivität sind. Sie nennen Elemente, die bereits zu Beginn beachtet bzw. vorliegen müssen, damit der Einstieg in die Risikoidentifikation gelingt.

3.2.2.1.2 Neu hinzugefügte Aktivität ‚Challenge'

Mit dem englischen Begriff des ‚Challenge' (als Verb *to challenge*) ist ein Imperativ verbunden, die Resultate und Ergebnisse des ‚Risk Intake' kritisch zu hinterfragen. Aus den Textstellen geht hervor, dass dies zumeist durch den Risikomanager bzw. die Moderation der Aktivität geschieht:

- *„Wie gesagt, kritisch hinterfragen, das Ganze ein bisschen challengen und wenn sie Ideen haben, also sollten sie wirklich ein neues Radar auf dem, oder ein neues Risiko auf dem Radar haben, dass sie das entsprechend auch dann einbringen." (9:17)*
- *„Und wenn ich dann nichts mehr kommt, dann sage ich: Ist es jetzt alles? Und wenn sie sagen, ja, jetzt ist es wirklich alles, dann komme ich mit meiner Liste und sage und habe dann das und das und dann das auch noch gedacht und ist das*

für euch kein Risiko? Und dann kommen diese Aha-Erlebnisse für sie selber.“ (5:37)

Nicht eindeutig feststellbar ist die Verortung der neu identifizierten Aktivität ‚Challenge‘ innerhalb des ‚Risk Intake‘: Verschiedene Aussagen (z. B. 5:6, 5:37, 12:28) verorten sie gegen Ende des ‚Risk Intake‘. Nicht auszuschließen ist ein ‚Challenge‘ bereits früher in der Aktivitätenfolge (z. B. 5:21, 9:17). Interpretierbar ist der ‚Challenge‘ als prozessbegleitende Qualitäts- und Vollständigkeitskontrolle (12:28).

3.2.2.1.3 Aufwertung der Aktivität ‚Aufnahme in das Risikoinventar‘

Im theoriegeleiteten Modell des ‚Risk Intake‘ (vgl. Abbildung 2.14) wird die abschließende Aufnahme in das Risikoinventar lediglich als unauffällige dokumentarische Tätigkeit erwähnt. Hinweise auf eine weitergehende Bedeutung, eventuell sogar als Ansatzpunkt für Biases und Heuristiken in den Textstellen führen zur Aufwertung der Aktivität:

- *„Und die haben eher ein Interesse daran, das zu fixieren, zu verschriftlichen, wirklich in ein Portfolio als Risiko aufzunehmen, und klar, da hat jeder seine anderen Beweggründe.“* (3:66)
- *„... die Beeinflussung ist die, dass ich dann eben aufgrund der eigenen Agenda sage, wenn ich gewisse Dinge reinnehme, kann das für mich gewinnbringend vorteilhaft sein oder weniger. Und wenn ich das Gefühl habe, es kann mir schaden, dann oder es ist für mich verlustträchtig, dann nehme ich es nicht rein.“* (12:76)

Als Kernaussage ist den Textstellen zu entnehmen, dass mit Hinweis auf „*Beweggründe*“ (3:66) und „*eigene Agenda*“ (12:76) zwar individuell-motivierte Faktoren vorliegen, ein direkter Rückschluss auf verhaltensökonomisch begründete Wahrnehmungsfehler damit jedoch nicht möglich ist. Allenfalls lässt Textstelle 12:76 auf das Vorhandensein eines ‚Self-serving bias‘ (vgl. Abbildung 2.12) schließen.

Mit den aufgeführten Mutationen wird die ‚Risk Intake‘-Aktivitätenfolge ergänzt, Abbildung 3.12 zeigt die aktualisierte Fassung. Alle theoretisch ermittelten Aktivitäten sind empirisch belegbar. Farblich dunkel hervorgehoben sind in der Abbildung die Erweiterungen, die auf Basis empirischen Datenmaterials vorgenommen werden konnten.

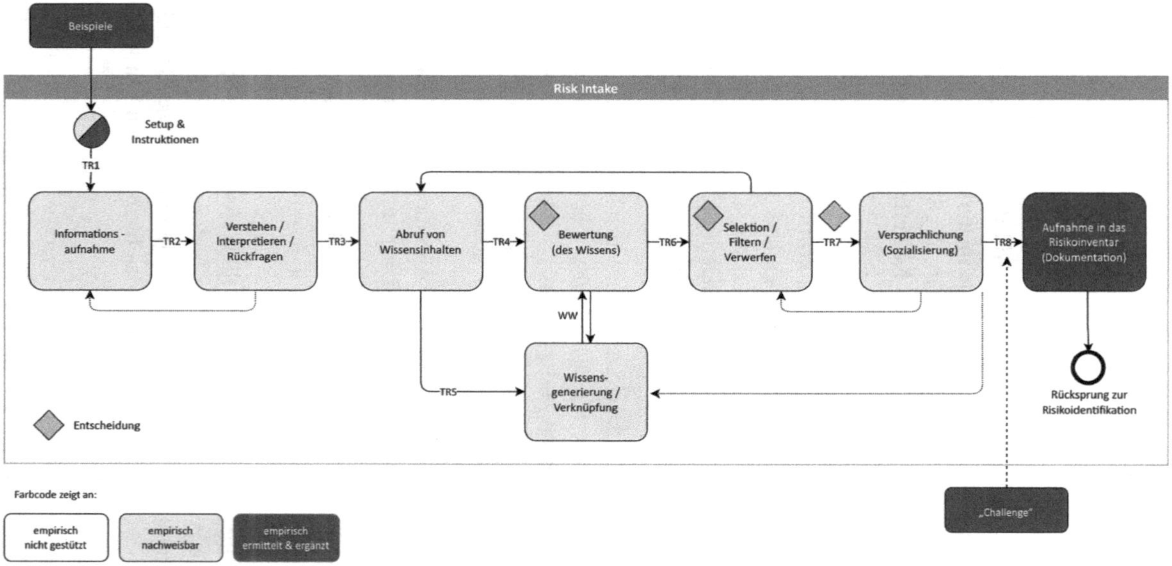

Abbildung 3.12 Empirisch belegte Aktivitätenfolge ‚Risk Intake' mit Erweiterungen. (Quelle: Eigene Darstellung)

3.2.2.2 Ergebnisse bezogen auf den Teilprozess der Risikoidentifikation

Die bisher dargelegten Ergebnisse des ‚Risk Intake' wirken sich auf den übergeordneten Teilprozess der Risikoidentifikation aus. Auch dort lassen sich Ergänzungen und empirisch neu erkannte Erweiterungen anbringen. Diesbezügliche Ergebnisse werden im Folgenden anhand der Triade ‚Mensch – Technik – Konzeption'[5] dargelegt. Alle Ergebnisse werden im Rahmen von Zusammenfassung und Strukturierung aus dem empirischen Datenmaterial gewonnen. Zur Verdeutlichung wird der während des axialen Codierens (vgl. Vorgehensmodell in Abbildung 3.1, Schritt 5) laufend fortgeschriebene Kodierleitfaden mit entsprechenden Ankerbeispielen verwendet.

3.2.2.2.1 Der Mensch in der Risikoidentifikation

Die Risikoidentifikation ist ein durch Menschen und deren Handeln gekennzeichneter Teilprozess. Aus dem Datenmaterial lassen sich Ergebnisse ableiten, die sich auf Fähigkeiten (engl. *Skills*) und Moderation des ‚Risk Intake' beziehen. Der zugehörige Kodierleitfaden mit ausgewählten Textstellen ist in Tabelle 3.6 wiedergegeben.

Ein Ergebnis aus der Inhaltsanalyse beweist die Notwendigkeit einer **Moderation** der Risikoidentifikation. Menschen müssen beteiligt sein, um den Prozess aktiv zu gestalten, zu initiieren und zu lenken. Umgekehrt formuliert bedeutet dies, dass die Risikoidentifikation kein automatischer, autonom ablaufender Prozess sein kann. Der soziale Aspekt wird hervorgehoben, von einem Experten sogar zur Chefsache erklärt (1:24).

Mit diesem Ergebnis einher geht die Anforderung an **Fähigkeiten**, die die Moderation erfordert. Es handelt sich dabei um fachlich-inhaltliche Skills zum Thema Risikomanagement (12:52, 10:59) und Biases (4:60, 6:43), aber auch soziale Kompetenzen der Vermittlung (7:13, 7:41) sowie Didaktik der Gesprächsführung (11:16, 14:21) werden als notwendig erachtet.

3.2.2.2.2 Techniken und Methoden zur Risikoidentifikation

Technische Aspekte beziehen sich auf die **Methoden** der Durchführung und Einsatz von Werkzeugen (engl. *tools*) zur Unterstützung der Risikoidentifikation. Es handelt sich dabei um Ansätze, wie konkret das Identifizieren von Risiken durch

[5] In der arbeits- und organisationspsychologischen Literatur als ‚Mensch – Technik – Organisation' bzw. „MTO-Analyse" (Ulich, 2020, S. 85) bezeichnet. ‚Konzeption' wird als alternativer Begriff gewählt, um Verwechslungen mit dem Organisationsbegriff der Arbeit zu vermeiden (vgl. Abschnitt 2.2.1.1.1).

Tabelle 3.6 Ausschnitt aus dem Kodierleitfaden zur Risikoidentifikation (Faktor Mensch)

Code	Erläuterung	Zuordnung ausgewählter Textstellen / Ankerbeispiele
Moderation	Die Durchführung der Risikoidentifikation erfordert eine professionelle Moderation.	*„Natürlich reden wir über mehr strategische Risiken. Und dort natürlich braucht man gute Fähigkeiten von Moderation." (2:20)* *„Also es braucht Vieles im Bereich Beratung, denke ich. Also neben der Expertise Risk Management. […] Und für das braucht es eine professionelle Moderation, wo das kann." (7:42)* *„Also der CEO ist immer grundsätzlich zuständig für die Moderation." (1:24)*
Moderations-Skills	Die Moderation erfordert Skills im Sinne von Fähigkeiten oder Kompetenzen spezifisch für die Risikoidentifikation und Biases.	*„… als Moderator, dass ich schon natürlich selber sehr vorbereitet bin und selber Inputs reinbringe über vielleicht eben Branchenvergleiche oder Ereignisse, die in anderen vergleichbaren Organisationen auftreten." (12:52)* *„Das ist für mich auch eine Frage der Moderation, dass man hier auch solche Dynamiken unterbindet und schaut, dass es eben nicht mehr, oder nicht auch in diesem Setting zum Beispiel zu Gruppendenken kommt." (4:60)*

(Fortsetzung)

Tabelle 3.6 (Fortsetzung)

Code	Erläuterung	Zuordnung ausgewählter Textstellen / Ankerbeispiele
Soft Skills	Teilnehmer und Moderator verfügen über soziale Kompetenzen (u. a. Kommunikation, Vermittlung, psychologische Sicherheit schaffen, Diplomatie und Durchsetzungsfähigkeit).	*„Ich bin Fan von Formaten, wo jetzt die Moderation, wenn ich das zum Beispiel bin, möglichst wenig spricht, und vor allem keine Theorie bringt, […] sondern wenn der Einstieg ist, das machen wir heute, so machen wir es eben, dass man sagt also nicht so explizit sagt, aber klar macht, das ist ein Safe space.“ (4:55)* *„… der Facilitator, der muss verdammt kompetent sein, in der Moderation, sozialen Vermittlung, Beratung etc. Ich denke, das ist wichtig.“ (7:41)* *„Das erfordert dann von demjenigen, der das moderiert, natürlich nicht nur ein methodisches Verständnis des Nachfragens, sondern auch tatsächlich so ein bisschen ein sehr tiefes Geschäftsverständnis und auch sehr, sehr gute didaktische Komponenten oder Kompetenzen, um die Diskussion zwar anzufachen, abzufackeln, aber nicht ausufern zu lassen auch.“ (11:16)*

Individuen und Gruppen stimuliert werden kann. Die genannten **Methoden** zur Unterstützung der Risikoidentifikation lassen sich in die Bereiche ,Analytische Methoden' aus dem Fundus der BWL sowie ,Kreativitätstechniken' unterscheiden. Der zugehörige Kodierleitfaden mit Erläuterungen und Fundstellen ist in Abbildung 3.13 wiedergegeben.

Kategorien	Erläuterung / Kodierungshilfe	Fundstellen Interviews
Codes	Erklärung und ggf. Beschreibung der Kategorie bzw. des Codes einerseits als Kodierhilfe, andererseits für spätere Nachvollziehbarkeit	Referenzen auf die Textstellen in den Interviewtransktipten
Analytische Methoden	Methoden primär aus der BWL, regel- und zahlenbasiert, rational, entscheidungsorientiert.	Keine (Kategorie)
Analytische Methoden allgemein	wenn z. B. nur ein allgemeiens Stichwort auf analytische Methoden hinweist, ohne dass eine bestimmte Methode oder Technik genannt wird	4:58, 8:55, 9:4, 11:22, 11:36, 12:53, 12:69
Branchenanalyse	in-vivo codiert	8:10, 11:33, 11:34, 12:52
Business-Model-Canvas-Analyse	Tabellenartig, bindet Kunden- und Lieferantenbeziehungen ein. Wird auch zur Wettbewerbsanalyse eingesetzt. Leere Templates (A3) werden verteilt und gemeinsam ausgefüllt und bearbeitet.	11:25
Datenanalyse	beinhaltet auch Datenauswertung, toolunterstützt, ex-post und Trends, Ausreisser, Anomalien können erkannt werden	3:11, 3:31, 5:77, 10:31
Delphi-Technik	in-vivo codiert	2:26
Dokumentenanalyse	in-vivo codiert	8:10
Fault-Tree-Analysis	in-vivo codiert	9:7
Five-Forces-Analyse	Porter, Wettbewerbsanalyse, die eigene Organisation im Umfeld, sehr bekannt	8:10
Pestel-Analyse	in-vivo codiert	8:10
Scoring	Analytisch, Balanced Scorcard	10:15
Sensitivitätsanalyse	Analytisch, z. B. wie reagiert die Nachfrage auf eine Preisänderung.	2:73
SWOT-Analyse	Eine Managementtechnik (BWL: strategische Planung). Eine analytische Technik, welche Stärken, Schwächen, Opportunitäten und Bedrohungen einer Einheit aufdeckt und miteinander in Beziehung stellt.	4:28, 4:66, 5:5, 5:6, 5:7, 5:22, 5:23, 5:52, 5:71, 14:2, 2:73, 8:10
Trendanalyse	in-vivo codiert	2:77, 6:12
Umfeldanalyse	in-vivo codiert	6:12, 8:2
Worst-Case-Analyse	incl. Best case, im Risk Management kritisch betrachtet	5:82, 5:83
Kreativitätstechniken	Anregend, spielerisch, kreativ, regelbasiert, methodisch, lösungs- oder gruppenorientiert, integ	Keine (Kategorie)
Advocatus Diaboli	Advokat des Teufels, gezielter Widerspruch, explizit verlangt, Rollenzuweisung	4:13, 4:50, 4:51, 4:62, 4:68, 4:71, 8:53
Alternativen durchdenken	darin auch ,consider alternatives'	4:49, 4:58
Analogien - Metaphern - Übertreibungen	in-vivo codiert	8:55
Andere Kreativitätstechnik	Gruppenarbeit, teilw. zu zweit. Mit Pinboard. Bilden von Clustern.	14:18
Assoziationen bilden	in-vivo codiert	11:22
Brainstorming	beliebter Ansatz in der Gruppe, vgl. Theorieteil	1:67, 1:66, 2:74, 4:28, 4:29, 7:27, 7:30, 8:30, 8:31, 8:32, 8:33, 8:34, 9:4, 11:41, 13:3, 13:9, 13:16
Brainwriting	Variante des Brainstorming, kompensiert dessen Nachteile, könnte sogar besser geeignet sein.	9:4, 13:3, 13:9
Business-Wargaming-Ansatz	in-vivo codiert	11:17
fiktiver Konkurrent	in-vivo codiert	4:13, 4:55, 4:58
Gegenargumentation	Darin auch ,consider-the-opposite'	4:49, 8:53, 11:51, 11:56, 12:28
Kill-your-business	in-vivo codiert	4:13, 4:55, 4:58
Kreativitätstechniken allgemein	wenn z. B. nur ein allgemeiens Stichwort auf kreative Methoden oder Techniken hinweist, ohne dass eine bestimmte Methode oder Technik genannt wird	4:21, 4:25, 4:28, 4:52, 4:55, 4:57, 5:24, 6:14, 8:55, 9:4, 11:22, 11:23, 11:31, 11:36, 13:9,
Murmelgruppen	kurzer Austausch in der Gruppe, informell, keine Dokumentation	4:58, 7:32
Pre-Mortem	Ed Schein, nutzt den hindsight bias, warum wird ein Projekt scheitern.	4:14
Red-Teaming	vergleichbar dem Advocatus Diaboli	4:68, 7:35, 7:36, 7:37, 8:53
Rollenspiel	verschiedene Ansätze denkbar, Gruppentechnik	4:21
Roundtable	Verstanden als Methode der Risikoidentifikation.	2:26
Think-Outside-the-Box	dt.: Über den Tellerrand hinausblicken	8:55
Whitepaper-Approach	in-vivo codiert	10:23, 10:32, 10:33

Abbildung 3.13 Ausschnitt aus dem Kodierleitfaden (Analytische Methoden und Kreativitätstechniken)

Eine differenzierte Betrachtung nach Expertengruppen zeigt, dass die Experten tendenziell analytisch *oder* kreativ vorgehen, aber nicht beides. Die *Code Co-Occurrence*-Abfrage ermittelt Textstellen, in denen mindestens eine Kreativitätstechnik *und* eine analytische Methode im Rahmen der Risikoidentifikation genannt werden. Unter den vier Experten, die Methoden kombiniert einsetzen, befinden sich alle drei der Expertengruppe ‚Forschende' (vgl. Tabelle 3.3).

Die von den Experten angeführte **Toolunterstützung** steht im Zusammenhang mit den Methoden der Risikoidentifikation und lässt sich in zwei Ebenen unterscheiden. Im engeren Sinne geht es um den Einsatz von Softwarewerkzeugen, in welchen Risiken und Chancen dokumentiert werden können. Eine gemeinsame Bearbeitung wird dadurch ermöglicht.

- *„Und da muss man sich vorstellen, ich habe dann meinen Bildschirm, wir sitzen alle vor dem Bildschirm." (5:27)*
- *„Sie hätten die Möglichkeit, selber zuzugreifen auf das Risikotool, um das selber zu machen." (5:33)*
- *„Das sind halt die Sachen, die ich auch im Tool habe, die ich dann auch nutze, um das Risiko zu identifizieren." (5:82)*

Im weiteren Sinne geht es den Experten aber auch um den Einsatz sozialer Techniken und Ansätze. Diese schöpfen aus dem oben (vgl. Ausschnitt aus dem Kodierleitfaden in Abbildung 3.13) dargestellten Fundus analytischer und kreativer Methoden.

- *„Also viele Tools, die, die man einsetzen kann, die ziemlich schnell so ein bisschen einen Aha-Effekt haben und nur schon vielleicht kann ich ein, zwei noch nennen, wo schon so etwas wie, wie, wie Consider-the-Opposite oder Consider-Alternatives." (4:49)*
- *"Man findet ja auch nicht viel dazu zu diesem Business-Wargaming-Ansätzen, also dass man wirklich verschiedene, das kann man glaube ich auch tatsächlich IT-gestützt machen, also so verschiedene Unternehmen in so Spielsituationen gegeneinander antreten lässt und daraus vielleicht bestimmte Einsichten noch mal gewinnen kann, auch durch die Diskussion hinterher." (11:17)*

Tools im engeren Sinne beziehen die Experten auf Softwareprogramme, während im weiteren Sinne eine Überschneidung mit den oben genannten Methoden feststellbar ist. Grundsätzlich scheint der Einsatz von Methoden im Rahmen der Risikoidentifikation unbestritten, nur ein Experte äussert sich mit Hinblick auf den Zeitbedarf kritisch gegenüber dem Einsatz von Methoden zur Kreativität:

- *„Nein, das habe ich so, Du meinst so wie das Manometer oder so oder Perimeter oder so? Nein, das mache ich nicht. Da wird die Zeit auch nicht reichen." (5:24)*

3.2.2.2.3 Konzeptionelle Aspekte der Risikoidentifikation

Im Rahmen der Konzeption der Risikoidentifikation konnte inhaltsanalytisch die Bedeutung der **Vorbereitung** auf die nachfolgenden Aktivitäten isoliert werden. Der zugehörige Ausschnitt aus dem Kodierleitfaden mit ausgewählten Ankerbeispielen ist in Tabelle 3.7 wiedergegeben.

Tabelle 3.7 Ausschnitt aus dem Kodierleitfaden zur Risikoidentifikation (Faktor Konzeption-Vorbereitung)

Code	Erläuterung	Zuordnung ausgewählter Textstellen
Vorbereitung	Es sind Aktivitäten erforderlich, bevor der Teilprozess der Risikoidentifikation angestossen werden kann. Die Vorbereitung betrifft Moderator / Risikomanager **und** die Teilnehmenden.	*„Aber muss man viel Vorbereitung machen!" (2:59)* *„Das ist so das, wo wir stehen hier, so muss ich viel Arbeit. So ist nicht das wie ein normale Sitzung. […] Da muss man wirklich vorbereiten. Natürlich reden wir über mehr strategische Risiken." (2:100)* *„Also, die Leute wissen ja im Vorfeld bereits, welche Risiken das sie anschauen und kritisch überprüfen. Also sie hatten im Vorfeld bereits Zeit, sich darauf vorzubereiten, individuell." (9:15)* *„Das hat eigentlich gut funktioniert, dass die Leute vorbereitet in die Workshops reinkommen. Das kann man nicht bei jedem durchsetzen, aber in der Regel klappt das gut." (12:46)*

Im Rahmen der **Vorbereitung** wird eine Identifikation möglicher Diskussionsthemen (2:63, 2:64) und strategischer Risiken (2:41, 5:23, 2:100) durch den Risikomanager angeregt. Die Vorbereitung wird auch von den Teilnehmern (8:16, 9:15, 12:46) verlangt. Die strategische Perspektive auf Risiken wird durch *„ein Vorgespräch mit dem CFO*" (12:20) repräsentiert.

Als Nebenprodukt der Interviews wurden zwei weitere Elemente isoliert, ‚*Erkennen von Abhängigkeiten*' und ‚*Konsolidierung*', die sich auf die Inhalte der identifizierten Risiken beziehen. Als solche sind sie für die empiriegeleiteten Subforschungsfragen nicht relevant und werden nicht weiter besprochen. Gleichwohl können die Ergebnisse zur Anreicherung organisatorischer ‚Risk

Intake'-Aktivitäten verwendet werden. Die entsprechenden Ausschnitte aus dem Kodierleitfaden finden sich in Anlage VIII. zur vorliegenden Arbeit.

Der Teilprozess der Risikoidentifikation kann mit den dargestellten Ergebnissen angereichert werden. Als zusätzliches Strukturelement dient das neu eingeführte ‚Modul'. Die bis hier dargelegten Ergebnisse zur Risikoidentifikation werden zu einem Modul M1 zusammengefasst. Die drei Module ‚M1 Initialisierung', ‚M2 Risk Intake' und ‚M3 Abschluss' stellen unterstützende Bezeichner für eine in den ERM-Rahmenmodellen (vgl. Theorieteil, Tabelle 2.5) nur lose, unvollständig und nicht klar gekennzeichnete Abfolge von Aktivitäten dar. Den vorgeschlagenen, modularen Aufbau der Risikoidentifikation gibt Abbildung 3.14 wieder[6].

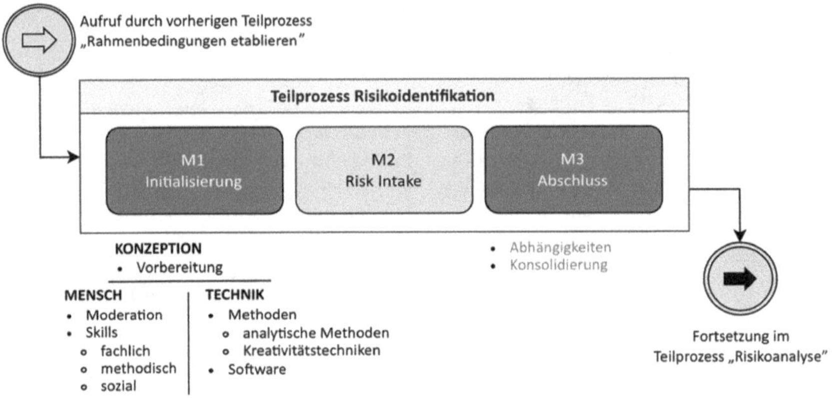

Abbildung 3.14 Modularisierter Teilprozess ‚Risikoidentifikation'. (Quelle: Eigene Darstellung)

3.2.2.3 Ergebnisse bezogen auf mögliche Biases und Heuristiken

Die zweite empiriegeleitete Subforschungsfrage bezieht sich auf Wahrnehmungsfehler bei der Risikoidentifikation. Zunächst ist das Begriffsverständnis der Experten, was Biases und Heuristiken angeht, zu beleuchten (Abschnitt 3.2.2.3.1).

[6] Um eine begriffliche Verwirrung zu vermeiden, wird bei detaillierter Betrachtung des ‚Risk Intake' weiterhin die Bezeichnung ‚Aktivitätenfolge' verwendet. Auf der Betrachtungsebene des übergeordneten Teilprozesses der Risikoidentifikation dagegen ist der ‚Risk Intake' ein Modul.

Anschließend wird dargestellt, *welche* Wahrnehmungsfehler empirisch ermittelt werden konnten (Abschnitt 3.2.2.3.2) und *wo* die Experten diese in der ‚Risk Intake'-Aktivitätenfolge verorten (Abschnitt 3.2.2.3.3).

3.2.2.3.1 Zum Begriffsverständnis der Wahrnehmungsfehler

Mayring (2022, S. 98) sieht die quantitative Analyse von „Häufigkeiten der Kategorienzuordnung" vor. Ein qualitativer Forschungsansatz kann so „unter Zuhilfenahme quantitativer Verfahren" (2022, S. 21) sinnvoll ergänzt werden. Obschon kein Schwerpunkt in der vorliegenden Arbeit, wird von dieser Möglichkeit Gebrauch gemacht, um Tendenzaussagen zu formulieren, die in den Expertenmeinungen erkennbar werden. Als solches kann die Tendenzaussage auf eine mögliche allgemeine Unterscheidbarkeit der Konzepte hinweisen; konkrete Gesetzmäßigkeiten lassen sich indes nicht ableiten.

Die Konzepte ‚Bias' und ‚Heuristik' werden von den befragten Experten mit unterschiedlichen Begriffen, welche z. T. eine Wertung implizieren, verknüpft (vgl. Abbildung 3.15, die Zahlen geben die Anzahl der Textstellen an). Bias wird mit Begriffen wie ‚negativ' (acht Textstellen) und ‚Gefahr' (5) in Verbindung gebracht, Heuristik wird dagegen ‚positiv' (6) und ‚produktiv' (10) konnotiert. Eindeutig sind diese Befunde jedoch nicht, Biases können auch ‚produktiv' und ‚positiv' (jeweils vier Textstellen), Heuristiken als ‚kontraproduktiv' (5) beurteilt werden.

In der grafisch ausgerichteten Netzwerkanalyse der aus dem Textmaterial extrahierten Codes ist ein Übergewicht negativ konnotierter Begrifflichkeiten erkennbar (in der Abbildung 3.16 auf der rechten Seite angeordnet). Auch hier gilt die Einschränkung, dass daraus keine belastbare Theorie abgeleitet werden kann. Allenfalls zeigt sich hier eine ‚naive' Einschätzung nichtwissenschaftlicher, alltagssprachlicher Begriffe (Knobloch, 2021, S. 39). Relevant ist diese Unterscheidung der Konzepte ‚Bias' und ‚Heuristik' in den Augen der Experten dennoch. Die Einschätzung reflektiert die alltagspsychologische Gedankenwelt der Experten und ruft in Erinnerung, dass diese nicht immer in streng-wissenschaftlichen Kategorien denken, sondern gelegentlich auch bei der Deutung ihrer Erlebenswelt auf Improvisation zurückgreifen (2021, S. 55). Alltagssprachliche Bedeutungen können die wahre Einschätzung maskieren oder sogar verfälschen. Dies ist in der Diskussion der Ergebnisse zu berücksichtigen.

Experten geben evolutionspsychologisch fundierte Hinweise über die ursprüngliche Funktion der Wahrnehmungsfehler:

- *„Und man muss und muss das auch evolutionär verstehen, wo die Heuristiken überlebenswichtig waren und gut waren" (8:57),* bzw.

		Bias (86)	Heuristik (34)
adaptiv	1	1	
Angst	5	1	
bewusst	11	2	
Gefahr	12	5	1
kognitiv	11	5	1
kontraproduktiv	17	4	5
negativ	17	8	3
Neutralität	2	1	
positiv	14	4	6
produktiv	13	4	10
unangenehm	3	1	
unbewusst	6	4	2
vermeiden	2	1	1
Wechselwirkung	7		1

Abbildung 3.15 Code Co-Occurrence-Analyse für ‚Bias' und ‚Heuristik' mit jeweiligen Wertungen. (Quelle: Eigene Darstellung)

- *„Heuristiken, mentale Abkürzungen, die mir helfen, ohne großen kognitiven Effort schnell zu entscheiden. Simpel. Zu simpel gesagt. Evolutionär betrachtet wichtig. Leider in der Businesswelt nicht gleich relevant, respektive können dann zu schwerwiegenden Fehlentscheidungen führen." (8:36)*

Zur Einordnung der Begriffe geben die befragten Experten zu Protokoll, *„Bias ist eigentlich eine Heuristik, die zu einem schlechten Outcome führt"* (4:32) oder *„Heuristiken denke ich, sind denn die Hilfen auch um, um Biases auch zu vermeiden"* (7:22). Zur Wirkungsrichtung indes wird behauptet, *„Heuristiken, die führen eben zu diesen Biases grundsätzlich, können zu diesen Bias führen"* (8:39, ähnlich in 8:42).

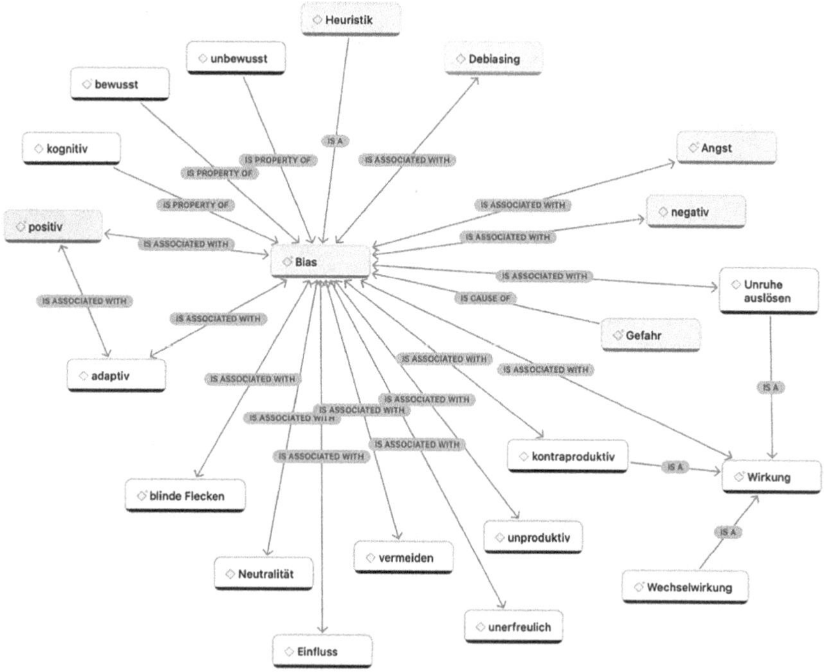

Abbildung 3.16 Netzwerk von ‚Bias' und assoziierter Codes. (Quelle: Eigene Darstellung)

3.2.2.3.2 Empirisch ermittelte Wahrnehmungsfehler

Durch die befragten Experten werden gegenüber der im 18 Theorieteil ermittelten Effekte 27 *zusätzliche* Biases und Heuristiken identifiziert, von diesen wurden allerdings nur 20 im Zusammenhang mit der Risikoidentifikation allgemein oder spezifisch dem ‚Risk Intake' genannt. Drei der im Theorieteil ermittelten Wahrnehmungsfehler wurden von den Experten nicht erwähnt (Ambiguity Effect, Planning Fallacy, Social Loafing). Nachfolgend werden alle insgesamt 35 empirisch im Zusammenhang mit der Risikoidentifikation oder dem ‚Risk Intake' beobachtbaren, einschließlich der bereits im Theorieteil deduktiv ermittelten Wahrnehmungsfehler mit ausgewählten Fundstellen und Kernaussagen vorgestellt (in Experteninterviews neu hinzu gekommene Wahrnehmungsfehler sind mit ✱ekennzeichnet und werden näher erläutert, die aus dem Theorieteil stammenden Effekte sind mit ⊸gekennzeichnet und dort beschrieben):

1. **Affektheuristik** ⤙
   - *„Und da helfen dann auch die Heuristiken meistens nicht mehr, weil man emotional gestresst und dann funktioniert das automatisch nicht mehr, dass man dann wirklich kognitiv gut hinter diese Dinge gehen kann." (6:57)*
   - *„bei uns ist Lebensmittelsicherheit ein sehr emotionales Thema. Wenn immer, wenn da was passiert, poppt das up." (10:56)*
   - *„Also jetzt gerade im Anschluss haben wir jetzt genau so ein Meeting, wo wir uns wirklich zwingen, dann die Emotionen ganz fest zu trennen von Fakten und eben uns dann in alle anderen möglichen Sichtweisen hineinzuversetzen." (14:28)*

   Kernaussagen: Emotionen spielen bei der Risikoidentifikation eine Rolle. Es soll der Versuch unternommen werden, Emotionen zurückzudrängen oder zu kontrollieren.

2. **Ankereffekt** ⤙
   - *„Ich lese Informationen, ich suche nach Informationen. […] Und dann finde ich vielleicht als Erstes eine Zahl über das vorausgesagte Wachstumspotenzial einer bestimmten Technologie in einem Markt. Die Zahl nehme ich dann als sogenannten ‚Anker'. Und ich bin dann ungern bereit, diese erste Information, die ich sehe, die mich plausibel dünkt, grundsätzlich nochmals zu hinterfragen. Also das Erste, was ich sehe, dominiert oft. Und um das drehen sich dann meine Gedanken und ich bin dann weniger offen für ganz Neues." (8:26)*
   - *„diese Ankerheuristik, die spielt eine große Rolle, weil ich finde zu allem eine Erstinformation und die prägt mich in der Regel stärker als alles andere, was dann danach folgen würde." (8:56)*

   Kernaussage: Einem der ‚klassischen' Wahrnehmungsfehler, dem Ankereffekt, wird eine Bedeutung in der Identifikation neuartiger Risiken und Chancen beigemessen.

3. **Authority Bias** ✱

   Die von Autoritätspersonen geäußerte Meinung wird allein aufgrund von deren Status, Expertentum oder hierarchischer Position in der Organisation höher bewertet (Hunziker, 2019, S. 38). Der Informationsgehalt wird nicht oder nicht genügend hinterfragt. Der Authority Bias tritt im Gruppensetting auf, bspw. im Brainstorming oder Versprachlichen von neu identifizierten Risiken und kann dort zu spürbaren Fehleinschätzungen führen.

- *„so ein starker Chef. Wenn der sagt, das ist ein Risiko, dann finden die anderen zwei, ja, das ist wirklich ein Risiko“ (5:70)*
- *„Wir sind so zugedeckt, dass das man manchmal sogar froh ist, wenn jemand was sagt. Und dann schließen sich die anderen vielleicht mal einfach mal an. Und dann beeinflusst diese Person, die als erstes spricht, dann schon relativ stark, wenn sie dann noch hierarchisch top besetzt oder in einer höheren Position ist, vielleicht auch noch weniger Widerstand.“ (6:30)*
- *„ist so eine Verzerrung auch, dass man sich an Vorgesetzten orientiert“ (11:49)*

Kernaussage: Äußerungen Vorgesetzter oder eines Meinungsführers kann die Wahrnehmung der Teilnehmer beeinflussen.

4. **Base Rate Fallacy ✱**

Auf Deutsch als Basisratenfehler bezeichnet, wird bei dieser Wahrnehmungsverzerrung die statistische Information über Merkmalsausprägungen in der Grundgesamtheit ignoriert oder ausgeblendet, zugunsten salienter Informationen, die aber nicht repräsentativ oder sogar irrelevant sind (Bar-Hillel, 1980, S. 211; Caputo, 2013, S. 378).

Der Basisratenfehler kann eine Folge der Repräsentativitätsheuristik sein (vgl. Nr. 23 in dieser Aufzählung). Im ERM-Prozess kann er bei der Einschätzung von Eintrittswahrscheinlichkeiten im Rahmen der Risikobewertung auftreten (Montibeller & von Winterfeldt, 2015, S. 1236).

- *„Ich glaube, das ist der wichtigste Schritt, sich überhaupt bewusst zu machen, mit der Prämisse, ja, es gibt Risiken. Das ist wichtig, sich darüber Gedanken zu machen und dann versuchen zu verstehen, was gibt es für Risiken für uns.“ (4:5)*

Kernaussage: Seitens der Experten wird verstanden, dass zunächst ein Verständnis für die brancheninhärenten, also grundsätzlich bestehenden Risiken und Chancen vorhanden sein muss.

5. **Bestätigungsfehler ⊸**

- *„Confirmation Bias (Bestätigungsfehler). Wir wollen glauben, was wir bereits glauben.“ (4:36)*
- *„wenn man nur eine Internetrecherche machen würde, ich das als Beispiel bringe, dann wäre es ja sehr gefährlich, dass ich natürlich immer mit denen Wahrnehmungen gefüttert werde, die ich einmal gesucht habe. Das heißt, da wird dann gefüttert und dann gibt es eine Wahrnehmungsverzerrung. Das wäre für mich eine Wahrnehmungsverzerrung oder ein Bias oder, ja, wo da passiert.“ (5:57)*

- *„Dann natürlich, was sehr relevant ist: Ich kann ja nur nach dem suchen, was ich selbst mal mir beispielsweise vorgebe, nach was ich suche. […] Also simpel gesagt, ich finde alles, was mich bestätigt. Und ich kann alles ignorieren, was gegen meine Wahrnehmung ist. Das ist ein Riesen, das eines der größten Themen im Risk Management per se, dass ich eigentlich, ohne dass ich es weiß, wissen, oder dass ich mir dessen bewusst bin, suche ich nach grundsätzlich eher nach Informationen, die mein Vorwissen meine, meine Glaubenssätze, ja meine Wertvorstellung in erster Linie bestätigen. Und ich blende gerne aus, was dem entgegenspricht oder dagegenspricht." (8:24)*
- *„also dieser confirmation bias, dass ich mir eigentlich immer Informationen suche, tatsächlich, die meine Meinung bestätigen" (11:55)*

Kernaussage: Der Bestätigungsfehler übt einen großen Einfluss auf die Vorgänge des Risikomanagements aus, insbesondere die Suchstrategien nach neuen Informationen sind davon betroffen.

6. **Cautious Shift** ⟜

   Der Bias bezeichnet den gegenteiligen Effekt ('t Hart, 1991, S. 264) des ‚Risky Shift' (vgl. Nr. 25 in dieser Aufzählung) und ist ebenso wie dieser in Gruppensettings zu beobachten. Die Gruppe entscheidet bei Vorliegen des Cautious Shift weniger riskant als es die einzelnen Teilnehmer tun würden. Beide Effekte fallen unter die allgemeinere Betrachtung der ‚Group Polarization' (Lermer et al., 2014, S. 4; Myers & Lamm, 1976, S. 609). Zur Begründung vermuten Lermer und ihre Kollegen (2014, S. 4) eine Tendenz, nicht „negativ auffallen" zu wollen. In der Risikosituation kann der Effekt zum Überreporting von Risiken führen, sofern der Gruppenkonsens eher vorsichtig ausfällt.

   - *„Dann gibt es einen weiteren Effekt beim Brainstorming in Gruppen, dass man auch weiß, dass grundsätzlich ein, man nennt das so einen Shift passiert in der Gruppe. Es kann in beide Richtungen gehen. Also Gruppen können Risiken dann im Brainstorming als viel zu unterbewertet, also die Risiken eigentlich weniger dramatisch darstellen, als sie eigentlich sind. Oder genau das Gegenteil." (8:33)*

Kernaussage: Gruppendynamische Effekte können die Risikoidentifikation beeinflussen, unterschiedliche Wirkungsrichtungen sind vorstellbar.

7. **Conformity Bias** ⤙
   Unter Conformity Bias entsteht der Eindruck bei den Teilnehmenden, die Einschätzung der Mehrheit in der Gruppe zu akzeptieren (Goto, 2007, S. 271). Eine möglicherweise abweichende eigene Meinung wird nicht geäußert. Begründet wird der Conformity Bias (nicht abschließend) mit Furcht vor Ausgrenzung, Streben nach Belohnung oder Abwertung der eigenen Sichtweise. Verstärkt wird er ggf. durch den Authority Bias.

   In der Risikoidentifikation erweist sich Conformity Bias als nachteilig, wenn mögliche Risiken und Chancen zwar erkannt, aber unausgesprochen bleiben und folglich nicht in das Risikosubstrat aufgenommen werden.
   - *„Dann weiß man auch, dass ein Konformitätsdruck enorm hoch ist, der so weit geht, dass es dazu führt, dass man seine eigene Meinung komplett eigentlich ignoriert, respektive den Anschluss an die Gruppe sucht und bestätigend argumentiert mit der Gruppe. Das fast einer der größten, besterforschten Biases, dieser Konformitätsdruck den man hat. Der ist sehr gut belegt auch. Also Autorität, Konformität spielen eine sehr große Rolle. Die verhindern, dass man überhaupt noch ehrlich über Risiken spricht." (8:32)*

   Kernaussage: Menschen gehen sehr weit, um nicht aus der Gruppe ausgeschlossen zu werden. Bei empfundenem Konformitätsdruck wird die Risikoidentifikation ggf. verhindert.

8. **Effekt der trügerischen Wahrheit** ⤙
   Der Effekt kann sich einstellen, wenn Informationen vertraut erscheinen oder wiederholt dargeboten und dadurch für wahr gehalten werden (Duffy, 2020, S. 106).
   - *„Es gibt oft einen Austausch. […] Es kommt letztlich dann bilateral oder idealerweise in diesem Gespräch und das geht auch gar nicht so, also oftmals ist man sich auch irgendwie einig. Es ist irgendwie auch einleuchtend. Das ist dann quasi wirklich vielleicht in einer Millisekunde geschieht es, dass man sagt hier, das ist dein Eindruck und das teile ich. […] Das sagt man ja, das ist ein Risiko." (3:31)*

Kernaussage: In Gesprächen der Teilnehmer an der Risikoidentifikation untereinander oder mit dem Risk Manager kann sich ein solcher Effekt in sehr kurzer Zeit einstellen.

9. **Erstredner-Bias** ⟜
Dieser Bias wurde durch den Experten R_19 genannt und in-vivo codiert. Das bedeutet, die Textpassage wurde wörtlich als Code übernommen. In der Literatur tritt dieser Effekt nicht auf, weshalb die ergänzenden Erläuterungen des Experten zur Auswertung herangezogen werden.
   - *„ein wichtiger Bias ist natürlich der Erstredner-Bias" (6:29)*
   - *„Wir sind so zugedeckt, dass das man manchmal sogar froh ist, wenn jemand was sagt. Und dann schließen sich die anderen vielleicht mal einfach mal an. Und dann beeinflusst diese Person, die als erstes spricht, dann schon relativ stark, wenn sie dann noch hierarchisch top besetzt oder in einer höheren Position ist, vielleicht auch noch weniger Widerstand." (6:30)*

   Kernaussagen: Es ist möglich, dass die zuerst erfolgte Äußerung in einer Gruppe die nachfolgenden Aktivitäten prägt. Der Effekt ist mit dem Authority Bias verwandt.

10. **Framing Effect** ⟜
   - *„dass man eben dann mit Beispielen arbeitet. Wobei die natürlich immer auch die Gefahr des Framings tatsächlich so ein bisschen haben, dass man dann sich zu sehr wieder an diesen Beispielen rumhangelt, sozusagen auch, aber dann, ähm, die Diskussion anzufangen." (11:14)*
   - *„Und dann vielleicht, wenn die erste Runde an Risiken gekommen ist. Also, wenn man dann diskutiert hat, was könnten jetzt Bedrohungen unseres Geschäftsmodells sein, dass man die auch noch mal auf den Prüfstand stellt. Und dann vielleicht in der zweiten Runde einfach noch mal andere Risiken, die man sich vielleicht vorher grundsätzlich überlegt hat, dann in der zweiten Runde bringt. Und was sagt ihr denn dazu? Ja, also dass sie aus dem ursprünglichen Frame der ersten Runde dann noch mal rausgerissen werden." (11:28)*
   - *„Also ein bisschen Framing wird man immer dabeihaben." (11:63)*

   Kernaussagen: Framing ist ein möglicher Effekt, der sich bei eingangs vorgelegten Beispielen und auch bei bereits identifizierten Risiken auswirken kann. Es wird keine Aussage gemacht zur Richtung des Einflusses.

11. **Group polarization** ⤙

- *„Allein durch die Diskussion dann, oder dass so Verknüpfungen gab oder dass der eine gesagt hat Ich sehe das Risiko und der andere hat dann beipflichtet, hat aber aus einer anderen Perspektive gesehen" (1:69)*
- *„ […] Das heißt, diese Diskussion ist nie wirklich ausufernd lang, weil wir haben eigentlich also zumindest in diesem Gremium oftmals die gleich, das gleiche Interesse, es irgendwie zu verankern, nicht Risiken zu sammeln und irgendwie das Portfolio aufzublasen." (3:36)*
- *„Wenn ich jetzt diesen Workshop führe in der Gruppe, dann habe ich natürlich diesen Gruppenzwang. Der kann in verschiedene Richtungen wirken, aber in der Regel tendenziell kann der dazu führen, dass ich vielleicht in, innerhalb einer Gruppe Dinge relativiere oder sogar nicht anspreche, weil ich in der Gruppe irgendwo nicht mich, nicht mich zu sehr exponieren möchte. Also ich glaube, tendenziell ist das die Gefahr, die größere. Es gibt natürlich gleichzeitig, aber es ist vielleicht nicht das Gruppendenken, aber ich glaube also ein Punkt ist eben diese Gruppendynamik oder die führt auch zu Verzerrungen." (12:64)*
- *„Und da muss man die Leute alle ein bisschen auf gleiches Niveau bringen, damit wir dann aus Sicht der Firma sagen konnten ja, okay, das verstehen wir jetzt" (13:34)*

Kernaussage: Group Polarization wird als Verzerrungseffekt erkannt, gleichzeitig sorgt der Effekt für einen nivellierenden Ausgleich in der Gruppe.

12. **Groupthink** ✱

Groupthink ist ein gruppendynamischer Effekt, der in kohäsiven Gruppen auftritt, die unter hohem psychologischem Druck politische Strategieentscheidungen fällen. Dabei wird das Streben nach Einstimmigkeit derart dominant, dass kritisches Nachdenken über Handlungsalternativen gar nicht erst erwogen wird (Janis, 1971, S. 84, 1982, S. 9;'t Hart, 1991, S. 247). Symptome wie u. a. Selbstzensur durch selbsternannte ‚Mindguards', Konfliktvermeidung, Druck auf Abweichler ('t Hart, 1991, S. 257) und Zwang zum Konsens (Bromiley, McShane, et al., 2015, S. 270) können in Situationen des Groupthink zu desaströsen Ergebnissen führen (Kerr & Tindale, 2004, S. 640).

Irving L. Janis (1971) ‚vermarktet' sein Konzept zunächst in der populärwissenschaftlichen Zeitschrift *Psychology Today* mit Bezug auf damals prominente, anekdotische Beispiele politischer Fehlentscheidungen (u. a. Pearl Harbor, Vietnamkrieg, Invasion der kubanischen Schweinebucht (Esser, 1998, S. 116)), bevor er ein wissenschaftliches Theoriegebäude nachliefert

(Janis, 1982;'t Hart, 1991, S. 257). Der empirische Gehalt des Konzepts ‚Groupthink' steht auf tönernen Füssen (Kerr & Tindale, 2004, S. 640) und kann durch Forschungsleistungen nur ausnahmsweise belegt werden (Esser, 1998, S. 133).

- *„Gruppendenken, Group Think ist die Tendenz, dass Gruppen Harmonie wollen, Konflikte vermeiden und darum oft sehr schnell homogen denken und homogene Entscheidungen treffen." (4:54)*
- *„Was passieren kann ist, dass es Leute gibt, die sich gerne reden hören. Und die nehmen dann ein bisschen die Energie oder die Redezeit zu sehr für sich in Anspruch. Das ist für mich auch eine Frage der Moderation, dass man hier auch solche Dynamiken unterbindet und schaut, dass es eben nicht mehr, oder nicht auch in diesem Setting zum Beispiel zu Gruppendenken kommt." (4:60)*

Kernaussage: Obschon Groupthink nicht als verhaltensökonomischer Bias eingeordnet wird (vgl. Anlage II. Nr. 7), gehen die Experten von der Existenz des Phänomens während der Risikoidentifikation aus.

13. **Halo-Effekt** ✱

Der Halo-Effekt (griechisch *ἅλως (halos) – Lichtschein, Scheibe*) bezeichnet eine Wahrnehmungsverzerrung, wobei von einer bekannten Eigenschaft einer Person, einer Situation (Kahneman, 2011, S. 82) oder des wirtschaftlichen Erfolgs einer Unternehmung (2011, S. 207) aufgrund deren (positiver oder negativer) ‚Strahlkraft' auf unbekannte Eigenschaften geschlossen wird. Bezogen auf Personen kann der Halo-Effekt bei der Personalauswahl (Meyer, 2023, S. 18) und -beurteilung auftreten. Kahneman (2011, S. 82) weist als Begründung für den Halo-Effekt auf die vorherrschende Emotion beim Entstehen des ersten Eindrucks hin, die insgesamt als verknüpfte Gedächtnisinhalte abgelegt werden.

- *„Dann kann es schon mal sein, dass, wenn ich mich, wenn ich mir das aktuelle Bild in den Medien veranschauliche, man weiß, die Medien sind per se schon mal verzerrt als Beispiel. [...] Das hat schon mal oder kann im Prinzip zu einem verzerrten Bild über die Relevanz, gewisse Themen, über die Aktualität, gewisse Themen generieren und auch Themen, die vielleicht untergehen, weil sie überstrahlt werden von Aktualität und medienwirksamen Informationen." (8:20)*

Kernaussage: Die Risikoidentifikation wird von Überstrahlungseffekten beeinflusst. Die Einordnung durch die Experten lässt sich jedoch nicht trennscharf vom Rezenzeffekt (s. Nr. 24 in dieser Aufzählung) abgrenzen.

14. **Hidden Profile** ⤙
    - *„Und man versucht dann, das ein bisschen abzufedern. Also intern im Bereich Finanzen und Controlling beispielsweise, dass die Leute abzuholen und dann zu schauen, wie geht man mit dem weiter. Und wenn da ein Konsens da ist, dann kann es sein, dass man dann nochmal das Risikomanagement gelangt und dass das dann aufgenommen wird.“ (9:44)*

    Kernaussagen: Ein möglicherweise einseitiger Informationsaustausch kann in Subgruppen stattfinden, was konsensfördernd sein kann. Die mit der Einseitigkeit verbundene Verzerrung bzw. die aus der Theorie bekannte, mögliche Erhärtung bestehender Biases findet sich nicht in der Expertenaussage (vgl. Abschn. 2.2.6.2 Nr. 7).

15. **Illusion of control** ✳

    Die Kontrollillusion ist als Wahrnehmungsfehler bereits früh beschrieben worden. Langer (1975, S. 313) bezeichnet so den Effekt einer systematisch überzogenen Einschätzung, erfolgreich zu sein, weitaus mehr als es die objektive Datenlage erlauben würde. Der Effekt tritt bspw. in Auswahlsituationen mit ungewissem Ausgang auf. Diese werden fälschlicherweise als kontrollierbar eingeschätzt (Langer, 1975, S. 312; Meissner & Wulf, 2017, S. 432). Als Folge werden größere Risiken akzeptiert (1975, S. 325), was in der Risikoidentifikation zu einem Unterreporting führen kann.

    Mit dem Hinweis auf Selbstüberschätzung der Wirkung persönlichen Einsatzes von Entscheidungsträgern auf die erfolgreiche Strategieumsetzung knüpft Schwenk (1983, S. 21) einen Bezug zum Optimism Bias (vgl. Nr. 19 in dieser Aufzählung).

    - *„so auch eine gewisse Kontrollillusion auch ja vielleicht zu kommunizieren, dass man alles im Griff hat. Bei mir passiert schon nichts, so.“ (8:13)*

    Kernaussage: Die Kontrollillusion verhindert, dass Risiken aufgezeichnet werden.

16. **Inside View** ⤙
    - *„Ist denn eine interne Risikoidentifikation überhaupt so wertvoll wie eine externe? Also können wir das intern aus dem Unternehmen heraus ausreichend befriedigend tun? Oder braucht es nicht immer oder öfter oder regelmäßig den Blick von außen, dass jemand eben ohne, ohne Stakeholderinteressen, ohne peer pressure und ohne Biases an dieses Thema herangeht und das betrachtet?“ (3:59)*

- *„Also die sind tagtäglich im Betrieb, die wissen, wie die Abläufe sind." (12:35)*

Kernaussage: Die Problematik eines möglichen Inside Views als einschränkende Perspektive während der Risikoidentifikation wird erkannt.

17. **Minority influence ✱**
Forschung zu politischen Prozessen und strategischem Entscheidungsverhalten schreibt dem Einfluss von Minderheiten eine förderliche Wirkung zu. Entscheider denken kreativer und entwickeln zusätzliche Alternativen in der Entscheidungssituation (Das & Teng, 1999, S. 770). Eine konträre Perspektive ergibt sich aus folgender Aussage:
    - *„Das war ein Wunsch des Verwaltungsrats, dass die zwei Delegierte senden. Ich fand das nicht schlecht. In der Realität hat es wahrscheinlich dazu geführt, dass einige Leute eingeschüchtert waren und gar nichts gesagt haben." (12:31)*

    Kernaussage: Der Einfluss einer Minderheit kann die Risikoidentifikation beeinflussen. Die Expertenaussage kann allerdings auch auf die Autoritätsverzerrung (vgl. Nr. 3 in der Aufzählung) bezogen werden.

18. **Negativitätsdominanz ↜**
    - *„Oder ein kritischer Bias ist natürlich, was man erlebt hat, selbst. Man ist halt sehr Aufmerksamkeit, vor allem auf diese Dinge, die schief gegangen sind." (6:34)*
    - *„Da bin ich jetzt sehr, sehr negativ behaftet, weil das beeinflusst natürlich auch die Formulierung der Risiken. Dass ich vielleicht eben alles schwarzsehe und etwas formuliere, dass vielleicht, wenn ich es etwas objektiviere, gar nicht so relevant ist." (12:60)*

    Kernaussage: Eine negative Einstellung beeinflusst die Risikoidentifikation in Richtung des Überreportings (es werden tendenziell mehr Risiken berichtet).

19. **Optimism Bias ↜**
    - *„Und dann kommt man aus diesem kognitiven Tunnel heraus, weil wir wollen ja alle glauben, das wird ein super Projekt. Ja, wir glauben daran. Aber das ist der Optimismus Bias. Und den muss man durchbrechen." (4:15)*
    - *„wenn es gerade um Strategie geht, dass ein gewisser Optimismus da eine große Rolle spielt. Wenn man über strategische Ziele nachdenkt oder Unsicherheiten, die damit verbunden sind, ist die Gefahr groß, dass man eine gewisse Überoptimismus an den Tag legt. […] Und da kann es sein, dass,*

wenn man über Ziele spricht und über Strategie, dass man zuerst mal überoptimistisch ist, das heißt den Chancen, den Opportunitäten ein größeres Gewicht beimisst.“ (8:22)

- *„dass man weniger gerne als zweites noch über negative oder Unsicherheiten, Downside Risk wie es so schön heißt, nachdenken möchte. Ist rein psychologisch begründet. Das ist ja auch nicht schlecht in gewissen Situationen, aber kann aus einer ERM-Optik zu einer zu einem Überoptimismus führen.“ (8:23)*

Kernaussage: Eine übermäßig positive Einstellung beeinflusst die Risikoidentifikation in Richtung Überreporting von Chancen und Ignorieren von Risiken.

20. **Overconfidence**⌐

- *„Overconfidence ist Selbstüberschätzung. Es ist natürlich gut, wenn wir an uns selber glauben, selbstbewusst sind. Aber wir neigen tatsächlich dazu, die Qualität unseres Wissens zu überschätzen. Und wir neigen dazu, uns im Vergleich mit anderen Leuten zu überschätzen.“ (4:43)*

Kernaussage: Overconfidence wird als für das Selbstwertgefühl nützliche Wahrnehmungsverzerrung beschrieben.

21. **Perceived Risks** ⌐

- *„was auch vielfach diskutiert wird, Einzelereignisse oder dass man, dass man Einzelereignisse gut einordnen kann“ (6:36)*

Kernaussage: Der Bias kann dazu führen, dass Einzelereignisse als Risiko klassifiziert werden.

22. **Rekognitionsheuristik** ✳

In Auswahlsituationen unsicheren Ausgangs mit zwei Alternativen, von denen eine bekannt, die andere unbekannt ist, wird der bekannten Alternative der höhere Wert beigemessen (Gigerenzer, 2020, S. 1374). Allein die „subjektive Vertrautheit […] von Alternativen“ (von Nitzsch, 2021, S. 24) ist hinreichend, um rasch eine Entscheidung zu treffen, was als „incredible asset“ (Hjeij & Vilks, 2023, S. 10) in neuartigen Entscheidungssituationen in einem allgemeinen Kontext gewertet wird (2023, S. 11). Zudem wird die Rekognitionsheuristik als ‚echter‘, also testbarer Effekt eingestuft (Gigerenzer, 2020, S. 1373).

- *„was wir auch oft machen als Menschen, wenn wir was kennen, dann tun wir so als ob da wissen wir Bescheid. Da sind wir die Kings und dann tun* *wir das auch recht bewerten. Ich glaube, das ist auch etwas. Wir sehen das als wahrscheinlicher nur, weil wir das kennen.“ (5:61)*

- *„Da weiß ich jetzt nicht mehr, was für eine Heuristik das es ist. Da stelle ich die Frage: Welche Stadt ist größer als Erkennungsheuristik, San Antonio oder eine ganz bekannte Stadt, die jeder kennt? [SAN DIEGO, KALIFORNIEN, Anmerkung des Verfassers] Ja, ich weiß. Kann sein. Ja. Das sagt natürlich jeder: die bekannte Stadt. Und dabei ist es San Antonio, die hat leicht mehr Einwohner.“ (9:29)*

Kernaussage: Wiedererkennungseffekte treten bei der Identifikation von Risiken und Chancen auf.

23. **Repräsentativitätsheuristik ✳**

Dieser Effekt wird in der Literatur auch als Basisraten-Effekt, *base rate neglect* (Betsch, Funke, & Plessner, 2011, S. 39; Kahneman, 2011, S. 191) bzw. „Vernachlässigung der Basisrate“ (Arnold et al., 2023, S. 15) diskutiert. Aufgrund von beobachtbaren Merkmalen wird ein Objekt einer Klasse zugeordnet, sofern die Merkmale repräsentativ, plausibel (von Nitzsch, 2021, S. 62) oder stereotyp für die Klasse erscheinen. Eine solche Einordnung kann sich als falsch erweisen (Beck, 2014, S. 29) und in der Risikoidentifikation als vorschnelles „Schema-Denken“ (von Nitzsch, 2021, S. 63) zu Fehleinschätzungen führen.

- *„gäbe es natürlich noch viele weitere Biases, über die man reden könnte. Representativeness zum Beispiel. Ganz wichtig bei Risikoeinschätzung“ (4:63)*

Kernaussage: Die Repräsentativitätsheuristik wird als Option der Risikoeinschätzung eingeordnet. Es ist nicht klar, ob damit auch die Risikoidentifikation gemeint ist.

24. **Rezenzeffekt ✳**

- *„Also es kann gut sein, dass man das Aktuelle, was gerade passiert ist, wirklich wichtig ist, oder? Und was man gerade gestern oder heute Morgen erlebt hat.“ (6:37)*
- *Also so ein Aktualitätsbias hat man ja auch, also dass also hier ein schönes Beispiel, was man auch immer bringen kann, wenn man gesagt hätte, wie ist die Gefahr von so einem Atomkraftwerksunfall vor und nach Fukushima? Ja, dann kommen die Leute ja zu völlig anderen Einschätzungen, obwohl sich an der Sachlage eigentlich gar nichts geändert hat.“ (11:58)*

- *„Diese Verzerrung, die gab es natürlich sofort. Man denkt sofort an die Sachen, die man erst gerade kürzlich erlebt hat und nicht an das Ganze, was eigentlich möglich wäre.“ (13:26)*

Kernaussage: Der Rezenzeffekt wird als dominanter Faktor erkannt, der die Risikoidentifikation zugunsten des kürzlich Geschehenen beeinflusst.

25. **Risky Shift ✳**
Der Risikoschub-Effekt bezeichnet die Bereitschaft in der Gruppe, „höhere Risiken einzugehen, als es bei einer Individualentscheidung der Fall wäre“ (von Nitzsch, 2021, S. 288). Reynolds und Kollegen (2009) ergänzen um die komplementäre, individuelle Perspektive, wonach die einzelne Person sich aufgrund äußerer Umstände weniger risikoavers verhält (2009, S. 63). Risky Shift und sein Gegenstück, der Cautious Shift (vgl. Nr. 6 der Aufzählung) sind im experimentellen Setting nicht immer nachweisbar. Bereits früh weisen Myers und Lamm auf den allgemeineren Effekt der Group Polarization (vgl. Nr. 11 der Aufzählung) hin (1976, S. 609). Ihre Anregung, auf den Risikoschub in der Forschung zugunsten der Analyse gruppendynamischer Effekte ganz zu verzichten (1976, S. 621), war rückschauend nicht von Erfolg gekrönt.

- *„Dann gibt es einen weiteren Effekt beim Brainstorming in Gruppen, dass man auch weiß, dass grundsätzlich ein, man nennt das so einen Shift passiert in der Gruppe. Es kann in beide Richtungen gehen. Also Gruppen können Risiken dann im Brainstorming als viel zu unterbewertet, also die Risiken eigentlich weniger dramatisch darstellen, als sie eigentlich sind. Oder genau das Gegenteil. Also es gibt so, man nennt das auch so Risky Shift.“ (8:33)*
- *„Man weiß um diese Risky-shifts, die habe ich auch schon erwähnt. Eine Gruppe entscheidet in der Tendenz immer zu riskant.“ (8:46)*

Kernaussage: Gruppendynamische Effekte können die Risikoidentifikation beeinflussen, unterschiedliche Wirkungsrichtungen sind vorstellbar.

26. **Rückschaufehler ✳**
Der Rückschaufehler wird von Fischhoff definiert als ein Moment der Erkenntnis: „Finding out that an outcome has occurred increases its perceived likelihood“ (Fischhoff, 2003, S. 310, 1975, S. 20), damals bereits als „undiagnosed creeping determinism“ bias bezeichnet). Roese und Vohs präzisieren die Definition: „Hindsight bias is defined as the difference between the foresight and hindsight likelihood estimates“ (Roese & Vohs, 2012, S. 412) und erklären den Rückschaufehler als einen der meistuntersuchten Effekte

in der Entscheidungsforschung (2012, S. 411 u. 419). Der Effekt steht in Zusammenhang mit dem Overconfidence Bias (Fischhoff, 1981, S. 10).

Salopp ausgedrückt wird der Rückschaufehler mit „I knew it would happen“ (Fischhoff & Beyth, 1975; Roese & Vohs, 2012, S. 413) beschrieben, und von letztgenanntem Autorenpaar noch weiter ausdifferenziert in Gedächtnisverzerrung, Unvermeidlichkeit und Vorhersehbarkeit (Roese & Vohs, 2012, S. 421). In der jüngeren Literatur stellen psychologische Autoren den Rückschaufehler in den Kontext des „Narrow Thinking“ (von Nitzsch, 2021, S. 95) mit seinen eng eingeschränkten Denkmustern, die das Auftreten von Heuristiken begünstigen (2021, S. 50). Als *post hoc* Betrachtung stellt der Rückschaufehler eine „narrative Verzerrung“ (Müller-Peters, 2023, S. 22) dar und beruht auf sowohl kognitiven als auch motivationalen (Streben nach ‚closure‘ und Selbstwert) Ursachen (Roese & Vohs, 2012, S. 413–416).

Die Risikoidentifikation als Aktivität an der Grenze zwischen Zukunft (Ausblick auf mögliche Zielabweichungen) und Vergangenheit (Erinnern und Bewerten früherer Ereignisse) erscheint besonders vulnerabel gegenüber dem Rückschaufehler. Beim Abrufen von Wissenshalten (‚Risk Intake‘-Aktivität AW) fördern die Rekonstruktion länger zurückliegender, epistemischer Wissensepisoden (Roese & Vohs, 2012, S. 419) und die nachfolgende Bewertung das Auftreten dieses robusten und weitverbreiteten Effekts (Fischhoff, 1981, S. 14).

- *„Und wenn ein solches Problem dann eintritt, haben wir den Hindsight-Bias und glauben, oh, das war ja immer schon klar, obwohl man sich nie Gedanken machte darüber.“ (4:39)*
- *„der Rückschaufehler ist ziemlich einfach beschrieben. In dem Moment, wo man eine Entscheidung trifft, kann man auf, gestützt auf die Fakten, die man hat, trifft man eine Entscheidung. Und diese Entscheidung kann hinterher sein, dass sie nicht die richtige Entscheidung war. Und zu sagen, weil, nur weil ich es hinterher also besser weiß, dass es vorher falsch war, das ist der Rückschaufehler. Das geht nicht. Und das ist ja auch natürlich im Risk Management so.“ (5:59)*

Kernaussage: Der Rückschaufehler wird im Zusammenhang mit der Risikoidentifikation genannt und inhaltlich mit der Entscheidungssituation in Verbindung gebracht.

27. **Self-serving (Attribution) Bias ∗**

Die selbstdienliche Attributionsverzerrung ist dafür verantwortlich, dass Individuen Erfolge sich selbst, Misserfolge hingegen anderen zuschreiben (attribuieren) (Li, 2010, Abschn. 1.). Ein selbstdienliches Verhalten wird als Gegenpol zur Kollaboration in der Gruppe angesehen und kann die Governance des ERM-Systems durch mögliche Spannungen beeinträchtigen (Beasley, Branson, Braumann, et al., 2023, S. 103). Der Wahrnehmungsfehler steht im Zusammenhang mit Overconfidence bei Entscheidern (vgl. Nr. 20 der Aufzählung) oder wird als kausal für Overconfidence angenommen (Li, 2010, Abschn. 5.; Mishra & Metilda, 2015, S. 230).

- *„es hat ja jeder seine persönliche Zielsetzung in der Organisation, jeder Teilnehmer. Und auch das beeinflusst die Wahrnehmung. Also, wo stehe ich genau in der Organisation? Das kann sein, dass ich vielleicht in einer Situation bin, wo ich in meiner Position irgendwo einen Schritt weiterwill. Also, diese, ich sage diese oder diese, das ist nicht positiv/negativ im Sinne der Bewertung, sondern mehr sehe ich etwas, was ich nenne, für mich als vorteilhaft oder weniger vorteilhaft" (12:75)*
- *„die Beeinflussung ist die, dass ich dann eben aufgrund der eigenen Agenda sage, wenn ich gewisse Dinge reinnehme, kann das für mich gewinnbringend vorteilhaft sein oder weniger. Und wenn ich das Gefühl habe, es kann mir schaden, dann oder es ist für mich verlustträchtig, dann nehme ich es nicht rein." (12:76)*

Kernaussage: Als strategisch-intendierte Wahrnehmungsverzerrung wird der Self-serving Bias genannt. Je nach Kalkül kann sich dieser auf die Risikoidentifikation auswirken.

28. **Soziale Erwünschtheit ✱**

Der Verzerrungseffekt der sozialen Erwünschtheit lässt Menschen in empirischen Erhebungen Antworten geben, von denen sie glauben, dem Interviewer oder den Autoren der Befragung genehme, erwünschte oder unterstützende Antworten zu geben (Friedrichs, 1990, S. 152), die jedoch nicht der wirklichen Meinung entsprechen müssen. Weitere Motive für die Verzerrung liegen im Wunsch begründet, einen möglichst guten Eindruck zu hinterlassen (Simunović & ŽeŽelj, 2023, S. 103) oder sich selbst anders (nicht notwendigerweise besser) darstellen zu wollen (Paulhus & Trapnell, 2008, S. 499). Eigentlich ein Problem der empirischen Sozialforschung, kann der Effekt sozialer Erwünschtheit im ‚heiklen' Gespräch über organisationsbedrohende Risiken eine Rolle spielen.

- *„Aber ja, logisch gibt es natürlich Leute, die wollen natürlich dann eher sagen vielleicht nicht ganz alles oder so, weißt du oder, oder sagen was Netteres als sie wirklich denken." (14:21)*

Kernaussage: Ähnlich wie der Self-serving Bias (vgl. Nr. 27 der Aufzählung) kann ein Effekt der sozialen Erwünschtheit die Aussagen beeinflussen, die im Rahmen der Risikoidentifikation getätigt werden.

29. **Status-Quo-Bias ✱**
In Entscheidungssituationen bedeutet der Status quo zunächst das Beibehalten des gegenwärtigen Zustands (Samuelson & Zeckhauser, 1988, S. 8). Dabei besteht eine Präferenz für den Status quo – eine Verhaltensänderung wird nur ungern vollzogen (Beck, 2014, S. 163–164).

Rein ökonomisch argumentiert, sprechen Kosten eines Wechsels zu einer anderen Alternative oder dessen ungewisse Auswirkungen gegen einen Wechsel (Samuelson & Zeckhauser, 1988, S. 34). Erschöpfung und Müdigkeit können das Auftreten des Status-Quo-Bias ebenfalls begründen (Sagana, 2018, S. 138). Die psychologische Perspektive des Verharrens ist damit jedoch noch nicht geklärt. Auch die verwandten Verzerrungseffekte der Verlustaversion (vgl. Nr. 34 der Aufzählung) und der ‚Endowment Effect' (Besitztumseffekt, Beck, 2014, S. 170; Hunziker, 2019, S. 31–32) liefern keine hinreichende Erklärung für den Status-Quo-Bias (Beck, 2014, S. 167; Samuelson & Zeckhauser, 1988, S. 36). Diese gelingt erst mit der Berücksichtigung der ‚sunk cost fallacy' (fortgesetzter Mitteleinsatz trotz Uneinbringbarkeit der Investition) (Samuelson & Zeckhauser, 1988, S. 37) und ‚regret avoidance' (1988, S. 38). Letztere bewirkt, dass Verluste beim Festhalten am Status quo weniger Bedauern beim Entscheider hervorrufen als Verluste nach aktiver Wahl einer Handlungsalternative (Kahneman & Tversky, 1982, S. 160).

Mit ergänzenden Hinweisen auf Vermeidung kognitiver Dissonanz, Furcht vor Kontrollverlust und Wunsch nach Einhaltung sozialer Normen (Samuelson & Zeckhauser, 1988, S. 38 u. 40) wird einerseits deutlich, dass unterschiedliche Wahrnehmungsfehler gemeinsam auftreten können und miteinander in Wechselbeziehungen stehen. Zusätzlich wird aufgezeigt, dass psychologische Erklärungsansätze gegenüber rational-ökonomischen Annahmen eine höhere prädiktive Kraft besitzen (1988, S. 47). Mit einer verhaltensökonomischen Perspektive lassen sich die Ansätze kombinieren.

- *„Status-Quo-Bias, geht vielleicht auch in diese Richtung. Wir haben es doch immer schon so gemacht. Warum müssen wir etwas ändern? Ja, vielleicht weil sich die Welt ändert." (4:37)*

Kernaussage: Der Status-Quo-Bias wird als Ausdruck von fehlendem Veränderungswillen angeführt.

30. **Strategische Biases** ✱
Strategische Biases bzw. politische Biases (Flyvbjerg, 2021, S. 534) werden intentional gewählt und sind keine systematischen Wahrnehmungsverzerrungen. Sie sind damit nicht Gegenstand der vorliegenden Analyse (vgl. Abschn. 2.2.6.2 Nr. 16).
   - *„ich habe da ein Beispiel im Kopf, wo ich dann gesagt habe, ja, nimm es doch in, lass uns das ins Risiko-, auf dem Risikoinventar aufnehmen. Und dann hat er aber gemeint, das würde zu viel Unruhe auslösen. Also die Zeit ist noch nicht reif dafür, und das kann durchaus sein, dass man aus taktischen Gründen halt ein bestimmtes Risiko nicht oder noch nicht in dem Risiko-, in das Risikoinventar aufnimmt, weil die Tragweite zu groß wäre." (9:21)*

   Kernaussage: Wahrnehmungsverzerrungen können bewusst und taktisch eingesetzt werden. Dies wirkt sich auf das zu erzielende Risikosubstrat aus.

31. **Survivorship Bias** ✱
Der Überlebensirrtum ist eine Wahrnehmungsverzerrung bei der vorrangig die Erlebnisse und Erkenntnisse erfolgreicher Personen und Organisationen berücksichtigt werden. Die „Geschichten der Gescheiterten" (Glaser, 2019, S. 127) sind im Risiko-Chancen-Kalkül nicht enthalten. Insgesamt entstehen eine asymmetrische Wahrnehmung, obschon gerade die nicht berücksichtigten Informationen („Misserfolgsfaktoren" bei Glaser, 2019, S. 128) größere Bedeutung haben könnten.
   - *„Weil Katastrophen können auch uns erwischen und sie haben uns nicht erwischt, weil wir vielleicht Glück hatten. Wir haben hier dann auch den Survivorship Bias. Wir haben den Filter des Überlebens noch überlebt. Aber das bedeutet nicht, weil wir im Moment noch gut davongekommen sind, dass wir risikofrei sind. Vielleicht hatten wir nur Glück und die anderen, die es erwischt hat, die wir nicht auf dem Radar hatten, die haben genau das Gleiche wie wir gemacht. Die hatten einfach nur Pech. Survivorship Bias. Auch ganz wichtig." (4:42)*

   Kernaussagen: Die Expertenaussage ist mit einer Warnung verbunden, positive Aspekte aus der Vergangenheit nicht als Abwesenheit entsprechender Risiken zu werten – es kann sich um Zufall gehandelt haben. Die Vergangenheit ist keine Vorhersage für die Zukunft, was die An- und Abwesenheit von Risiken angeht.

32. **Transparency Bias** ⊸
   - *„zwei Mechanismen die die die unbewussten, die impliziten, die durch diese kognitiven Verzerrungen einfach ablaufen, denen ist man sich gar nicht*

bewusst. Und dann die expliziten, wo man versucht, über ein Bild ein eigenes Risikobild zu steuern, Dinge zu beeinflussen, sei es sich selbst in einem guten Bild darzustellen oder vielleicht sich auch andere in einem schlechteren Bild darzustellen." (8:19)

Kernaussage: Der Transparency Bias in seiner intentionalen Variante wird angedeutet. Als politischer Bias ist der Effekt nicht Gegenstand der Analyse (vgl. Abschn. 2.2.6.2 Nr. 16). Es wird jedoch eine Verknüpfung zum Self-serving Bias hergestellt.

33. **Verfügbarkeitsheuristik** ↽
    - *„Also der Mensch ist per se schon nicht neutral, wenn er auf die Suche nach Risiken geht. Ich nenne da beispielsweise auch eine sehr wohlbekannte Heuristik oder ein Bias, der daraus entsteht, ist die Verfügbarkeit." (8:25)*
    - *„Wie gesagt, also die Verfügbarkeit, Verfügbarkeitsheuristik, wenn ich mich richtig erinnere. Wenn das irgendwo in den Zeitungen präsent ist usw., dann überschätze ich dieses Risiko." (9:32)*
    - *„ganz am Anfang bei der Identifikation, dass die Leute, wenn ich die Leute einlade, dass sie natürlich tendenziell, ähm, gerne die Themen ansprechen, die ihnen naheliegend sind. Oder so, ich sage, man nimmt das ja gerne unter Verfügbarkeit oder wie, wie, wie, wie verfügbar ist mir eine Information […]." (12:57)*

    Kernaussage: Die Verfügbarkeit (im Sinne von Gedächtnisinhalten) beeinflusst die Risikoidentifikation.

34. **Verlustaversion** ↽
    - *„Also, dass wir als Menschen eine sehr starke Verlustaversion haben" (11:46)*
    - *„Das heißt, den Verlust zu vermeiden, in der Hoffnung, wird schon gut gehen." (11:54)*
    - *„Und das kann man ja bei jedem Börsencrash beobachten, weil die Leute dann ihre Verluste nicht realisieren und die Aktien einfach viel zu lange halten." (11:62)*

    Kernaussage: Verlustaversion wird als Wahrnehmungsverzerrung mit Einfluss auf die Risikoidentifikation erkannt.

35. **Vertrautheitseffekt** ↽

    Der Vertrautheitseffekt lässt Nahes und Bekanntes als sicherer erscheinen (Müller-Peters, 2023, S. 20). Im Rahmen der Risikoidentifikation kann der Effekt eine verzerrende Asymmetrie bewirken: Bekanntes wird als Risiko nicht aufgenommen (Unterreporting), alles Unbekannte erscheint eher als riskant (Überreporting).

- *„wenn ich das schon mal von irgendwo gehört habe in einem Gremium, das nehme ich als Risiko auf.“ (5:68)*

Kernaussage: Themen werden aufgrund ihrer Vertrautheit als Risiken aufgenommen – mithin entgegen der oben formulierten Wirkung. Die Formulierung der Textstelle erlaubt eine Verknüpfung mit dem Rezenzeffekt (vgl. Nr. 24 in dieser Aufzählung) und ggf. dem Autoritätseffekt (Nr. 3).

3.2.2.3.3 Verortung der Wahrnehmungsfehler im ‚Risk Intake'

Projiziert auf die Aktivitätenfolge des ‚Risk Intake' ergibt sich ein Gefüge von insgesamt 18 Wahrnehmungsfehlern. Diese durchziehen die gesamte Aktivitätenfolge, mit Ausnahme der Aktivität FV (vgl. Abbildung 3.17). Zehn im Theorieteil der Arbeit ermittelte Wahrnehmungsfehler werden nicht im Empirieteil genannt. An deren Stelle treten 10 *andere* Wahrnehmungsfehler (vgl. dunkelgraue Markierungen in Abbildung 3.17). Diese reichern insbesondere die Aktivitäten SI (fünf zusätzliche Wahrnehmungsfehler), BW und VS (jeweils drei) an. Die Aktivität RD wird um zwei Wahrnehmungsfehler ergänzt, die Aktivitäten IA, VI, AW und GW jeweils um einen.

8 der 15 im Zusammenhang mit der Risikoidentifikation genannten Wahrnehmungsfehler werden durch die befragten Experten Aktivitäten des ‚Risk Intake' zugeordnet (hellgrau hinterlegt in Abbildung 3.18).

Fünf der genannten Biases werden u. a. in der Aktivität AW verortet, drei in der Aktivität RD. Die Aktivitäten SI und BW sind mit jeweils zwei Biases verknüpft worden, die Aktivität VS mit einem (Verlustaversion). In den Aktivitäten IA, VI, GW und FV verorten die Experten keine Anhaltspunkte für mögliche Biases.

Das Ergebnis kann mit dem theoretisch ermittelten Mapping gemäß Abbildung 20 verglichen werden. Es verbleiben lediglich drei Übereinstimmungen (vgl. gestrichtelte Umrandungen in Abbildung 3.19). Es handelt sich um die Verknüpfung von

- Rezenzeffekt und Verfügbarkeitsheuristik mit Aktivität AW und
- Overconfidence bei der Bewertung des Wissens (BW).

Ansätze zur Interpretation dieser – im Vergleich zum Theorieteil – deutlichen Unterschiede in der Einschätzung zu möglichen Wahrnehmungsfehlern und deren Verortung im ‚Risk Intake' werden in den folgenden Abschnitten besprochen.

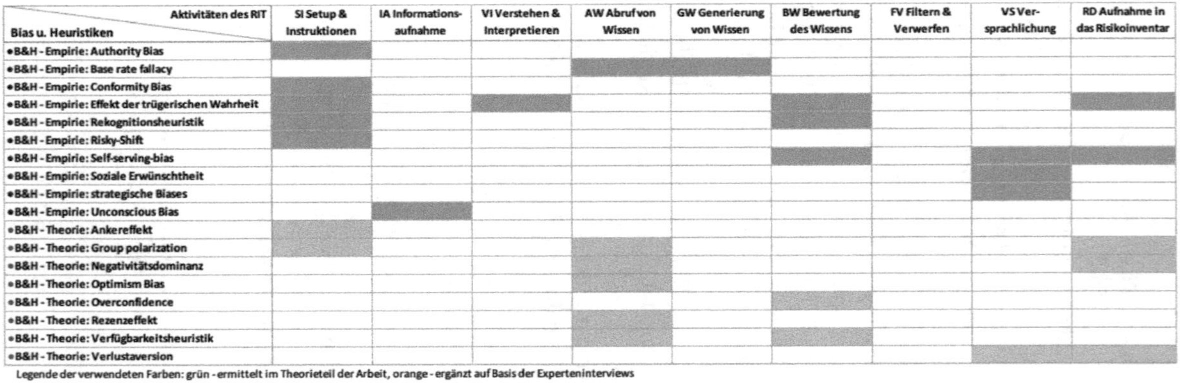

Abbildung 3.17 Biases und Heuristiken im ‚Risk Intake'. (Quelle: Eigene Darstellung)

Aktivitäten des RIT / Bias u. Heuristiken	SI Setup & Instruktionen	IA Informations-aufnahme	VI Verstehen & Interpretieren	AW Abruf von Wissen	GW Generierung von Wissen	BW Bewertung des Wissens	FV Filtern & Verwerfen	VS Ver-sprachlichung	RD Aufnahme in das Risikoinventar
• B&H - Theorie: Affektheuristik									
• B&H - Theorie: Ankereffekt									
• B&H - Theorie: Bestätigungsfehler									
• B&H - Theorie: Framing Effect									
• B&H - Theorie: Group polarization									
• B&H - Theorie: Hidden Profile									
• B&H - Theorie: Inside View									
• B&H - Theorie: Negativitätsdominanz									
• B&H - Theorie: Optimism Bias									
• B&H - Theorie: Overconfidence									
• B&H - Theorie: Perceived Risks									
• B&H - Theorie: Rezenzeffekt									
• B&H - Theorie: Transparency Bias									
• B&H - Theorie: Verfügbarkeitsheuristik									
• B&H - Theorie: Verlustaversion									

Abbildung 3.18 Mapping theoretisch erkannter Biases und Heuristiken zu den Aktivitäten des ‚Risk Intake' gem. Experten. (Quelle: Eigene Darstellung)

Bias u. Heuristiken / Aktivitäten des RIT	SI Setup & Instruktionen	IA Informations-aufnahme	VI Verstehen & Interpretieren	AW Abruf von Wissen	GW Generierung von Wissen	BW Bewertung des Wissens	FV Filtern & Verwerfen	VS Ver-sprachlichung	RD Aufnahme in das Risikoinventar
•B&H - Theorie: Affektheuristik		T		T					
•B&H - Theorie: Ankereffekt				T		T			
•B&H - Theorie: Bestätigungsfehler		T			T	T		T	T
•B&H - Theorie: Framing Effect	T					T	T	T	
•B&H - Theorie: Group polarization								T	
•B&H - Theorie: Hidden Profile								T	
•B&H - Theorie: Inside View						T			
•B&H - Theorie: Negativitätsdominanz								T	
•B&H - Theorie: Optimism Bias					T				
•B&H - Theorie: Overconfidence						T	T		
•B&H - Theorie: Perceived Risks						T	T		
•B&H - Theorie: Rezenzeffekt				T					
•B&H - Theorie: Transparency Bias						T		T	
•B&H - Theorie: Verfügbarkeitsheuristik				T	T				
•B&H - Theorie: Verlustaversion									

T *kennzeichnen die Verortung aus dem Theorieteil*

Abbildung 3.19 Vergleich der Mappings. (Quelle: Eigene Darstellung)

3.3 Diskussion, Interpretation und Konklusion

Die dargelegten Ergebnisse werden im folgenden Abschnitt 3.3.1 interpretiert. Dies geschieht im Hinblick auf die im Theorieteil der Arbeit gelegten theoretischen Erkenntnisse, die mit den empirisch gewonnenen Ergebnissen kontrastiert werden. Es wird argumentiert, welche Konstrukte und Effekte im Rahmen einer verhaltensökonomisch ausgerichteten Risikoidentifikation ergänzt oder erweitert werden können. Anschließend erfolgen die Auseinandersetzung mit ausgewählten Gütekriterien des bevorzugten Forschungsansatzes und Überlegungen zu dessen methodischen Grenzen (Abschnitt 3.3.2). Danach wird die Beantwortung der empiriegeleiteten Subforschungsfragen besprochen (Abschnitt 3.3.3) und es werden die gestaltungsgeleiteten Fragen vorgestellt (Abschnitt 3.3.4). Mit diesen Abschnitten endet der empirische Teil der Arbeit und es folgt der Gestaltungsteil.

3.3.1 Diskussion und Interpretation der Ergebnisse

3.3.1.1 Diskussion und Interpretation der Ergebnisse zur Risikoidentifikation

Rahmenwerke des Enterprise Risk Management stellen einen prozessualen Ablauf in das Zentrum eines ERM-Systems. Die Teilprozesse eines solchen Ablaufs sind im Vergleich der Rahmenwerke einander sehr ähnlich. Alle verfügen über einen Teilprozess ‚Risikoidentifikation' (vgl. Abschnitt 2.2.1.4.2 und Tabelle 2.5).

Im Theorieteil der Arbeit wird auf die defizitäre Detaillierung und fehlende inhaltliche Festlegung der ‚Risikoidentifikation' hingewiesen. Es wird aufgezeigt, dass auch aus der Literatur keine umfassende Beschreibung oder Analyse hervorgeht, was genau im Rahmen der Risikoidentifikation zu tun ist (vgl. Abschnitt 2.2.1.4.3). Gleichwohl können Elemente der Risikoidentifikation identifiziert und mit Hilfe psychologischer und betriebswirtschaftlicher Modelle aus der Literatur eine ‚Risk Intake'-Aktivitätenfolge konstruiert werden (vgl. Abschnitt 2.2.5).

Die fehlende Definition des ‚Risk Intake' im Rahmen der praxisorientierten Risikoidentifikation wird durch die beobachteten begrifflichen Unschärfen unterstrichen (vgl. Abschn. 3.2.2.1). Die durchzuführenden Aktivitäten sind den Experten bekannt, können jedoch nicht mit Fachtermini präzise bezeichnet und eingeordnet werden. Die entsprechenden Fachbegriffe haben sich noch nicht herausgebildet oder sind nicht in einem ‚Risk Intake'-Zusammenhang etabliert. Vorstellbar in der Erlebniswelt der Experten sind die Aktivitäten zwar, eine bewusste Auseinandersetzung auf konzeptioneller Ebene – theoretisch oder praktisch – ist jedoch nicht vorhanden. Bestärkt wird diese Erkenntnis, indem die ‚Risk Intake'-Aktivitätenfolge zwar fragmentarisch aus den Interviews dem theoretischen Modell (vgl. Abbildung 18) entlang konstruiert werden kann, jedoch keiner der befragten Experten eine systematische, vollständige, chronologische Reihenfolge angeben konnte.

Verhaltensökonomische Aspekte im Rahmen der Risikoidentifikation betreffen Wahrnehmungsfehler (Biases und Heuristiken) seitens der am ERM-Prozess teilnehmenden Personen. Forschung im Risikomanagement berücksichtigt solche Wahrnehmungsfehler zwar, dies allerdings vornehmlich am Ende des Risikomanagement-Prozesses. Dort findet der Übergang zu strategischen Entscheidungen statt, das Entscheidungsverhalten unter Unsicherheit ist häufiger Gegenstand der verhaltensökonomischen Analyse. Wahrnehmungsfehler in der Risikoidentifikation zu Beginn des ERM-Prozesses sind dagegen wenig bis gar nicht erforscht. Die ERM-Rahmenwerke gehen nicht auf Biases und Heuristiken ein – die verhaltenswissenschaftliche Perspektive der BWL hat dort noch keinen Eingang gefunden.

Der gewählte Forschungsansatz stellt die im Theorieteil gewonnenen Erkenntnisse auf die Probe. Hier sollen die Ergebnisse der theoretischen Analyse empirisch nachvollzogen werden. Die ‚Risk Intake'-Aktivitätenfolge kann auf Basis des erhobenen Datenmaterials nicht nur vollständig rekonstruiert werden, sondern an neuralgischen Stellen ergänzt oder erweitert werden. Die neuralgischen Stellen liegen gleich zu Beginn der ‚Risk Intake'-Aktivitätenfolge sowie an deren Ende. Diese Eckpunkte markieren nicht nur den Einsprung von bzw. die Rückgabe an den übergeordneten Teilprozess der Risikoidentifikation, sondern entfalten auch Wirkung auf die ‚Risk Intake'-Aktivitätenfolge selbst: Es geht um eine gründliche Initialisierung der Aktivität sowie um qualitätssichernde Kontrollaktivitäten bei der Aufnahme neuer Risiken und Chancen in das Risikoinventar.

Während im Theorieteil die Risikoidentifikation noch weitgehend als ‚Black Box' mit wenig transparenter innerer Struktur und unklaren genauen Abläufen gezeichnet wird (vgl. Abbildung 2.13), ermöglicht die empirische Analyse eine vertiefte Betrachtung und Gruppierung der Vorgänge und Aktivitäten. Ein deutlich präziseres Bild der Risikoidentifikation wird gezeichnet (vgl. Abbildung 3.14). Darin werden die Module M1 Initialisierung, M2 Risk Intake und M3 Abschluss isoliert und beschrieben:

1. Im **Modul M1** wird deutlich, wie aus zunächst nur allgemeinen Such- und Sammelmethoden (Abbildung 2.13) eine trennscharfe Sammlung von Kreativitätstechniken und analytischen Methoden entwickelt werden kann (vgl. Abschnitt 3.2.2.2 und Abbildung 3.10). Genannt werden jeweils mehr als 15 Techniken und Analysemethoden. Es deutet sich eine Präferenz für jeweils einen methodischen Pfad (kreativ *oder* analytisch) ab – nur die forschenden Experten bedienen sich aus beiden Methodenpools. Brainstorming und SWOT-Analyse sind beliebte Methoden, die zum Einsatz kommen. Kombiniert betrachtet unterbreitet die empirische Analyse ein breites Methodenarsenal, aus dem geschöpft werden kann.

Ebenfalls deutlich werden umfassende Anforderungen an inhaltliche, methodische und soziale Fähigkeiten der als notwendig erachteten Moderation der Risikoidentifikation. Der Risk Manager bzw. die Person, die den Prozess leitet, muss sich nicht nur mit der Methodik des Risikomanagements, Moderationstechniken und dem Geschäftsmodell der Organisation auskennen, sondern auch über kommunikative und soziale *‚soft skills‘* verfügen. Sie muss ‚psychologische Sicherheit‘ etablieren und Emotionen erkennen und kanalisieren können (vgl. Abbildung 3.8). Die empirische Analyse zeigt eine Vielfalt an notwendigen menschlichen Qualitäten zur erfolgreichen Durchführung der Risikoidentifikation auf. Der Faktor Mensch wird als zentral in der Risikoidentifikation positioniert (vgl. Abschnitt 3.2.2.2.1), was einer weitgehenden Automatisierung des Teilprozesses entgegensteht. Zur Unterstützung werden Digitalisierungsansätze aufgezeigt. So wird bspw. der Einsatz spezialisierter Softwarewerkzeuge (Tools) vorausgesetzt. Zusätzlich können IT-Agents und automatisierte Benachrichtigungen, ggf. KI-basiert, zur Anwendung kommen (vgl. z. B. Interview R_19, Textstelle 6:15).

Das Modul M1 liefert als Initialisierungsmodul die konzeptionelle Vorbereitung auf die eigentliche Suchaktivität nach neuen strategischen Risiken und Chancen. Diese ist Gegenstand des Moduls 2.

2. Das **Modul M2** detailliert die Aktivitätenfolge des ‚Risk Intake‘ (vgl. Abschnitt 3.2.2.1). Die empirische Analyse zeigt zunächst den Einstiegspunkt in die Aktivitätenfolge unmittelbar nach der Vorbereitung in M1. Durch die empirische Überprüfung und Betrachtung der tatsächlich stattfindenden Abläufe kann ein deutlicher, inhaltlicher Zugewinn erzielt und den theoretischen Modellen hinzugefügt werden. Alle neun in der Theorie ermittelten Aktivitäten lassen sich belegen. Betont bzw. bestärkt wird die Einstiegsaktivität SI, die um Beispiele erweitert sowie inhaltlich präzisiert wird, letzteres

vor allem in den Bereichen Rahmenbedingungen, Kontext, Schulung sowie Techniken und Hilfsmittel (vgl. Abschnitt 3.2.2.1.1).

Das in der Theorie bzw. in der Literatur festgestellte Defizit, bezogen auf die Tätigkeitsanalyse der Risikoidentifikation, wird durch die gewonnenen, gewichtigen Ergänzungen und Präzisierungen erneut klar. Jede der theoretisch postulierten ‚Risk Intake'-Aktivitäten kann aus empirischer Sicht durch die Experteninterviews belegt werden. Es ist insofern erstaunlich, dass diese Aktivitäten durchgeführt werden, obwohl sie nicht explizit in Standards und Rahmenwerken zum Risikomanagement Erwähnung finden. Die ‚Risk Intake'-Aktivitäten werden folglich intuitiv oder aufgrund anderer auslösender Faktoren durchgeführt. Zu diesen Faktoren könnten organisatorische Weisungen, Richtlinien oder Verfahrensbeschreibungen zählen, aber auch individuell-intrinsisch motivierte, teleologische Handlungen, ein definiertes Ziel erreichen zu wollen.

Es könnte an dieser Stelle der Schluss gezogen werden, dass Lücken auf der Stufe der ERM-Rahmenwerke und -Standards unproblematisch seien, weil die organisatorische Praxis diese Defizite ‚automatisch' heilt und eine gründliche Auseinandersetzung mit der Risikoidentifikation gleichwohl stattfindet. Dies wäre allerdings deutlich zu kurz gegriffen.

Die empirisch erzielten Ergebnisse stellen die Summe des Expertenwissens dar. Allerdings ist so nicht gewährleistet, dass jeder Experte grundsätzlich alle Schritte kennt und befolgt. Belegbar ist mit der empirischen Analyse *ein* möglicher Ansatz, die ‚Risk Intake'-Aktivitätenfolge mit ihren Elementen. Nicht auszuschließen sind alternative Abfolgen, die ebenfalls effektiv (im Sinne der Zielerreichung) wirken. Zulässig ist daher lediglich die Einsicht, dass Standards und Rahmenwerke zum ERM – trotz und aufgrund ihrer teils oberflächlichen Gestaltung – unterschiedliche Ansätze und Interpretationsspielräume bei der organisatorischen Umsetzung des ERM-Systems erlauben. Diese Vielfalt der Implementierungsansätze gilt als Stärke der Standards und Rahmenwerke und wird von diesen auch entsprechend in den Vordergrund gestellt.

Ergänzt wird die Aktivitätenfolge auch an ihrem Ende, bevor der Rücksprung in den Teilprozess der Risikoidentifikation und die Fortsetzung mit Modul 3 erfolgt. Eine wichtige Form der Qualitätssicherung bzw. Vollständigkeitsprüfung wird durch die ‚Challenge' ergänzt (vgl. Abschnitt 3.2.2.1.2). Es handelt sich dabei um einen Hygienefaktor, der den Teilnehmenden mentale Entlastung bietet, im Sinne einer ordentlich festgestellten Vollständigkeit der Ergebnisse bzw. als Erfolgsausweis der anstrengenden Gedankenarbeit. Damit wird eine allfällige kognitive Dissonanz unmittelbar nach den drei Entscheidungen (vgl. Abbildung 3.12), die mentale Ressourcen beanspruchen, verhindert oder zumindest reduziert. Aufgewertet wird diese Hygienefunktion, indem sie von der moderierenden Person aktiv aufgerufen wird – ein möglicher ‚Authority Bias' auf Seiten der Teilnehmer wird dadurch gefördert, wenn nicht sogar dissonanzreduzierend instrumentalisiert.

In den Experteninterviews erwähnt, jedoch nicht deutlich hervorgetreten, sind die Aktivitäten IA, VI und BW. Insbesondere die beiden letztgenannten sind Aktivitäten von vorwiegend innerer Form (vgl. Abbildung 2.15). Deswegen werden sie möglicherweise von den Experten als nicht erwähnenswert betrachtet. Normalerweise erbringt die Abfrage durchzuführender Aktivitäten primär eine Aufzählung physischer Handlungen, die von den Befragten beschrieben wird. Die Schilderung von Gedanken und mentalen Aktivitäten dagegen ist nicht etwas, was Menschen regelmäßig praktizieren und in Worte kleiden. Die Forschung bedient sich zu diesem Zweck beispielsweise der „think-aloud protocols" (Laureiro-Martinez et al., 2023, S. 2210), was aber im Rahmen der Experteninterviews nicht vorgesehen war. Aus diesem Grund könnte die empirische Bestätigung der genannten, vorwiegend mentalen Aktivitäten weniger deutlich ausgefallen sein.

3. Im **Modul 3** der Risikoidentifikation wird der Teilprozess ordnungsgemäß abgeschlossen und mit einem definierten Ergebnis, dem vorläufigen Risiko- und Chanceninventar (vgl. Abbildung 1.3), an den nachfolgenden Teilprozess der Risikoanalyse übergeben (vgl. Abbildung 1.2). Vorher werden fachliche Informationen zu Abhängigkeiten von Risiken und Chancen untereinander gesammelt und Einträge im Risikoinventar nach geeigneten Kriterien (z. B. Mehrfachnennungen, gemeinsame Ursache, gleicher Risikoeigner) konsolidiert oder zusammengefasst.

3.3.1.2 Ergebnisse im Vergleich mit der Theorie

Von 18 im Rahmen der theoriegeleiteten Erkenntnisse der Risikoidentifikation zugeordneten Biases und Heuristiken (vgl. Abschn. 2.2.6.2) wurden 15 im Rahmen der empirisch erlangten Ergebnisse erwähnt (vgl. Abbildung 3.20). Drei Biases aus dem Theorieteil wurden von den interviewten Experten weder genannt noch umschrieben oder angedeutet (Planning Fallacy, Social Loafing, Ambiguity Aversion; jeweils ohne Färbung in Abbildung 3.20).

Die Identifikationstreue der Nennungen wird in der Tabelle 3.8 in drei Abstufungen unterteilt aufgelistet. Eine exakte Nennung der fachlichen Bezeichnungen für Biases und Heuristiken erfolgte für 10 der 15 Effekte. Immerhin noch zutreffend beschreiben konnten die Experten einen weiteren Effekt (Nr. 6 – Group Polarization), während vier Effekte lediglich angedeutet wurden.

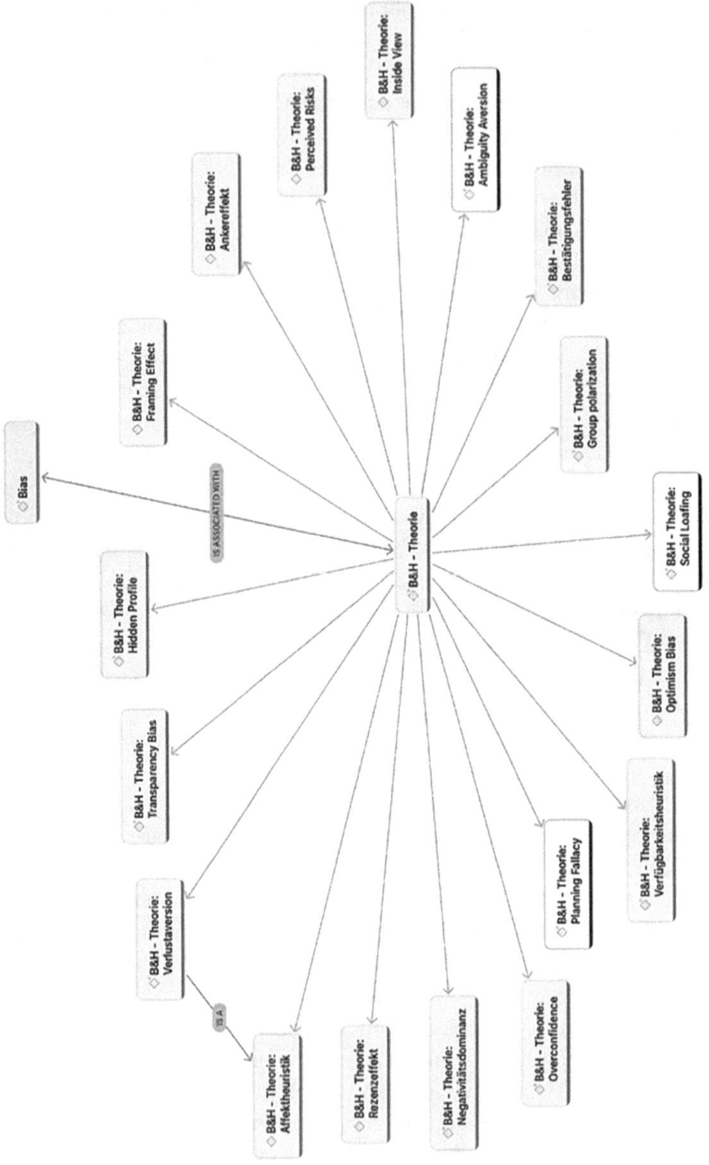

Abbildung 3.20 Netzwerk empirisch bestätigter theoretischer Biases (ohne Färbung: nicht genannt). (Quelle: Eigene Darstellung)

Tabelle 3.8 Textstellen mit Hinweisen auf Biases und Heuristiken (Auswahl)

Exakte Nennung
Nr. 3 Ankereffekt *„… diese Ankerheuristik, die spielt eine große Rolle, weil ich ich finde zu allem eine Erstinformation und die prägt mich in der Regel stärker als alles andere, was dann danach folgen würde." (8:56)*
Nr. 4 Bestätigungsfehler *„Confirmation Bias (Bestätigungsfehler). Wir wollen glauben, was wir bereits glauben." (4:36)* *„… also dieser confirmation bias, dass ich mir eigentlich immer Informationen suche, tatsächlich, die meine Meinung bestätigen" (11:55)*
Nr. 5 Framing Effect *„Wobei die natürlich immer auch die Gefahr des Framings tatsächlich so ein bisschen haben, dass man dann sich zu sehr wieder an diesen Beispielen rumhangelt" (11:14)*
Nr. 8 Inside View *„Ist denn eine interne Risikoidentifikation überhaupt so wertvoll wie eine externe? Also können wir das intern aus dem Unternehmen heraus ausreichend befriedigend tun? Oder braucht es nicht immer oder öfter oder regelmäßig den Blick von außen, dass jemand eben ohne, ohne Stakeholderinteressen, ohne peer pressure und ohne Biases an dieses Thema herangeht und das betrachtet?" (3:59)*
Nr. 9 Negativitätsdominanz *„Da bin ich jetzt sehr, sehr negativ behaftet, weil das beeinflusst natürlich auch die Formulierung der Risiken. Dass ich vielleicht eben alles schwarz sehe und etwas formuliere, dass vielleicht, wenn ich es etwas objektiviere, gar nicht so relevant ist." (12:60)*
Nr. 10 Optimism Bias *„Und dann kommt man aus diesem kognitiven Tunnel heraus, weil wir wollen ja alle glauben, das wird ein super Projekt. Ja, wir glauben daran. Aber das ist der Optimismus Bias. Und den muss man durchbrechen." (4:15)* *„Und in dem Breiteren Optimismus Bias ist, würde ich sagen, die Tendenz zu glauben, dass Katastrophen nur bei anderen eintreten und nicht bei uns. Und das ist selber natürlich eine katastrophale Einschätzung". (4:41)* *„…wenn es gerade um Strategie geht, dass ein gewisser Optimismus da eine große Rolle spielt. Wenn man über strategische Ziele nachdenkt oder Unsicherheiten, die damit verbunden sind, ist die Gefahr groß, dass man eine gewisse Überoptimismus an den Tag legt. […] Und da kann es sein, dass, wenn man über Ziele spricht und über Strategie, dass man zuerst mal überoptimistisch ist, das heißt den Chancen, den Opportunitäten ein größeres Gewicht beimisst." (8:22)*
Nr. 11 Overconfidence *"Overconfidence ist Selbstüberschätzung. Es ist natürlich gut, wenn wir an uns selber glauben, selbstbewusst sind. Aber wir neigen tatsächlich dazu, die Qualität unseres Wissens zu überschätzen. Und wir neigen dazu, uns im Vergleich mit anderen Leuten zu überschätzen." (4:43)*
Nr. 14 Rezenzeffekt/Aktualitätsbias *„Diese Verzerrung, die gab es natürlich sofort. Man denkt sofort an die Sachen, die man erst gerade kürzlich erlebt hat und nicht an das Ganze, was eigentlich möglich wäre." (13:26)* *„… der Aktualitäts-Bias oder so, also dass man einfach schlussendlich das, was man gerade gestern erlebt hat oder sogar noch heute, ins Meeting reinbringt, auch ein Riesenproblem. Man ist zu stark fokussiert auch auf die aktuellen Dinge, die gerade laufen und man gerade diskutiert hat." (6:31)*
Nr. 17 Verfügbarkeitsheuristik *„Verfügbarkeit. Das ist das zweite bei der Risikoidentifikation. Wie kann ich etwas identifizieren? Was, was, was weit weg ist? Was ich, was ich noch nie gehört habe, wo ich keine Erfahrung habe. Vielleicht ist das wichtig, aber ich ich weiß es gar nicht, dass es wichtig wäre, weil es für mich nicht existiert. Keine Availability, und umgekehrt." (8:44)* *„Wie gesagt, also die Verfügbarkeit, Verfügbarkeitsheuristik, wenn ich mich richtig erinnere. Wenn das irgendwo in den Zeitungen präsent ist usw., dann überschätze ich dieses Risiko." (9:32)*
Nr. 18 Verlustaversion *„Also dass wir als Menschen eine sehr starke Verlustaversion haben" (11:46)*

(Fortsetzung)

Tabelle 3.8 (Fortsetzung)

Zutreffende Beschreibung
Nr. 6 Group Polarization *„Allein durch die Diskussion dann, oder dass so Verknüpfungen gab oder dass der eine gesagt hat Ich sehe das Risiko und der* ***andere hat dann beipflichtet, hat aber aus einer anderen Perspektive gesehen*** *" (1:69)* *„Also die Risiken, es gibt Risiken, bei denen gibt es keine Diskussion. Da finden alle, dass das das Risiko ist." (9:12)* *„Und da muss man die Leute alle ein bisschen auf gleiches Niveau bringen, damit wir dann aus Sicht der Firma sagen konnten ja, okay, das verstehen wir jetzt" (13:34)* *„Wenn ich jetzt diesen Workshop führe in der Gruppe, dann habe ich natürlich diesen Gruppenzwang. Der kann in verschiedene Richtungen wirken, aber in der Regel tendenziell kann der dazu führen, dass ich vielleicht in, innerhalb einer Gruppe Dinge* ***relativiere oder sogar nicht anspreche*** *..." (12:64)*
Andeutung
Nr. 1 Affektheuristik *„...* ***bei uns ist Lebensmittelsicherheit ein sehr emotionales Thema. Wenn immer, wenn da was passiert, poppt das up.*** *" (10:56)* *„Und da* ***helfen dann auch die Heuristiken meistens nicht mehr, weil man emotional gestresst und dann funktioniert das automatisch nicht mehr, dass man dann wirklich kognitiv gut hinter diese Dinge gehen kann.*** *" (6:57)* **Nr. 7 Hidden Profile** *„Und wenn da ein Konsens da ist, dann kann es sein, dass man dann nochmal das Risikomanagement gelangt und dass das dann aufgenommen wird." (9:44)* **Nr. 12 Perceived Risks** *„Oder ein* ***kritischer Bias*** *ist natürlich, was man erlebt hat, selbst. Man ist halt sehr Aufmerksamkeit, vor allem auf diese Dinge, die schief gegangen sind." (6:34)* **Nr. 16 Transparency Bias** *„...* ***zwei Mechanismen die die die unbewussten, die impliziten, die durch diese kognitiven Verzerrungen einfach ablaufen, denen*** *ist man sich gar nicht bewusst. Und dann die expliziten, wo man versucht, über ein Bild ein eigenes Risikobild zu steuern, Dinge zu beeinflussen, sei es sich selbst in einem guten Bild darzustellen oder vielleicht sich auch andere in einem schlechteren Bild darzustellen." (8:19)*
Nicht genannt
Keine Hinweise auf • Nr. 2 Ambiguity Aversion, • Nr. 13 Planning Fallacy (Planungsfehlschluss), • Nr. 15 Social Loafing.

Zumindest für die letztgenannte Abstufung muss kritisch angemerkt werden, dass möglicherweise etwas völlig anderes gemeint war .

3.3.1.3 Eine alternative Interpretation des ‚Risk Intake'

Die ‚Risk Intake'-Aktivitätenfolge besteht aus neun Aktivitäten (vgl. Tabelle 3.5), die nach dem Input-Prozess-Output-Modell (IPO-Modell bei Kauffeld & Schulte,

2019, S. 217)[7] wie ein sozialer Produktionsprozess (Lin & Polenske, 1998, S. 210) strukturiert werden können (vgl. Abbildung 3.21). Die Vorstellung eines Transformationsprozesses von Inputs zu Outputs (Mathieu, Maynard, Rapp, & Gilson, 2008, S. 412) überzeugt vordergründig, insbesondere weil das IPO-Modell deutlich auf „Team Performance“ und ein für die Organisation nützliches Produkt als Ergebnis abstellt (2008, S. 415). Jeder Aufruf des ‚Risk Intake‘ wäre so gesehen ein Batch-Run oder eine Kampagne, die jeweils eine neue Kollektion an Risiken und Chancen erschafft.

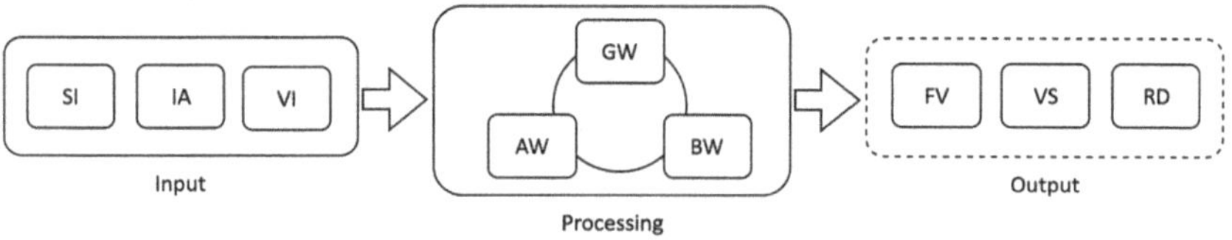

Abbildung 3.21 Der ‚Risk Intake‘ in IPO-Darstellung. (Quelle: Eigene Darstellung)

Diese Analogie greift jedoch auf der Output-Seite zu kurz. Zum einen handelt es sich beim Risiko-/Chancensubstrat des ERM-Systems nie um eine homogene Liste vergleichbarer Themen. Die Ergebnisse des ‚Risk Intake‘ beziehen sich idealerweise auf die Organisationsstrategie (Zielbezug der Risiken, vgl. Abschn. 2.2.1.4.1) und können deswegen in jedem Zyklus stark variieren und unterschiedlich ausfallen. Ein standardisierter Produktionsprozess mit vorhersagbarem Ergebnis erscheint hier nicht zweckmäßig für die Analyse.

Weiterhin sind die Aktivitäten FV, VS und RD zusammengenommen nicht der Output der Aktivitätenfolge. Vielmehr stellen sie wichtige Funktionen dar, die kritisch für die Effektivität des ‚Risk Intake‘ sind. Der Output, nämlich das Risiko-/Chancensubstrat der Organisation, wird zwar vom ‚Risk Intake‘ erstmalig geschrieben, jedoch folgen weitere Veredelungsschritte im Rahmen der Risikobewertung und -analyse (vgl. Abbildung 1.2).

Als Anlass für eine alternative Interpretation der ‚Risk Intake‘-Aktivitätenfolge gilt nebst der vorgenannten modellanalytischen Unschärfe die notwendige, vertiefende Betrachtung dieser finalen Aktivitäten.

---

[7] Die Autorinnen beziehen sich auf Mathieu et al. (2008), dort allerdings geringfügig abweichend als „input-process-outcome (IPO) framework for studying team effectiveness“ (2008, S. 411) bezeichnet.

Dazu wird eine alternative Betrachtungsweise eingeführt: Eine ‚Upstream'-Gruppe fasst die vorbereitenden Aktivitäten SI und IA der Informationsverarbeitung zusammen. Im Kern steht ein komplexer Transformationsprozess, der durch die iterativ und nichtlinear stattfindenden Aktivitäten VI, AW, GW und BW gekennzeichnet ist (vgl. Abbildung 3.22 und Tabelle 3.5).

Bereits im Theorieteil wurden die sozialen Austauschbeziehungen, die innere Form und die im Vordergrund stehende Gedankenarbeit entwickelt, die den Aktivitäten innewohnen. Die Abbildung 3.22 greift den oben erwähnten Transformationsprozess des IPO-Modells auf. Die so bezeichnete Aktivitätengruppe ist der zentrale Prozessor, der Informationen abruft, verarbeitet, generiert und neu arrangiert. Mit der Aktivität BW werden die erzielten Erkenntnisse in eine Rangreihenfolge gebracht. Die Aktivitätenfolge wird mit der ‚Downstream'-Gruppe fortgesetzt.

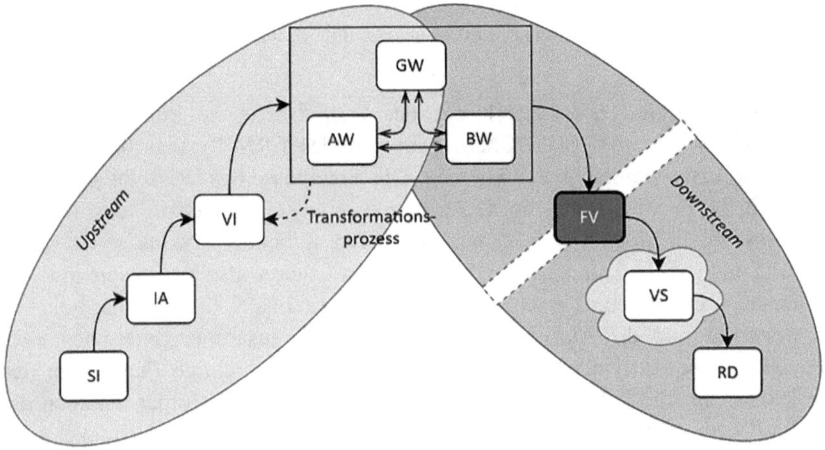

Abbildung 3.22 Alternative Darstellung des ‚Risk Intake'. (Quelle: Eigene Darstellung)

Für die dort stattfindenden Aktivitäten FV, VS und RD wurde im Theorieteil die Entscheidungsrelevanz im Rahmen der Risikoidentifikation betont (vgl. Abschn. 2.2.5.2.7). Mit den ergänzenden Ergebnissen aus dem empirischen Teil der Arbeit wird deutlich, warum diese Aktivitäten kritisch für die gesamte ‚Risk Intake'-Aktivitätenfolge und damit für die Risikoidentifikation sind.

FV wird von den Experten als bedeutender Filter dargestellt, der den Prozess zum Erliegen bringen kann. Ein Risiko, das diese selektierende Aktivität nicht passiert, findet keinen Eingang in das Risiko-/Chancensubstrat der Organisation. Rätselhaft bleibt, warum dieser Aktivität durch die Experten keine Wahrnehmungsverzerrungen zugeordnet werden (vgl. Abbildung 3.17 und vorläufige Erkenntnisse aus dem Theorieteil auf S. 126). Dies steht im Widerspruch zu Hinweisen auf *„kognitive Prozesse“* (8:21) und *„heuristisch […] vorgehen“* (6:39).

Eine alternative Einordnung von FV zwecks Klärung des Widerspruchs hebt die Aktivität auf ein besonderes Niveau: FV ist demnach eine konzentrierte, Wahrnehmungsverzerrungen unterliegende Informationsverarbeitung und -bewertung, angelagert an den Transformationsprozess, der ‚lediglich‘ Informationen zu Wissen kombiniert und (neu-)arrangiert. So gesehen ist FV keine Aktivität im Sinne von *actio* (lat. für Handlung), sondern eine selektiv wirkende Black Box, in dem alle auftretenden emotionalen und kognitiven Biases und ggf. auch rationale Gedanken zusammenwirken. M. a. W., FV *hat* keine Wahrnehmungsverzerrungen, FV *ist* ein undurchsichtiges Aggregat derselben. Eine solche Sichtweise ist mit den theoretischen und empirischen Ergebnissen kompatibel, trägt jedoch nicht zur Erhellung bei, wie Filtern und Verwerfen schlussendlich funktionieren.

Bereits im Theorieteil wurde auf das Zusammenspiel der Aktivitäten FV und VS hingewiesen (Übergang TR7 in Abschn. 2.2.5.2.7). Mit der nach FV verbliebenen Information über Risiken findet in VS ein Phasenübergang statt. Einerseits wird aus individuellen Gedanken ein kollektiv wirksamer Sprechakt materialisiert, andererseits erreicht man mit Aussprechen aus der prädezisionalen Phase eine nächste, verbindliche, zielorientierte Stufe. Der Rubikon wird überschritten (vgl. Abbildung 2.9x). War es in FV noch möglich, die Aktivitätenfolge abzubrechen, wird in VS mit den verbleibenden Risiken und Chancen deren (vorläufige) Unumkehrbarkeit determiniert.

Mit der alternativen Interpretation der ‚Risk Intake‘-Aktivitätenfolge werden die einzelnen Aktivitäten, insbesondere die Verbindung von ‚Transformation‘ zu ‚Downstream‘ enger miteinander verknüpft und miteinander in Beziehung gesetzt. Die Kästchen rücken näher zusammen, Übergänge (im Theorieteil noch als TR*x*-Pfeile bezeichnet, vgl. Abbildung 2.14) werden deutlicher in die Aktivitätenfolge integriert. Das Modell gewinnt an Robustheit, indem mit ‚Upstream‘ und ‚Downstream‘ ein zunehmend organischer Charakter zum Ausdruck gebracht wird, im Gegensatz zu den eher technisch-orientierten Flussdiagrammen. Die Aggregatbildung aus der Aktivität FV zeigt die Komplexität und Dichte der intra-individuellen Vorgänge bei der Risikoidentifikation auf. Gleichzeitig wird jedoch auch vorgeführt, dass empirisch an dieser wichtigen Stelle eine Black Box verbleibt, die nur zum Teil erhellt werden kann.

3.3.1.4 Diskussion und Interpretation der Ergebnisse zu Wahrnehmungsfehlern

Es fällt zunächst auf, dass 15 von 18 theoretisch ermittelten Wahrnehmungsfehlern (Biases und Heuristiken) empirisch in der Risikoidentifikation bestätigt wurden, jedoch durch die Experten zusätzlich 20 *weitere* Biases erkannt werden. Biases sind den Experten durchaus vertraut. Dies belegt die zutreffende Benennung der Effekte (vgl. Tabelle 3.8). Nur in geringem Umfang musste aus Andeutungen oder Umschreibungen in den Interviewaussagen auf zugrunde liegende Biases geschlossen werden. Die Experten können als vertraut mit Wahrnehmungsfehlern als Phänomene der Verhaltensökonomie angesehen werden. Bekannt sind *„etwa 200 plus solcher kognitiven Verzerrungen, die mich davon abhalten, ein möglichst objektives, ausgeglichenes, neutrales Bild einer Risikosituation auszumalen, respektive zu entwickeln"* (8:27).

Die große Anzahl von 35 möglichen Wahrnehmungsfehlern in einem überschaubaren Teilprozess erstaunt und ruft die Vorstellung einer gewissen Beliebigkeit hervor. Diesen Eindruck verstärken zahlreiche Querverweise auf ähnliche oder zusammenhängende Effekte innerhalb der Auflistung der Wahrnehmungsfehler (vgl. Abschn. 3.2.2.3.2). Die verhaltensökonomische Analyse kennt eine enorme Anzahl von Wahrnehmungsfehlern und es scheint nicht schwierig zu sein, viele von diesen nahezu überall, in jeder menschlichen Handlung, zu vermuten. Der oben angesprochene „Bias bias" (Gigerenzer, 2018, S. 307) kann ursächlich dafür sein. Daneben bietet sich eine Vielzahl an Erklärungsansätzen für das Auftreten der genannten Biases und Heuristiken, wie in den folgenden Abschnitten dargelegt.

3.3.1.4.1 Erklärungsansatz 1: Proliferation der Wahrnehmungsfehler

Aus theoretischer Sicht mag die große Anzahl berichteter Wahrnehmungsfehler in der Historie und in der Entwicklung der unterschiedlichen Forschungsansätze begründet liegen (‚Heuristics-and-biases' vs. ‚Fast-and-frugal heuristics', vgl. Tabelle 2.8). Diese sind über einen Zeitraum von mehreren Jahrzehnten und auf unterschiedlichen Kontinenten (Nordamerika und Europa) vor dem Hintergrund ihrer jeweiligen ökonomischen Schulen entstanden. Schon Studierende werden angeregt, eigene Biases zu finden (Fischhoff, 2007, S. 10), eine Tendenz der Proliferation von Effekten ist auszumachen (Hodgkinson et al., 2023, app. 1). Die Autoren sind bei Weitem nicht einer Meinung und kritisch wird regelmäßig auf die fehlende Operationalisierung der Wahrnehmungsfehler als vage, allgemeine ‚Labels' bzw. Etiketten (Gigerenzer & Gaissmaier, 2011, S. 453) hingewiesen. Zudem wird anerkannt, dass die in der Literatur (und auch populärwissenschaftlich) gehandelten Phänomene nicht überschneidungsfrei sind, sich gegenseitig beeinflussen und fördern, und häufig in Kombination auftreten. Es ist nicht auszuschließen, dass ein großer Vorrat bekannter Wahrnehmungsverzerrungen – oder zumindest eine entsprechend große Vielfalt in der Begrifflichkeit – einen entsprechenden Ertrag an berichteten Wahrnehmungsfehlern einbringt.

Der komplexe soziale Austausch, die kommunikativen Prozesse der Verständigung in der Gruppe sowie der Einsatz multipersonell angelegter Suchmethoden und Kreativitätstechniken im Rahmen der Risikoidentifikation bilden ein Milieu, das naturgemäß von Wahrnehmungsfehlern und kognitiven Begrenzungen durchtränkt ist. Die Aktivitäten stehen unter dem Einfluss von (unvollständigem) Wissen, begrenzter Rationalität, Zielen, Wünschen, Emotionen und Kognitionen der beteiligten Akteure. Es ist von daher logisch und völlig erwartbar, dass die Risikoidentifikation diesen Einflüssen ausgesetzt ist und mit einer enormen Zahl an Biases und Heuristiken zu rechnen ist.

3.3.1.4.2 Erklärungsansatz 2: Breit gefasster Forschungsansatz

Ein zweiter Erklärungsansatz liegt in der Abstraktionsebene der empirischen Frage begründet (vgl. ESSF_2 in Abschnitt 2.3.2). Diese ist mit „Risikoidentifikation und Unterprozessen" vergleichsweise breit gefasst. Unterschiedliche Methoden (s. oben: Kreativitätstechniken und analytische Methoden), Gruppensettings und Einzelgespräche werden in der Analyse zusammengefasst. Eine Ausdifferenzierung, Fokussierung oder Restriktion auf einen spezifischen Kontext (z. B. Organisationsform und -maturität, kulturelle Merkmale, Risikoprofil, Jurisdiktion oder Branche etc.) erfolgt nicht. Es liegt nahe, dass eine weitere Differenzierung des Forschungsansatzes die Ergebnismenge reduzieren könnte: Beispielsweise würden verhaltensökonomische Gruppeneffekte (kollektive Biases) in einem einzelinterviewbasierten Ansatz als Methode der Risikoidentifikation nicht auftreten können.

Schließlich besteht die Möglichkeit, dass die Forschung mit Verzögerung sich der hier verfolgten Frage annähert und noch keine entsprechenden Ergebnisse vorliegen *(publication lag)*. Bereits hingewiesen wurde auf die bevorzugte Erforschung von Wahrnehmungsfehlern in Entscheidungssituationen *(decision making under uncertainty)*, was den Blick von der vorgelagerten Risikoidentifikation ablenkt.

3.3.1.4.3 Einfluss der Wahrnehmungsfehler auf die Risikoidentifikation

Die Experten vermeiden es, eine eindeutige Ursache-Wirkungs-Beziehung zwischen Wahrnehmungsfehlern und Aktivitäten der Risikoidentifikation zu erkennen. Risikomanager beschäftigen sich regelmäßig mit der Kontingenz zukünftiger

Zielzustände nach Entscheidungen. Sie verstehen Risiken als Verteilung möglicher Ereignisse mit negativer Zielabweichung und akzeptieren die Komplexität der Wechselwirkungen organisatorischer Vorgänge. Wer zudem noch verhaltenswissenschaftliche Kenntnisse oder entsprechende Erfahrung besitzt, wird sich nicht unüberlegt auf determinierte Kausalitäten festlegen.

Auch aus der Zuordnung von Begriffen zu Konzepten (vgl. Abschn. 3.2.2.3.1) lässt sich keine belastbare Aussage ermitteln. Tendenziell kann zwar in der *Code Co-Occurrence*-Analyse (vgl. Abbildung 3.15) eine schwache Ausprägung negativer Einflüsse von Biases und positiver Wirkung von Heuristiken erkannt werden. Weil aber keine Aussagen über bestimmte Wirkungsrichtungen der Wahrnehmungsfehler auf die Risikoidentifikation gemacht werden, dürfen keinesfalls Kausalitäten in das Datenmaterial hineininterpretiert werden. Bestenfalls besteht ein schwacher Zusammenhang der Begrifflichkeiten. Jedoch auch dieser erlaubt keine weiterführende Interpretation. Das gemeinsame Auftreten von Begriffen in den Textstellen ohne entsprechende inhaltlich-semantische Aussagen zu Effekten oder Wirkungen bietet für die zusammenfassende Inhaltsanalyse zu wenig Konstruktionsmaterial.

Interpretieren lässt sich die Abwesenheit entsprechender Belege zur Wirkung der Wahrnehmungsfehler im Textmaterial umgekehrt jedoch nicht als Abwesenheit entsprechender Zusammenhänge. Eine über die im Theorieteil der Arbeit (vgl. Abschn. 2.2.4.3) hinausgehende Aussage über etwaige Zusammenhänge wäre mit dem vorliegenden Wissensstand allerdings äußerst spekulativ.

3.3.1.5 Zusammenführung und Verbindung von Theorie und Empirie

Biases und Heuristiken sind obligatorische Begleiterscheinungen in der Risikoidentifikation. Sie treten grundsätzlich auf, nahezu überall im Prozess und in auffälliger Zahl. Die Abgrenzung der einzelnen Effekte voneinander ist unscharf. Manchmal handelt es sich eher um allgemeine ‚Labels' (Gigerenzer & Gaissmaier, 2011, S. 453) als um messbare Konstrukte, und oft treten diese in Kombination miteinander auf – wie die empirischen Ergebnisse deutlich zeigen. Man könnte die Analyse hier beenden, wissend, es ist mit einer Vielzahl an Wahrnehmungsfehlern im Teilprozess ‚Risikoidentifikation' zu rechnen. Diese konzentrieren sich möglicherweise auf bestimmte Aktivitäten des ‚Risk Intake', durchziehen aber die gesamte Aktivitätenfolge und sind omnipräsent.

Ein Abschluss der Analyse an dieser Stelle ließe sich rechtfertigen, wenn nicht unterschiedliche Wahrnehmungsfehler unterschiedliche Debiasing-Strategien und

-Techniken erforderten. Um aus diesen die passenden auswählen zu können, muss bekannt sein, welche Biases und Heuristiken effektiv vorliegen. Eine Option dazu stellt die nähere Unterscheidung der Analyse dar, bspw. nach Art der eingesetzten Techniken und Methoden vs. Setting der Datenerhebung. Mit einer so konstruierten Matrix (vgl. Abbildung 3.23) ließe sich die Risikoidentifikation differenzierter betrachten. Pro Quadrant werden unterschiedliche Wahrnehmungsfehler empirisch festgestellt und daraus unterschiedliche Strategien des Debiasing abgeleitet. Alternative Einteilungen zur Konstruktion einer solchen Matrix sind möglich und orientieren sich an Kriterien, die für die Organisation von Bedeutung sind. Ebenso kann die 2 × 2-Einteilung der Achsen erweitert werden, sofern dadurch eine differenziertere Analyse erwartet werden darf.

Die Matrix der Abbildung 3.23 basiert auf einer Vereinfachungsheuristik bei unvollständiger Informationslage über die zu erhebenden Phänomene. Ob diese Betrachtungstiefe genügt, um geeignete Gestaltungshinweise für die Praxis abzuleiten, wird im Gestaltungsteil der Arbeit besprochen (vgl. Abschn. 4.1).

Tabelle 3.9 greift die wichtigsten Ergebnisse stichwortartig auf. Die Verbindung theoretischer Erkenntnisse mit empirisch ermittelten Ergebnissen wird durch Hinweise zum Klärungsbedarf miteinander verknüpft.

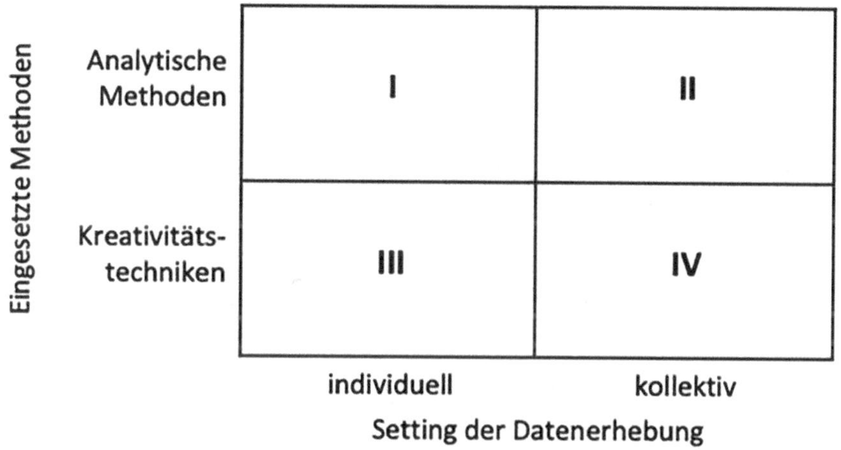

Abbildung 3.23 Quadrantenschema unterschiedlicher Debiasing-Strategien. (Quelle: Eigene Darstellung)

Tabelle 3.9 Verbindung der Erkenntnisse in Theorie und Empirie

	Theorie	Verbleibender Klärungsbedarf	Empirie
Teilprozess ‚Risikoidentifikation‘	• Einordnung in den übergeordneten Risk Management-Prozess • Bezug zu Normen und Rahmenwerken des Risikomanagements • Betonung der Wichtigkeit durch erstmaliges Aufzeichnen von Risiken und Chancen • Abgrenzung gegenüber den vor- und nachgelagerten ERM-Teilprozessen	• unscharfe Abgrenzung der Techniken und Methoden • keine durchgängige Folge von Aktivitäten feststellbar • interne Struktur bleibt vage, in der Literatur nur oberflächlich betrachtet	• Systematik eingesetzter Methoden und Techniken (analytisch vs. kreativ) wird erkennbar. • Differenzierte Einsicht in die Methodenwahl der Expertengruppen. • Das Bild der Risikoidentifikation als ‚Black Box‘ wird abgelöst. • Modularisierung der inneren Struktur des Teilprozesses; der ‚Risk Intake‘ wird als eigenständiges Modul identifiziert. • Präzisierung der inneren Schnittstellen zwischen den Modulen, Nachverfolgbarkeit der zu erhebenden Informationen.

(Fortsetzung)

Tabelle 3.9 (Fortsetzung)

	Theorie	Verbleibender Klärungsbedarf	Empirie
Aktivitätenfolge ‚Risk Intake‘	• Neun Aktivitäten bilden den ‚Risk Intake‘, es werden Entscheidungen und Wechselwirkungen erkennbar (vgl. Abschn. 2.2.5.2). • Innere und äußere Formen der Aktivitätenfolge werden aufgezeigt.	• Ungeklärt bleibt die Kontingenz alternativer Abfolgen, insbesondere in Abhängigkeit der Methodenwahl und Setting (z. B. Gruppe vs. Einzelperson). • Literaturbasis wenig ergiebig, ‚Zusammenstückeln‘ der Aktivitätenfolge nur unter Zuhilfenahme etlicher (6) Modelle möglich (vgl. Abschn. 2.2.3) • empirischer Beleg ausstehend	• Beleg der Aktivitätenfolge ist möglich, inhaltliche Schwerpunkte werden erkennbar. • Eine zusätzliche Aktivität (‚Challenge‘) wird isoliert und hinzugefügt. • Abgrenzbarkeit des ‚Risk Intake‘ als eigenes Modul der Risikoidentifikation mit definiertem Ein- und Rücksprung (Verknüpfung zu den anderen Modulen). • Genaue Reihenfolge der Aktivitäten wird z. T. angedeutet, lässt sich aber empirisch nicht präzise belegen.
Wahrnehmungsfehler aus verhaltensökonomischer Perspektive	• 18 Biases durchziehen die Aktivitätenfolge ‚Risk Intake‘ • Nicht alle Wahrnehmungsfehler sind messbare Konstrukte, manche sind lediglich Labels • Wahrnehmungsfehler stammen im Wesentlichen aus zwei unterschiedlichen Forschungsansätzen aus unterschiedlichen Generationen (vgl. Tabelle 2.8)	• Beleg der erkannten Biases • Vermutung, dass weitere Wahrnehmungsfehler in der Risikoidentifikation auftreten, deren expliziten Nachweis kann die Theorie nicht erbringen	• Die Risikoidentifikation ist von einer Vielzahl an Wahrnehmungsfehlern durchzogen • 15 von 18 (83 %) der theoretisch erkannten Biases sind empirisch belegbar. • Weitere 29 Biases werden genannt, darunter motivational und emotional begründete Biases.

3.3.2 Gütekriterien und methodische Abgrenzung

Die Durchführung der Inhaltsanalyse in Anlehnung an Mayring (2022) legt nahe, auch die vom gleichen Autoren vorgeschlagenen Gütekriterien heranzuziehen. Diese basieren auf den klassischen wissenschaftlichen Gütekriterien „*Objektivität, Reliabilität* und *Validität*" (2022, S. 52, kursiv im Original) und sind von diesen abgeleitet. Während Mayring in früheren Publikationen (1994, 2015) u. a. noch die Nähe zum Gegenstand, kommunikative Validierung, Verfahrensdokumentation und Triangulation als Gütekriterien vorstellt, betont er aktuell insbesondere die *Intercoderübereinstimmung* (2022, S. 52, kursiv im Original) bzw. Intercoderreliabilität (2022, S. 120). Ausgewählte Gütekriterien und deren Ansatz zur Einhaltung werden nachfolgend vorgestellt.

3.3.2.1 Intercoderreliabilität

Intercoderreliabilität bezieht sich auf die Nachvollziehbarkeit der Codierung des Textmaterials. Wenn verschiedene Personen dasselbe Material anhand desselben Kategoriensystems codieren, sollte ein möglichst hoher Übereinstimmungsgrad erzielt werden. „Mehrere Inhaltsanalytiker werden unabhängig voneinander an dasselbe Material gesetzt, die Ergebnisse ihrer Analysen werden verglichen" (Mayring, 2022, S. 52). Als Maß der um Zufallseinflüsse korrigierten Übereinstimmung (Kilem Li Gwet, 2021, S. 26) der nominalskalierten Codes wird Cohens Kappa gewählt, das als das „am häufigsten eingesetzte Mass" zur „Messung der Übereinstimmung zwischen verschiedenen Beurteilern" (beide Zitate aus Wirtz & Kutschmann, 2007, S. 370) weithin bevorzugt wird (Kilem L. Gwet, 2008, S. 473). Die Berechnung erfolgt nach der Formel

$$k = \frac{p0 - pe}{1 - pe}$$

mit p_0 als Anteil der relativen Übereinstimmung und p_e als Anteil der zufälligen Übereinstimmung.

Eine unabhängige, qualifizierte Person aus der Kontaktliste des Verfassers hat auf Basis einer Stichprobe die Codierung vorgenommen. Dies geschah auf Basis eines Ausschnitts aus dem Kodierleitfaden und einer Stichprobe des transkribierten Interviewmaterials, ohne die durch den Verfasser vorgenommenen Codierungen. Die einzelnen Schritte der Vorgehensweise sind in der Anlage XIII. zur Arbeit dokumentiert.

Die Berechnung ergibt einen Wert für Cohens Kappa von 0.57. Dies entspricht in der Einschätzung von Landis und Koch (1977) einem „Strength of Agreement:

Moderate“ (1977, S. 165) bzw. „ausreichend“ (Döring, 2023, S. 562). Mayring (2000) dagegen sieht erst Werte „über 0.7 als ausreichend“ (2000, Abschn. 3.) an.

3.3.2.2 Nähe zum Gegenstand

Als Gütekriterium ist die Nähe zum Gegenstand eine Voraussetzung für die Erhebung realer und beobachtbarer Phänomene. Die Befragten erteilen Auskunft zu Themen ihrer beruflichen Lebenswelt. Es wird keine Befragung zu unbekannten, völlig abstrakten oder spekulativen Inhalten durchgeführt.

Alle befragten Experten sind bzw. waren beruflich mit dem Bewirtschaften von Risiken beschäftigt. Für zwölf der 14 Interviewten beinhaltet dies auch die aktive Gestaltung von ERM-Systemen und die Kenntnis von Risk-Management-Rahmenwerken. Alle haben beruflich bedingt an Risiko-Assessments und Workshops teilgenommen und die dabei ablaufenden kognitiven Vorgänge und diverse gruppendynamische Phänomene selbst erlebt. Mindestens neun der 14 Interviewten sind aufgrund ihrer Tätigkeit und Vorbildung mit akademischen Erkenntnissen zum Risikomanagement vertraut. Die Interviewthemen basieren direkt auf den empiriegeleiteten Forschungsfragen.

3.3.2.3 Verfahrensdokumentation

Der qualitative Forschungsansatz erfordert eine ausführliche Dokumentation der eingesetzten Techniken, Werkzeuge, Analysemethoden und deren Anwendung. Die Dokumentation erstreckt sich über den gesamten Forschungsablauf und vermittelt diesen lückenlos und transparent.

Sämtliche Schritte der Vorgehensweise zur Datenerhebung und -auswertung sind dokumentiert und damit nachvollziehbar. Konzeptionelle Tätigkeiten und methodische Grundlagen sind in der Arbeit beschrieben (vgl. Abschn. 3.1.4), damit besteht eine durchgängige Prüfspur, die den gewählten Ansatz vollständig und transparent zugänglich macht. Lediglich Daten, die möglicherweise einen Rückschluss auf die interviewten Personen zulassen, sind von der Publikation ausgeschlossen (darunter z. B. die Einverständniserklärungen, E-Mail-Verkehr, Audiodateien der Interviews).

3.3.2.4 Regelgeleitetheit

Mit diesem Gütekriterium wird sichergestellt, dass eine systematische Analyse und Vorgehensweise sich durch den gesamten Forschungsansatz durchziehen. Es muss erkennbar werden, nach welcher Systematik und mit welchem Regelwerk die Ergebnisse, Erkenntnisse und deren Interpretation vorgenommen wurden.

Für die vorliegende Arbeit orientiert sich der empirische Teil an der bewährten Methode der Qualitativen Inhaltsanalyse nach Mayring (1994, 2015, 2022). Aus den darin vorgeschlagenen inhaltsanalytischen Vorgehensmodellen wird durch Kombination die deduktive Kategorienentwicklung (vgl. Abschn. 3.1.2.3) mit sieben enthaltenen Schritten gebildet und konsequent verfolgt. Das zentrale Hilfsmittel, unterstützendes Regelwerk und gleichzeitig auch Fortschrittsdokumentation ist der Kodierleitfaden (vgl. Anlage XII.). Dieser gibt durch Kommentare und Erläuterungen vor, wie die Codes zu verwenden sind.

Inhaltlich werden im Theorieteil ermittelte Erkenntnisse als Vorgabe in den Kodierleitfaden übernommen und strikt in Übereinstimmung mit den theoretischen Definitionen zur Codierung verwendet (z. B. bei Wahrnehmungsfehlern und Elementen der Risikoidentifikation). In-vivo codierte Textstellen (als Code übernommene wörtliche Aussagen der Experten) werden nur im Rahmen des Textkontextes ausgewertet, sofern möglich.

Während der Experteninterviews werden keine Erkenntnisse aus dem Theorieteil vorgegeben, um keine Lenkungseffekte zu erzeugen. Allenfalls wurde durch den Verfasser der entsprechende Fachbegriff ergänzt, aber erst nachdem der Experte eine entsprechende Umschreibung geäußert hat.

3.3.2.5 Abgrenzung und Methodenkritik

Die eingesetzten Methoden und die empirische Vorgehensweise müssen sich einer kritischen Betrachtung stellen. Dabei sind insbesondere vier Aspekte zu nennen, die sich auf die Befragung der Experten beziehen:

1. Möglicherweise unterliegen die befragten Experten selbst einer Wahrnehmungsverzerrung. Sie wenden in der Interviewsituation unbewusst die ‚Attribute Substitution'-Heuristik (Kahneman & Shane, 2002, S. 53) an. Dabei wird eine schwierige Frage durch eine einfachere ersetzt, nämlich der spezifische ERM-Kontext durch einen breiteren, allgemeinen RM-Kontext ersetzt und letzterer wird dem Forscher berichtet. So lässt sich der Erfahrungshorizont erweitern und die Nennung weiterer Wahrnehmungsfehler wird ermöglicht, auch wenn diese nicht im ERM auftreten.
2. Die befragten Experten benennen möglicherweise Effekte, die sie kennen, auch wenn diese nicht im Zusammenhang mit der Risikoidentifikation stehen. Gerade die populärwissenschaftliche Verbreitung von Biases in der Ratgeberliteratur, Zeitschriften und sozialen Medien könnte zum Entstehen solcher Forschungsartefakte beitragen. Es werden Effekte berichtet, die aus solchen Quellen erinnert werden – der Experte unterliegt dem Availability Bias und evtl. dem Recency Bias. Das Element der sozialen Erwünschtheit kann diese

Biases verstärken. Der Befragte wird so zur Fehlerquelle (Kromrey, 2002, S. 350).

3. Den interviewten Personen fällt es nicht immer leicht, einen Prozessablauf systematisch, strukturiert und ggf. auch noch chronologisch mit seinen Facetten wieder zu geben. Durch den Interviewer wurde dieses Defizit nur begrenzt adressiert, um keine Lenkungseffekte entstehen zu lassen. Es wäre hilfreich, gerade in einem Kontext wie dem ERM mit seinen etablierten Rahmenwerken (vgl. Abschn. 2.2.1.4.3 und Tabelle 2.5), eine Abbildung, bspw. ein Prozessmodell, als Gesprächsbasis zu verwenden. Diese könnte einen gedankenstimulierenden Effekt haben, der zur Fokussierung und besseren Systematisierung der Antworten beiträgt. Andererseits kann eine Abbildung auch formale Elemente so sehr priorisieren, sodass die eigentlich zu ergründenden Gedankengänge und Emotionen dabei möglicherweise ausgeblendet werden.
4. Eine kommunikative Validierung im Sinne einer „Einigung bzw. Übereinstimmung über die Ergebnisse der Analyse zwischen Forschern und Beforschten" (Mayring, 2022, S. 122) mittels Korrekturlesen der Transkripte war nicht vorgesehen. Eine solche Validierung könnte mit der Aufforderung an die Interviewten verknüpft werden, Äußerungen aus dem Interview ggf. weiter auszuführen oder zu vertiefen. Ein so erzielbarer, möglicher zusätzlicher Erkenntnisgewinn stünde dann allerdings einer weitgehend fehlenden Kontrolle der Situation gegenüber. Es ließe sich nicht überprüfen, wer die zusätzlichen Inhalte erstellt hat und ob ggf. eigene Recherchen unter dem Aspekt der sozialen Erwünschtheit oder Motiven der Selbstdarstellung erfolgt sind. Eine kommunikative Validierung ohne solche Einflüsse könnte im Rahmen eines Folgeinterviews geschehen, sofern der zusätzliche Zeit- und Koordinationsbedarf wirtschaftlich den möglichen Erkenntnisgewinn rechtfertigt.

3.3.3 Konklusion und Beantwortung der empiriegeleiteten Fragestellungen

Die Frage nach den Unterprozessen der Risikoidentifikation wird beantwortet, indem die Aktivitätenfolge ‚Risk Intake' um neu erlangte Ergebnisse ergänzt, präzisiert und erweitert wird. Ergänzung und Präzisierung beziehen sich dabei auf als notwendig erachtete Beispiele zu Beginn sowie die Aktivitäten SI und RD. Erweitert wurde der ‚Risk Intake' um die Aktivität ‚Challenge'. Theoretische und empirische Erkenntnisse kombiniert ergeben eine detaillierte und aussagekräftige Beschreibung der Aktivitätenfolge (vgl. Abbildung 3.12).

Zusätzlich wird der ‚Risk Intake' als eigenes Modul M2 in den übergeordneten Teilprozess der Risikoidentifikation eingebettet und mit seinen Vorgänger- und Nachfolgemodulen verknüpft (vgl. Abbildung 3.14). Damit kann auch der übergeordnete Zusammenhang erhellt und in den Gesamtkontext des ERM-Prozesses gestellt werden. Sozusagen ‚von unten nach oben', d. h. von der detailreichen Aktivitätenebene zur Ebene der Teilprozesse bis hoch zur Gesamtschau werden neue Informationen ergänzt und bestehende Strukturen im Teilprozess ‚Risikoidentifikation' verbunden und (erstmalig) dargestellt (vgl. Abbildung 7). Insbesondere die Risikoidentifikation erhält entlang der Dimensionen ‚Mensch – Technik – Konzeption' (vgl. Abschn. 3.2.2.2), die in ein eigenes Modul M1 gruppiert werden, eine schlüssige, interne Struktur. Die besondere Bedeutung der Initialisierung des Teilprozesses für ein effektives Gelingen wird herausgearbeitet. Unter anderem verdeutlichen die zentrale Rolle des Risk Managers bzw. des Moderators der Risikoidentifikation die hohen Anforderungen an Wissen, Methoden- und Sozialkompetenz mit empirisch erlangten Einsichten. Konzeptionelle Vorkehrungen zu Beginn der Risikoidentifikation als Vorbereitung auf den ‚Risk Intake' werden als empirisch gewonnene Einsichten in das Modul M1 aufgenommen.

Die Frage nach dem Einfluss von Biases und Heuristiken auf die Risikoidentifikation bringt unerwartete Einsichten. Die in der Theorie erkannten, relevanten Wahrnehmungsfehler werden größtenteils empirisch bestätigt. Jedoch wird die Aufzählung beobachtbarer Effekte deutlich verlängert: Für den Teilprozess der Risikoidentifikation wird die Liste mehr als verdoppelt (von 18 um weitere 21 Effekte). Es wird eine umfangreiche Sammlung individueller und kollektiver Biases angelegt, die den Teilprozess ‚Risikoidentifikation' durchzieht. Im ‚Risk Intake' selbst werden zunächst nur 44 % (8 von 15) der im Theorieteil ermittelten Effekte verortet, bevor zehn zusätzliche Wahrnehmungsfehler genannt werden.

Was den Einfluss der Wahrnehmungsfehler auf den Prozess oder dessen Effektivität angeht, so sind die Ergebnisse nicht eindeutig. Evolutionspsychologisch fundierte Überlegungen werden ausgeschlossen: Überlebenswichtig wie einst in der Savanne, in der Frühzeit der Menschheitsgeschichte, sind die Effekte grundsätzlich nicht mehr. Im Einklang mit einfachen Definitionen (vgl. Abschn. 2.2.4.3.2) wird bestenfalls der Heuristik eine positive bzw. produktive Wirkung attestiert, Bias hingegen wird als tendenziell hemmend oder sogar negativ eingeschätzt. Die in der Arbeit dargelegte Abgrenzungsproblematik der Begriffe (vgl. Abschn. 2.2.4.3.3) findet in der Empirie keine Beachtung.

3.3.4 Gestaltungsgeleitete Fragestellung

Die gestaltungsorientierte Frage zielt darauf ab, **welche Verfahren in das ERM-System aufgenommen werden können, um Wahrnehmungsfehler und Heuristiken bei der Risikoidentifikation zu kontrollieren.**

Dieser praxisrelevante Beitrag wird im Gestaltungsteil der Arbeit vorgestellt (vgl. Abschn. 4). Die konkrete Ausgestaltung des ERM-Systems unterscheidet sich von Organisation zu Organisation – es gibt nicht *das eine* ERM (Hunziker, 2019, S. 4). Bedeutende Unterschiede in der Ausprägung des ERM dürften durch die Rechtsform, die Größe der Organisation, Besitzverhältnisse und Branche, in der die Organisation tätig ist, bedingt sein. Der Gesetzgeber schweigt sich über die konkrete Ausgestaltung des Risikomanagements aus. Dies ermöglicht der ERM implementierenden Organisation enorme Gestaltungsfreiräume und unterstreicht gleichzeitig die Vielfalt möglicher Umsetzungsvarianten.

Aufgrund der Heterogenität der ERM-Systeme in der Praxis wird ein Verfahren benötigt, das unterschiedliche Werkzeuge und Methoden beinhaltet und universell einsetzbar ist. Die Werkzeuge können situationsspezifisch ausgewählt, ggf. angepasst und auf die Bedürfnisse der Organisation zugeschnitten werden.

Falls möglich, sollen Ergänzungen oder Erweiterungen entwickelt werden, welche sich in bestehende ERM-Systeme und -Prozesse integrieren lassen. Damit lassen sich verhaltensökonomische Einflüsse auf die Risikoidentifikation kontrollieren und somit der Leitungsebene eine verlässlichere Datenbasis zur Verfügung stellen.

4 Gestaltungsteil

Aus den theoretisch und empirisch erarbeiteten Ergebnisformen lassen sich Handlungsempfehlungen ableiten. Diese ermöglichen es, Wahrnehmungsfehler während der Risikoidentifikation erkennen und kontrollieren zu können. Es wird dabei unterschieden in forschungsorientierte Handlungsempfehlungen (Abschn. 4.1) sowie an die organisatorische Praxis gerichtete Ansätze und mögliche Verfahren (Abschn. 4.2). Der Gestaltungsteil schließt mit einer Zusammenfassung und Konklusion bezogen auf die Beantwortung der gestaltungsgeleiteten Frage (Abschn. 4.3).

Grundsätzlich lassen sich drei Gruppen von Instanzen zur Entwicklung und Pflege des ERM ausmachen:

1. Bildungs- und Forschungseinrichtungen (Universitäten, Fachhochschulen)
2. Interessenverbände und Standardisierungsgremien (z. B. COSO, ISO)
3. Praktikerliteratur und private Schulungsanbieter, Beratungsfirmen, organisatorische Praxis und daraus entstandene Fachartikel in nichtwissenschaftlichen Zeitschriften

A. Hilsbos, *Verhaltenspsychologisch begründete Wahrnehmungsfehler bei der Identifikation betrieblicher Risiken*, Leadership Insights: Impulse für Management und Führung, https://doi.org/10.1007/978-3-658-52018-2_4

Die Übergänge zwischen den drei Gruppen sind fließend, gerade Interessenverbände sind häufig mit Praktikern besetzt oder erarbeiten ihre Normen, Standards und Rahmenwerke unter Einbeziehung von Praxisvertretern. Gleichzeitig bedienen sie sich akademischer Ressourcen im Rahmen ihrer Aufgabenerfüllung. Die beiden erstgenannten Gruppen werden in dem an die Forschung gerichteten Abschnitt 4.1 zusammengefasst. Empfehlungen an Entitäten der dritten genannten Gruppe finden sich im Abschnitt 4.2.

4.1 Handlungsempfehlungen Forschung

Empfehlung F1: Gestaltung der Lehrpläne

Im Rahmen der Gestaltung ihrer Lehrpläne nehmen Bildungseinrichtungen verstärkt Grundlagen der Verhaltensökonomie auf. Inhaltlich werden die Themen ‚Entscheiden unter Unsicherheit' sowie ‚Biases und Heuristiken der beteiligten Menschen' behandelt. In der Kern-BWL werden diese Grundlagen mit der betrieblichen Entscheidungstheorie verknüpft. Nicht abschließend lassen sich diesbezügliche Lehrinhalte ebenfalls in ingenieurwissenschaftliche und medizinische Fakultäten aufnehmen. Den Studierenden wird vermittelt, dass Entscheidungen selten auf Basis vollständig vorliegender Informationen über Alternativen, Zielzustände und Wahrscheinlichkeiten erfolgen – an deren Stelle treten Schätzungen, Intuition, Gefühle, habitualisierte Entscheidungsrituale und vermeintlich ‚irrationale' Effekte. Diese werden von Verhaltensökonomik als systematische Wahrnehmungsfehler erkannt, beschrieben und prognostizierbar gemacht. Gigerenzer und Kollegen sind optimistisch, dass dieses Wissen den späteren Entscheidern nützt (2022, S. 189).

Empfehlung F2: Entwicklung einer robusten Systematik der Wahrnehmungsfehler

Der Forschung wird empfohlen, eine robuste Systematik möglicher Wahrnehmungsfehler zu entwickeln. Eine solche berücksichtigt mehrere Aspekte, darunter:

- Entgegenwirken der unübersichtlich gewordenen Proliferation an vorgeschlagenen Wahrnehmungsfehlern;
- Fokussierung auf wissenschaftlich begründ- und messbare Effekte und damit Abgrenzung von eher naiven ‚Labels' ohne nachvollziehbare, zugrunde liegende Konstrukte;
- Bildung einer systematischen Nomenklatur der Effekte mit Einteilung in Familien oder dgl., ähnlich wie es in der Zoologie praktiziert wird. Damit wird ein besseres Verständnis für das gemeinsame Auftreten von Effekten und ggf. deren Wechselwirkungen erzielbar.
- Trennscharfe Unterscheidbarkeit ähnlicher Effekte;
- Entwicklung präziser Messinstrumente von hoher Validität und Reliabilität, die evtl. auch Grade der Ausprägung messen können, und Replikationsstudien standhalten.

Die Entwicklung der zuletzt genannten Messinstrumente geschieht unter Zuhilfenahme bereits erarbeiteter Grundlagen der BWL (z. B. Entscheidungstheorie, Unternehmenskultur), Psychologie (u. a. Motiv- und Emotionsforschung) sowie der Arbeits- und Organisationspsychologie (z. B. Anreizmechanismen, Führungstheorien, Verhalten von Gruppen in Organisationen). Ergänzt werden diese Vorarbeiten um neuere Erkenntnisse z. B. der Neurowissenschaften und der Forschung zur Künstlichen Intelligenz (z. B. Einsatz von Heuristiken vs. Algorithmen). Die Entwicklung der Systematik bedient sich der langjährigen Forschungstradition der Verhaltensökonomie und ihrer verschiedenen Programme (vgl. Tabelle 2.8).

Als beabsichtigter Nebeneffekt einer solchen Systematik wird auch für den Laien erkennbar, welche Effekte eine wissenschaftliche Basis besitzen und welche eher spekulativ aufgestellte Pseudo-Wahrnehmungsfehler oder einfach neue Begriffe für längst Bekanntes sind.

Empfehlung F3: Prognose auftretender Wahrnehmungsfehler

Neben dem Erklären der Effekte ist die Forschung in der Pflicht, einen Beitrag zur Prognose zu deren Auftreten und der Wirkung der Biases und Heuristiken allgemein auf das Verhalten von Menschen in Organisationen und spezifisch auf die Tätigkeiten im Rahmen eines ERM-Systems zu leisten. Die oben empfohlene Systematik lässt sich um messbare Antezedenzien der Wahrnehmungsfehler erweitern. Damit kann ggf. ein vorausschauender Indikator abgeleitet werden, der aufgrund von Beobachtungen und organisationsspezifischen Settings die Wahrscheinlichkeit für das Auftreten bestimmter Wahrnehmungsfehler in der Risikoidentifikation anzeigt.

Empfehlung F4: Erforschung von Debiasing-Strategien

Für die organisatorische Praxis ist es von großer Bedeutung, in der Risikoidentifikation auftretende Wahrnehmungsfehler in das methodische Vorgehen zu integrieren. Der Risk Manager kann mit Wissen über mögliche Wahrnehmungsfehler diese in das Vorgehensmodell einarbeiten und mögliche Verzerrungen in den identifizierten Risiken kontrollieren.

Dazu kann die Forschung einen Beitrag leisten, indem ein Arsenal möglicher Debiasing-Strategien zur Kontrolle verschiedenartiger Wahrnehmungsfehler entwickelt wird. Debiasing ist ein Gegenstand der Forschung (z. B. bei Jugnandan & Willows, 2023), verdient aber zusätzliche Beachtung und Einordnung in den Rahmen des ERM. Der erste Schritt zur Kontrolle von Biases ist deren Erkennen, sobald sie auftreten (Bresnick & Parnell, 2013, S. 39). Die Forschung kann zudem begründen, warum Wahrnehmungsfehler sich nicht grundsätzlich eliminieren, wohl aber kontrollieren lassen. Als Basis dient die Tabelle 4.1, in der verschiedene Debiasing-Techniken und -Ansätze aus der Literatur zusammengestellt sind.

Neben der reinen Aufzählung solcher Strategien können diese in ein Regelwerk integriert werden, das situationsspezifische und ggf. auch rollenabhängige Debiasing-Strategien und zugehörige Methoden bereitstellt. Ein möglicher Anknüpfungspunkt wurde bereits oben (vgl. Abschn. 3.3.1.5 und Abbildung 3.23) vorgestellt. Mit dieser Empfehlung lässt sich eine direkte Verknüpfung von theoretischer Analyse und praktischer Umsetzungsrelevanz herstellen.

Tabelle 4.1 Debiasing-Techniken und -Ansätze

Debiasing-Technik bzw. -Ansatz	Beschreibung, Stichworte aus der Literatur	Wirksam bei
Checklisten- bzw. regelbasierte Verfahren	Mittels Checklisten oder Regeln, die sich zunächst an Praktiker richten, sollen Wahrnehmungsfehler erkennbar werden. Deren Erkennung steht im Vordergrund als Voraussetzung für eine vielgestaltige Korrektur. • Bias reduction checklist mit 11 Themen (Emmons et al., 2018) • The Decision Quality Control mit 12 Fragen (Kahneman et al., 2011), deutsche Version existiert (von Nitzsch, 2021, S. 302–303) • 14 Grundregeln für eine realistischere Einschätzung von Risiken (Arnold et al., 2023, S. 28–30)	• Affektheuristik • Ankereffekt • Base Rate Fallacy • Groupthink • Halo-Effekt • Inside View • Optimism Bias • Self-serving Bias
Entscheidungsarchitektur implementieren	Die Organisation implementiert einen gesteuerten Ablauf (Prozess), wie Entscheidungen unter Unsicherheit grundsätzlich ablaufen sollen. „Eine Entscheidungsarchitektur kann darüber Auskunft geben, welcher Entscheidungsanlass welche Anforderungen an die Entscheidungsfindung mit sich bringt und welches Verfahren diese Anforderungen am besten erfüllt“ (von Ameln, 2021, S. 572). <u>Bezogen auf Gruppenentscheidungen</u> **Teamzusammensetzung** • „One of the reasons for creating heterogeneous teams is to reduce the effect of these biases“ (Baer et al., 2012, S. 4) – bezieht sich auf zahlreiche Biases auf individueller Ebene • „it can be hypothesized that confidence judgements made by pairs to some extent will involve other processes than those involved in judgements made by single individuals.“ (Allwood & Björhag, 1990, S. 444) **Gruppenentscheidungen** • „Der große Vorteil einer Gruppenentscheidung liegt darin, dass unterschiedliche Kompetenzen und Informationsstände in den Entscheidungsprozess eingebracht werden können und so theoretisch eine hohe Qualität erreicht werden kann.“ (von Nitzsch, 2021, S. 290)	• Bestätigungsfehler • Group Polarization • Inside View • Optimism Bias

(Fortsetzung)

Tabelle 4.1 (Fortsetzung)

Debiasing-Technik bzw. -Ansatz	Beschreibung, Stichworte aus der Literatur	Wirksam bei
	• „Eine Beteiligung zu vieler Personen im Gruppenentscheidungsprozess gefährdet jedoch die Effizienz des gesamten Prozesses.“ (von Nitzsch, 2021, S. 291) Bezogen auf Einzelentscheidungen **Priming** (Anfängliches Aktivieren von Gedächtnisinhalten, bevor die Risikoidentifikation beginnt). • „[P]riming subjects for distrust (Mayo, Alfasi, & Schwarz, 2014) reduces the [confirmation] bias“ (Peters, 2022, S. 1354) **Einzelentscheidungen** • „avoiding risk management workshops in larger groups and conducting one-on-one interviews instead fully eliminates conformity.“ (Hunziker, 2019, S. 40) **Information** • „Je besser ein Entscheider mit allen Phänomenen aus der deskriptiven Entscheidungstheorie vertraut ist, desto geringer ist zwar grundsätzlich die Gefahr, dass die entsprechenden Biases die Entscheidungsqualität verschlechtern. Jedoch können sich auch Experten der deskriptiven Entscheidungstheorie nicht gänzlich in jeder Entscheidungssituation von den aufgeführten Biases freisprechen.“ (von Nitzsch, 2021, S. 301–302)	

(Fortsetzung)

Tabelle 4.1 (Fortsetzung)

Debiasing-Technik bzw. -Ansatz	Beschreibung, Stichworte aus der Literatur	Wirksam bei
Moderation oder Teilnahme eines neutralen Experten	Moderation, ggf. durch eine externe Person wird als probate Technik des Debiasing angesehen. Zu berücksichtigen ist, dass auch Experten Wahrnehmungsfehlern unterliegen können. • „Diese Steuerung sollte im besten Fall ein Moderator übernehmen, der entsprechende Erfahrung besitzt und dem im Hinblick auf mögliche Ergebnisse der Gruppenentscheidung eine gewisse Neutralität zugeschrieben werden kann“ (von Nitzsch, 2021, S. 291–292) • „Klayman suggests some ways of debiasing the confirmation bias, such as using experts who know the specific domain of the phenomenon well, making sure there is a concrete context for the elicitation, asking for alternative explanations, and providing feedback on past estimates.“ (Klayman, 1995, zit. in Montibeller & von Winterfeldt, 2015, S. 1238) • „Gerade für Themenfelder, in denen Unternehmen erfahrungsgemäß nur über wenig eigene Expertise verfügen, ist es ratsam, externe Experten hinzuzuziehen.“ (Brüggemann & Binder, 2021, S. 49)	• Bestätigungsfehler
Training bzw. Erwerb zusätzlichen Wissens	Ausbildung zu möglichen Wahrnehmungsverzerrungen wird ein hoher Beitrag als Debiasing-Strategie beigemessen. Darunter fallen Trainings, Beratungsgespräche und andere Formen der Wissensvermittlung. • Arkes bezeichnet Training als „meta-strategy that will ameliorate some judgment errors“ (1991, S. 496) • Fischhoff (1981, S. 7) schlägt vor, „offering an extended program of training with feedback, coaching, and whatever else it takes to afford the respondent cognitive mastery of the task.“ • „Studies of anchoring-adjustment situations usually involve only one anchor, and no contextual information. In the real world, however, situations such as knowledge assessment by experts often do involve contextual information, and this contextual information may interact with anchoring effects.“ (Caverni & Péris, 1990, S. 36)	• Ankereffekt • Overconfidence • Rückschaufehler • Ggf. weitere

(Fortsetzung)

Tabelle 4.1 (Fortsetzung)

Debiasing-Technik bzw. -Ansatz	Beschreibung, Stichworte aus der Literatur	Wirksam bei
Spezifische Methoden und Techniken *Zum Teil stammen diese aus dem Methodenpool der Kreativitätstechniken und werden hier mit Hinblick auf ihr Debiasing-Potenzial vorgestellt.*		
Brainwriting	Brainwriting ist die schriftliche Variante des Brainstormings. Die Teilnehmenden bearbeiten die Themen allein und dadurch ohne den verzerrenden Einfluss eines Gruppensettings. • „Hierbei werden Ideen nicht mündlich ausgetauscht, sondern individuell schriftlich notiert. Um den negativen Gruppeneffekt möglichst auszuhebeln sollte hierbei auf den Gruppenkontext gänzlich verzichtet werden, d. h., die Personen versammeln sich weder physisch, noch stellen die einzelnen Personen ihre Ideen in einer Gruppe vor.“ (Lermer et al., 2014, S. 3) • „Für die Risikoidentifikation und -bewertung im Unternehmen heißt das: Die Sammlung von Informationen, die zur Beurteilung eines neuen Risikos erforderlich sind, sollte nicht in Gruppen stattfinden.“ (Lermer et al., 2014, S. 3)	• Authority Bias • Effekt der trügerischen Wahrheit • Erstredner-Bias • Group Polarization • Groupthink • Minority Influence • Cautious Shift und Risky Shift
Gegenargumentation bzw. „Consider-The-Opposite-Vorgehen“(von Nitzsch, 2021, S. 304)	Gleich mehrere Methoden fallen in diese Kategorie, neben Gegenargumentation auch bspw. der ‚Advocatus Diaboli' und der ‚Kill-your-business'-Ansatz, evtl. auch das ‚Red-Teaming'. • „The consider-the-opposite strategy neutralizes hindsight bias by attacking (a) the mechanism of knowledge updating (one of the cognitive inputs to hindsight bias) and (b) sensemaking, specifically in terms of encouraging causal analysis […].“ (Roese & Vohs, 2012, S. 418) • „subjects were explicitly required to generate reasons why their decision about a proposition might be wrong calibration was improved – overconfidence being reduced.“ (Ayton & Wright, 1990, S. 467) • „Auch hilft das ‚Denken des Gegenteils' die gedankliche Verzerrung in Richtung von Ankern aufzuheben.“ (Meyer, 2023, S. 23)	• Ankereffekt • Bestätigungsfehler • Overconfidence • Rückschaufehler

(Fortsetzung)

Tabelle 4.1 (Fortsetzung)

Debiasing-Technik bzw. -Ansatz	Beschreibung, Stichworte aus der Literatur	Wirksam bei
Pre Mortem-Review bzw. ‚Prospective-Hindsight-Methode'	Der Pre Mortem-Review macht sich den Bias des Rückschaufehlers zunutze, in dem eine gedanklich konstruierte, zukünftige Informationslage im Heute ausgewertet wird. • „In der Methode werden Sie […] aufgefordert sich vorzustellen, Sie würden eine Zeitreise in die Zukunft machen und genau in dem Zeitpunkt landen, in dem Ihr betrachtetes Projekt endgültig gescheitert ist. Blicken Sie jetzt zurück und analysieren Sie, woran es gelegen hat!" (von Nitzsch, 2021, S. 303) • Teilnehmer „independently write down every reason they can think of for the failure" (Klein, 2007, S. 103)	• Ankereffekt • Base Rate Fallacy • Groupthink • Inside View • Optimism Bias • Overconfidence
Reference Class Forecasting bzw. ‚Outside view'	Die Methode setzt dem Inside View explizit einen Outside View entgegen und weitet damit den Beobachtungshorizont. Es geht dabei nicht nur um die Unterscheidung zwischen ‚unternehmensintern' und ‚extern', sondern um eine Perspektivöffnung gegenüber neuen Informationen aus bisher unberücksichtigten Quellen; es wird ein „broad framing of decision problems" angewendet (Kahneman & Lovallo, 1993, S. 25). • Flyvbjerg entwickelt eine Methode mit fünf Schritten namens „Reference class forecasting – a method to systematically take the outside view" (2022, Abschn. My Own Heuristics, Nr. 13) • „behavioral science shows it is impossible to avoid anchoring and that the solution is to anchor in something valid, namely the outside view. This roots out optimism bias, uniqueness bias, the planning fallacy, and other behavioral biases that routinely derail projects. If you want to succeed, de-bias your business plans and contracts with the outside view." (2022, Abschn. My Own Heuristics, Nr. 5) • „We suggest that errors of intuitive prediction can sometimes be reduced by adopting an outside view" (Kahneman & Lovallo, 1993, S. 29)	• Ankereffekt • Framing Effect • Inside View • Optimism Bias • Planning Fallacy
Schnelle Rückkopplung	• „Je rascher man lernt, dass man mit seinen Einschätzungen falsch liegt, umso realistischer wird man in seiner Selbsteinschätzung" (Beck, 2014, S. 65)	• Optimism Bias

(Fortsetzung)

Tabelle 4.1 (Fortsetzung)

Debiasing-Technik bzw. -Ansatz	Beschreibung, Stichworte aus der Literatur	Wirksam bei
Digitalisierte Ansätze	Vereinzelt werden Ansätze genannt, die digitale Techniken oder neue Medien nutzen. • Brüggemann und Binder (2021, S. 49) verweisen auf Google Trends, Data Mining, Machine Learning und KI-basierte Analysetechniken. • Gamification (Hunziker, 2019; Jugnandan & Willows, 2023)	• Authority Bias • Group Polarization • Overconfidence
Ungeeignet		
Brainstorming und (Monetäre) Anreize	An der beliebten Technik des klassischen Brainstorming wird Kritik geübt. Diese bezieht sich u. a. auf Nachteile des Gruppensettings. • „Wesentlicher Nachteil von Brainstormings ist die Anfälligkeit für kognitive Verzerrungen (Biases), die aus einer systematisch fehlerhaften – meist unterbewussten – Voreingenommenheit bei Denkprozessen, Meinungsbildungen, Entscheidungen, aber auch ganz allgemein in der menschlichen Interaktion resultieren." (Brüggemann & Binder, 2021, S. 48) • „Zwar ist es grundsätzlich möglich, dass dieser Schritt in Gänze zusammen mit allen Gruppenmitgliedern durchgeführt wird, jedoch erscheint es in aller Regel sinnvoller, die Gruppenmitglieder einzeln für sich mittels eines Fragebogens das Brainstorming durchführen zu lassen." (Nitzsch, 2021, p. 292) • (Monetäre) Anreize helfen nicht in Situationen von Bias als „psychophysically based errors" (H. Arkes, 1991, S. 495)	n/a

4.2 Handlungsempfehlungen Praxis

In der praktischen Gestaltung des ERM-Systems mit seinen Teilprozessen und Aktivitäten kann die Organisation weitgehend frei bestimmen, welche Techniken, Modelle und Methoden zum Einsatz kommen. Modelle aus der Literatur können mit bewährten und in der Organisation etablierten Ansätzen kombiniert werden. Sofern der regulatorische Rahmen und die Maturität des ERM-Systems dies zulassen, sind Maßschneidern und Anpassen der Vorgehensweise ausdrücklich erlaubt. So eröffnet sich ein weiter Gestaltungsspielraum in der Praxis, effektive und effiziente Ansätze zu etablieren. Vorsicht ist allenfalls geboten, wenn Modelle aus der Theorie verkürzt, abgewandelt oder außerhalb des jeweiligen Gültigkeitsrahmens eingesetzt werden. Nicht alle Theorien besitzen universelle Gültigkeit.

Empfehlung P1: Implementierung der vollständigen Risikoidentifikation
Der ERM-Teilprozess der ‚Risikoidentifikation' wurde basierend auf empirisch erlangten Erkenntnissen detailliert ausgearbeitet (vgl. Abbildung 3.14). Die darin enthaltenen Module, insbesondere M2, der ‚Risk Intake', versprechen in der praktischen Umsetzung eine Qualitätssteigerung des Prozesses und der erzielbaren Ergebnisse. Messbar wird die Verbesserung gegenüber früheren Ansätzen durch die in der Arbeit vorgeschlagenen Qualitätsindikatoren (vgl. Abschn. 2.2.7). Es wird empfohlen, den organisatorischen ERM-Prozess um die drei Module und Aktivitätenfolgen zu ergänzen. Die einzelnen Aktivitäten greifen ineinander und stellen insbesondere für die Moderation der ‚Risk Intake'-Aktivitätenfolge ein wichtiges Hilfsmittel dar. Es wird erkennbar, wann primär intensive gedankliche Arbeit geleistet wird, welche verhaltensökonomisch begründeten Phänomene auftreten können, und wie der Austausch in der Gruppe sich positiv und qualitätssteigernd auf den Prozess-Output, das Risikosubstrat, auswirkt. Gleichzeitig wird den Teilnehmern bewusst, wie sie ihr Wissen und ihre Erfahrung kontrolliert in die Aktivitätenfolge einbringen können. Mittels Rekombination von Informationen, kreativem Denken und spielerischem Auseinandersetzen mit einer komplexen Thematik kann eine produktive Motivationslage erzeugt werden.

Instruktionen und Schulungen leiten den Teilprozess ein und weisen nebst Inhalten zu Risiken und Chancen in Relation zum Geschäftsmodell und Zielen der Organisation auf das Vorhandensein von Wahrnehmungsfehlern hin. Diese werden exemplarisch vorgestellt und als inhärent in menschlichen Handlungen erläutert. Genau wie von Risiken geht auch von Biases keine grundsätzliche Gefahr aus, sofern die Effekte und deren Wirkungen den Teilnehmenden an der Risikoidentifikation bewusst sind. Abgegrenzt wird, was nicht Gegenstand der Risikoidentifikation ist (z. B. Risikobewertung, Definition risikosteuernder Maßnahmen).

Ferner erfolgt die Risikoidentifikation fokussiert auf strategische Risiken und Chancen aus ERM-Optik. Operatives wird explizit ausgeblendet. Ein geeigneter Mix aus analytischen Methoden und Kreativitätstechniken (vgl. Abbildung 3.10), wie er von den forschenden Experten vorgeschlagen wird, stimuliert die intendierten Suchstrategien, um an neuartige Risiken und Chancen zu gelangen.

Organisatorisch werden Zeitbedarf, Teilnehmerkreis, Erhebungstechniken (z. B. Gruppenworkshops, Einzelinterviews), Hilfsmittel (z. B. Moderatorenkoffer, KI-Tools, Kollaborationstools), Örtlichkeiten und Ergebnisformen frühzeitig festgelegt und kommuniziert. Genügend Vorlaufzeit zur individuellen Vorbereitung kann sich dabei förderlich auf den Teilprozess auswirken.

Empfehlung P2: Debiasing-Strategien einsetzen

Debiasing-Strategien basieren auf der Einsicht, dass Biases nicht eliminierbar sind, sondern situationsspezifisch erkannt und gesteuert werden müssen. „*Kein Mensch ist in der Lage, die Biases vernünftig zu bewältigen*“ (7:14). Bereits bestehende Checklisten zum Debiasing aus Forschung und forschungsnaher Praktikerliteratur (z. B. Emmons et al., 2018, S. 77; Kahneman et al., 2011, S. 54) können an die Risikoidentifikation angepasst werden und unterstützen Moderation und Teilnehmende. In ERM-Systemen, die bisher nicht mit den auftretenden Wahrnehmungsfehlern erweitert wurden, sind durch einfache Methoden bereits große Grenzgewinne im Sinne erkannter und reduzierter Biases zu erwarten. In nachfolgenden ERM-Zyklen werden die verhaltensökonomischen Kenntnisse vertieft und sukzessiv weiter in die Risikoidentifikation eingewoben.

Als Priorisierungshilfe der zu adressierenden Biases können die Klassiker aus der Theorie[1] sowie die im Rahmen der empirischen Analyse zusätzlich der Risikoidentifikation zugeordneten Wahrnehmungsfehler (vgl. Abschn. 3.2.2.3) herangezogen werden. Auch wenngleich dort keine Repräsentativität erzielt werden sollte, dienen die Nennungen, aber auch die verbale Präzisierung der auftretenden Wahrnehmungsfehler als zusätzliche *Cues*. Den Aktivitäten „*Schulung zu Biases*“ (4:49), „*Diskussion im Team*“ (1:50) sowie „*Vermittlung im Dialog*“ (7:37) gemeinsam ist ein Austausch in der Gruppe, eine soziale Vermittlung, die

[1] Zu den Klassikern zählen (nicht abschließend) spezifisch in der Risikoidentifikation die „biases of optimism, planning fallacy, anchoring, and ambiguity effect“ (Emmons, Mazzuchi, Sarkani, & Larsen, 2018, S. 55) und ausserdem „availability, representativeness, […] and adjustment“ (Fischhoff, 2007, S. 10). Basel und Brühl ergänzen die Aufzählung um „conjunction fallacy, overconfidence bias, base-rate fallacy (and base-rate neglect)“ (2013, S. 748).

die Auswirkung von Biases ausgleichen kann. Konkret werden „*Advokat des Teufels*" (8:53) und „*Consider-the-Opposite*" (4:49) als biasreduzierende Techniken empfohlen.

Ergänzend kann explizit auf förderlich wirkende Heuristiken im Rahmen von Schulungen oder Instruktionen zur Risikoidentifikation hingewiesen werden. Heuristiken werden nicht vermieden, sondern möglichst sinnvoll eingesetzt (Gigerenzer et al., 2022, S. 189). Mit entsprechendem Vorwissen wird den Teilnehmenden an der Risikoidentifikation eine effektiv wirksame Balance aus Situationskontrolle und nutzbringendem Einsatz von Wahrnehmungsfehlern ermöglicht.

Empfehlung P3: Prozessintegration von ERM und Strategie

Die Prozesse des ERM und der Strategiebildung und -umsetzung sind in der betrieblichen Praxis häufig nicht miteinander verknüpft (Romeike & Hager, 2020, S. 61). Gleichsam ist das Entscheiden unter Unsicherheit bzw. Risiko einer der ältesten verhaltenswissenschaftlichen Untersuchungsbereiche (Birnbaum, 2018, S. 198). Eine Integration der Aktivitäten auf prozessualer Ebene ist angezeigt.

Die Empfehlung lautet, die Aktivitäten der Auswahl (von Risiken und Chancen) und des (strategischen) Entscheidens im Rahmen der Organisationsstrategie miteinander möglichst ‚nah' zu verbinden. Damit ist einerseits die zeitliche Nähe gemeint, andererseits aber auch die personelle Beziehung der Akteure. Das ERM als strategisches Führungsinstrument (vgl. Abschn. 2.2.1.4) und wertschöpfender Prozess ist in der Unternehmensleitung (z. B. als Stabsfunktion) oder in der Organisationsentwicklung anzusiedeln (Romeike & Hager, 2020, S. 135). Dementsprechend lassen sich die Prozesslandkarten kombinieren. Dumas und Kollegen (2013) weisen auf die Qualitätsverbesserung und Möglichkeiten der Informationsgewinnung im Rahmen eines Process Redesign hin (2013, S. 215 u. 256). Beide Merkmale, Qualität und Information, gelten im ERM-System als wertstiftende Elemente.

Zur Steuerung des integrierten ERM-Strategie-Prozesses wird die Etablierung des Plan-Do-Check-Act-Regelkreises (PDCA), einem Konzept aus dem Qualitätsmanagement, empfohlen. Der PDCA-Zyklus eignet sich für Implementierung und Integration des Risikomanagements (Ispas, Mironeasa, & Silvestri, 2023, Abschn. 3.6.). In kleineren und mittleren Organisationen bietet sich eine enge Verzahnung von Risikomanagement und Strategie ohnehin an, weil i. d. R. keine eigenen Stellen für diese Funktionen existieren, sondern diese in Personalunion bestehen. Beobachtung des regulatorischen Umfelds, Planung und strategische Organisationsentwicklung sind dort auf der Leitungsebene konzentriert (vgl. Interview mit R_27).

Empfehlung P4: Auswahl und Entwicklung der mit dem Risk Management beauftragten Personen

Die empirische Analyse hat anhand zahlreicher Textstellen aufgezeigt, wie wichtig die Person des Risk Managers ist, insbesondere deren Kenntnisse und Fähigkeiten, für das Funktionieren des ERM-Systems. Verhaltensökonomische und betriebswirtschaftliche Grundlagen werden vorausgesetzt. Die *„Risikoidentifikation wird [...] stark von der Person in der Organisation beeinflusst, die das moderiert oder durchführt“* (8:55, ähnlich in 6:22).

Bei der Rekrutierung und Schulung der mit dem Risk Management beauftragten Personen muss ein entsprechender Skill-Mix berücksichtigt werden. Dieser beinhaltet u. a. die Anwendung von Kreativitätstechniken, das Arbeiten mit *„Analogien oder Metaphern“* (8:55). Er ist außerdem ein *„Supermoderator“* (11:24) und besitzt *„ein sehr tiefes Geschäftsverständnis“* (11:16) sowie Kenntnisse der Statistik und Wahrscheinlichkeitsrechnung. *„Soziale Vermittlung, Beratung“* (7:41) und diplomatisches Vorgehen sind zusätzliche Herausforderungen für die Person (9:43). Auf die benötigten ‚Soft Skills‘ wurde bereits oben hingewiesen (vgl. Tabelle 3.6).

Angesichts des komplexen Anforderungsprofils ist es nicht unüblich, auf externe Unterstützung durch Berater oder Coaches zurückzugreifen. Organisationen ohne dedizierte Risk-Management-Funktion können so gezielt das benötigte Kompetenzprofil temporär beziehen.

Empfehlung P5: Etablieren einer offenen Risikokultur

Risikokultur ist ein „Teil der gesamten Unternehmenskultur“ (Hunziker, Balmer, & Schellenberg, 2016, S. 6) und beabsichtigt den Umgang mit und das Eingehen von Risiken durch die Organisationsteilnehmer (vgl. Tabelle 2.6). Gleißner und Ulrich (2022, tbl. 01) stellen eine offene Risikokultur als anzustrebender Zustand einer restriktiven Risikokultur gegenüber. Die offene Risikokultur fördert die Prozessintegration (vgl. Empfehlung P3) und Entscheidungsorientierung in der Organisation. Hunziker und Kollegen (2016, S. 33) unterstreichen dies als zentral „für das Funktionieren des Risikomanagement als Ganzes“ und ergänzen um das Element der Risikokommunikation.

Wenngleich eine (Risiko-)kultur nicht am Reißbrett entworfen und *per fiat* eingeführt werden kann, lassen sich gezielt gestalterische Maßnahmen zur Umsetzung der Empfehlung treffen. Zu diesen zählt z. B. das aktive Auffordern durch das Management, Risiken im Rahmen von strategischen Entscheidungen einzugehen (Sibony, 2020, S. 106). Weiterhin kann das Kommunizieren von Risiko als unternehmerisches Wagnis, das potenziell mit Gewinnen verbunden ist, eine offene Risikokultur unterstreichen.

Als Teil der Unternehmenskultur schwebt die Risikokultur nicht nicht frei im Raum (Adam, 2024, S. 29). Maßnahmen der übergeordneten Kulturbildung entfalten ihre Wirkung auch auf die Risikokultur, indem sie Regeln, Verhaltensmuster, organisatorische Routinen, Vokabular, Werte und Überzeugungen der Menschen um eine Risiko- und Chancenorientierung anreichern, auch wenngleich diese nicht immer verschriftlicht und sichtbar gemacht wird. Ein entsprechender Transfereffekt von der Unternehmenskultur auf die Risikokultur ist u. a. von diesen Maßnahmen zu erwarten: Ein organisationsweit gültiger Verhaltens- bzw. Ethikkodex kann zur Risikokulturbildung beitragen. Schriftlich festgehaltene und kommunizierte Unternehmenswerte können auf die Risikokultur Bezug nehmen. Interne Informationsveranstaltungen thematisieren die Wirkung von Risiken und Chancen, bspw. wenn über die finanzielle Situation gesprochen wird oder Erfolge gefeiert werden. Alle kulturstiftenden Maßnahmen sind u. a. auf Größe und Branche der Organisation abgestimmt. Nicht jede Maßnahme eignet sich gleich gut.

4.3 Zusammenfassung und Konklusion

4.3.1 Erkenntnisse des Gestaltungsteils

Ein Leitmotiv bei der Erstellung des Gestaltungsteils ist die Integration theoretischer und praktischer Erkenntnisse. Während häufig die Forschung neue Theorien und Modelle hervorbringt, die anschließend – teilweise mit großer Verzögerung – in die Praxis übernommen werden, hat im vorliegenden Anwendungsfall die Praxis ein breitgefächertes Spektrum an Inputs und Anregungen erbracht, das neben der praktischen Anwendung auch einen Rückbezug an die Forschung nahe legt.

Die Erkenntnisse des Gestaltungsteils integrieren theoretische und praktische Elemente in eine Sammlung von Handlungsempfehlungen für Forschung und Praxis. Es wird (bspw. mit Empfehlung F4) ein direkter Anknüpfungspunkt als ‚Vorwärtsbewegung' von Theorie hin zur praktischen Umsetzung geliefert. Umgekehrt stellt die Vielzahl identifizierter Wahrnehmungsfehler, deren begriffliche Unschärfe und insbesondere deren (vorläufig) nicht-determinierbare Wirkungsrichtung eine Rücküberweisung empirischer Phänomene zur Aufklärung durch die Forschung dar. Es wird ein Appell an die Forschung gerichtet, mit den neuen Erkenntnissen verbesserte Theorien und Modelle zur Erklärung und Prognose der Wirkung von Wahrnehmungsfehlern auf die Risikoidentifikation zu erarbeiten.

Die Summe der Handlungsempfehlungen des Gestaltungsteils liefert die Basis für ein implementierungsagnostisches Vorgehen, wie organisatorische ERM-Systeme verbessert werden können. Die Breite der Empfehlungen basiert auf der des gewählten Untersuchungsansatzes. Als vorteilhaft ist ihre universelle Einsetzbarkeit, unabhängig von konkreten Ausprägungen der ERM-Prozesse, zu beurteilen. Wo Vorgaben gemäß ERM-Rahmenwerk oder -Standard, Gesetz oder Fachliteratur vage und spärlich ausgestaltet sind, ist nahezu jede Art von Empfehlung nützlich und willkommen, um das Gesamtsystem zu verbessern.

Als Nachteil kann gewertet werden, dass die Umsetzung der Empfehlungen aufgrund ihrer Komplexität die Organisation überfordern und sich nicht alles sofort realisieren lässt. Die Umsetzung erfordert zunächst eine Anpassung an den jeweiligen organisationalen Kontext, ggf. auch auf dessen regulatorisches, extern vorgegebenes Regelungsgeflecht. Damit kann ein Ressourceneinsatz notwendig werden, der die zur Verfügung stehenden Mittel übersteigt. In einer solchen Situation empfiehlt sich die Sozialtechnik der kleinen Schritte (Popper, 1992, S. 188), nach der Verbesserungen graduell und ggf. zeitlich gestreckt umgesetzt werden. Der in P3 empfohlene PDCA-Zyklus kann eingesetzt werden, um die Ausgestaltung der Risikoidentifikation zu überwachen und über mehrere Zyklen hinweg kontinuierlich zu verbessern.

4.3.2 Beantwortung der gestaltungsgeleiteten Fragestellung

Die gestaltungsgeleitete Frage zielt auf ein **Verfahren** ab, das in den ERM-Prozess aufgenommen werden kann, um Wahrnehmungsfehler im Rahmen der Risikoidentifikation kontrollieren zu können. Sie wird durch den kombinierten Einsatz der in den vorangegangenen Abschnitten 4.1 und 4.2 enthaltenen Handlungsempfehlungen adressiert und beantwortet.

An die Forschung gerichtet werden vier Empfehlungen formuliert, an die Praxis appellieren fünf weitere Empfehlungen. Die neun Empfehlungen stellen dabei keine streng-sequenzielle Abfolge dar, sondern zeichnen sich durch eine Verknüpfung von Forschung und praktischer Anwendung aus. Es wird bei der Formulierung der Empfehlungen ausgenutzt, dass im Rahmen der Arbeit nicht nur theoretische Erkenntnisse auf Praxisexistenz hin geprüft wurden, sondern die Empirie erheblichen Bedarf an zusätzlicher Forschung aufgezeigt hat.

Dadurch ergibt sich eine gegenseitige Abhängigkeit. Um ein einheitliches Verfahren ableiten zu können, ist primär der organisatorische Gestaltungswille gefordert. Verfahren, wie auch Handlungsempfehlungen sind Dinge, die vorwiegend in der organisatorisch-praktischen Anwendung auf den Prüfstein gestellt werden und sich dort bewähren müssen. Gleichwohl müssen forschungsseitig weitere Grundlagen gelegt und zusätzliche Theorien und Modelle entwickelt bzw. bestehende erweitert werden. Der Forschungsansatz hat aufgezeigt, dass diesbezüglich noch Defizite bestehen und diese richtungsweisend für die Praxis aufgeklärt werden müssen. Zusätzliche Forschungsanstrengungen werden notwendig sein, um die gewünschte Wirkung der Empfehlungen zu überprüfen.

Die Summe der Handlungsempfehlungen reicht aus, um ein Verfahren zu etablieren bzw. bestehende ERM-Systeme entsprechend anzureichern. Debiasing-Strategien können mit dem bisherigen Wissenstand erarbeitet werden, ebenso sind Ansätze zur Prozessintegration direkt umsetzbar. Es sollte in jeder Organisation möglich sein, ein entsprechendes Verfahren – gerade angesichts der oben erwähnten Gestaltungsfreiräume – zu implementieren. Eine inkrementelle Veränderung des organisatorischen Geschehens kann auf Basis der Handlungsempfehlungen eingeleitet werden. Gleichwohl ist es vorstellbar, dass erst neue Erkenntnisse aus der Theorie eine weiterführende, tiefgreifende Veränderung der Risikoidentifikation in der Praxis ermöglichen. Dieser zuletzt genannte Aspekt wird im Schlussteil der Arbeit (vgl. Abschn. 5.2.1) aufgegriffen.

Schlussteil 5

5.1 Zusammenfassung und Fazit

Das Ziel der vorliegenden Arbeit bestand darin, die Bedeutung verhaltensökonomischer Wahrnehmungsfehler und Heuristiken für die Risikoidentifikation als Basis strategischer Entscheidungen aufzuzeigen. Dieses Ziel leitete sich aus einem durch den Verfasser in der Praxis erkannten Defizit, kombiniert mit einer mangelnden theoretischen Abhandlung der bei der Identifikation organisatorischer Risiken auftretenden Wahrnehmungsverzerrungen ab.

Aus dem übergeordneten Ziel der Arbeit wurden Fragen abgeleitet, die an die Forschung und die Empirie gestellt werden. Spezifisch für diese beiden Gebiete wurden Untersuchungsansätze und erwartete Ergebnisformen entwickelt. Zunächst wurden in einem Theorieteil der aktuelle Stand der Forschung und die damit erkennbare Forschungslücke dargestellt. Eine umfassende Literaturrecherche zeigte die Schwerpunkte in der Forschung und dass diese den Beginn der risikosteuernden Aktivitäten der Organisation, die eigentliche Identifikation von Risiken (und Chancen), nur ungenügend abdecken. Weder ist der Teilprozess der Risikoidentifikation detailliert erforscht worden, noch gibt es in der Literatur umfassende Modelle oder Ansätze, inwieweit verhaltensökonomische Phänomene dabei eine Rolle spielen.

Um die Frage nach Wahrnehmungsfehlern und Heuristiken während der Risikoidentifikation zu beantworten, wurde in einem empirischen Teil auf Basis von Experteninterviews erhoben, welche dieser verhaltensökonomischen Phänomene auftreten können und wie sich diese auf die Risikoidentifikation auswirken. Dazu musste zunächst geklärt werden, was genau im Rahmen dieser Risikoidentifikation geschieht, über welche Aktivitäten der Teilprozess verfügt und wie

A. Hilsbos, *Verhaltenspsychologisch begründete Wahrnehmungsfehler bei der Identifikation betrieblicher Risiken*, Leadership Insights: Impulse für Management und Führung, https://doi.org/10.1007/978-3-658-52018-2_5

diese – über die theoretischen Erkenntnisse hinaus – beschrieben und ggf. ergänzt werden können.

Mit der empirischen Untersuchung konnte nicht nur ein bedeutsamer Erkenntnisgewinn für die innere Struktur der Risikoidentifikation und möglicher Wahrnehmungsfehler erzielt werden. Darüber hinaus wurden konkrete Empfehlungen für die Forschung und die Praxis entwickelt. Diese sind in einem eigenen Gestaltungsteil der vorliegenden Arbeit ausführlich beschrieben und zueinander in Bezug gesetzt worden. Eine Navigationshilfe zur Berücksichtigung verhaltensökonomischer Einflüsse auf die Risikoidentifikation ist nun verfügbar. Diese zeigt aber auch noch wenig belastbare Elemente auf, die im Rahmen zukünftiger Forschungsaktivitäten stabilisiert werden müssen. Insgesamt konnte mit der Arbeit das zu beleuchtende Forschungsfeld mit einer Reihe an bedeutenden Erkenntnissen ergänzt werden. Diese jedoch sind längst nicht abschließend und legen einen erheblichen weiteren Forschungsbedarf auf.

Die wichtigsten Ergebnisse und Erkenntnisse aus der Arbeit werden in den nachfolgenden Abschnitten zusammengefasst. Im Ausblick (Abschn. 5.3) wird auf mögliche weitere Forschungsansätze hingewiesen.

5.2 Ergebnisse und Erkenntnisse

Die nächsten beiden Abschnitte stellen wichtige Ergebnisse und Erkenntnisse für Forschung und Praxis vor. Beide Bereiche sind inhaltlich eng miteinander verwoben und ergänzen einander. Dies wirkt sich insbesondere auf die Handlungsempfehlungen aus.

5.2.1 Wichtige Ergebnisse und Erkenntnisse für die Forschung

Die Risikoidentifikation als Teilprozess des organisationsweiten ERM-Prozesses konnte entschlüsselt werden. Deren Kernelement, in dem die eigentliche Entdeckungsleistung von Risiken und Chancen geschieht, wurde als ‚Risk Intake'-Aktivitätenfolge erstmals beschrieben. Neun, weitgehend linear ablaufende Aktivitäten kennzeichnen den ‚Risk Intake'. In ihrer modularen Dichte, Abgrenzung und Einbettung in die Risikoidentifikation hat eine solche Struktur bisher nicht existiert.

Es wurde ein innovativer Beitrag geleistet, der in dieser Form in der Literatur noch nicht beschrieben worden ist. Die Risikoidentifikation kommt dort ohne einen besonderen Hinweis auf den ‚Risk Intake' aus und wird generell nicht vertieft diskutiert. Der im Rahmen der Dissertation erarbeitete ‚Risk Intake' ist völlig neu und muss von daher als Vorschlag aufgenommen werden, der nun der Forschung als Analyseobjekt zur Verfügung steht. Es ist damit zu rechnen, dass auch alternative Aktivitätenfolgen zu dem hier entwickelten ‚Risk Intake' entstehen werden, alle mit jeweils eigener Dramaturgie und inhaltlichen Schwerpunkten. Der Basisimpuls für vertiefte wissenschaftliche Auseinandersetzung ist mit dem hier betrachteten Ausschnitt des ERM-Prozesses gegeben.

Ein nächster Mehrwert besteht in dem Katalog an Qualitätsindikatoren, mit dem der Beitrag der Risikoidentifikation für das strategisch ausgerichtete ERM-System systematisiert und messbar gemacht werden kann. Die Qualitätsindikatoren setzen sowohl am Entstehungsprozess als auch am Ergebnis, dem Risiko-Chancensubstrat an. Zwölf Indikatoren wurden entwickelt, die durch ihr z. T. tiefes Skalenniveau (vgl. Tabelle 2.12) durch Rangreihung ordinaler Merkmale operationalisiert werden können.

Die Qualitätsindikatoren sind aufgrund ihrer Neuartigkeit in der Risikoidentifikation und auch im gesamten ERM-Prozess, der üblicherweise keine KPIs verwendet, durch die Forschung zu evaluieren und auf ihre Tauglichkeit hin zu überprüfen. Vermutlich werden nicht alle Qualitätsindikatoren gleich gut geeignet sein, diverse Anforderungen an ein Qualitätsreporting auf Leitungsebene zu erfüllen. Ebenfalls müssen die Qualitätsindikatoren sich in der Praxis beweisen, was einen baldigen Transfer von der Theorie in die Praxis voraussetzt.

Die Forschung wird von der Katalogisierung möglicher verhaltensökonomischer Wahrnehmungsverzerrungen in der Risikoidentifikation profitieren. Eine vorläufige Zuordnung solcher Effekte auf die einzelnen Aktivitäten des ‚Risk Intake' wurde erarbeitet. Die Präzision dieser Zuordnung leidet allerdings unter der Unschärfe und Proliferation der verhaltensökonomischen Effekte in der Literatur. Als naheliegender Einstiegspunkt für die Forschung wurde im Gestaltungsteil die Empfehlung zur Erstellung einer entsprechenden Systematik (Empfehlung F2) angeboten.

Das eingangs (vgl. Abschn. 1.3.2) als forschungsrelevant bezeichnete Verhältnis der Prozesse ‚Risikomanagement' und ‚Strategisches Entscheiden' wurde in der Arbeit regelmäßig thematisiert und u. a. mit der Empfehlung P3 adressiert. Demnach sollten die Prozesse enger miteinander verknüpft werden, um die Distanz zwischen der Risikoidentifikation (Merkmale: neuartig und strategisch ausgerichtet) und der Entscheidungssituation (Merkmal: Unsicherheit über Optionen und Zielzustände) zu reduzieren. Im Idealfall besteht eine Personalunion der Aktivitäten. Die Entscheider sind auch diejenigen, die sich mit dem Erkennen von Risiken, Chancen und möglichen Konsequenzen der gewählten Handlungsoptionen beschäftigt haben. Damit kann der asymmetrischen Verteilung unvollständiger Informationen wirksam begegnet werden. Die so charakterisierte Entscheidungssituation ist von begrenzter Rationalität der menschlichen Akteure gekennzeichnet, was das Auftreten von Biases und den Einsatz von Heuristiken begünstigt. Die Arbeit konnte erhellen, mit welchen dieser Effekte zu rechnen ist.

5.2.2 Wichtige Ergebnisse und Erkenntnisse für die Praxis

Die ‚Risk Intake'-Aktivitätenfolge wurde einer empirischen Überprüfung durch ausgewiesene Experten im ERM ausgesetzt. Die theoretisch ermittelten Elemente wurden dabei alle wiedergefunden. Zusätzlich konnte der ‚Risk Intake' erheblich präzisiert und erweitert werden. Zusammengenommen entsteht ein abgrenzbares Modul im Teilprozess der Risikoidentifikation, das sich zur unmittelbaren betrieblichen Umsetzung eignet (vgl. Empfehlung P1). Die innere Struktur des ‚Risk Intake'-Moduls, die Bedeutung der jeweiligen Aktivitäten im Gesamtzusammenhang und die Schnittstellen zu vor- und nachgelagerten Aktivitäten wurden erarbeitet. Es geht damit einher, dass die neu vorgelegte und expertenseitig bestätigte Aktivitätenfolge auch in die einschlägigen Risk-Management-Standards (vgl. Tabelle 2.5) aufgenommen werden kann.

Ein weiteres wichtiges Ergebnis ist die Betonung des ‚Faktors Mensch' in der Risikoidentifikation. Es wurde in der Arbeit die Bedeutung von Methodenkompetenz, Sozialtechniken und fundamentalem Fachwissen der Risikomanager herausgestellt. ERM-Systeme sind primär sozioökonomische Systeme und von Automatisierung und Digitalisierung (noch) weitgehend unberührt, von spezifischen Softwarewerkzeugen abgesehen. Solange dies der Fall ist, müssen die Anforderungen an die beteiligten Personen entsprechend berücksichtigt werden (vgl. Empfehlung P4).

Die praktische Relevanz der vorliegenden Arbeit ist eng an das strategische Entscheiden und damit verbunden das Vermeiden von Fehlentscheidungen geknüpft. Unter dem Aspekt, dass Risikomanagement ein Element der Entscheidungstheorie ist (vgl. Abschnitte 2.1 und 2.2.1.3), wird in der Arbeit deutlich gemacht, welche verhaltensökonomischen Phänomene in Entscheidungssituationen auftreten können. Die Praxis ist durch die Erkenntnisse der Arbeit in der Lage, diese Phänomene zu erkennen und zu berücksichtigen. Habituelles (Entscheidungs-)Verhalten muss hinterfragt werden. Der im Rahmen der Arbeit erzeugte Katalog von Biases und Heuristiken unterstützt dabei.

Bei den verhaltensökonomischen Wahrnehmungsfehlern wurde der aus der Literatur abgeleitete Katalog erheblich erweitert. Es konnte nicht nur eine ungefähre Verdoppelung der möglichen Effekte verzeichnet werden, auch deren Verortung im ‚Risk Intake' bzw. in der Risikoidentifikation unterscheidet sich deutlich von der Theorie. Keine Aussagen konnten zu Wirkungszusammenhängen oder -richtungen erzielt werden: Einerseits war der Forschungsansatz nicht auf den Nachweis von Kausalitäten ausgerichtet, andererseits spielt auch der beruflich bedingt geprägte Typus des Risikomanagers eine Rolle. Im Umgang mit Risiken (hier: kontingente Ereignisse in der Zukunft ungewissen Ausgangs) bildet sich eine Ambiguitätstoleranz heraus, die der Mehrdeutigkeit psychologischer Effekte gelassen zu begegnen erlaubt.

Die Risikomanager sind Ungewissheiten gewohnt und akzeptieren auch vage und unklare Einflüsse oder Zusammenhänge, insbesondere bei zunächst unstrukturierten Einschätzungen zu strategischen Risiken und Chancen. Die wenig systematische Begriffsvielfalt, teilweise auch Unkenntnis der verhaltensökonomischen Effekte, tragen ihr Übriges dazu bei, dass viele Wahrnehmungsfehler in die empirische Datenbasis einfließen. Nichtsdestotrotz sind die Praktiker aufgefordert, sich Debiasing-Strategien zu überlegen, mit denen Wahrnehmungsfehlern wirksam begegnet werden kann. Zur Systematisierung der Debiasing-Ansätze wird in der Arbeit eine einfache Technik aufgezeigt (vgl. Abbildung 3.23), die sich leicht spezifischen Merkmalen der jeweiligen Organisation anpassen und erweitern lässt.

5.3 Ausblick

Mit dem Ausblick schließt die vorliegende Arbeit. In diesen letzten Abschnitten werden direkte Anknüpfungspunkte genannt, wie in der Praxis und der Forschung weiter vorgegangen werden könnte, um die hier gelegten Grundlagen weiter auszubauen. Die zahlreichen in der Arbeit neu gelegten Grundlagen liefern Anregung und Motivation, das Feld weiter zu erforschen.

5.3.1 Praxisausblick

Die organisatorische Praxis erhält mit der vorliegenden Arbeit eine Sammlung von Gestaltungshinweisen, die zur sofortigen, ggf. zeitlich-getakteten Umsetzung geeignet ist. Darüber hinaus könnten sich Praktiker mit den nachfolgend genannten Themenkreisen proaktiv auseinandersetzen:

- **Einbettung der ERM-Funktion bzw. des ERM-Systems in den Strategieprozess und in den Prozess bedeutsamer Entscheidungen**
  Mit der Empfehlung P3 zur Integration der Prozesse ist eine Basis gelegt. Damit endet die Organisationsentwicklung jedoch nicht. Die Verbindung der Prozesse kann eine Vorstufe zur funktionalen Verschmelzung von ERM und strategischer Entscheidung darstellen. Risikomanagement tritt als eigenständige Funktion nicht mehr auf, sondern ist mit der Entscheidungsarchitektur (Sibony, 2020, S. 278; von Ameln, 2021, S. 572) der Organisation fest verwoben. So kann sichergestellt werden, dass sämtliche strategierelevanten Entscheidungen grundsätzlich über ein eingebettetes Risiko-Chancen-Kalkül verfügen. Das lediglich punktuelle Einbeziehen der ERM-Funktion und damit potenzielle Lücken in der Entscheidungsfindung könnten so entfallen.
- **Ansätze zur Automatisierung und Digitalisierung der Risikoidentifikation entwickeln**
  Automatisierung und Digitalisierung sind bereits seit Längerem Themen, mit denen sich viele Organisationen beschäftigen, u. a. aufgrund von Fachkräftemangel, Effizienz- und Wettbewerbsdruck und steigender Faktorpreise. Mit der breiten und kostengünstigen Verfügbarkeit von KI-Werkzeugen und so genannten *Large Language Models* ist diesbezüglich ein zusätzlicher Schub entstanden[1]. Das ERM-System ist von diesen Veränderungen ebenfalls betroffen, weil fundiertes Expertenwissen, methodisches Vorgehen und Elemente der Unsicherheit und Vorhersage darin dominieren. Gerade die zuletzt genannten Aspekte können durch KI unterstützt werden.

5.3.2 Forschungsausblick

ERM-Rahmenwerke und Standards beanspruchen globale Gültigkeit. Kulturell oder regional maßgeschneiderte Ansätze werden von den Herausgebern nicht vorgelegt. Das mag seine Richtigkeit haben, was die rationale Welt der Risikoanalyse und -bewertung betrifft, insbesondere im Banken- und Versicherungswesen sowie weiteren, global regulierten Bereichen. Die implizierte Annahme universeller Gültigkeit der Rahmenwerke und Standards liegt zudem durchaus im Interesse der Herausgeber.

Für die in der Psychologie bzw. der Verhaltensökonomie verwurzelten Wahrnehmungsfehler, Biases und Heuristiken, kann und darf *a priori* keine universelle

[1] ChatGPT, eines der bekanntesten Large Language Models, wurde Im November 2022 der Öffentlichkeit verfügbar gemacht.

Reichweite der Erkenntnisse angenommen werden. Kulturelle Unterschiede, nicht nur regionaler Art, sondern auch spezifisch für Industrien, Branchen sowie Unternehmenskulturen in arbeitsteilig wirtschaftenden Einheiten werden in den genannten Disziplinen seit Jahrzehnten erforscht. Es ist davon auszugehen, dass eine diesbezügliche Differenzierung und die daraus resultierenden Fragestellungen auch auf das Thema der vorliegenden Dissertation anwendbar sind (Hoff & Demeritt, 2023). Die hier getätigte Analyse ist im westlichen Kulturkreis angesiedelt und damit keinesfalls repräsentativ für die Menschen und Organisationen in anderen Teilen der Welt und von unterschiedlicher Herkunft (Henrich, Heine, & Norenzayan, 2010, S. 29). Wahrnehmungsfehler und davon beeinflusstes Verhalten unterscheiden sich in unterschiedlichen Kulturen (Caputo, 2013, S. 374). Gigerenzer und Kollegen (2022, S. 193) haben dazu einen ganzen Katalog an Fragen entworfen, wie das Zusammenspiel von Heuristiken und Kultur in der Zukunft betrachtet werden muss. Weitere Forschung ist nötig, um die genannten Aspekte näher zu untersuchen.

In der Psychologie wird das OCEAN-Modell zur Charakterisierung der Persönlichkeitsmerkmale verwendet (Weibel et al., 2023, S. 56). Das Modell ist – als eines der wenigen überhaupt – weitgehend unumstritten und in der Forschung mehrheitlich, allerdings nicht kritiklos, akzeptiert. Eine Berücksichtigung der fünf Merkmale des OCEAN-Modells im Rahmen des intensiven sozialen Austauschs, der bei der Risikoidentifikation stattfindet, könnte differenzierte Erkenntnisse, Theorien und damit auch Gestaltungsempfehlungen hervorbringen. Das Merkmal ‚Openness' (Aufgeschlossenheit für neue Erfahrungen) beispielsweise könnte bedeutsam sein, wenn es um die Identifikation neuartiger, strategischer Risiken und Chancen geht.

In der Arbeit wurde ausschließlich auf ERM-Systeme bzw. -Prozesse abgestellt. Diese unterstützen die obersten Leitungsebenen bei strategischen Entscheidungen. Das operativ ausgerichtete Risikomanagement (ORM) wurde nicht betrachtet (vgl. Abschn. 1.4.3). Das ORM wird in der Literatur vergleichbar mit dem ERM diskutiert und es ist zu vermuten, dass gleiche oder ähnliche Defizite bestehen. Das gilt auch für spezifische Risikomanagement-Ansätze, in denen Menschen diskretionäre Entscheidungen treffen (z. B. in der Medizin und Technik). Die Forschung ist aufgerufen, auch diese Gebiete näher zu untersuchen.

Solange die Risikoidentifikation primär als ein sozialer Prozess in der Organisation verankert ist und durch Menschen gesteuert und durchgeführt wird, sind Verhaltensökonomie und Psychologie als analytische Fachdisziplinen gefragt. Die Rolle von Emotionen und Gefühlen wird dort erforscht. Hergovich (2021, S. 197) erkennt deren Bedeutung im Zusammenhang mit Entscheidungsprozessen, seine

Analyse von Emotionen und Gefühlen könnte auf die Risikoidentifikation ausgeweitet werden. Von Nitzsch (2021, Abs. 8.1.2.3) beschäftigt sich bereits mit Zielen und Entscheidungssituationen aus psychologischer Sicht. Die damit in Zusammenhang stehende Risikoidentifikation wäre seitens der Forschung in die Analyse aufzunehmen.

Die Risikoidentifikation lässt sich automatisieren und damit in einen stärker technologisierten Kontext transferieren. KI-Werkzeuge wie das Text Mining und Analyse verschiedener Medienformate könnten vermutlich schon gegenwärtig eingesetzt werden, um Risiken und Chancen aus E-Mail-Postfächern oder Sitzungsprotokollen der Geschäftsleitung zu extrahieren (Seehaus & Peráček, 2024, Abs. 5.7.; Stødle, Flage, Guikema, & Aven, 2024). Die Forschung ist aufgefordert, solche Ansätze weiterzuentwickeln.

Verzeichnisse

KI-Nutzungsverzeichnis

KI-Instrument	Verwendung	Kritische Überprüfung	Betroffene Stelle(n)
ChatGPT	Klärung des Prozessbegriffs	Überprüfung mit Originalquelle: Gadatsch, 2023; Egger et al., 2016; Koschmider, 2021.	2.2.1.2 Prozessmanagement als betriebswirtschaftliche Teildisziplin
ChatGPT	Übersicht Normen und Rahmenwerke im Risk Management	Eigene Recherche und Überprüfung aller Vorschläge. Weitgehende Eliminierung der Vorschläge. Überprüfung der Inhalte anhand von Originalquellen, u. a.: Durrer, 2017; Hunziker, 2019; ÖNORM 4902:2021.	Tabelle 2.5: Risikoidentifikation in ERM-Standards und Normen
ChatGPT	Klärung des Begriffs der Handlungsregulation	Überprüfung mit Originalquelle: Unkrig, 2020; Keller, 2014.	Tabelle 2.7: Begriffe der Psychologie

(Fortsetzung)

A. Hilsbos, *Verhaltenspsychologisch begründete Wahrnehmungsfehler bei der Identifikation betrieblicher Risiken*, Leadership Insights: Impulse für Management und Führung, https://doi.org/10.1007/978-3-658-52018-2

(Fortsetzung)

KI-Instrument	Verwendung	Kritische Überprüfung	Betroffene Stelle(n)
ChatGPT	Erfolge des ‚Fast-and-frugal'-Forschungsprogramms	Überprüfung mit Originalquellen: Gigerenzer & Gaissmaier, 2011; Hodgkinson et al., 2023.	Tabelle 2.8: Vergleich der Forschungsprogramme
ChatGPT	Merkmale von Prozessqualität	Überprüfung mit Originalquellen: Sternad & Mödritscher, 2018; Benes & Groh, 2022; Herrmann & Fritz, 2021.	2.2.7.1.1 Qualität und Qualitätsmanagement
ChatGPT	Erklärung des Transparency Bias	Überprüfung mit Originalquellen: Gilovich, Savitsky, & Medvec, 1998; Savitsky & Gilovich, 2003.	2.2.6 Katalog der bei der Risikoidentifikation theoriebasiert hergeleiteten Biases und Heuristiken
ChatGPT	Unterscheidung der Begriff Indikator und Kennzahl	Einordnung mit einer Originalquelle: Herrmann & Fritz, 2021.	2.2.7.1.2 Indikator bzw. Kennzahl
ChatGPT	Vergleich der Softwareprodukte ATLAS.ti und MAXQDA	Eigene Tests mit Testversionen der Produkte, Entscheidung für ATLAS.ti.	3.1 Forschungsdesign
ChatGPT	Vorschläge für die Auswahl von Experten unterbreiten.	Selektive Übernahme einzelner Ideen, in eigenen Worten in die Arbeit aufgenommen.	3.1.2.1 Erhebungsmethode
ChatGPT	Auffinden von Werken des Autors Popper, K. R. mit Ausführungen zu Sozialtechniken der Veränderung, inkrementeller Wandel.	Überprüfung mit Originalquelle: Popper, K. R. (1992). Die offene Gesellschaft und ihre Feinde. 1: Der Zauber Platons (7. Aufl.). Tübingen: J.C.B. Mohr.	4.3 Zusammenfassung und Konklusion

(Fortsetzung)

(Fortsetzung)

KI-Instrument	Verwendung	Kritische Überprüfung	Betroffene Stelle(n)
ChatGPT	Informationen über das.docx-Dateiformat	Überprüfung auf der Microsoft Supportseite https://support.microsoft.com/	Fussnote 4
ChatGPT	Hilfestellung bei Excel-Funktion TEXTJOIN	Eigene Tests bei Verwendung der Funktion.	Kodierleitfaden

Literaturverzeichnis

Acciarini, C., Brunetta, F., & Boccardelli, P. (2021). Cognitive biases and decision-making strategies in times of change: A systematic literature review. *Management Decision*, *59*(3), 638–652. https://doi.org/10.1108/MD-07-2019-1006

Achtziger, A., & Gollwitzer, P. M. (2009). Rubikonmodell der Handlungsphasen. In V. Brandstätter & J. H. Otto (Hrsg.), *Handbuch der allgemeinen Psychologie: Motivation und Emotion* (S. 150–156). Göttingen: Hogrefe.

Adam, P. A. (2024). *Risiken und Chancen integriert managen: Wie Sie erfolgreich eine antifragile Organisation aufbauen.* Wiesbaden: Springer Fachmedien Wiesbaden. https://doi.org/10.1007/978-3-658-45103-5

Addis, D. R. (2020). Mental Time Travel? A Neurocognitive Model of Event Simulation. *Review of Philosophy and Psychology*, *11*(2), 233–259. https://doi.org/10.1007/s13164-020-00470-0

Allwood, C. M., & Björhag. (1990). Are two judges better than one? On the realism in confidence judgments by pairs and individuals. In J.-P. Caverni, J.-M. Fabre, & M. Gonzalez (Hrsg.), *Cognitive Biases* (Bd. 68, S. 443–463). Amsterdam: Elsevier Science Publishers B. V.

Alós-Ferrer, C., Hügelschäfer, S., & Li, J. (2016). Inertia and Decision Making. *Frontiers in Psychology*, *7*(169), ohne Seitenzahlen. https://doi.org/10.3389/fpsyg.2016.00169

Angner, E. (2019). We're all behavioral economists now. *Journal of Economic Methodology*, *26*(3), 195–207. https://doi.org/10.1080/1350178X.2019.1625210

Antikarov, V. (2012). Enterprise Risk Management for Nonfinancial Companies: From Risk Control and Compliance to Creating Shareholder Value. *SSRN Electronic Journal*. https://doi.org/10.2139/ssrn.2571500

A. Hilsbos, *Verhaltenspsychologisch begründete Wahrnehmungsfehler bei der Identifikation betrieblicher Risiken*, Leadership Insights: Impulse für Management und Führung, https://doi.org/10.1007/978-3-658-52018-2

Anton, S. G., & Nucu, A. E. A. (2020). Enterprise Risk Management: A Literature Review and Agenda for Future Research. *Journal of Risk and Financial Management, 13*(281), ohne Seitenz. https://doi.org/10.3390/jrfm13110281

Arena, M., Arnaboldi, M., & Azzone, G. (2010). The organizational dynamics of Enterprise Risk Management. *Accounting, Organizations and Society, 35*(7), 659–675. https://doi.org/10.1016/j.aos.2010.07.003

Arena, M., Arnaboldi, M., & Palermo, T. (2017). The dynamics of (dis)integrated risk management: A comparative field study. *Accounting, Organizations and Society, 62*, 65–81. https://doi.org/10.1016/j.aos.2017.08.006

Arkes, H. (1991). Costs and Benefits of Judgment Errors: Implications for Debiasing. *Psychological Bulletin, 110*, 486–498. https://doi.org/10.1037/0033-2909.110.3.486

Arkes, H. R., Gigerenzer, G., & Hertwig, R. (2016). How bad is incoherence? *Decision, 3*(1), 20–39. https://doi.org/10.1037/dec0000043

Arnold, R., Berg, M., Goecke, O., Heep-Altiner, M., & Müller-Peters, H. (2023). Vorab: Risiko im Wandel als Herausforderung für die Versicherungswirtschaft. In R. Arnold, M. Berg, O. Goecke, M. Heep-Altiner, & H. Müller-Peters (Hrsg.), *Risiko im Wandel: Herausforderung für die Versicherungswirtschaft*. Wiesbaden: Springer Fachmedien Wiesbaden. https://doi.org/10.1007/978-3-658-37071-8

Artinger, F. M., Gigerenzer, G., & Jacobs, P. (2022). Satisficing: Integrating Two Traditions. *Journal of Economic Literature, 60*(2), 598–635. https://doi.org/10.1257/jel.20201396

Augier, M., & Frigotto, M. L. (2016). Organization Theory. In M. Augier & D. J. Teece (Hrsg.), *The Palgrave Encyclopedia of Strategic Management* (S. 1–6). London: Palgrave Macmillan UK. https://doi.org/10.1057/978-1-349-94848-2_203-1

Austrian Standards International. (2021). *ÖNORM D 4901:2021–01*. Wien.

Ayton, P., & Wright, G. (1990). Uncertain Memories: Evaluating the Competence of Probabilistic Cognition. In J.-P. Caverni, J.-M. Fabre, & M. Gonzalez (Hrsg.), *Cognitive Biases* (Bd. 68, S. 465–476). Amsterdam: Elsevier. https://doi.org/10.1016/S0166-4115(08)61337-0

Baddeley, A. (1992). Working Memory. *Science, 255*, 556–559.

Baer, M., Dirks, K. T., & Nickerson, J. A. (2012). Microfoundations of strategic problem formulation. *Strategic Management Journal, 34*(2), 197–214. https://doi.org/10.1002/smj.2004

Bakken, T., & Hernes, T. (2006). Organizing is Both a Verb and a Noun: Weick Meets Whitehead. *Organization Studies, 27*(11), 1599–1616. https://doi.org/10.1177/0170840606068335

Balconi, M., Brusoni, S., & Orsenigo, L. (2010). In Defence of the Linear Model: An Essay. *Research Policy, 39*, 1–13. https://doi.org/10.1016/j.respol.2009.09.013

Bardmann, M. (2019). *Grundlagen der Allgemeinen Betriebswirtschaftslehre: Geschichte – Konzepte – Digitalisierung* (3., vollständig überarbeitete und erweiterte Auflage). Wiesbaden: Springer Fachmedien Wiesbaden. https://doi.org/10.1007/978-3-658-19548-9

Bar-Hillel, M. (1980). The Base Rate Fallacy in Probability Judgments. *Acta Psychologica, 44*, 211–233. https://doi.org/10.1016/0001-6918(80)90046-3

Basel, J., & Brühl, R. (2013). Rationality and dual process models of reasoning in managerial cognition and decision making. *European Management Journal, 31*(6), 745–754. https://doi.org/10.1016/j.emj.2013.07.004

Basel, J., & Henrizi, P. (2023). *Psychologie von Risiko und Vertrauen: Wahrnehmung, Verhalten und Kommunikation* (J. Basel & P. Henrizi, Hrsg.). Berlin, Heidelberg: Springer Berlin Heidelberg. https://doi.org/10.1007/978-3-662-65575-7

Basel, J., Westmattelmann, D., Niemann, V., & Ade, V. (2023). Vertrauen – ein anwendungsorientierter und interdisziplinärer Überblick. In J. Basel & P. Henrizi (Hrsg.), *Psychologie von Risiko und Vertrauen: Wahrnehmung, Verhalten und Kommunikation* (S. 193–221). Berlin, Heidelberg: Springer. https://doi.org/10.1007/978-3-662-65575-7_8

Baumann, S., Erber, I., & Gattringer, M. (2016). Selection of risk identification instruments. *Journal of Finance and Risk Perspectives*, *5*(2), 27–41.

Beasley, M. S., & Branson, B. C. (2022). *An Overview of Enterprise Risk Management Practices* (Studie, Nr. 13th ed.). Raleigh, NC: North Carolina State University.

Beasley, M. S., Branson, B. C., Braumann, E. C., & Pagach, D. P. (2023). Understanding the Ecosystem of Enterprise Risk Governance. *The Accounting Review*, *98*(5), 99–128. https://doi.org/10.2308/TAR-2020-0488

Beasley, M. S., Branson, B., & Pagach, D. (2023). An Evolving Risk Landscape: Insights from a Decade of Surveys of Executives and Risk Professionals. *Journal of Risk and Financial Management*, *16(1)*(29), ohne Seitenzahlen. https://doi.org/10.3390/jrfm16010029

Beck, H. (2014). *Behavioral Economics: Eine Einführung*. Wiesbaden: Springer Fachmedien Wiesbaden. https://doi.org/10.1007/978-3-658-03367-5

Beerepoot, I., Di Ciccio, C., Reijers, H. A., Rinderle-Ma, S., Bandara, W., Burattin, A., … Zerbato, F. (2023). The biggest business process management problems to solve before we die. *Computers in Industry*, *146*, ohne Seitenzahlen. https://doi.org/10.1016/j.compind.2022.103837

Benes, G. M. E., & Groh, P. E. (2022). *Grundlagen des Qualitätsmanagements* (5., überarbeitete Auflage). München: Hanser.

Bergmann, R., & Bungert, M. (2022). *Strategische Unternehmensführung: Perspektiven, Konzepte, Strategien* (3., aktualisierte und erweiterte Auflage). Berlin, Heidelberg: Springer Berlin Heidelberg. https://doi.org/10.1007/978-3-662-65424-8

Betsch, T. (2011a). Entscheiden. In T. Betsch, J. Funke, & H. Plessner, *Denken—Urteilen, Entscheiden, Problemlösen* (S. 64–134). Berlin Heidelberg: Springer.

Betsch, T. (2011b). The Nature of Intuition and Its Neglect in Research on Judgment and Decision Making. In H. Plessner, C. Betsch, & T. Betsch (Hrsg.), *Intuition in Judgment and Decision Making* (S. 3–22). Taylor & Francis.

Betsch, T., Funke, J., & Plessner, H. (2011). *Denken—Urteilen, Entscheiden, Problemlösen*. Berlin Heidelberg: Springer.

Birbaumer, N., & Schmidt, R. F. (2019). Kognitive Prozesse (Denken) und Sprache. In R. Brandes, F. Lang, & R. F. Schmidt (Hrsg.), *Physiologie des Menschen* (S. 864–876). Berlin, Heidelberg: Springer Berlin Heidelberg. https://doi.org/10.1007/978-3-662-56468-4_69

Birgmeier, B. (2021). „VUCA"? – Ein sozialpädagogisch inspirierter Kommentar. In J. Surzykiewicz, B. Birgmeier, M. Hofmann, & S. Rieger (Hrsg.), *Supervision und Coaching in der VUCA-Welt* (S. 191–204). Wiesbaden: Springer Fachmedien. https://doi.org/10.1007/978-3-658-32692-0_11

Birnbaum, M. H. (2018). Behavioral Models of Decision Making Under Risk. In M. Raue, E. Lermer, & B. Streicher (Hrsg.), *Psychological Perspectives on Risk and Risk Analysis* (S.

181–200). Cham: Springer International Publishing. https://doi.org/10.1007/978-3-319-92478-6_8

Bockius, H., & Gatzert, N. (2023). Organizational risk culture: A literature review on dimensions, assessment, value relevance, and improvement levers. *European Management Journal*. https://doi.org/10.1016/j.emj.2023.02.002

Bohnert, A., Gatzert, N., Hoyt, R. E., & Lechner, P. (2017). The relationship between enterprise risk management, value and firm characteristics based on the literature. *Zeitschrift Für Die Gesamte Versicherungswissenschaft*, *106*(3–4), 311–324. https://doi.org/10.1007/s12297-017-0382-1

Bone, J., & Lee, J. H. (2023). *Cognitive Risk* (1. Aufl.). Boca Raton: CRC Press. https://doi.org/10.1201/9781003189657

Böni, P., & Zimmermann, H. (2024). The Credit Suisse bailout in hindsight: Not a bitter pill to swallow, but a case to follow. *Financial Markets and Portfolio Management*, *38*(1), 1–35. https://doi.org/10.1007/s11408-023-00443-0

Bott, J., & Milkau, U. (2017). Management of behavioral risk in the first line of defence. *The Journal of Operational Risk*, *12*(3), 65–77. https://doi.org/10.21314/JOP.2017.199

Brandstätter, V., & Schnelle, J. (2007). Motivationstheorien. In H. Schuler & K. Sonntag (Hrsg.), *Handbuch der Arbeits- und Organisationspsychologie* (S. 51–58). Göttingen: Hogrefe.

Braumann, E. C. (2018). Analyzing the Role of Risk Awareness in Enterprise Risk Management. *Journal of Management Accounting Research*, *30*(2), 241–268. https://doi.org/10.2308/jmar-52084

Bresnick, T. A., & Parnell, G. S. (2013). Decision-Making Challenges. In *Wiley Handbooks in Operations Research and Management Science. Handbook of decision analysis* (S. 22–45). Hoboken, New Jersey: John Wiley & Sons.

Brocke, M., & Holling, H. (2007). Entscheidungstheorien. In H. Schuler & K. Sonntag (Hrsg.), *Handbuch der Arbeits- und Organisationspsychologie* (S. 59–65). Göttingen: Hogrefe.

Bromiley, P., McShane, M., Nair, A., & Rustambekov, E. (2015). Enterprise Risk Management: Review, Critique, and Research Directions. *Long Range Planning*, *48*(4), 265–276. https://doi.org/10.1016/j.lrp.2014.07.005

Bromiley, P., Rau, D., & McShane, M. K. (2015). Can Strategic Risk Management Contribute to Enterprise Risk Management? A Strategic Management Perspective. In T. J. Anderson (Hrsg.), *The Routledge Companion to Strategic Risk Management* (S. Preprint ohne Seitenzahlen). New York: Routledge. Abgerufen von http://www.ssrn.com/abstract=2512477

Brüggemann, J., & Binder, C. (2021). Über das Finden von Grauen Schwänen. *Controlling & Management Review*, *65*(2), 46–51. https://doi.org/10.1007/s12176-021-0367-8

Brühl, R., Basel, J. S., & Kury, M. (2016). Vertrauensbildung durch Kommunikation – die Rolle von Verantwortung und Rechenschaft. In F. Keuper & T. Sommerlatte (Hrsg.), *Vertrauensbasierte Führung: Devise und Forschung* (S. 179–196). Berlin, Heidelberg: Springer. https://doi.org/10.1007/978-3-662-48499-9_9

Brühwiler, B. (2016). *Risikomanagement als Führungsaufgabe: Umsetzung bei strategischen Entscheidungen und operationellen Prozessen* (4., aktualisierte Auflage). Bern: Haupt Verlag.

Brühwiler, B. (2021, August). *Weiterentwicklung der ONR 49000-Serie zur ÖNORM D 4900-Serie.*

Buehler, R., Griffin, D., & Ross, M. (2002). Inside the planning fallacy: The causes and consequences of optimistic time predictions. In T. Gilovich, D. Griffin, & D. Kahneman (Hrsg.), *Heuristics and biases: The psychology of intuitive judgment* (S. 250–270). Cambridge: Cambridge University Press.

Bui, D. G., Fang, Y., & Lin, C.-Y. (2018). The influence of risk culture on firm returns in times of crisis. *International Review of Economics & Finance, 57*, 291–306. https://doi.org/10.1016/j.iref.2018.01.015

Butler, G., & McManus, F. (2022). *Psychologie: Eine Einführung* (4., vollständig überarbeitete Auflage, [Nachdruck] 2023; B. Lenzer & V. Gföhler, Übers.). Ditzingen: Reclam.

Callahan, C., & Soileau, J. (2017). Does Enterprise risk management enhance operating performance? *Advances in Accounting, 37*, 122–139. https://doi.org/10.1016/j.adiac.2017.01.001

Camerer, C. (1999). Behavioral economics: Reunifying psychology and economics. *Proceedings of the National Academy of Sciences, 96*(19), 10575–10577. https://doi.org/10.1073/pnas.96.19.10575

Caputo, A. (2013). A literature review of cognitive biases in negotiation processes. *International Journal of Conflict Management, 24*(4), 374–398. https://doi.org/10.1108/IJCMA-08-2012-0064

Caron, F., Vanthienen, J., & Baesens, B. (2013). A comprehensive investigation of the applicability of process mining techniques for enterprise risk management. *Computers in Industry, 64*(4), 464–475. https://doi.org/10.1016/j.compind.2013.02.001

Carreño, M. L., Cardona, O. D., & Barbat, A. H. (2004). *Metodología para la evaluación del desempeño de la gestión del riesgo.* Barcelona: Technical University of Catalonia. Abgerufen von https://upcommons.upc.edu/bitstream/handle/2117/28370/MIS51.pdf?sequence=1&isAllo

Carreño, M. L., Cardona, O. D., & Barbat, A. H. (2007). A disaster risk management performance index. *Natural Hazards, 41*(1), 1–20. https://doi.org/10.1007/s11069-006-9008-y

Caverni, Jean-Paul, Fabre, J.-M., & Gonzalez, M. (1990). *Cognitive Biases* (J.-P. Caverni, J.-M. Fabre, & M. Gonzalez, Hrsg.). Amsterdam: Elsevier Science Publishers B. V.

Caverni, J.-P., & Péris, J.-L. (1990). The anchoring-adjustment heuristic in an «information rich, real world setting»: Knowledge assessment by experts. In J.-P. Caverni, J.-M. Fabre, & M. Gonzalez (Hrsg.), *Cognitive Biases* (Bd. 68). Amsterdam: Elsevier Science Publishers B. V.

Committee of Sponsoring Organizations of the Treadway Commission. (2004). *Enterprise Risk Management—Integrated Framework. Executive Summary.* Jersey City (nicht verfügbar).

Committee of Sponsoring Organizations of the Treadway Commission (COSO). (2017). *Enterprise Risk Management Integrating with Strategy and Performance. Executive Summary.* Abgerufen von https://www.coso.org/Shared%20Documents/2017-COSO-ERM-Integrating-with-Strategy-and-Performance-Executive-Summary.pdf

Committee of Sponsoring Organizations of the Treadway Commission, Society of Corporate Compliance and Ethics, & Health Care Compliance Association. (2020). *Compliance Risk Management: Applying the COSO ERM Framework.* Abgerufen von https://www.coso.org/_files/ugd/3059fc_5f9c50e005034badb07f94e9712d9a56.pdf

Compen, B., Pitthan, F., Schelfhout, W., & De Witte, K. (2022). How to elicit and cease herding behaviour? On the effectiveness of a warning message as a debiasing decision support system. *Decision Support Systems, 152*, ohne Seitenzahlen. https://doi.org/10.1016/j.dss.2021.113652

Costa, D. F., Carvalho, F. de M., & Moreira, B. C. de M. (2019). Behavioral Economics and Behavioral Finance: A Bibliometric Analysis of the Scientific Fields. *Journal of Economic Surveys, 33*(1), 3–24. https://doi.org/10.1111/joes.12262

Cowan, N. (2001). The magical number 4 in short-term memory: A reconsideration of mental storage capacity. *Behavioral and Brain Sciences, 24*, 87–114. https://doi.org/10.1017/S0140525X01343923

Crawford, J. & Jabbour, M. (2024) The relationship between enterprise risk management and managerial judgement in decision-making: A systematic literature review. *International Journal of Management Reviews*, 26, 110–136. https://doi.org/10.1111/ijmr.12337

Crawford, J., & Lindvall, J. (2021). Leveraging digital technologies in Enterprise Risk Management. In P. Ekman, P. Dahlin, & C. Keller (Hrsg.), *Management and Information Technology after Digital Transformation* (1. Aufl., S. 159–171). London: Routledge. https://doi.org/10.4324/9781003111245-18

Croskerry, P. (2002). Achieving Quality in Clinical Decision Making: Cognitive Strategies and Detection of Bias. *Academic Emergency Medicine, 9*(11), 1184–1204. https://doi.org/10.1197/aemj.9.11.1184

Curtis, P., & Carey, M. (2012). *Risk Assessment in Practice* (The Committee of Sponsoring Organizations of the Treadway Commission (COSO), Hrsg.). Abgerufen von https://www.coso.org/_files/ugd/3059fc_cdb2016e5bf64213a5ca726b7846856d.pdf

Danziger, S., Levav, J., & Avnaim-Pesso, L. (2011). Extraneous factors in judicial decisions. *Proceedings of the National Academy of Sciences, 108*(17), 6889–6892. https://doi.org/10.1073/pnas.1018033108

Das, T. K., & Teng, B.-S. (1999). Cognitive biases and strategic decision processes: An integrative perspective. *Journal of Management Studies, 36*(6), 757–778.

Deutsches Aktiengesetz. (1966). Abgerufen von https://www.gesetze-im-internet.de/aktg/index.html

Diamond, A. (2013). Executive Functions. *Annual Review of Psychology, 64*(1), 135–168. https://doi.org/10.1146/annurev-psych-113011-143750

Dierkes, S., & Schäfer, U. (2022). Finanzcontrolling in der Unternehmenspraxis. In W. Becker & P. Ulrich (Hrsg.), *Handbuch Controlling* (S. 247–269). Wiesbaden: Springer Fachmedien. https://doi.org/10.1007/978-3-658-26431-4_20

Diesner, T. (2015). *Die Allgemeine Systemtheorie bei Ludwig von Bertalanffy. Eine Begründung interdisziplinärer Wissenschaftspraxis* (K.-F. Wessel, Hrsg.). Berlin: Logos Verlag.

Domsch, M. E., Ladwig, D. H., & Weber, F. C. (2019a). UNCONSCIOUS BIAS – Eine Einführung zu Vorurteilen im Arbeitsleben. In M. E. Domsch, D. H. Ladwig, & F. C. Weber (Hrsg.), *Vorurteile im Arbeitsleben: Unconscious Bias erkennen, vermeiden und abbauen* (S. 3–20). Berlin, Heidelberg: Springer Berlin Heidelberg. https://doi.org/10.1007/978-3-662-59232-8

Domsch, M. E., Ladwig, D. H., & Weber, F. C. (2019b). *Vorurteile im Arbeitsleben: Unconscious Bias erkennen, vermeiden und abbauen* (M. E. Domsch, D. H. Ladwig, & F. C. Weber, Hrsg.). Berlin, Heidelberg: Springer Berlin Heidelberg. https://doi.org/10.1007/978-3-662-59232-8

Döring, N. (2023). *Forschungsmethoden und Evaluation in den Sozial- und Humanwissenschaften* (6., vollständig überarbeitete, aktualisierte und erweiterte Auflage). Berlin, Heidelberg: Springer Berlin Heidelberg. https://doi.org/10.1007/978-3-662-64762-2

Duffy, B. (2020). *Die Tücken der Wahrnehmung: Oder warum wir fast immer falsch liegen.* Berlin, Heidelberg: Springer Berlin Heidelberg. https://doi.org/10.1007/978-3-662-61676-5

Dumas, M., La Rosa, M., Mendling, J., & Reijers, H. A. (2013). *Fundamentals of Business Process Management*. Berlin, Heidelberg: Springer Berlin Heidelberg. https://doi.org/10.1007/978-3-642-33143-5

Durrer, M. (2017). *Die Pflicht des Verwaltungsrates zum integralen Risikomanagement in KMU*. Zürich: Dike Verlag.

Ebert, P., & Freibichler, W. (2017). Nudge management: Applying behavioural science to increase knowledge worker productivity. *Journal of Organization Design, 6*(4), ohne Seitenzahlen. https://doi.org/10.1186/s41469-017-0014-1

Egger, A., Egger, W., & Schauer, R. (2016). *Einführung in die Allgemeine Betriebswirtschaftslehre* (27., überarbeitete Auflage). Wien: Linde.

Ehrig, T., & Schmidt, J. (2022). Theory-based learning and experimentation: How strategists can systematically generate knowledge at the edge between the known and the unknown. *Strategic Management Journal, 43*(7), 1287–1318. https://doi.org/10.1002/smj.3381

Emmons, D. L., Mazzuchi, T. A., Sarkani, S., & Larsen, C. E. (2018). Mitigating Cognitive Biases in Risk Identifcation: Practitioner Checklist for the Aerospace Sector. *Defense acquisition research journal, 25*(1), 52–93. https://doi.org/10.22594/dau.16-770.25.01

Ericsson, K. A., & Simon, H. A. (1998). How to Study Thinking in Everyday Life: Contrasting Think-Aloud Protocols With Descriptions and Explanations of Thinking. *Mind, Culture, and Activity, 5*(3), 178–186. https://doi.org/10.1207/s15327884mca0503_3

Esser, J. K. (1998). Alive and Well after 25 Years: A Review of Groupthink Research. *Organizational Behavior and Human Decision Processes, 73*(2), 116–141. https://doi.org/10.1006/obhd.1998.2758

Evans, J. St. B. T. (2005). Deductive Reasoning. In K. J. Holyoak & R. G. Morrison (Hrsg.), *The Cambridge Handbook of Thinking and Reasoning* (S. 169–184). New York: Cambridge University Press.

Evans, J. St. B. T., & Stanovich, K. (2013). Dual-Process Theories of Higher Cognition. *Perspectives on Psychological Science, 8*, 223–241. https://doi.org/10.1177/1745691612460685

Feess, E., & Gillenkirch, R. M. (2018). Definition: System. In *Gabler Wirtschaftslexikon.* Springer Fachmedien Wiesbaden GmbH. Abgerufen von https://wirtschaftslexikon.gabler.de/definition/system-50117/version-273342

Ferretti, V., Montibeller, G., & Von Winterfeldt, D. (2023). Testing the effectiveness of debiasing techniques to reduce overprecision in the elicitation of subjective continuous probability distributions. *European Journal of Operational Research, 304*(2), 661–675. https://doi.org/10.1016/j.ejor.2022.04.008

Fiedler, K., Ermark, F., & Salmen, K. (2021). Metakognitive Kurzsichtigkeit – Hindernis für intelligentes Verhalten und Versäumnis der Evolution? *Heidelberger Jahrbücher Online, 6*, 255–275. https://doi.org/10.17885/heiup.hdjbo.2021.1.24388

Finucane, M. L., Alhakami, A., Slovic, P., & Johnson, S. M. (2000). The affect heuristic in judgments of risks and benefits. *Journal of Behavioral Decision Making, 13*(1), 1–17. https://doi.org/10.1002/(SICI)1099-0771(200001/03)13:1%253C1::AID-BDM333%253E3.0.CO;2-S

Fischhoff, B. (1975). *Hindsight ≠ Foresight: The Effect of Outcome Knowledge on Judgment Under Uncertainty* (Bd. 13). Eugene, Oregon: Oregon Research Institute.

Fischhoff, B. (1981). *Debiasing*. Cambridge University Press. Abgerufen von https://apps.dtic.mil/sti/pdfs/ADA099435.pdf

Fischhoff, B. (1982). Debiasing—DNU. In D. Kahneman, P. Slovic, & A. Tversky (Hrsg.), *Judgment under uncertainty: Heuristics and biases* (S. 422–444). Cambridge University Press. Abgerufen von https://apps.dtic.mil/sti/pdfs/ADA099435.pdf

Fischhoff, B. (2003). Hindsight ≠ foresight: The effect of outcome knowledge on judgment under uncertainty*. *Quality & Safety in Health Care, 12*(4), 304–312. https://doi.org/10.1136/qhc.12.4.304

Fischhoff, B. (2007). An Early History of Hindsight Research. *Social Cognition, 25*(1), 10–13.

Fischhoff, B., & Beyth, R. (1975). «I Knew It Would Happen» Remembered Probabilities of Once-Future Things. *Organizational Behavior & Human Performance, 13*(1), 1–16.

Flor, H. (2019). Gedächtnis. In R. Brandes, F. Lang, & R. F. Schmidt (Hrsg.), *Physiologie des Menschen: Mit Pathophysiologie* (S. 839–847). Berlin, Heidelberg: Springer. https://doi.org/10.1007/978-3-662-56468-4_67

Florin, M.-V., & Bürkler, M. T. (Hrsg.). (2017). *Introduction to the IRGC Risk Governance Framework—Revised Version*. Lausanne: EPFL. https://doi.org/10.5075/epfl-irgc-233739

Flyvbjerg, B. (2021). Top Ten Behavioral Biases in Project Management: An Overview. *Project Management Journal, 52*(6), 531–546. https://doi.org/10.1177/87569728211049046

Flyvbjerg, B. (2022). Heuristics for Masterbuilders: Fast and Frugal Ways to Become a Better Project Leader. *SSRN Electronic Journal*, ohne Seitenzahlen. https://doi.org/10.2139/ssrn.4159984

Forgas, J. (1995). Mood and judgment: The Affect Infusion Model (AIM). *Psychological bulletin, 117*, 39–66. https://doi.org/10.1037/0033-2909.117.1.39

Fraser, J., Quail, R., & Simkins, B. (2024). What's Wrong with Enterprise Risk Management? *Journal of Risk and Financial Management, 17*, ohne Seitenzahlen. https://doi.org/10.3390/jrfm17070274

Fraser, J. R. S., Quail, R., & Simkins, B. J. (2022). Questions asked about enterprise risk management by risk practitioners. *Business Horizons, 65*(3), 251–260. https://doi.org/10.1016/j.bushor.2021.02.046

Friedrichs, J. (1990). *Methoden empirischer Sozialforschung* (14. Aufl). Opladen: Westdeutscher Verlag.

Funder, D. C. (2000). Gone with the wind: Individual differences in heuristics and biases undermine the implication of systematic irrationality. *Behavioral and Brain Sciences, 23*(5), 673–674. https://doi.org/10.1017/S0140525X00313437

Funke, J. (2011). Problemlösen. In T. Betsch, J. Funke, & H. Plessner, *Denken—Urteilen, Entscheiden, Problemlösen* (S. 135–199). Berlin Heidelberg: Springer.

Funke, J., & Holt, D. (2006). Zur Rationalität von Emotionen beim Problemlösen: Eine psychologische Perspektive. In A. Scherzberg (Hrsg.), *Kluges Entscheiden. Disziplinäre Grundlagen und interdisziplinäre Verknüpfungen* (S. 77–90). Tübingen: Mohr Siebeck. Abgerufen von https://archiv.ub.uni-heidelberg.de/volltextserver/8259/1/FunkeHolt_2006_Entscheiden.pdf

Gadatsch, A. (2023). *Grundkurs Geschäftsprozess-Management. Analyse, Modellierung, Optimierung und Controlling von Prozessen* (10.). Wiesbaden: Springer Fachmedien Wiesbaden. https://doi.org/10.1007/978-3-658-09110-1_6

Gal, D. (2006). A psychological law of inertia and the illusion of loss aversion. *Judgment and Decision Making*, *1*(1), 23–32. https://doi.org/10.1017/S1930297500000322

Gal, D., & Rucker, D. D. (2018). The Loss of Loss Aversion: Will It Loom Larger Than Its Gain? *Journal of Consumer Psychology*, *28*(3), 497–516. https://doi.org/10.1002/jcpy.1047

Garcia, T., Hoffmann, C., & Pfister, A. (2019). Psychologische Grundlagen für Führungskräfte. In E. Lippmann, A. Pfister, & U. Jörg (Hrsg.), *Handbuch Angewandte Psychologie für Führungskräfte: Führungskompetenz und Führungswissen* (S. 97–156). Berlin, Heidelberg: Springer. https://doi.org/10.1007/978-3-662-55810-2_5

Gatzert, N., & Martin, M. (2015). Determinants and Value of Enterprise Risk Management: Empirical Evidence From the Literature: Empirical Evidence From the Literature. *Risk Management and Insurance Review*, *18*(1), 29–53. https://doi.org/10.1111/rmir.12028

Gavetti, G., & Levinthal, D. (2000). Looking Forward and Looking Backward: Cognitive and Experiential Search. *Administrative Science Quarterly*, *45*, 113–137.

Gavetti, G., Levinthal, D., & Ocasio, W. (2007). Perspective—Neo-Carnegie: The Carnegie School's Past, Present, and Reconstructing for the Future. *Organization Science*, *18*(3), 523–536. https://doi.org/10.1287/orsc.1070.0277

Gebauer, A. (2017). *Kollektive Achtsamkeit organisieren: Strategien und Werkzeuge für eine proaktive Risikokultur*. Stuttgart: Schäffer-Poeschel Verlag.

Geiger, N. (2017). The Rise of Behavioral Economics: A Quantitative Assessment. *Social Science History*, *41*(3), 555–583. https://doi.org/10.1017/ssh.2017.17

Gendron, Y., Samsonova-Taddei, A., & Guénin, H. (2021). Making Sense of Risk Management as a (Dis)Comfort-Inducing Practice. *Behavioral Research in Accounting*, *33*(1), 1–20. https://doi.org/10.2308/BRIA-18-016

Gigerenzer, G. (2018). The Bias Bias in Behavioral Economics. *Review of Behavioral Economics*, *5*(3–4), 303–336. https://doi.org/10.1561/105.00000092

Gigerenzer, G. (2019). Rationales Entscheiden unter Ungewissheit ≠ Rationales Entscheiden unter Risiko. In B. Fleischer, R. Lauterbach, & K. Pawlik (Hrsg.), *Rationale Entscheidungen unter Unsicherheit* (S. 1–14). Berlin, Boston: De Gruyter. https://doi.org/10.1515/9783110600261-001

Gigerenzer, G. (2020). How to Explain Behavior? *Topics in Cognitive Science*, *12*. https://doi.org/10.1111/tops.12480

Gigerenzer, G. (2021). Embodied Heuristics. *Frontiers in Psychology*, *12*, ohne Seitenzahlen. https://doi.org/10.3389/fpsyg.2021.711289

Gigerenzer, G. (2023a). Chapter 3—Biases: Mistaking Intuition for Irrationality. In *The Intelligence of Intuition* (1. Aufl., S. 42–67). Cambridge: Cambridge University Press. https://doi.org/10.1017/9781009304887

Gigerenzer, G. (2023b). Chapter 5—Heuristics: The Tools of Intuition. In *The Intelligence of Intuition* (1. Aufl., S. 91–108). Cambridge: Cambridge University Press. https://doi.org/10.1017/9781009304887

Gigerenzer, G. (2023c). *The intelligence of intuition.* Cambridge, United Kingdom ; New York, NY: Cambridge University Press.

Gigerenzer, G. (2024). The rationality wars: A personal reflection. *Behavioural Public Policy*, 1–21. https://doi.org/10.1017/bpp.2024.51

Gigerenzer, G., & Brighton, H. (2009). Homo Heuristicus: Why Biased Minds Make Better Inferences. *Topics in Cognitive Science*, *1*(1), 107–143. https://doi.org/10.1111/j.1756-8765.2008.01006.x

Gigerenzer, G., & Gaissmaier, W. (2011). Heuristic Decision Making. *Annual Review of Psychology*, *62*(1), 451–482. https://doi.org/10.1146/annurev-psych-120709-145346

Gigerenzer, G., Hertwig, R., & Pachur, T. (Hrsg.). (2011). *Heuristics: The foundations of adaptive behavior*. New York: Oxford University Press.

Gigerenzer, G., Hoffrage, U., & Kleinbfilting, H. (1991). Probabilistic Mental Models: A Brunswikian Theory of Confidence. *Psychological Review*, *98*(4), 506–528.

Gigerenzer, G., Reb, J., & Luan, S. (2022). Smart Heuristics for Individuals, Teams, and Organizations. *Annual Review of Organizational Psychology and Organizational Behavior*, *9*(1), 171–198. https://doi.org/10.1146/annurev-orgpsych-012420-090506

Gilovich, T., & Griffin, D. (2002). Introduction—Heuristics and Biases: Then and Now. In T. Gilovich, D. W. Griffin, & D. Kahneman (Hrsg.), *Heuristics and biases: The psychology of intuitive judgment* (S. 1–18). Cambridge, U.K. ; New York: Cambridge University Press.

Gilovich, T., Savitsky, K., & Medvec, V. (1998). The Illusion of Transparency: Biased Assessments of Others' Ability to Read One's Emotional States. *Journal of personality and social psychology*, *75*(2), 332–346. https://doi.org/10.1037/0022-3514.75.2.332

Glaser, C. (2019). *Risiko im Management: 100 Fehler, Irrtümer, Verzerrungen und wie man sie vermeidet*. Wiesbaden: Springer Fachmedien Wiesbaden. https://doi.org/10.1007/978-3-658-25835-1

Gleißner, W. (2017). *Grundlagen des Risikomanagements. Mit fundierten Informationen zu besseren Entscheidungen* (3., vollständig überarbeitete und erweiterte Auflage). München: Verlag Franz Vahlen.

Gleißner, W. (2020). Risikoblindheit. *Zeitschrift für Risikomanagement*, (1), 10–14. https://doi.org/10.37307/j.2701-7605.2020.01.04

Gleißner, W. (2021). Strategisches Management unter Unsicherheit: Das robuste Unternehmen. *REthinking Finance*, (1), 33–41.

Gleißner, W. (2022). *Grundlagen des Risikomanagements: Handbuch für ein Management unter Unsicherheit* (4., vollständig überarbeitete und erweiterte Auflage). München: Verlag Franz Vahlen.

Gleißner, W., & Berger, T. B. (2024). Enterprise Risk Management: Improving Embedded Risk Management and Risk Governance. *Risks*, *12*(196), 1–15. https://doi.org/10.3390/risks12120196

Gleißner, W., & Ulrich, P. (2022, Juni 9). GRC-Konzepte führen in die Sackgasse. Abgerufen 23. April 2025, von RiskNet—The Risk Management Network website: https://www.risknet.de/themen/risknews/grc-konzepte-fuehren-in-die-sackgasse/

Gleißner, W., & Wolfrum, M. (2019). *Risikoaggregation und Monte-Carlo-Simulation: Schlüsseltechnologie für Risikomanagement und Controlling*. Wiesbaden: Springer Fachmedien Wiesbaden. https://doi.org/10.1007/978-3-658-24274-9

Glette-Iversen, I., & Aven, T. (2021). On the meaning of and relationship between dragon-kings, black swans and related concepts. *Reliability Engineering & System Safety, 211*, ohne Seitenzahlen. https://doi.org/10.1016/j.ress.2021.107625

Glette-Iversen, I., Flage, R., & Aven, T. (2023). Extending and improving current frameworks for risk management and decision-making: A new approach for incorporating dynamic aspects of risk and uncertainty. *Safety Science, 168*, ohne Seitenzahlen. https://doi.org/10.1016/j.ssci.2023.106317

Gorzeń-Mitka, I. (2013). RISK IDENTIFICATION TOOLS – POLISH MSMES COMPANIES PRACTICES. *Problems of Management in the 21st Century, 7*(1), 6–11. https://doi.org/10.33225/pmc/13.07.06

Goto, S. (2004). *A behavioral risk management system*. https://doi.org/10.7916/D8V98GMS

Goto, S. (2007). The Bounds of Classical Risk Management and the Importance of a Behavioral Approach. *Risk Management and Insurance Review, 10*(2), 267–282. https://doi.org/10.1111/j.1540-6296.2007.00118.x

Graf, R. (2015). «Heuristics and Biases» als Quelle und Vorstellung. Verhaltensökonomische Forschung in der Zeitgeschichte. *Zeithistorische Forschungen, 12*, 511–519.

Grayot, J. D. (2019). From selves to systems: On the intrapersonal and intraneural dynamics of decision making*. *Journal of Economic Methodology, 26*(3), 208–227. https://doi.org/10.1080/1350178X.2019.1625213

Grayot, J. D. (2020). Dual Process Theories in Behavioral Economics and Neuroeconomics: A Critical Review. *Review of Philosophy and Psychology, 11*(1), 105–136. https://doi.org/10.1007/s13164-019-00446-9

Gruber, T. (2018). *Gedächtnis* (2., überarbeitete Auflage). Berlin, Heidelberg: Springer. https://doi.org/10.1007/978-3-662-56362-5

Guinote, A. (2017). How Power Affects People: Activating, Wanting, and Goal Seeking. *Annual Review of Psychology, 68*(1), 353–381. https://doi.org/10.1146/annurev-psych-010416-044153

Gutenberg, E. (1962). *Unternehmensführung: Organisation und Entscheidungen*. Wiesbaden: Betriebswirtschaftlicher Verl. Th. Gabler.

Gwet, Kilem L. (2008). Intrarater Reliability. In R. B. D'Agostino, L. Sullivan, & J. Massaro (Hrsg.), *Wiley Encyclopedia of Clinical Trials* (1. Aufl., S. 473–485). John Wiley & Sons, Inc. https://doi.org/10.1002/9780471462422.eoct631

Gwet, Kilem Li. (2021). *Handbook of Inter-Rater Reliability—The Definitive Guide to Measuring the Extent of Agreement Among Raters—Volume 1: Analysis of Categorical Ratings* (Fifth edition). Gaithersburg, MD: AgreeStat Analytics.

Hammer, M. (2007). The Process Audit. *Harvard Business Review, 85*(4), Reprint ohne Seitenzahlen.

Häntsch, M., & Huchzermeier, A. (2013). Identifying, analyzing, and assessing risk in the strategic planning of a production network: The practical view of a German car manufacturer. *Journal of Management Control, 24*(2), 125–158. https://doi.org/10.1007/s00187-013-0178-y

Haselton, M. G., & Buss, D. M. (2000). Error Management Theory: A New Perspective on Biases in Cross-Sex Mind Reading. *Journal of Personality and Social Psychology, 78*(1), 81–91.

Haselton, M. G., & Nettle, D. (2006). The Paranoid Optimist: An Integrative Evolutionary Model of Cognitive Biases. *Personality and Social Psychology Review, 10*(1), 47–66. https://doi.org/10.1207/s15327957pspr1001_3

Haselton, M. G., Nettle, D., & Andrews, P. W. (2015). The evolution of cognitive bias. In D. M. Buss (Hrsg.), *The handbook of evolutionary psychology* (2. Aufl., S. 724–746). Wiley. Abgerufen von http://www.sscnet.ucla.edu/comm/haselton/papers/downloads/handbookevpsych.pdf

Haynes, J. (1895). Risk as an Economic Factor. *The Quarterly Journal of Economics, 9*(4), 409–449. https://doi.org/10.2307/1886012

Healey, M. P., & Hodgkinson, G. P. (2015). Psychological Foundations of Strategic Management. In C. L. Cooper (Hrsg.), *Wiley Encyclopedia of Management* (S. 1–3). Chichester, UK: John Wiley & Sons, Ltd. https://doi.org/10.1002/9781118785317.weom120037

Heckhausen, H., & Gollwitzer, P. (1987). Thought Contents and Cognitive Functioning in Motivational Versus Volitional States of Mind. *Motivation and Emotion, 11*(2), 101–120. https://doi.org/10.1007/BF00992338

Heckhausen, J., & Heckhausen, H. (2011). *Motivation und Handeln: Einführung und Überblick.* https://doi.org/10.1007/978-3-642-12693-2_1

Henrich, J., Heine, S. J., & Norenzayan, A. (2010). Most people are not WEIRD. *Nature, 466*, 29.

Henrizi, P., & Renn, O. (2023). Die Philosophie von Risiko. In J. Basel & P. Henrizi (Hrsg.), *Psychologie von Risiko und Vertrauen: Wahrnehmung, Verhalten und Kommunikation* (S. 9–39). Berlin, Heidelberg: Springer Berlin Heidelberg. https://doi.org/10.1007/978-3-662-65575-7

Hergovich, A. (2021). *Allgemeine Psychologie: Denken und Lernen* (2. Aufl.). Wien: facultas.

Hernes, T. (2014). *A Process Theory of Organization.* Oxford: Oxford University Press.

Herrmann, J., & Fritz, H. (2021). *Qualitätsmanagement: Lehrbuch für Studium und Praxis* (3., aktualisierte und erweiterte Auflage). München: Hanser.

Hertwig, R., & Engel, C. (2016). Homo Ignorans: Deliberately Choosing Not to Know. *Perspectives on Psychological Science, 11*(3), 359–372. https://doi.org/10.1177/1745691616635594

Hilmer, C. (2016). *Prozessmanagement in indirekten Bereichen.* Wiesbaden: Springer Fachmedien Wiesbaden. https://doi.org/10.1007/978-3-658-14917-8

Hilsbos, A., & Hunziker, S. (2021). Der «Risk Intake Prozess» als zentraler Erfolgsfaktor eines unternehmensweiten Risikomanagements in der Insel Gruppe. *ReThinking Finance, 2021*(1), 45–51.

Hjeij, M., & Vilks, A. (2023). A brief history of heuristics: How did research on heuristics evolve? *Humanities and Social Sciences Communications, 10*, 1–15. https://doi.org/10.1057/s41599-023-01542-z

Hodgkinson, G. P., Burkhard, B., Foss, N. J., Grichnik, D., Sarala, R. M., Tang, Y., & Van Essen, M. (2023). The Heuristics and Biases of Top Managers: Past, Present, and Future. *Journal of Management Studies, 60*(5), 1033–1063.

Hodgkinson, G. P., & Healey, M. P. (2011). Psychological foundations of dynamic capabilities: Reflexion and reflection in strategic management. *Strategic Management Journal, 32*(13), 1500–1516. https://doi.org/10.1002/smj.964

Hodgkinson, G. P., & Healey, M. P. (2016). Neuroeconomics. In M. Augier & D. J. Teece (Hrsg.), *The Palgrave Encyclopedia of Strategic Management* (S. 1–6). London: Palgrave Macmillan UK. https://doi.org/10.1057/978-1-349-94848-2_553-1

Hodgkinson, G. P., Sund, K. J., & Galavan, R. J. (2018). Exploring Methods in Managerial and Organizational Cognition: Advances, Controversies, and Contributions. In R. J. Galavan, K. J. Sund, & G. P. Hodgkinson (Hrsg.), *Methodological Challenges and Advances in Managerial and Organizational Cognition* (S. 1–22). Emerald Publishing Limited. https://doi.org/10.1108/S2397-52102017002

Hoff, K., & Demeritt, A. (2023). Behavioral Development Economics. In *Oxford Research Encyclopedia of Economics and Finance* (S. ohne Seitenzahlen). Oxford University Press. https://doi.org/10.1093/acrefore/9780190625979.013.725

Holling, H., & Kuhn, J.-T. (2007). Methoden der Datenerhebung. In H. Schuler & K. Sonntag (Hrsg.), *Handbuch der Arbeits- und Organisationspsychologie* (S. 90–97). Göttingen: Hogrefe.

Hoyt, R. E., & Liebenberg, A. P. (2011). The Value of Enterprise Risk Management. *Journal of Risk and Insurance, 78*(4), 795–822. https://doi.org/10.1111/j.1539-6975.2011.01413.x

Hubbard, D. W. (2009). *The Failure of Risk Management: Why It's Broken and How To Fix It*. Hoboken, N.J: Wiley.

Hunziker, S. (2019). *Enterprise Risk Management: Modern Approaches to Balancing Risk and Reward*. Wiesbaden: Springer Fachmedien Wiesbaden. https://doi.org/10.1007/978-3-658-25357-8

Hunziker, S. (2021). Enterprise Risk Management. *CFO Aktuell, 15*(2), 64–67.

Hunziker, S., Balmer, P., & Schellenberg, C. (2016). *Enterprise Risk Management 2016: Studie zum Risikomanagement in Schweizer Unternehmen*. SwissERM.

Hunziker, S., Henrizi, P., Hilsbos, A., & Schneeberger, T. (2022). Ganzheitliche Risikoidentifikation. In S. Hunziker, P. Henrizi, A. Hilsbos, & T. Schneeberger (Hrsg.), *Quick Guide Ganzheitliches Risk Management im Krankenhaus: Praxisleitfaden für Implementierung und Umsetzung* (S. 53–82). Wiesbaden: Springer Fachmedien. https://doi.org/10.1007/978-3-658-36849-4_3

Hunziker, S., Portmann, A., Trachsel, V., & Dubler, F. (2022). *Cyber Risk Management in grösseren Schweizer Unternehmen Mit Fokus auf Cloud-Computing* [Studie]. Luzern: Hochschule Luzern (HSLU).

International Organization for Standardization (ISO). (2019). *IEC 31010:2019 Risk Management—Risk Assessment Techniques*. Vernier, Genf.

Ispas, L., Mironeasa, C., & Silvestri, A. (2023). Risk-Based Approach in the Implementation of Integrated Management Systems: A Systematic Literature Review. *Sustainability, 15*(13), ohne Seitenzahlen. https://doi.org/10.3390/su151310251

Jacobsen, L. K. (2003). *Bestimmungsfaktoren für Erfolg im Entrepreneurship: Entwicklung eines umfassenden theoretischen Modells*. FU Berlin.

Janis, I. L. (1971). Groupthink. *Psychology Today Magazine, 5*(6), 84–89.

Janis, I. L. (1982). *Groupthink: Psychological studies of policy decisions and fiascoes* (2. ed., rev.enl. ed.). Boston: Houghton Mifflin.

Jannusch, T., Ressel, J., & Völler, M. (2023). Sicherheitsversprechen im Wandel. In R. Arnold, M. Berg, O. Goecke, M. Heep-Altiner, & H. Müller-Peters (Hrsg.), *Risiko im Wandel: Herausforderung für die Versicherungswirtschaft* (S. 189–216). Wiesbaden: Springer Fachmedien. https://doi.org/10.1007/978-3-658-37071-8_9

Jean-Jules, J., & Vicente, R. (2020). Rethinking the implementation of enterprise risk management (ERM) as a socio-technical challenge. *Journal of Risk Research, 24*(2), 247–266. https://doi.org/10.1080/13669877.2020.1750462

Jeitziner, J., Mikes, O., & Oyon, D. (2017). Risk management: Towards a behavioral perspective. In T. Libby & L. Thorne (Hrsg.), *The Routledge Companion to Behavioural Accounting Research* (S. 459–469).

Jemaa, F. (2022). Recoupling work beyond COSO: A longitudinal case study of Enterprise-wide Risk Management. *Accounting, Organizations and Society, 103*, ohne Seitenzahlen. https://doi.org/10.1016/j.aos.2022.101369

Jonen, A. (2007). *Semantische Analyse des Risikobegriffs: Strukturierung der betriebswirtschaftlichen Risikodefinitionen und literaturempirische Auswertung* (2. Aufl.; V. Lingnau, Hrsg.). Kaiserslautern.

Jugnandan, S., & Willows, G. D. (2023). Towards an integrated debiasing framework for consumer financial decisions: A reflection on debiasing research. *International Journal of Consumer Studies, 47*(4), 1–17. https://doi.org/10.1111/ijcs.12935

Julmi, C. (2020). „Nun sag, wie hast du's mit den Geisteswissenschaften?" Ein Review wissenschaftstheoretischer Grundlagen deutschsprachiger Lehrbücher der Allgemeinen Betriebswirtschaftslehre. *Schmalenbachs Zeitschrift für betriebswirtschaftliche Forschung, 72*, 95–120. https://doi.org/10.1007/s41471-020-00081-6

Jung, D., Erdfelder, E., Bröder, A., & Dorner, V. (2019). Differentiating motivational and cognitive explanations for decision inertia. *Journal of Economic Psychology, 72*, 30–44. https://doi.org/10.1016/j.joep.2019.01.004

Kahneman, D. (2003). A Psychological Perspective on Economics. *American Economic Review, 93*(2), 162–168. https://doi.org/10.1257/000282803321946985

Kahneman, D. (2011). *Thinking, Fast and Slow*. London: Penguin Books.

Kahneman, D., & Frederick, S. (2005). A Model of Heuristic Judgment. In K. J. Holyoak & R. G. Morrison (Hrsg.), *The Cambridge Handbook of Thinking and Reasoning* (S. 267–294). New York: Cambridge University Press.

Kahneman, D., & Klein, G. (2009). Conditions for intuitive expertise: A failure to disagree. *American Psychologist, 64*(6), 515–526. https://doi.org/10.1037/a0016755

Kahneman, D., & Lovallo, D. (1993). Timid Choices and Bold Forecasts: A Cognitive Perspective on Risk Taking. *Management Science, 39*(1), 17–31.

Kahneman, D., Lovallo, D., & Sibony, O. (2011). Before you make that big decision. *Harvard Business Review, 89*(6), 50–60.

Kahneman, D., & Tversky, A. (1977). *Intuitive Prediction: Biases and Corrective Procedures*. Defense Technical Information Center. Abgerufen von https://apps.dtic.mil/sti/pdfs/ADA047747.pdf

Kahneman, D., & Tversky, A. (1979). Prospect Theory: An Analysis of Decision under Risk. *Econometrica, 47*(2), 263–291. https://doi.org/10.2307/1914185

Kahneman, D., & Tversky, A. (1982). The Psychology of Preferences. *Scientific American, 246*(1), 160–173. https://doi.org/10.1038/scientificamerican0182-160

Kanning, U. P. (2007). Geschichte der Arbeits- und Organisationspsychologie. In H. Schuler & K. Sonntag (Hrsg.), *Handbuch der Arbeits- und Organisationspsychologie* (S. 27–34). Göttingen: Hogrefe.

Kaplan, R. S., & Mikes, A. (2016a). Risk Management—The Revealing Hand. *Journal of Applied Corporate Finance*, *28*(1), 8–18. https://doi.org/10.1111/jacf.12155

Kaplan, R. S., & Mikes, A. (2016b). Risk Management—The Revealing Hand (preprint). *Harvard Business School Working Paper*, *16*(102). https://doi.org/10.2139/ssrn.2744133

Karau, S. J., & Williams, K. D. (1997). The Effects of Group Cohesiveness on Social Loafing and Social Compensation. *Group Dynamics: Theory, Research, and Practice*, *1*(2), 156–168.

Kauffeld, S., & Schulte, E.-M. (2019). Teams und ihre Entwicklung. In S. Kauffeld (Hrsg.), *Arbeits-, Organisations- und Personalpsychologie für Bachelor* (S. 211–236). Berlin, Heidelberg: Springer Berlin Heidelberg. https://doi.org/10.1007/978-3-662-56013-6

Keh, H. T., Der Foo, M., & Lim, B. C. (2002). Opportunity Evaluation under Risky Conditions: The Cognitive Processes of Entrepreneurs. *Entrepreneurship Theory and Practice*, *27*(2), 125–148. https://doi.org/10.1111/1540-8520.00003

Keller, B. (2014). Arbeits- und Organisationspsychologie. In D. G. Myers, *Psychologie* (3., vollständig überarbeitete und erweiterte Auflage, S. 785–829). Berlin, Heidelberg: Springer Berlin Heidelberg. https://doi.org/10.1007/978-3-642-40782-6

Kerr, N. L., & Tindale, R. S. (2004). Group Performance and Decision Making. *Annual Review of Psychology*, *55*(1), 623–655. https://doi.org/10.1146/annurev.psych.55.090902.142009

Kewell, B., & Linsley, P. (2017). Risk tools and risk technologies. In M. Woods & P. Linsley (Hrsg.), *The Routledge Companion to Accounting and Risk* (S. 15–27). London, U.K.: London, U.K.: Routledge.

Kirchmair, R. (2022). *Qualitative Forschungsmethoden: Anwendungsorientiert: vom Insider aus der Marktforschung lernen*. Berlin, Heidelberg: Springer Berlin Heidelberg. https://doi.org/10.1007/978-3-662-62761-7

Klayman, J. (1995). Varieties of Confirmation Bias. In J. Busemeyer, R. Hastie, & D. L. Medin (Hrsg.), *Psychology of Learning and Motivation* (Bd. 32, S. 385–418). Academic Press. https://doi.org/10.1016/S0079-7421(08)60315-1

Klein, G. (2007). Performing a Project Premortem. *IEEE Engineering Management Review*, *36*(2), 103–104. https://doi.org/10.1109/EMR.2008.4534313

Knight, F. H. (1921). *Risk, Uncertainty and Profit*. Boston: Houghton Mifflin. Abgerufen von https://discoversocialsciences.com/wp-content/uploads/2018/03/knight-uncertainty-and-profit.pdf

Knobloch, C. (2021). *Holisms of communication: The early history of audio-visual sequence analysis* (J. McElvenny & A. Ploder, Hrsg.). Berlin: Language Science Press. https://doi.org/10.5281/ZENODO.5142265

Koschmider, A. (2021). Kapitel 1: Grundlagen. In R. Laue, A. Koschmider, & D. Fahland (Hrsg.), *Prozessmanagement und Process-Mining: Grundlagen* (S. 1–12). Berlin Boston: De Gruyter.

Krizan, Z., & Windschitl, P. D. (2007). The influence of outcome desirability on optimism. *Psychological Bulletin*, *133*(1), 95–121. https://doi.org/10.1037/0033-2909.133.1.95

Kromrey, H. (2002). *Empirische Sozialforschung. Modelle und Methoden der standardisierten Datenerhebung und Datenauswertung* (10., vollständig überarbeitete Auflage). Opladen: Verlag Leske + Budrich. https://doi.org/10.1007/978-3-322-93463-5

Kruger, J., & Evans, M. (2004). If you don't want to be late, enumerate: Unpacking reduces the planning fallacy. *Journal of Experimental Social Psychology*, *40*(5), 586–598. https://doi.org/10.1016/j.jesp.2003.11.001

Kruglanski, A. W. (2013). Only One? The Default Interventionist Perspective as a Unimodel—Commentary on Evans & Stanovich (2013). *Perspectives on Psychological Science*, *8*(3), 242–247. https://doi.org/10.1177/1745691613483477

Kühl, S. (2023). Strategy is Structure. A Systems Theory-Based Definition of Strategy. *Journal of Organizational Sociology*, *1*(3), 251–286. https://doi.org/10.1515/joso-2023-0014

Künzli, H. (2019). Motivation. In E. Lippmann, A. Pfister, & U. Jörg (Hrsg.), *Handbuch Angewandte Psychologie für Führungskräfte: Führungskompetenz und Führungswissen* (5., vollständig überarbeitete Auflage, S. 654–674). Berlin, Heidelberg: Springer Berlin Heidelberg. https://doi.org/10.1007/978-3-662-55810-2

Landis, J. R., & Koch, G. G. (1977). The Measurement of Observer Agreement for Categorical Data. *Biometrics*, *33*(1), 159–174. https://doi.org/10.2307/2529310

Langer, E. J. (1975). The Illusion of Control. *Journal of Personality and Social Psychology*, *32*(2), 311–328.

Laureiro-Martinez, D., Arrieta, J. P., & Brusoni, S. (2023). Microfoundations of Problem Solving: Attentional Engagement Predicts Problem-Solving Strategies. *Organization Science*, *34*(6), 2207–2230. https://doi.org/10.1287/orsc.2019.13213

Laureiro-Martinez, D., Brusoni, S., Tata, A., & Zollo, M. (2019). The Manager's Notepad: Working Memory, Exploration, and Performance. *Journal of Management Studies*, *56*(8), 1655–1682. https://doi.org/10.1111/joms.12528

Laux, H., Gillenkirch, R. M., & Schenk-Mathes, H. Y. (2018). *Entscheidungstheorie* (10., aktualisierte und erweiterte Auflage). Berlin, Heidelberg: Springer Berlin Heidelberg. https://doi.org/10.1007/978-3-662-57818-6

LeDoux, J. E. (2000). Emotion Circuits in the Brain. *Annual Review of Neuroscience*, *23*, 155–184.

LeDoux, J. E., Michel, M., & Lau, H. (2020). A little history goes a long way toward understanding why we study consciousness the way we do today. *Proceedings of the National Academy of Sciences*, *117*(13), 6976–6984. https://doi.org/10.1073/pnas.1921623117

Leidner, J. L. (2015, Oktober 28). *Computer-Suported Risk Identification for the Holistic Management of Risks*. arXiv. Abgerufen von http://arxiv.org/abs/1510.08285

Lermer, E., Streicher, B., Eller, E., & Sachs, R. (2014). *Emerging Risk Discussion Paper 2/2014: Psychologische Einflüsse II: Risikoeinschätzung in Gruppen*. https://doi.org/10.13140/RG.2.2.30549.04326

Li, F. (2010). Managers' Self-Serving Attribution Bias and Corporate Financial Policies. *SSRN Electronic Journal*, ohne Seitenzahlen. https://doi.org/10.2139/ssrn.1639005

Lin, X., & Polenske, K. R. (1998). Input—Output modeling of production processes for business management. *Structural Change and Economic Dynamics*, *9*(2), 205–226. https://doi.org/10.1016/S0954-349X(97)00034-9

Lingnau, V., & Fuchs, F. (2018). *Das Ende der Einmütigkeit der Shareholder? Die Grenzen des standardökonomischen Ansatzes und ein verhaltenswissenschaftlicher Gegenentwurf*

(Research Report Nr. 28). Kaiserslautern: Technische Universität Kaiserslautern. Abgerufen von Technische Universität Kaiserslautern website: https://hdl.handle.net/10419/176719

Lippmann, E., Pfister, A., & Jörg, U. (Hrsg.). (2019). *Handbuch Angewandte Psychologie für Führungskräfte: Führungskompetenz und Führungswissen* (5., vollständig überarbeitete Auflage). Berlin, Heidelberg: Springer Berlin Heidelberg. https://doi.org/10.1007/978-3-662-55810-2

Locke, E. A., & Latham, G. P. (1991). A Theory of Goal Setting & Task Performance. *Organizational Behavior and Human Decision Processes, 50*, 212–247. https://doi.org/10.2307/258875

Loewenstein, G., Weber, E., Hsee, C., & Welch, N. (2001). Risk As Feelings. *Psychological bulletin, 127*, 267–286. https://doi.org/10.1037/0033-2909.127.2.267

Luhmann, N. (1987). *Soziale Systeme: Grundriß einer allgemeinen Theorie* (1. Auflage 1984). Frankfurt am Main: Suhrkamp.

Luhmann, N. (1991). *Soziologie des Risikos.* Berlin New York: de Gruyter.

Luhmann, N. (1999). *Funktionen und Folgen formaler Organisation; mit einem Epilog 1994* (5. Auflage). Berlin: Duncker & Humblot.

Luhmann, N. (2000). *Organisation und Entscheidung.* Opladen/Wiesbaden: Westdeutscher Verlag.

Luhmann, N. (2004). Die Paradoxie des Entscheidens. In F. Balke, G. Schwering, & U. Stäheli (Hrsg.), *Paradoxien der Entscheidung. Wahl/Selektion in Kunst, Literatur und Medien* (S. 17–56). Bielefeld: Transcript-Verlag.

Lundqvist, S. A. (2015). Why firms implement risk governance – Stepping beyond traditional risk management to enterprise risk management. *Journal of Accounting and Public Policy, 34*(5), 441–466. https://doi.org/10.1016/j.jaccpubpol.2015.05.002

MacKay, R. B., & Chia, R. (2013). Choice, Chance, and Unintended Consequences in Strategic Change: A Process Understanding of the Rise and Fall of NorthCo Automotive. *Academy of Management Journal, 56*(1), 208–230. https://doi.org/10.5465/amj.2010.0734

Maslow, A. H. (1943). A Theory of Human Motivation. *Psychological Review, 50*, 370–396.

Mathieu, J., Maynard, M. T., Rapp, T., & Gilson, L. (2008). Team Effectiveness 1997–2007: A Review of Recent Advancements and a Glimpse Into the Future. *Journal of Management, 34*(3), 410–476. https://doi.org/10.1177/0149206308316061

Max-Planck-Gesellschaft zur Förderung der Wissenschaften e. V. (o. J.). Geschichte des Max-Planck-Instituts für Bildungsforschung. Abgerufen 9. September 2024, von Geschichte des Instituts website: https://www.mpib-berlin.mpg.de/institut/geschichte

Mayo, R., Alfasi, D., & Schwarz, N. (2014). Distrust and the positive test heuristic: Dispositional and Situated Social Distrust Improves Performance on the Wason Rule Discovery Task. *Journal of Experimental Psychology: General, 143*(3), 985–990. https://doi.org/10.1037/a0035127

Mayring, P. (1994). Qualitative Inhaltsanalyse. *Schriften zur Informationswissenschaft, 14*, 159–175.

Mayring, P. (2000). Qualitative Inhaltsanalyse. *Forum: Qualitative Sozialforschung, 1*(2), Online Publikation ohne Seitenzahlen.

Mayring, P. (2015). *Qualitative Inhaltsanalyse: Grundlagen und Techniken* (12., vollständig überarbeitete und aktualisierte Aufl). Weinheim: Beltz.

Mayring, P. (2022). *Qualitative Inhaltsanalyse: Grundlagen und Techniken* (13., überarbeitete Auflage). Weinheim Basel: Beltz.

Maytorena, E., Winch, G. M., Freeman, J., & Kiely, T. (2007). The Influence of Experience and Information Search Styles on Project Risk Identification Performance. *IEEE Transactions on Engineering Management*, *54*(2), 315–326. https://doi.org/10.1109/TEM.2007.893993

McClelland, D. C. (1985). How Motives, Skills, and Values Determine What People Do. *American Psychologist*, *40*(7), 812–825.

Mecit, H. (2021). *Debiasing von Entscheidungsverhalten bei Corporate Foresight: Der Einfluss von Visualisierung und Moderation auf Informationsverarbeitung*. Wiesbaden: Springer Fachmedien Wiesbaden. https://doi.org/10.1007/978-3-658-31671-6

Meissner, P., & Wulf, T. (2017). The effect of cognitive diversity on the illusion of control bias in strategic decisions: An experimental investigation. *European Management Journal*, *35*(4), 430–439. https://doi.org/10.1016/j.emj.2016.12.004

Melnarowicz, K. (2024). The impact of catastrophic events of the black swan type on the mergers and acquisitions market illustrated by the banking sector. *Bank i Kredyt*, *55*(2), 201–220.

Mercier, H., & Sperber, D. (2017). *The enigma of reason*. Cambridge, Massachusetts: Harvard University Press.

Meyer, K. (2023). *Entscheidungsfehler bei der Personalauswahl vermeiden. Mit Ableitungen für das Debiasing*. Berlin, Heidelberg: Springer. https://doi.org/10.1007/978-3-662-67836-7

Micholka-Metsch, J., & Metsch, M.-C. (2015). *Strategien für die deutsch-chinesische Geschäftsbeziehung: Erfolgreich verhandeln und Konflikte lösen*. Wiesbaden: Springer Fachmedien Wiesbaden. https://doi.org/10.1007/978-3-658-06102-9

Miner, J. B. (2005). *Organizational behavior I. Essential theories of motivation and leadership*. Armonk, NY: Sharpe.

Mintzberg, H., Raisinghani, D., & Theoret, A. (1976). The Structure of «Unstructured» Decision Processes. *Administrative Science Quarterly*, *21*(2), 246–275. https://doi.org/10.2307/2392045

Mishra, K. C., & Metilda, M. J. (2015). A study on the impact of investment experience, gender, and level of education on overconfidence and self-attribution bias. *IIMB Management Review*, *27*(4), 228–239. https://doi.org/10.1016/j.iimb.2015.09.001

Moeller, R. R. (2007). *COSO Enterprise Risk Management: Understanding the New Integrated ERM Framework*. John Wiley & Sons.

Montibeller, G., & von Winterfeldt, D. (2015). Cognitive and Motivational Biases in Decision and Risk Analysis. *Risk Analysis*, *35*(7), 1230–1251. https://doi.org/10.1111/risa.12360

Moore, D. A., & Healy, P. J. (2008). The trouble with overconfidence. *Psychological Review*, *115*(2), 502–517. https://doi.org/10.1037/0033-295X.115.2.502

Morelli, M., Casagrande, M., & Forte, G. (2022). Decision Making: A Theoretical Review. *Integrative Psychological and Behavioral Science*, *56*(3), 609–629. https://doi.org/10.1007/s12124-021-09669-x

Müller-Peters, H. (2023). Risikowahrnehmung und Risikowirklichkeit. In R. Arnold, M. Berg, O. Goecke, M. Heep-Altiner, & H. Müller-Peters (Hrsg.), *Risiko im Wandel* (S. 11–33). Wiesbaden: Springer Fachmedien Wiesbaden. https://doi.org/10.1007/978-3-658-37071-8_2

Müller-Pinzler, L., Czekalla, N., Mayer, A. V., Stolz, D. S., Gazzola, V., Keysers, C., … Krach, S. (2019). Negativity-bias in forming beliefs about own abilities. *Scientific Reports*, *9*(1), ohne Seitenzahlen. https://doi.org/10.1038/s41598-019-50821-w

Myers, D. G. (2014). *Psychologie* (3., vollständig überarbeitete und erweiterte Auflage). Berlin, Heidelberg: Springer Berlin Heidelberg. https://doi.org/10.1007/978-3-642-407 82-6

Myers, D. G., & Lamm, H. (1976). The Group Polarization Phenomenon. *Psychological Bulletin*, *83*(4), 602–627.

Myers, D. G., & Wilson, J. (2014). Gedächtnis. In D. G. Myers, *Psychologie* (3., vollständig überarbeitete und erweiterte Auflage, S. 327–365). Berlin, Heidelberg: Springer Berlin Heidelberg. https://doi.org/10.1007/978-3-642-40782-6

Newell, B. R., Weston, N. J., & Shanks, D. R. (2003). Empirical tests of a fast-and-frugal heuristic: Not everyone “takes-the-best”. *Organizational Behavior and Human Decision Processes*, *91*(1), 82–96. https://doi.org/10.1016/S0749-5978(02)00525-3

Norris, C. J. (2021). The negativity bias, revisited: Evidence from neuroscience measures and an individual differences approach. *Social Neuroscience*, *16*(1), 68–82. https://doi.org/10.1080/17470919.2019.1696225

Novemsky, N., & Kahneman, D. (2005). The boundaries of loss aversion. *Journal of Marketing Research*, *XLII*, 119–128.

Obermaier, R., & Saliger, E. (2020). *Betriebswirtschaftliche Entscheidungstheorie: Einführung in die Logik individueller und kollektiver Entscheidungen* (7. Aufl.). Boston: De Gruyter.

Oberweis, A. (2013). *Modellierung und Ausführung von Workflows mit Petri-Netzen*. Springer-Verlag.

Ocasio, W. (1997). Towards an Attention-based View of the Firm. *Strategic Management Journal*, *18*(Summer Special Issue), 187–206.

Opp, K.-D. (1964). Kognitive Dissonanz und positive Selbstbewertung. *Bulletin 1964*, *61*, 1–22.

Oppenheimer, D. M. (2003). Not so fast! (and not so frugal!): Rethinking the recognition heuristic. *Cognition*, *90*(1), B1–B9. https://doi.org/10.1016/S0010-0277(03)00141-0

Osman, A., & Lew, C. C. (2021). Developing a framework of institutional risk culture for strategic decision-making. *Journal of Risk Research*, *24*(9), 1072–1085. https://doi.org/10.1080/13669877.2020.1801806

Oswald, M. E., & Wyler, H. (2018). Fallstricke auf dem Weg zur «richtigen» Entscheidung im Strafrecht: Eine Analyse aus psychologischer Sicht. In S. Barton, M. Dubelaar, R. Kölbel, & M. Lindemann (Hrsg.), *«Vom hochgemuten, voreiligen Griff nach der Wahrheit». Fehlurteile im Strafprozess* (1. Auflage, S. 103–131). Baden-Baden: Nomos Verlagsgesellschaft mbH & Co. KG. https://doi.org/10.5771/9783845290805

Otto, B., Kokemüller, J., Weisbecker, A., & Gizanis, D. (2011). Stammdatenmanagement: Datenqualität für Geschäftsprozesse. *HMD Praxis der Wirtschaftsinformatik*, *48*(3), 5–16. https://doi.org/10.1007/BF03340582

Parnell, G. S., & Tani, S. N. (2013). Foundations of Decision Analysis. In *Wiley Handbooks in Operations Research and Management Science. Handbook of decision analysis* (S. 46–67). Hoboken, New Jersey: John Wiley & Sons.

Pastötter, B., Oberauer, K., & Bäuml, K.-H. T. (2018). Gedächtnis und Wissen. In A. Kiesel & H. Spada (Hrsg.), *Lehrbuch Allgemeine Psychologie* (4., vollständig überarbeitete und erweiterte Auflage, S. 121–196). Bern: Hogrefe.

Paulhus, D. L., & Trapnell, P. D. (2008). Self-Presentation of Personality: An Agency-Communion framework. In O. P. John, R. W. Robins, & L. A. Pervin (Hrsg.), *Handbook of personality psychology* (Bd. 19, S. 492–517). New York: Guilford.

Peters, U. (2022). What Is the Function of Confirmation Bias? *Erkenntnis*, *87*(3), 1351–1376. https://doi.org/10.1007/s10670-020-00252-1

Pezeu-Massabuau, J. (2004). *Eloge de l'inconfort*. Marseille: Editions Parenthèses.

Pfister, A., Lippmann, E., & Beutter, C. (2019). Problemlösen und Entscheiden. In E. Lippmann, A. Pfister, & U. Jörg (Hrsg.), *Handbuch Angewandte Psychologie für Führungskräfte: Führungskompetenz und Führungswissen* (S. 239–324). Berlin, Heidelberg: Springer. https://doi.org/10.1007/978-3-662-55810-2_8

Pielken, A., & Krystek, U. (2016). Unternehmenskrisen und Vertrauenskrisen – Konzeptionelle Abgrenzung, Vertrauensbrüche und Wiederherstellungsmechanismen. In F. Keuper & T. Sommerlatte (Hrsg.), *Vertrauensbasierte Führung: Devise und Forschung* (S. 117–141). Berlin, Heidelberg: Springer. https://doi.org/10.1007/978-3-662-48499-9_6

Plessner, H. (2011). Urteilen. In T. Betsch, J. Funke, & H. Plessner, *Denken—Urteilen, Entscheiden, Problemlösen* (S. 6–63). Berlin Heidelberg: Springer.

Popper, K. R. (1992). *Die offene Gesellschaft und ihre Feinde. 1: Der Zauber Platons* (7. Aufl.). Tübingen: J.C.B. Mohr.

Project Management Institute (Hrsg.). (2008). *A Guide to the Project Management Body of Knowledge (PMBOK Guide)* (4th. ed.).

Rangel, A., Camerer, C., & Montague, P. R. (2008). A framework for studying the neurobiology of value-based decision making. *Nature Reviews Neuroscience*, *9*(7), 545–556. https://doi.org/10.1038/nrn2357

Reijers, H. A. (2021). Business Process Management: The evolution of a discipline. *Computers in Industry*, *126*, ohne Seitenzahlen. https://doi.org/10.1016/j.compind.2021.103404

Reynolds, D. B., Joseph, J., & Sherwood, R. (2009). Risky Shift Versus Cautious Shift: Determining Differences In Risk Taking Between Private And Public Management Decision-Making. *Journal of Business & Economics Research*, *7*(1). https://doi.org/10.19030/jber.v7i1.2251

Roese, N. J., & Vohs, K. D. (2012). Hindsight Bias. *Perspectives on Psychological Science*, *7*(5), 411–426. https://doi.org/10.1177/1745691612454303

Rojon, C., Okupe, A., & McDowall, A. (2021). Utilization and development of systematic reviews in management research: What do we know and where do we go from here? *International Journal of Management Reviews*, *23*(2), 191–223. https://doi.org/10.1111/ijmr.12245

Romeike, F. (2024). Der Prozess des Risikomanagements [Fachbeitrag]. Abgerufen 18. März 2024, von Der Prozess des Risikomanagements website: https://www.risknet.de/wissen/risk-management-prozess/

Romeike, F., & Hager, P. (2020). *Erfolgsfaktor Risiko-Management 4.0: Methoden, Beispiele, Checklisten Praxishandbuch für Industrie und Handel* (4., vollständig überarbeitete Auflage). Wiesbaden: Springer Fachmedien Wiesbaden. https://doi.org/10.1007/978-3-658-29446-5

Rosen-Schwarz, G., & Shapira, Z. (2016). Prospect Theory and Strategic Decision-Making. In M. Augier & D. J. Teece (Hrsg.), *The Palgrave Encyclopedia of Strategic Management* (S. 1–5). London: Palgrave Macmillan UK. https://doi.org/10.1057/978-1-349-94848-2_560-1

Rott, B., Specht, B., & Knipping, C. (2021). A descriptive phase model of problem-solving processes. *ZDM – Mathematics Education, 53*(4), 737–752. https://doi.org/10.1007/s11858-021-01244-3

Sagana, A. (2018). The downward spiral of biases in criminal investigations: From eyewitnesses to forensic experts and judges. In S. Barton, M. Dubelaar, R. Kölbel, & M. Lindemann (Hrsg.), *«Vom hochgemuten, voreiligen Griff nach der Wahrheit». Fehlurteile im Strafprozess* (1. Auflage, S. 133–146). Baden-Baden: Nomos Verlagsgesellschaft mbH & Co. KG. https://doi.org/10.5771/9783845290805

Salman Abdou, D. M., & Hussein, R. (2020). How fear of change, lack of innovation led to Nokia's failure? *International Journal of Business Ecosystem & Strategy (2687–2293), 2*(4), 43–48. https://doi.org/10.36096/ijbes.v2i4.222

Samuelson, W., & Zeckhauser, R. (1988). Status quo bias in decision making. *Journal of Risk and Uncertainty, 1*(1), 7–59. https://doi.org/10.1007/BF00055564

Savage, L. J. (1972). *The foundations of statistics* (2d rev. ed). New York: Dover Publications.

Savitsky, K., & Gilovich, T. (2003). The illusion of transparency and the alleviation of speech anxiety. *Journal of Experimental Social Psychology, 39*(6), 618–625. https://doi.org/10.1016/S0022-1031(03)00056-8

Schaper, N. (2007). Lerntheorien. In H. Schuler & K. Sonntag (Hrsg.), *Handbuch der Arbeits- und Organisationspsychologie* (S. 43–50). Göttingen: Hogrefe.

Schmelzer, H. J., & Sesselmann, W. (2020). *Geschäftsprozessmanagement in der Praxis: Kunden zufriedenstellen, Produktivität steigern, Wert erhöhen* (9., vollständig überarbeitete Auflage). München: Hanser.

Schulz von Thun, F. (2013). *Miteinander reden 1 Störungen und Klärungen. Allgemeine Psychologie der Kommunikation* (1. Aufl). Reinbek: Rowohlt E-Book.

Schweizerische Normen-Vereinigung (SNV). (2015). *Qualitätsmanagementsysteme—Anforderungen (ISO 9001:2015)*. Brüssel.

Schweizerische Normen-Vereinigung (SNV). (2020). *Medizinprodukte—Anwendung des Risikomanagements auf Medizinprodukte (ISO 14971:2019)*. Winterthur.

Schwenk, C. R. (1983). *Cognitive Simplification Processes in Strategic Decision-Making: Insights from Behavioral Decision Theory and Cognitive Psychology*. University of Illinois at Urbana-Champaign.

Scopelliti, I., Morewedge, C. K., McCormick, E., Min, H. L., Lebrecht, S., & Kassam, K. S. (2015). Bias Blind Spot: Structure, Measurement, and Consequences. *Management Science, 61*(10), 2468–2486. https://doi.org/10.1287/mnsc.2014.2096

Seehaus, S. R., & Peráček, T. (2024). Lack of Risk Management at Insolvency Consulting Companies: An Empirical Study in Germany 2024. *Administrative Sciences, 14*(8), ohne Seitenzahlen. https://doi.org/10.3390/admsci14080160

Sent, E.-M. (2004). Behavioral Economics: How Psychology Made Its (Limited) Way Back Into Economics. *History of Political Economy, 36*(4), 735–760. https://doi.org/10.1215/00182702-36-4-735

Serrat, O. (2017). On Decision-Making. In O. Serrat, *Knowledge Solutions* (S. 569–578). Singapore: Springer Singapore. https://doi.org/10.1007/978-981-10-0983-9_60

Sheedy, E., & Canestrari-Soh, D. S. B. (2023). Does executive accountability enhance risk management and risk culture? *Accounting & Finance, 63*(4), 4093–4124. https://doi.org/10.1111/acfi.13087

Sibony, O. (2020). *You're About to Make a Terrible Mistake! How Biases Distort Decision-Making – and What You Can Do to Fight Them.* New York: Little, Brown Spark.

Simon, H. A. (1955). A Behavioral Model of Rational Choice. *The Quarterly Journal of Economics, 69*(1), 99–118. https://doi.org/10.2307/1884852

Simon, H. A. (1956). Rational choice and the structure of the environment. *Psychological Review, 63*(2), 129–138. https://doi.org/10.1037/h0042769

Simon, H. A. (1993). Strategy and organizational evolution. *Strategic Management Journal, 14*(S2), 131–142. https://doi.org/10.1002/smj.4250141011

Simon, H. A. (2000). Bounded Rationality in Social Science: Today and Tomorrow. *Mind & Society, 1*(1), 25–39.

Simunović, V., & ŽeŽelj, I. (2023). Managing Self-Presentation. *Studia Psychologica, 65*(2), 103–119. https://doi.org/10.31577/sp.2023.02.869

Slovic, P. (1987). Perception of Risk. *Science, 236*(4799), 280–285. https://doi.org/10.1126/science.3563507

Slovic, P., Finucane, M. L., Peters, E., & MacGregor, D. G. (2004). Risk as Analysis and Risk as Feelings: Some Thoughts about Affect, Reason, Risk, and Rationality. *Risk Analysis, 24*(2), 311–322. https://doi.org/10.1111/j.0272-4332.2004.00433.x

Slovic, P., Finucane, M. L., Peters, E., & MacGregor, D. G. (2007). The affect heuristic. *European Journal of Operational Research, 177*(3), 1333–1352. https://doi.org/10.1016/j.ejor.2005.04.006

Slovic, P., Fischhoff, B., & Lichtenstein, S. (1980). Facts and fears: Understanding perceived risk. In R. C. Schwing & W. A. Albers Jr. (Hrsg.), *Societal Risk Assessment: How safe is safe enough?* (1. Aufl., S. 181–214). New York: Plenum Press. https://doi.org/10.1017/CBO9780511809477.034

Snyder, H. (2019). Literature review as a research methodology: An overview and guidelines. *Journal of Business Research, 104*, 333–339. https://doi.org/10.1016/j.jbusres.2019.07.039

Soll, J. B., Milkman, K. L., & Payne, J. W. (2015). A User's Guide to Debiasing. In G. Keren & G. Wu (Hrsg.), *The Wiley Blackwell Handbook of Judgment and Decision Making* (1. Aufl., S. 924–951). John Wiley & Sons, Ltd. https://doi.org/10.1002/9781118468333.ch33

Spiliopoulos, L., & Hertwig, R. (2024). Stochastic heuristics for decisions under risk and uncertainty. *Frontiers in Psychology, 15*(1438581), ohne Seitenzahlen. https://doi.org/10.3389/fpsyg.2024.1438581

Spunt, R. P., & Lieberman, M. D. (2013). The Busy Social Brain: Evidence for Automaticity and Control in the Neural Systems Supporting Social Cognition and Action Understanding. *Psychological Science, 24*(1), 80–86. https://doi.org/10.1177/0956797612450884

Staehle, W. H. (1991). *Management: Eine verhaltenswissenschaftliche Perspektive* (6., überarb. Aufl). München: Vahlen.

Staehle, W. H. (1999). *Management: Eine verhaltenswissenschaftliche Perspektive* (8. Auflage, überarbeitet von Peter Conrad, Jörg Sydow). München: Franz Vahlen.

Stanovich, K. E., & West, R. F. (2007). Natural myside bias is independent of cognitive ability. *Thinking & Reasoning, 13*(3), 225–247. https://doi.org/10.1080/13546780600780796

Stasser, G., & Titus, W. (1985). Pooling of Unshared Information in Group Decision Making: Biased Information Sampling During Discussion. *Journal of Pereonality and Social Psychology*, *48*(6), 1467–1478.

Sternad, D., & Mödritscher, G. (2018). *Qualitatives Wachstum: Der Weg zu nachhaltigem Unternehmenserfolg*. Wiesbaden [Heidelberg]: SpringerGabler.

Stødle, K., Flage, R., Guikema, S., & Aven, T. (2024). Artificial intelligence for risk analysis—A risk characterization perspective on advances, opportunities, and limitations. *Risk Analysis*, 1–14. https://doi.org/10.1111/risa.14307

Strikker, H., & Strikker, F. (2021). Coaching bei minimaler Führung und maximaler Beteiligung. In J. Surzykiewicz, B. Birgmeier, M. Hofmann, & S. Rieger (Hrsg.), *Supervision und Coaching in der VUCA-Welt* (S. 173–188). Wiesbaden: Springer Fachmedien. https://doi.org/10.1007/978-3-658-32692-0_10

Syrová, L., & Špička, J. (2023). Exploring the indirect links between enterprise risk management and the financial performance of SMEs. *Risk Management*, *25*(1), 1–27. https://doi.org/10.1057/s41283-022-00107-9

't Hart, P. (1991). Irving L. Janis' Victims of Groupthink. *Political Psychology*, *12*, 247–278. https://doi.org/10.2307/3791464

Tacke, V. (2019). Systemtheorie der Organisation. Niklas Luhmann. In M. Apelt, I. Bode, R. Hasse, U. Meyer, V. V. Groddeck, M. Wilkesmann, & A. Windeler (Hrsg.), *Handbuch Organisationssoziologie* (S. 1–22). Wiesbaden: Springer Fachmedien Wiesbaden. https://doi.org/10.1007/978-3-658-15953-5_11-1

Taskan, B., Junça-Silva, A., & Caetano, A. (2022). Clarifying the conceptual map of VUCA: A systematic review. *International Journal of Organizational Analysis, 30*(7), 196–217. https://doi.org/10.1108/IJOA-02-2022-3136

Teece, D. J. (2007). Explicating dynamic capabilities: The nature and microfoundations of (sustainable) enterprise performance. *Strategic Management Journal*, *28*(13), 1319–1350. https://doi.org/10.1002/smj.640

Thekdi, S., & Aven, T. (2024). Characterization of biases and their impact on the integrity of a risk study. *Safety Science, 170,* ohne Seitenzahlen. https://doi.org/10.1016/j.ssci.2023.106376

Thommen, J.-P., Achleitner, A.-K., Gilbert, D. U., Hachmeister, D., Jarchow, S., & Kaiser, G. (2023). *Allgemeine Betriebswirtschaftslehre: Umfassende Einführung aus managementorientierter Sicht*. Wiesbaden: Springer Fachmedien Wiesbaden. https://doi.org/10.1007/978-3-658-39395-3

Tobinski, D. A. (2017). *Kognitive Psychologie*. Berlin, Heidelberg: Springer. https://doi.org/10.1007/978-3-662-53948-4

Tom, S. M., Fox, C. R., Trepel, C., & Poldrack, R. A. (2007). The Neural Basis of Loss Aversion in Decision-Making Under Risk. *Science, 315*(5811), 515–518. https://doi.org/10.1126/science.1134239

Trimmer, P. C. (2016). Optimistic and realistic perspectives on cognitive biases. *Current Opinion in Behavioral Sciences, 12*, 37–43. https://doi.org/10.1016/j.cobeha.2016.09.004

Tupa, J., Simota, J., & Steiner, F. (2017). Aspects of Risk Management Implementation for Industry 4.0. *Procedia Manufacturing, 11*, 1223–1230. https://doi.org/10.1016/j.promfg.2017.07.248

Tversky, A., & Kahneman, D. (1974). Judgment under Uncertainty: Heuristics and Biases: Biases in judgments reveal some heuristics of thinking under uncertainty. *Science, 185*(4157), 1124–1131. https://doi.org/10.1126/science.185.4157.1124

Tversky, A., & Kahneman, D. (1981). The framing of decisions and the psychology of choice. *Science, 211*(4481), 453–458.

Tversky, A., & Kahneman, D. (1991). Loss Aversion in Riskless Choice: A Reference-Dependent Model. *The Quarterly Journal of Economics, 106*(4), 1039–1061. https://doi.org/10.2307/2937956

Tversky, A., & Kahneman, D. (1992). Advances in prospect theory: Cumulative representation of uncertainty. *Journal of Risk and Uncertainty, 5*, 297–323.

Ulich, E. (2020). *Arbeitspsychologie* (7., neu überarbeitete und erweiterte Auflage). Stuttgart: Schäffer-Poeschel.

Unkrig, E. R. (2020). VUKA – Imperativ unserer Welt. In E. R. Unkrig, *Mandate der Führung 4.0* (S. 1–34). Wiesbaden: Springer Fachmedien Wiesbaden. https://doi.org/10.1007/978-3-658-28492-3_1

Vanini, U. (2022). Risikocontrolling in der Unternehmenspraxis. In W. Becker & P. Ulrich (Hrsg.), *Handbuch Controlling* (S. 271–287). Wiesbaden: Springer Fachmedien. https://doi.org/10.1007/978-3-658-26431-4_21

Vanini, U., & Hunziker, S. (2020). Kompetenzprofile von Risikomanagern. *Controlling, 32*(4), 30–37. https://doi.org/10.15358/0935-0381-2020-4-30

von Ameln, F. (2021). Führen und Entscheiden unter Unsicherheit. *Gruppe. Interaktion. Organisation. Zeitschrift für Angewandte Organisationspsychologie (GIO), 52*(4), 567–577. https://doi.org/10.1007/s11612-021-00607-4

von Nitzsch, R. (2021). *Entscheidungslehre: Wie Menschen entscheiden und wie sie entscheiden sollten* (11., überarb. Aufl.). Wiesbaden: Springer Fachmedien. https://doi.org/10.1007/978-3-658-34520-4

von Rosenstiel, L. (2007). Grundlagen- und Bezugsdisziplinen der Arbeits- und Organisationspsychologie. In H. Schuler & K. Sonntag (Hrsg.), *Handbuch der Arbeits- und Organisationspsychologie* (S. 15–26). Göttingen: Hogrefe.

Wang, R. Y., & Strong, D. M. (1996). Beyond Accuracy: What Data Quality Means to Data Consumers. *Journal of Management Information Systems, 12*(4), 5–33.

Waser, B. R., & Peter, D. (2020). *Prozess- und Operations-Management: Strategisches und operatives Prozessmanagement in Wertschöpfungsnetzwerken* (6., vollständig überarbeitete und erweiterte Auflage). Zürich: Versus.

Watzlawick, P., Bavelas, J. B., & Jackson, D. D. (2017). *Menschliche Kommunikation: Formen, Störungen, Paradoxien* (13., unveränderte Auflage). Bern: Hogrefe. https://doi.org/10.1024/85745-000

Weber, W., Kabst, R., & Baum, M. (2018). *Einführung in die Betriebswirtschaftslehre.* Wiesbaden: Springer Fachmedien Wiesbaden. https://doi.org/10.1007/978-3-658-18252-6

Weibel, C., Basel, J., & Faes, Y. (2023). Die Psychologie des Risikos. In J. Basel & P. Henrizi (Hrsg.), *Psychologie von Risiko und Vertrauen: Wahrnehmung, Verhalten und Kommunikation* (S. 41–70). Berlin, Heidelberg: Springer Berlin Heidelberg. https://doi.org/10.1007/978-3-662-65575-7

Weik, E. (2020). Prozesstheorien. In M. Apelt, I. Bode, R. Hasse, U. Meyer, V. V. Groddeck, M. Wilkesmann, & A. Windeler (Hrsg.), *Handbuch Organisationssoziologie* (S. 1–19). Wiesbaden: Springer Fachmedien Wiesbaden. https://doi.org/10.1007/978-3-658-15953-5_10-1

Wiltbank, R., Dew, N., Read, S., & Sarasvathy, S. D. (2006). What to Do Next? The Case for Non-Predictive Strategy. *Strategic Management Journal*, *27*(10), 981–998.

Wirtz, M., & Kutschmann, M. (2007). Analyse der Beurteilerübereinstimmung für kategoriale Daten mittels Cohens Kappa und alternativer Maße. *Die Rehabilitation*, *46*, 370–377. https://doi.org/10.1055/s-2007-976535

Wöhe, G., Döring, U., & Brösel, G. (2020). *Einführung in die allgemeine Betriebswirtschaftslehre* (27., überarbeitete und aktualisierte Auflage). München: Verlag Franz Vahlen.

Wunstorf, R. (2021). Die individuelle Persönlichkeit als sicherer Ausgangspunkt in der VUKA-Welt. In J. Surzykiewicz, B. Birgmeier, M. Hofmann, & S. Rieger (Hrsg.), *Supervision und Coaching in der VUCA-Welt* (S. 135–154). Wiesbaden: Springer Fachmedien. https://doi.org/10.1007/978-3-658-32692-0_8

Xing, A. (2021). Foreign language effect on risk preference: The framing effect, loss aversion, and risk aversion. *Journal of Behavioral and Experimental Economics*, *93*, ohne Seitenzahlen. https://doi.org/10.1016/j.socec.2021.101723

Yoon, H., Scopelliti, I., & Morewedge, C. K. (2021). Decision making can be improved through observational learning. *Organizational Behavior and Human Decision Processes*, *162*, 155–188. https://doi.org/10.1016/j.obhdp.2020.10.011

Rechtsquellenverzeichnis

Deutsches Aktiengesetz vom 6. September 1965 (BGBl. I S. 1089), das zuletzt durch Artikel 18 des Gesetzes vom 23. Oktober 2024 (BGBl. 2024 I Nr. 323) geändert worden ist. Abgerufen von https://www.gesetze-im-internet.de/aktg/index.html

Schweizer Bundesgesetz betreffend die Ergänzung des Schweizerischen Zivilgesetzbuches (Fünfter Teil: Obligationenrecht) vom 30. März 1911 (Stand am 9. Februar 2023). Die Bundesversammlung der Schweizerischen Eidgenossenschaft.

Aufzählung der bisherigen Publikationen

Gebhart, S., & Hilsbos, A. (2024). Was IKS und Risk Management im Spital zur Combined Assurance beitragen können. *Expert Focus*, *Special*, 18–23.

Hilsbos, A. (2025). Ein Universum aus dem Nichts – wie man Risiken wirklich identifiziert. *ReThinking Finance*, 2025(4), 53–58.

Hilsbos, A., & Hunziker, S. (2021). Der „Risk Intake Prozess“ als zentraler Erfolgsfaktor eines unternehmensweiten Risikomanagements in der Insel Gruppe. *ReThinking Finance*, 2021(1), 45–51.

Hilsbos, A., & Hunziker, S. (2022). Die Überwindung des „Jahr-3-Blues“. *MQ*, (5–6), 38–40.

Hunziker, S., Henrizi, P., Hilsbos, A., & Schneeberger, T. (2022). *Quick Guide Ganzheitliches Risk Management im Krankenhaus: Praxisleitfaden für Implementierung und Umsetzung*. Wiesbaden: Springer Fachmedien Wiesbaden. https://doi.org/10.1007/978-3-658-36849-4